中华学人丛书

# 近代中国的多元审视

◎ 崔志海 著

北京师范大学出版集团
BEIJING NORMAL UNIVERSITY PUBLISHING GROUP
北京师范大学出版社

# 前言：何为近代中国历史？

"近代"是一个时间概念，但它是一个动态的模糊的时间概念。按其字面含义或在中国古典文献中所用的含义，"近代"系指距本朝代不远的一个时代。据此，对于不同朝代的历史学家来说，"近代"概念有着不同的指称。对于汉代的司马迁来说，春秋、战国和秦朝历史可能是他心目中的近代史；而对清朝人来说，大概明朝史是他们的近代史。而作为舶来品的现代意义上的"近代"一词，不只是一个时间尺度，同时也是一个价值尺度，有其特定的内涵和指称。所谓"近代"，指的就是资本主义时代的历史。因此，在西方的历史学里，通常多将15、16世纪以来至20世纪40年代的历史，划入近代史范畴。与"近代"相对应的，是一个社会形态。

关于近代中国历史的起讫时间，虽然有主张以明末清初为起点，以1919年五四运动为讫点的，但学界的主流观点和做法，是以1840年鸦片战争前后至1949年新中国成立这段时间，作为中国近代史的范畴。应该说，后一历史分期是比较合乎中国历史发展情况的。虽然明清之交随着欧人东渐，西方的一些器械及宗教和学术思想开始输入中国，但这一时期的中西交汇是初步的、短暂的，影响是十分有限的，中国社会并未出现重大变动，仍是中国古代历史的延续，没有发生明显的质的变化。换言之，明清之交的中国历史，与西方历史的发展并不同步。而1840年鸦片战争之后的中国历史则不同，这场由英国发动的战争将中国强行卷入国际资本主义体系。在随后的110年里，中国社会在许多方面都表现出既不同于既往中国历史也与近代欧洲国家有别的特点，发生了明显的质的变化，形成一种独特的社会形态和国家形态。

与秦汉以来的中国古代历史相比较，近代中国历史发展的第一个特点是这一时期中国政治、经济、社会、思想和文化变化之快和之大，是中国历史上前所未有的。相比欧洲中世纪历史，中国历史在许多方面都比欧洲国家早熟，自秦汉进入郡县社会以来，中国历史就进入了一个超稳定状态，虽然随着时代发展，中国的社会、政治、经济和思想文化也发生过一些变化，但这种变化是十分缓慢和不明显的，传统中国社会基本上是一个静态的社会，以致18世纪之后许多欧洲思想家站在近代西方中心论的角度，将中国古代历史看作一个完全处于停滞的状态，将之排除在世界历史之外，如德国哲学家黑格尔在《历史哲学》里就认为"中国虽然有各个朝代之间的更替和转变，但却始终没有什么变化，不过是一个王权代替了另外一个王权而已。一种亘古不变的东西代替了一种真正历史的东西，因此可以说，中国和印度还处在世界历史的外面，它们自身没有变化。它们只是期待着一些因素，如果这些因素能够被纳入这些古老的帝国之中的话，它们才能得到活生生的进步"①。而近代中国历史则不同，虽然只有短短110年时间，但历经晚清、北洋政府和南京国民政府三个历史时期，走完了近代欧洲资本主义数百年的历史。以近代中国政体来说，它以晚清70年的历史，终结了中国延续2000余年的君主专制制度，于1912年在亚洲宣告成立第一个民主共和政府。以生产方式来说，中国古代自给自足的自然经济趋于瓦解，近代资本主义生产方式开始产生，近代西方的各种物质文明快速传入中国，从坚船利炮到电灯电报，从火车、汽车到飞机，从洋布、洋皂到洋油、洋火柴，令人应接不暇。近代中国社会思潮的演变也同样急速，从清朝中叶嘉道年间的经世思潮到咸同年间的洋务思潮，从19世纪末的维新思潮到20世纪初的革命思潮，再到新文化运动前后各种主义的蜂拥而入，在短短不到100年的时间里中国社会上演了西方社会数百年所走过的思想历程。总之，近代中国走

---

① [德]黑格尔：《黑格尔历史哲学》，潘高峰译，219～220页，北京，九州出版社，2011。

在由传统社会向近代社会转变的快车道上，这是在中国古代历史中不曾有过的现象。

近代中国历史的第二个特点是社会形态的复杂性，这也是中国历史上前所未有的。由于近代中国社会不是内部自然演化的结果，而是被外来西方国家强行拉入资本主义体系的，同时也由于中国幅员辽阔，近代中国在由传统向近代快速转化的过程中并没有形成一种单一的社会形态和国家形态，始终充满了多面性和不平衡性。无论是经济形态和社会形态，还是意识形态和国家形态，都是新旧杂陈的。以经济形态来说，既有广大内陆地区的传统的小农经济和游牧经济，又有沿江沿海地区的近代资本主义经济。而在近代资本主义经济中也是多种成分并存，既有民族资本，又有外国资本；既有买办资本，又有官僚资本。与经济形态相对应，近代中国社会也是多元的，既有传统的乡村社会和游牧社会，又孕育出诸如上海、广州、青岛、汉口、成都这样的近代都市社会。同样，近代中国社会的阶级状况也特别复杂，资产阶级和无产阶级、地主阶级和农民阶级、奴隶主和奴隶、农奴主和农奴阶级等多个社会形态的阶级并存，并且每个阶级又有不同的社会阶层，各种社会矛盾犬牙交错。就意识形态来说，也是新旧杂陈，激进主义与保守主义并存，西化论与国粹主义并存，进化论与复古主义和历史循环论并存，传统"大同"主义理想与近代社会主义思潮并存，不一而足。就政体和国家形态而言，由于缺乏近代经济基础和阶级基础，1912年的共和政府只是昙花一现，很快陷入军阀官僚统治，近代中国不但始终没有建立起完整意义上的西方资产阶级民主制度，而且还在帝国主义的侵略下，沦为一个半殖民地和半封建的国家。而近代中国社会发展的不平衡性，不仅体现在沿江、沿海开放地区与广大内陆地区的发展存在巨大差距，也体现在近代中国经济的发展和社会新生力量的成长远远滞后于近代中国政治和思想的变化。总之，近代中国社会恰似一个万花筒，多种社会成分并存，并充满不平衡性，这也是中国历史上未曾有过的现象。

与中国古代历史相比较，近代中国历史的第三个特点是在世界历史中的地位一落千丈。作为文明古国，中国在世界历史上曾长期处于领先地位，姑且不论汉唐盛世、宋元发展，在世界上享有美誉，备受尊敬，即使在 18 世纪世界历史已进入资本主义时代的时候，中国历史还出现过令人赞叹的"乾隆盛世"。在乾隆皇帝统治的 61 年里，传统中国社会发展到一个新的高度：统一的多民族国家空前巩固和发展，中国陆地总面积达到 1300 多万平方千米①；在文化方面，不但出版了《红楼梦》和《儒林外史》，同时还编纂完成了中国历史上最大的丛书《四库全书》；在科技方面，在西方的钟表、望远镜和天文历法、数学等科学技术相继传入中国的同时，中国的丝绸刺绣、金银彩器等传统工艺也被欧洲贵族视为至宝；在经济领域，人口持续增长，达到 3 亿左右，经济总量位居世界第一，国内生产总值占世界总份额的近 1/3。然而，中国古代社会的先进性及超稳定性也孕育了巨大的历史惰性和封闭性，断送了明清之交中国与欧美资本主义国家同步发展的机遇。事实上，所谓"乾隆盛世"，无论是从中国王朝历史还是从世界历史来看，都只不过是中国古代传统社会和国家盛世故事的最后一道夕阳，在 1793 年英国马嘎尔尼（George Macartney）使团笔下的"乾隆盛世"，实际上已是一片"贫困落后的景象"，他们视"乾隆盛世"的中国人为"半野蛮人"。1840 年鸦片战争之后，在资本主义国家入侵面前，中国也由以往受人仰慕的"天朝上国"沦落为一个落后挨打、受人欺侮的"东亚病夫"，国际地位一落千丈，民族危机和社会危机空前严重。在近代中国的 110 年里，资本主义国家的入侵固然促进了中国传统社会的解体，给近代中国带来一些资本主义因素，但国际上的资本主义国家都不愿看到出现一个独立、统一、自由、富强的中国，都不愿平等地对待中国，都力图把中国当作自己的附属国，当作它们的原料产地和商品销售市场，因此它们一次次或单独或联合发动侵略战争，镇压中国人民的反抗，掠夺中国的领土和资源，勒索巨额的战争赔款，控制中国的财政和海关，破坏和践踏中国的行政和司法主权，把一个个不平等条约强加于中国，一步步把一个独立的中国变成一个半殖民地和半封建社会的中国，使近代中国始终处于贫弱、分裂和不独立、不自由的状态，任人

---

① 参见李治亭主编：《清史》下册，1116 页，上海，上海人民出版社，2002。

宰割。近代中国在世界上遭受的屈辱是中国历史上不曾有过的经历。

与中国古代历史相比较，近代中国历史的第四个特点是同今天的中国社会有着更为广泛的直接联系，这突出体现在当代中国的发展道路是近代中国历史的一个必然选择，两者之间存在着很强的历史连续性；同时，近代中国历史还在许多方面制约和影响今天中国历史的发展。例如，在中国发展道路的选择方面，1840年鸦片战争之后的近代中国历史，本来与世界历史一样，面临着一个资本主义化的过程。但由于国际资本主义国家的"先生"和"老师"们总是欺侮和侵略我们，不愿中国发展成为一个独立、富强的资本主义国家；同时也由于世界局势的发展及资本主义本身所暴露出来的种种弊端，近代中国最后选择了一条与资本主义国家不同的发展道路——经由新民主主义革命转入社会主义的发展道路，也就是今天中国所选择的发展道路。又如，近代中国史既是一部备受内外欺凌、充满苦难的屈辱历史，同时也是一部中国人民反抗各种内外压迫、谋求民族和国家独立与富强的光荣历史。近代中国这段屈辱与光荣相交织的历史，既是一笔巨大的精神财富，也给我们留下了巨大的伤痛。而在寻求救国救民道路的过程中，近代中国人民所从事的反帝和反封建斗争，以及近代中国面临的经济现代化、政治民主化、民族独立与解放、文化世界化等历史主题，在不同程度上依然也是当代中国所面临的任务，并随时代的发展，被赋予了一些新的不同的历史内涵。概言之，当代中国是近代中国历史的一个发展，学习鸦片战争以来的近代中国历史，对认清今天的中国国情及发展道路有着特殊意义。诚如习近平总书记在致第二十二届国际历史科学大会的贺信中所说："中国有着5000多年连续发展的文明史，观察历史的中国是观察当代的中国的一个重要角度。不了解中国历史和文化，尤其是不了解近代以来的中国历史和文化，就很难全面把握当代中国的社会状况，很难全面把握当代中国人民的抱负和梦想，很难全面把握中国人民选择的发展道路。"①

---

① 《习近平致第二十二届国际历史科学大会的贺信》，载《人民日报》，2015-08-24。

　　总之，近代中国与古代中国的不同之处，就在于它走出中世纪相对封闭、停滞的发展道路，被强行卷入国际资本主义体系之中，具有与既往不同的历史内容和主题，在许多方面与我们今天的历史息息相通。要认识这样一段快速变化、充满多面性和不平衡性、至今影响当代中国的近代中国历史，显然需要多学科的交叉研究，需要一种多元视角，需要各种不同学科和不同观点之间的相互碰撞，需要历史与现实的理性对话，需要历史与理论之间的相互验证。本书只是个人在学习近代中国历史过程中所做的一个小小探索和思考，沧海一粟，不奢望它能溅起微小的浪花，但愿它能成为学术旅途中的一段雪泥鸿爪。

# 目　录

## 上　编

# 下　编

上　编

# 十年新政与清朝的覆灭

1912 年 2 月 12 日，随着隆裕太后带着清朝末代皇帝溥仪在养心殿颁布退位诏书，统治中国长达 268 年的清王朝宣告寿终正寝。对于清朝何以走向覆灭，人们历来众说纷纭：有人将清朝的覆灭归功于革命党人的武装起义；有人将清朝的灭亡归咎于立宪派的政治宣传和活动；有人认为清朝的覆灭乃是咎由自取。应该说，以上观点都有一定的道理和历史根据，毕竟清朝的覆灭是各种因素合力作用的结果。

就清朝政府方面来说，它在统治的最后十年里曾为挽救清朝统治，启动新政改革。然而，这场具有一定资本主义性质的改革运动不但没有实现清政府的初衷，反而加速了清朝的覆灭，这是十分令人寻味的。

## 一、为新政筹款激化官民矛盾

清末新政改革未能挽救清朝统治，首先在于新政的整体改革纲领超出了清朝政府所能承担的国力和财力，加重了人民的负担，致使新政改革不但得不到广大民众的拥护，反而成为"扰民"之举，激化了官民矛盾，由此极大地削弱了清政府的统治基础。

清朝财政在甲午战争之前虽然已经呈现东补西缀的窘状，但大体尚能维持出入平衡，岁入和岁出均在 8000 万两左右；从甲午到庚子年间，因受甲午战费借款和战争赔款的影响，清朝财政每年开始出现 1300 万两的财政赤字，岁入则增加到 8800 万两左右，而支出也扩大到 1 亿多两。随着新政改革的推行，清朝的财政岁入岁出和赤字在最后十年里都呈大幅增长之势。根据比较权威的学者的研究，1903 年清政府的岁入为 10492 万两，岁出为 13492 万两，财政赤字为 3000 万两，比庚子之前激增一倍；1905 年岁入 10292 万两，岁出 13694 万两，财政赤字增加到 3402 万两；1909 年岁入 30122 万两，岁出 36787 万两，赤字高达 6665 万两。1910 年和 1911 年，根据清朝度支部预算，岁入分别为 29696 万两和 29700 万两，支出分别为 33305 万两和 37400 万两，赤字分别为 3609 万两和 7800 万两。①

清末最后十年清朝财政赤字的大幅扩大和岁出的激增，一部分固然因为每年新增了 2000 万两庚子赔款，但主要还是由于举办各项新政费用所致，这从度支部的 1911 年预算案所列的支出中，便可一目了然。在该年预算案中，仅军费一项支出就高达 13700 余万两，超过甲午战争以前军费支出两倍多，占该年支出预算总数的 1/3 以上；其中，除 3134 万两属旧军费支出外，其余均属新政改革支出，一为编练新军军费 8000 万两，二为筹办海军军费 1050 万两。行政费也因清末官制改革而快速扩张，支出高达 2731 万余两，比庚子时的行政费增加两倍多。另外，用于推行司法改革的经费为 770 万两；用于财政管理及税收机构的经费为 2813 万余两；用于邮传部经费及轮、路、邮、电及各省交通费总计为 5514 万余两。教育费预算案定为 336 万两，实际支出则不下 1700 余万两。民政费预算案定为 422 万两，实际支出至少在 2000 万两以上。② 而清末岁入由庚子年不到 1 亿两增加到 1909 年之后每年 3 亿两，在十年时间里增加了两倍，则深刻反映了新政改革给广大民众带来的沉重负担。

清末十年岁入由 1 亿两增加到 3 亿两，固然有经济发展等因素，但最根本的因素还是对广大人民进行无情盘剥。为了筹备新政款项，清政府一方面加重征收田赋、盐税、厘金等旧税，例如，许多省份都将兴办巡警和学堂经费在田赋中加以摊派，一些地方还在田赋中推行随粮自治捐、铁路捐、矿务费等新政费用，致使清末田赋直线上升，

① 参见汪敬虞主编：《中国近代经济史(1895—1927)》中册，1334~1336 页，北京，人民出版社，2000。
② 参见汪敬虞主编：《中国近代经济史(1895—1927)》中册，1326~1331 页。

由庚子之前的不超过 3000 万两，到 1903 年即增加到 3700 万两，1909 年达到 4396 万两，1911 年的预算数几近 5000 万两，较庚子前增加几近 2/3。另一方面，除正税之外，清政府为筹获新政经费既加价征收旧有捐税，如契税由庚子之前的按契价每两征税 3～4 分，到 1909 年度支部统一提高到卖契每两征银 9 分，典契征银 6 分，同时还开办名目繁多的新税，诸如房捐、猪捐、肉捐、鱼捐、米捐等地方杂捐，致使各种杂税的收入由庚子之前每年无关痛痒的一二百万两，扩大到 1911 年度支部岁入预算案中 2616 万两，达到该年总岁入 8％以上。① 由此可见，清政府对人民的搜刮，在清末简直已经到了无以复加的地步。对此，清廷谕旨也是直认不讳，指出："近年以来民生已极凋敝，加以各省摊派赔款，益复不支，剜肉补疮，生计日蹙……各省督抚因举办地方要政，又复多方筹款，几同竭泽而渔。"②报纸舆论也谓："从前不办新政，百姓尚可安身；今办自治、巡警、学堂，无一不在百姓身上设法。"③

新政各项改革给广大民众带来的沉重负担，严重恶化了官民关系，并将新政改革推向广大人民的对立面，致使新政改革失去群众基础，加速清朝覆灭。自 1901 年新政改革启动以来，至 1911 年辛亥革命爆发前夕，广大人民抗捐抗税、反洋教、反饥饿、反禁烟、反户口调查、抗租和抢米风潮等各种形式的"民变"，连绵不断，风起云涌，多达 1300 余起，"几乎无地无之，无时无之"，并且愈演愈烈。④ 引发清末"民变"的原因十分复杂，多种多样，可谓千差万别，但其中不少与新

---

① 参见汪敬虞主编：《中国近代经济史（1895—1927）》中册，1337～1349 页。

② 朱寿朋编：《光绪朝东华录》（五），张静庐等校点，5251 页，北京，中华书局，1958。

③ 《记载第一·中国大事记·宣统二年十一月中国大事记·二十八日河南叶县因乡民聚众请兵》，载《东方杂志》，第 7 卷，第 12 期，1910。

④ 参见张振鹤、丁原英：《清末民变年表（上）》，见中国社会科学院近代史研究所近代史资料编辑组：《近代史资料》总 49 号，108～181 页，北京，中国社会科学出版社，1982；张振鹤、丁原英：《清末民变年表（下）》，见中国社会科学院近代史研究所近代史资料编辑组：《近代史资料》总 50 号，77～121 页，北京，中国社会科学出版社，1983；马自毅：《前所未有的民变高峰——辛亥前十年民变状况分析》，载《上海交通大学学报（哲学社会科学版）》，2003（5）。

政改革有着直接或间接关系。事实上，对于新政改革加重人民负担而激化官民关系并因而危害清朝统治的后果，当时一些清朝官员就发出警告，建议对新政改革加以调整。如直隶总督陈夔龙在1910年的一道上奏中就建议清政府为减轻各地负担，缓和社会矛盾，宜放缓改革步伐，收缩改革内容，指出："窃维比年中外臣工兼营并骛，日不暇给，而时事之阽危，众情之抵触，几倍曩昔，良以规章稠叠，观听纷歧，或数人数十人所分任之事界之一手，或数年数十年所应办之事发之一时，上之督责愈严，下之补苴愈甚，而帑藏尤艰窘万端。臣愚以为，此时但当择其事之直接关系预备立宪者专精以赴之。"①同年，河南巡抚宝棻也向朝廷提出相同的建议，指出："方今内外臣工所日汲汲者，地方自治也，审判厅也，实业也，教育、巡警、新军也，而所恃以筹款者不外增租税、行印花、盐斤加价、募集公债，臣恐利未见而害丛生。"②御史赵炳麟在考察1910年湖南长沙抢米风潮过后湖北、湖南两省的社会景象之后，更是直接痛陈新政改革给百姓所带来的痛苦，指出："百姓困穷至此，若不度量财力，以定新政次序，在上多一虚文，在下增一实祸，保民不足，扰民有余，良可虑也。"③他呼吁清政府必须关心民生，切勿忽视百姓利益，谓："夫民之所好，孰切于生？民之所恶，孰甚于死？无食则饥，无衣则寒，生死所关，正治民者所当加意也。"④可以说，新政改革没有顾及占全国人口绝大多数的广大下层人民的利益，反而将改革的各项负担多转嫁给广大下层民众，这是新政改革失败及加速清朝灭亡的一个重要原因。

## 二、政治改革引发内讧

新政改革未能挽救清朝统治的另一个原因是，清政府在存在严重

---

① 金毓黻编：《宣统政纪》卷二五，26页，沈阳，辽海书社，1934。
② 金毓黻编：《宣统政纪》卷二五，27页。
③ 赵炳麟：《再请预算行政经费疏》，见《赵柏岩集》上册，504页，南宁，广西人民出版社，2001。
④ 赵炳麟：《再请预算行政经费疏》，见《赵柏岩集》上册，505页。

争议的情况下启动政治改革，实行预备立宪，这不但打乱了清末新政改革计划，而且诱发和激化了清朝统治集团内部的权力斗争，并最终葬送了整个新政改革事业以及清朝的统治。

由于政治改革涉及权力的再分配，自预备立宪启动以来，清朝统治集团内部在新政初期达成的大体比较一致的改革共识即趋瓦解，各派围绕政治权力的再分配展开激烈斗争，政潮迭起，且愈演愈烈。1906年9月中央官制改革甫一启动，袁世凯就有意借官制改革机会，裁撤军机处，按照立宪国家成立责任内阁，由拥护他的政治盟友庆亲王奕劻出任国务总理，自己做副总理大臣，以此达到控制中央政府的目的。但此方案传出后，立即遭到王文韶、鹿传霖、瞿鸿禨、醇亲王载沣等官员的坚决反对，部院弹章蜂起，甚至慈禧太后本人也大为震怒，结果设立责任内阁的方案胎死腹中。1907年春、夏之间，东三省官制改革又直接导致清廷内部发生轰动朝野的"丁未政潮"。以岑春煊、瞿鸿禨、林绍年为首的汉族官僚不满直隶总督兼北洋大臣袁世凯勾结庆亲王，借中央和地方官制改革之机扩充个人势力，联合御史赵启霖等人，以杨翠喜案参劾庆亲王贪庸误国，引用非人，亲贵弄权，贿赂公行，结果导致袁世凯的亲信、黑龙江巡抚段芝贵遭撤职、查办，庆亲王之子载振被免去农工商部尚书一职。袁世凯和庆亲王联手部署反击，先以广东有革命党人起事为由，将岑春煊排挤出京，由邮传部尚书调任两广总督，继又贿买御史恽毓鼎，参劾军机大臣瞿鸿禨"暗通报馆，授意言官，阴结外援，分布党羽"，致使瞿鸿禨遭革职，后又设计诬陷岑春煊结交康梁二人、密谋推翻朝局，致使岑春煊再遭开缺；同时，林绍年也被赶出军机处，出任河南巡抚。

"丁未政潮"从1907年的4月一直延续到8月，长达4个月之久。虽然最终以奕劻和袁世凯的获胜而告终，但预备立宪政治改革引发的权力斗争并没有因"丁未政潮"的落幕而归于平静；相反，以"丁未政潮"为契机，清廷内部的权力斗争之火重新点燃了。"丁未政潮"平息后不久，富有统治经验的慈禧太后就进行权力的再分配，为抑制庆、袁二人权势，9月4日以明升暗降之策，将袁世凯调离北洋，削去袁世凯的兵权，任命袁世凯为军机大臣兼外务部尚书，同时将另一位汉族重臣、湖广总督张之洞调入北京，任命张之洞为军机大臣兼管学部；而在此之前的 6 月 19 日，慈禧太后乘罢黜瞿鸿機军机大臣之机，任命醇亲王载沣在军机大臣上学习行走，以此达到既制衡庆亲王、袁世凯权势，同时又加强中央和皇族集权的一箭双雕的目的。

1909 年摄政王载沣上台执政后，清朝统治集团内部围绕预备立宪政治改革而展开的权力斗争更趋白热化。为防止袁世凯在将来宪政改革中通过攫取责任内阁总理大臣一职控制朝政，摄政王载沣在一部分满族贵族和汉族官僚的鼓动下，于 1909 年 1 月 2 日下达上谕，彻底剥夺袁世凯的权力，以"足疾"为由，将袁世凯开缺，令其"回籍养疴"。在打击袁世凯势力并尽一切可能排除汉人在中央权力的同时，摄政王载沣还进一步将权力集中在以他本人为首的满族亲贵少壮派之手。他不但自任陆海军大元帅，训练一支由他亲自统率的禁卫军，而且还任命他的亲弟弟载洵为筹办海军事务大臣，载涛和贝勒毓朗掌控凌驾陆军部之上的军咨处，打击妨碍他集权的其他满族贵族，先后解除当时清廷中两位最具干练之才的满族官员铁良和端方的职务。载沣撤除铁良的训练禁卫军大臣和陆军部长职务，将他外放为江宁将军。端方则在直隶总督兼北洋大臣位上，因在慈禧出殡场合所犯的一个小错误而遭到革职。

因政治改革所引发的清廷内部权力斗争，一方面导致清末预备立宪政治改革严重走样，毁坏了清末政治改革名声和实际效果，同时也削弱了新政改革的领导力量，致使摄政王载沣执政末年呈现出"朝中无人"的景象，缺乏一个坚强有力的领导核心。至 1911 年皇族内阁成立前夕，军机处只有军机大臣奕劻、毓朗、那桐、徐世昌四位人物，根本无力解决改革中出现的问题。另一方面，因政治改革引发的权力倾轧还严重激化了清朝统治集团内各派政治势力之间的矛盾，增加了统治集团内部的离心力，特别是瓦解了作为清朝统治支柱的满汉官僚政治同盟关系，由此给清朝统治带来灾难性后果。当辛亥革命爆发后，手握北洋军权的汉族官僚大臣袁世凯没有像曾国藩当年镇压太平天国农民起义那样对付武昌起义，继续维护清朝统治，为清末新政保驾护航，反而与南方革命党人谈判、妥协，逼迫清帝退位。而清朝的满族亲贵们也因清末的权力斗争彼此猜忌、交恶，不能合力对付革命，而是自谋出路，各奔前程。清朝统治就这样在众叛亲离中轰然倒塌，这不能不说是预备立宪政治改革所产生的一个恶果，诚如一位清人评论所说，所谓"革命之事，仍诸王公之自革而已"①。

## 三、政策失误，得罪民间立宪派

清政府在日俄战争之后启动预备立宪政治改革，不但激化了清朝统治集团内部的权力斗争，而且还诱发了国内立宪派要求参政和行使民主权力的热情，由此加剧了清朝政府与立宪派之间的矛盾和冲突，促使原本支持清政府改革的立宪派倒向革命一边。

尽管清政府启动预备立宪，一再公开声明他们无意放弃君主权力，实行英式或美式立宪政治，但预备立宪一旦启动，这就打开了"潘多拉的盒子"，自然激发起国内立宪派的民主热情，这是不以清朝统治者的意志为转移的一个必然结果。1906年9月1日仿行立宪上谕颁布之后，国内立宪派便闻风而动，成立立宪团体和组织，研究和宣传立宪政治，推动国内政治改革。谘议局和资政院相继开办后，国内立宪派更是充分利用这个政治平台，行使民主权力，并于1910年发起三次全国性速开国会请愿运动，要求清政府于1911年召开国会、成立责任内阁。虽然立宪派提出的速开国会的要求在当时并不具备条件，过于激进，但他们因立宪问题与清政府产生了严重的冲突进而导致关系破裂，这是一个不争的客观事实。在国会请愿运动中，国内立宪派对摄政王载沣拒不接受速开国会的请求极为失望，批评摄政王载沣的态度简直"视爱国之义为仇国之举动"②，"必举巴黎、英伦之惨剧演之吾国而始快耶！"③虽然载沣最后做出让步，于11月14日发布上谕，宣布缩短三年，于宣统五年(1913)开设议院，但立宪派并不以缩短三年召集国

① 刘体仁：《异辞录》卷四，28页，上海，上海书店，1984。
② 《敬告国民》，载《时报》，1910-07-01。
③ 《读二十一日上谕赘言》，载《时报》，1910-07-02。

会为满足，对载沣 12 月 24 日颁布取缔请愿运动上谕更是强烈不满，认为上谕"直视吾民如蛇蝎如窃贼"，明确表示靠和平请愿办法已无济于事，"势非另易一办法不为功"①；警告摄政王"今日毋谓请愿者之多事也，恐它日虽欲求一请愿之人而亦不可得矣"②。在京的国会请愿代表团在奉命宣布解散时向各省立宪派发表的一份公告中则公开表示和平请愿已走到尽头，以后如何从事政治活动，"惟诸父老实图利之"③。1911 年春、夏间，国内立宪派还在国会请愿运动的基础上成立全国性的政党组织——宪友会，将立宪的政治希望寄托在自身力量的壮大上，而不再像立宪初期那样寄希望于清朝政府，宣布组织成立政党的目的一是"破政府轻视国民之习见"，二是"动外人尊重我国民之观念"，三是"定吾民最后自立之方针"，公开表达了立宪派努力确立其独立政治地位的企图。④

皇族内阁甫一出台，各省立宪派便立即采取行动，于 6 月初在北京召开谘议局联合会第二次会议，先后两次上折，抨击皇族内阁与君主立宪政体不能相容，要求解散皇族内阁，按照内阁官制章程，另简大员，重新组织，并指出内阁应受议会监督，发表《宣告全国书》，揭露皇族内阁"名为内阁，实则军机；名为立宪，实则为专制"⑤。对摄政王载沣于 7 月 5 日发布上谕，声称"黜陟百司系君上大权，载在先朝钦定宪法大纲"，各省谘议局议员"不得率行干请"，各省谘议局议员也不甘示弱，立即发表《通告各团体书》，对上谕逐条进行驳斥，宣称"皇族政府之阶级不废，无所谓改良政府，亦即无立宪之可言"。⑥ 指出只有"另改内阁之组织，吾民得完全之内阁，可以求政治之改良。皇族不

---

① 《读初三日上谕感言》，载《时报》，1910-11-08。

② 《读二十三日上谕恭注》，载《申报》，1910-12-26。

③ 《国会请愿代表通问各省同志书》，载《时报》，1910-11-14。

④ 《同志会请各团体电约各议长入都定计书》，载《申报》，1911-03-28。

⑤ 《谘议局联合会宣告全国书》，载《国风报》，第 2 年，第 14 号，文牍，1911-06-17。

⑥ 故宫博物院明清档案部编：《清末筹备立宪档案史料》上册，579 页，北京，中华书局，1979。

当政治之中枢，君主立宪愈益巩固，国利民福，岂有暨焉！"①向来以稳健著称的江浙立宪派领导人物张謇也在皇族内阁出台之后对清朝政府生了二心，批评朝廷"均任亲贵，非祖制也；复不更事，举措乖张，全国为之解体"②。1911年6月，他为组织商界赴美访问团而到京请训时，特意绕道从武汉北上，到河南彰德探望谪居在家的袁世凯，商谈时局，有意与袁世凯联合，另谋出路。③迨至武昌起义事发，各省相继宣布独立，各省立宪派便纷纷抛弃清政府，倒向革命一边。清政府推出预备立宪政治改革，最后落得将立宪派推向自己的对立面，这不能不说是清末新政改革的一个重大失策。

此外，继皇族内阁之后，摄政王载沣于1911年5月9日推出铁路国有政策，也是清末新政改革中的又一个重大失误，进一步将立宪派推向对立面。摄政王推出铁路国有政策并不意味清末经济政策的整体转向；就修建铁路本身来说，鉴于铁路在国计民生中的特殊地位，国有政策实有其合理性和必要性。④但铁路国有政策在以下几方面激化了与立宪派的矛盾，使清政府与包括立宪派在内的全国人民为敌。

首先，当时的铁路政策不只是经济问题，还是一个政治问题。自19世纪末以来，铁路即成为西方列强争夺中国势力范围的一个重要对象。20世纪初，国内各省发起成立商办铁路公司，目的就是要收回路权。而摄政王政府在推出铁路国有政策后，又于5月20日与英、德、法、美四国签订《湖广铁路借款合同》，这就极大地伤害了立宪派和广大士绅的民族主义感情，使铁路国有政策成为爱国和卖国之争。

其次，清政府铁路国有政策出台的程序缺乏合法性。根据清政府颁布的资政院章程第14条第3款和谘议局章程第21条第1款之规定，

---

① 《直省谘议局联合会为阁制案续行请愿通告各团体书》，载《国风报》，第2年，第16号，文牍，1911-07-16。

② 张孝若：《啬翁自订年谱二卷》，66页，见《南通张季直先生传记》，上海，中华书局，1930。

③ 参见刘厚生：《张謇传记》，181~182页，香港，龙门书店，1965。

④ 有关清末铁路政策的演变及如何看待清末的铁路政策，请参见拙文：《论清末铁路政策的演变》，载《近代史研究》，1993(3)。

国家募集国债须由资政院议决，凡涉各省利权之事，则应由各省谘议局议决，而清政府未与资政院和谘议局商议，便擅自宣布将地方铁路收归国有并与列强签订借款合同，这就使得铁路国有政策问题与当时国内捍卫立宪政治的斗争联系在一起。四川立宪派邓孝可便在《答病氓》一文中指出："于此不争，而曰立宪立宪，则将来不过三五阔官，东描西抄，饾饤凑塞，出数十条之钦定宪法，于事何济？"呼吁只有在这个问题上与清政府进行坚决斗争，"使知徒恃其专横野蛮，一步不能行，则宪政可以固而国基巩矣"。① 四川立宪派在发表的《保路同志会宣言书》中则公开表示："政府果悔于厥心，交资政院议决以举债，交谘议局、股东决议以收路，动与路权无干之款以修路，朝谕下，夕奉诏。非然者，鹿死无阴，急何能择，吾同志会众惟先海内决死而已，不知其他。"②

最后，清政府的铁路国有政策损害了地方立宪派和民众的经济利益。在宣布将粤汉、川汉铁路收归国有之后，清政府没有给予各省商办铁路公司相同的合理的经济补偿：粤省铁路公司由清政府发还六成现银，其余四成发给国家无利股票；湘、鄂两省商股全数发还现银，米捐、租股等发给国家保利股票；而对川省铁路公司，清政府不但对公司在上海的 300 余万两倒折之款不予承认，并且对公司已用之款和现存之款，一概不还现款，一律换发给国家铁路股票。这就极大损害了川省立宪派和广大中小股东的经济利益，使得川省立宪派和民众与清政府的矛盾格外尖锐，以致四川的保路运动成为辛亥革命的导火线。

## 四、新政具有颠覆清朝统治的内在动力

清末新政没有挽救清朝统治，归根结底，是由于新政改革本身就具有革命性，具有颠覆清朝统治的内在动力。清朝政府本质上是一个

---

① 隗瀛涛、赵清主编：《四川辛亥革命史料》上册，213 页，成都，四川人民出版社，1981。

② 隗瀛涛、赵清主编：《四川辛亥革命史料》上册，194 页。

封建政权，而新政改革在许多方面具有近代资本主义性质。由一个封建旧政权推行具有资本主义性质的改革，一方面令清末新政改革具有保守的一面，不能完全资本主义化，这在新政改革暴露出来的问题和不足中得到充分体现。但另一方面，清朝这个封建旧政权推行有限度的资本主义性质的改革，必然要突破旧政权的限制，成为旧政权的对立面，这是不以清朝统治者的意志为转移的历史必然规律。

例如，清政府推行近代教育改革，目的无疑是要培养他们统治所需要的人才，因此千方百计将教育改革限制在符合旧政权统治需要这一根本目的上。在兴办近代学堂过程中，清政府强调无论何种学堂"均以忠孝为本，以中国经史之学为基，俾学生心术壹归于纯正，而后以西学瀹其智识"①，一再严令学生不得从事政治活动，并谕令学务官员和地方督抚及学堂监督、学监、教员等务须切实整饬学风，对那些离经叛道的学生严加惩处，"以副朝廷造士安民之至意"②。在驻外使馆中则设立留学生监督处，监督中国留学生学习和日常活动，制定留学生约束章程，规定留学生不得"妄发议论，刊布干预政治之报章"，出版和翻译著作不得"有妄为矫激之说，紊纲纪害治安之字句"，等等。③但学堂学生和留学生一旦接受近代西方教育，接触西学知识和民主政治理论，就不是清朝统治者所能控制的，他们必然要突破清朝政府的限制，成为清朝封建专制制度的批判者，发起学潮，投身爱国民主政治活动。据有关学者研究，1902—1911 年全国共发生学潮 502 堂次，波及京师和 20 个省份的各级各类学堂。④ 清廷在 1907 年年底的一道上谕中所说的"乃比年以来，士习颇见浇漓，每每不能专心力学，勉造

---

① 张百熙、荣庆、张之洞：《重订学堂章程折》(1904 年 1 月 13 日)，见璩鑫奎、唐良炎编：《中国近代教育史资料汇编·学制演变》，298 页，上海，上海教育出版社，2007。

② 朱寿朋编：《光绪朝东华录》(五)，张静庐等校点，5807 页。

③ 张之洞：《筹议约束鼓励学生章程折(附章程)》(1903 年 10 月 6 日)，见陈学恂、田正平编：《中国近代教育史资料汇编·留学教育》，57～58 页，上海，上海教育出版社，2007。

④ 参见桑兵：《晚清学堂学生与社会变迁》，5 页，上海，学林出版社，1995。

通儒，动思逾越范围，干预外事；或侮辱官师；或抗违教令，悖弃圣教，擅改课程，变易衣冠，武断乡里。甚至本省大吏拒而不纳，国家要政任意要求，动辄捏写学堂全体空名，电达枢部，不考事理，肆口诋諆，以致无知愚民随声附和，奸徒游匪借端煽惑，大为世道人心之害"①，就反映了这样一个客观事实。截至1911年清朝覆灭，新政教育改革培养了大约200万名的学堂学生和万余名的留学生，他们多数因接受近代教育而成为旧政权的异己者。这些新型知识分子在当时中国人口中所占比例虽然还十分有限，但由于他们属于知识精英，是传统封建社会沟通官民的中介群体，是中国传统封建社会的稳定器，因此，他们对清朝统治的影响就非同小可，确乎如上谕所说"大为世道人心之害"。事实上，关于新政教育改革对清朝统治所造成的危害，当时一些清朝官员就有所认识，如曾出任广东巡抚、山西巡抚、河南巡抚和两广总督等职的张人骏就抨击清政府的留学政策败坏人心，助长革命，自毁长城，"开辟至今未有之奇祸"，指出中国学生涌入日本留学"好者，不过目的影响数百新名词，全无实际。否则革命排满自由而已"。②

与教育改革相似，新政军事改革也具有相同的效果。一方面，军队作为国家统治的重要机器，清政府编练新军的目的，就是为了巩固清朝的统治，并且也曾收到了一些这样的效果，清末的反清起义有些就是被新军镇压下去的。但另一方面，新军接受近代军事教育后，新军官兵的文化水平得到提高，国家意识和民族意识也大为增强，他们认识到了当时中国社会的腐败、黑暗、落后以及民族危机的严重性，从而滋生了对清朝统治的强烈不满，最终成为清朝政府的掘墓人。1911年10月10日推翻清朝统治的武昌起义的枪声，就是由湖北的新军率先打响；随后，新军在宣布独立的各省的起义中均发挥了十分重

---

① 朱寿朋编：《光绪朝东华录》（五），张静庐等校点，5806～5807页。
② 张守中编：《张人骏家书日记》，114页，北京，中国文史出版社，1993。
按：有关清末学生群体的出现及对清末中国社会的冲击和影响，参见桑兵《晚清学堂学生与社会变迁》及《清末新知识界的社团与活动》两部著作。

要的作用。其中，湖北、湖南、江西（九江）、陕西、山西和云南六省的起义，均由新军领导；贵州、浙江、广西、安徽、福建、广东、四川（成都）、江西（南昌）和江苏九省虽然由各省谘议局会同士绅、商人和商会宣布独立，但他们都得到了新军的有力支持，实际上是由新军军官与各省谘议局携手合作设立军政府；甚至在由清政府直接控制的原袁世凯训练的北洋军中，也发生了著名的声援武昌起义的滦州兵谏和滦州起义。并且，作为清末军事改革重要组成部分的清朝海军，虽然在辛亥革命初期曾配合清军镇压武昌起义，但在革命形势的影响下及革命党人的策反下，在武昌起义爆发后仅一个月，整个清朝海军即反戈相向，完全倒向革命一边，并参加反清作战和北伐。①

清政府的军事改革导致这样一个相反结果，原因就如澳大利亚学者冯兆基在《军事近代化与中国革命》一书中所分析："军事教育和军事技术的剧烈变革往往是一场政治性的经历。这些变革以某种形式向官兵提供了公民的权利和义务方面的教育，尽管他们没有受过明确而正式的政治训练。新式军人越来越懂得发展新的技术领域与新的技术体系是近代国家的基础，从而十分清楚地意识到中国比较衰弱，也理解了他们所处社会的政治性质，并知道他们自己在社会发展中的特殊作用"，由此"愿意为建立强大昌盛、独立民主的中国而奋斗"。② 这是一个不以清朝统治者的意志为转移的必然结果。

除了教育改革和军事改革之外，清末新政的其他改革，诸如经济政策、预备立宪政治改革等，也均具有类似的效果——搬起石头砸自己的脚。作为一场具有资本主义性质的近代化改革运动，清末新政的最后结局跳不出以下两种选择：要么清政府真心实意开放政权，和平实现政权性质的转换，由此消除旧政权与近代化改革运动之间不可调和的矛盾；要么就是清朝政府被革命所推翻，由一个新的政权重新设

---

① 有关清朝海军反正起义情况，详见海军司令部《近代中国海军》编辑部编：《近代中国海军》，679～710页，北京，海潮出版社，1994。

② ［澳］冯兆基：《军事近代化与中国革命》，郭太风译，94～95页，上海，上海人民出版社，1994。

计中国的出路。

历史最终做了后一种选择，清末新政改革没有挽救清朝统治，清朝政府最终还是被革命所推翻。并且，在清朝政府这个旧政权被推翻之后，由于特殊的历史环境，中国在很长一段时期处于战乱之中，没有诞生一个稳定的、具有权威性和合法性的新政权，领导中国走上一条适合中国国情的近代化道路。就此意义来说，清末新政完全失败了。但就新政的改革内容及其所产生的实际效果和影响来说，它并没有完全失败：一则新政的许多改革内容并没有因清朝统治被推翻而遭中断，而是在民国的历史上得以继续；二则新政所产生的实际效果和影响与辛亥革命的方向，在很大程度上是一致的，是并行不悖的。因此，我们既毋因肯定辛亥革命而否定清末新政改革内容的进步性，也不必因肯定清末新政改革而否定辛亥革命的正当性和进步性，为新政没有挽救清朝的统治而感到惋惜。清朝的灭亡乃是历史的必然。

原载《社会科学辑刊》2013 年第 2 期

# 摄政王载沣主持下的改革

　　1908年11月14、15日光绪皇帝和慈禧太后相继去世后，清朝最高权力出乎意料地实现了平稳交接。根据慈禧太后的临终安排，年仅三岁的溥仪于12月2日举行登极典礼，正式继任皇位，溥仪的父亲醇亲王载沣则以摄政王身份具体负责清朝军国大事。从此，清末新政改革进入摄政王载沣时代。

　　由于摄政王载沣执政三年清朝即告灭亡，同时也由于摄政王载沣政策上的一些失误，对于载沣主持下的改革，人们长期来不予重视，甚至认为这一时期改革出现严重倒退。但事实上，在摄政王执政的三年里，清末新政的各项改革不但没有中断，而且在经历八年的改革之后，进入关键的实施阶段，不少方面还有所扩大和深化。

## 一、关于政治改革

　　首先，在政治改革领域，载沣在举行登极典礼的次日（12月3日），就以宣统皇帝名义发布诏书，向中外宣示将严格执行《九年筹备立宪清单》的要求，仿行立宪"仍以宣统八年为限，理无反汗，期在必行"①。1909年1月2日，谕准宪政编查馆在馆内设立考核专科，负责考核京外各衙门应行筹备工作。3月6日，又发布上谕，重申朝廷推行预备立宪决心，宣称："国是已定，期在必成，嗣后内外大小臣工皆

---

　　① 中国第一历史档案馆编：《光绪宣统两朝上谕档》第34册（光绪三十四年），274页，桂林，广西师范大学出版社，1996。

当共体此意，翊赞新猷。"①5 月，斥责陕甘总督升允反对和诋毁立宪，并于 6 月 23 日发布上谕，准其开缺，以示惩戒。② 针对宪政编查馆在考核中发现京外各衙门在筹备立宪过程中存在不作为等问题，11 月 25 日，载沣再次颁布上谕，要求各级政府机构和官员实心办事，指出："先朝谕旨，谆谆以筹备立宪为要图，业经严定年限，各专责成，期于计日程功，届时颁布，不啻三令五申。朕临御以来，又复叠降明谕，或于批折内告诫再三，其于宪政前途、实事求是之心，早为天下臣民所共见"，警告各级机构和官员不得因循敷衍，遇事畏难、推诿，毫无作为，否则，"朕惟有凛遵上年八月初一日谕旨，按照溺职例惩处"。③

在摄政王的严厉督促和强力推动下，作为未来地方和全国立法机关的谘议局和资政院如期开办。按照《九年预备立宪逐年筹备清单》（又名《逐年筹备事宜清单》）的规定，至 1909 年 10 月 14 日，除新疆之外，全国 21 行省的谘议局均如期成立。根据 1908 年 7 月 22 日清政府颁布的《各省谘议局章程》和《谘议局议员选举章程》的内容，以及各省第一届会议的实际情况，谘议局一方面还没有像在立宪国家那样具有完全的地方立法权和行政监督权，如章程规定"各省督抚有监督谘议局选举及会议之权，并于谘议局之议案有裁夺施行之权"④；在有关谘议局与地方督抚之间的来往行文用语上，章程也未将谘议局放在与地方督抚平等的位置上，谘议局对督抚的行文、章程均用了"呈候""呈请""报告"等下级对上级用语，督抚对谘议局的行文则用"令""批答""批准"等上级对下级用语⑤；

---

① 中国第一历史档案馆编：《光绪宣统两朝上谕档》第 35 册（宣统元年），63 页。

② 中国第一历史档案馆编：《光绪宣统两朝上谕档》第 35 册（宣统元年），229 页。

③ 中国第一历史档案馆编：《光绪宣统两朝上谕档》第 35 册（宣统元年），432～433 页。

④ 故宫博物院明清档案部编：《清末筹备立宪档案史料》下册，681 页。

⑤ 在后来谘议局第一届会议上，浙江、江苏、江西、奉天等许多省的谘议局议员就对这套谘议局与地方督抚往来公文格式表示强烈不满，要求改用平行机关的"照会""咨"或"移"等用词。

此外，由于章程对选举人资格实行严格限制，致使各省实际享有选举权的人数在各省总人口中所占的比例十分有限，最高为 0.62%，最低仅 0.19%，平均为 0.42%。①

但另一方面，谘议局并非地方督抚的咨询机构，也非毫无实际意义的民主制度的点缀品，而是一个可以独立议事的、拥有一定程度的立法权和监督行政权的地方议会。章程第六章第二十一条明确规定谘议局拥有以下十二项职责和权限：(1)议决本省应兴应革事件；(2)议决本省岁出入预算；(3)议决本省岁出入决算；(4)议决本省税法及公债；(5)议决本省担任义务增加事件；(6)议决本省单行章程规则的增删和修改；(7)议决本省权利的存废；(8)选举资政院议员；(9)申复资政院咨询；(10)申复督抚咨询事件；(11)公断和解本省自治会争议事件；(12)收受本省自治会或人民的陈请建议。同时，章程第六章还赋予谘议局一定的地方行政监督权，规定本省官绅如有纳贿及违法等事，谘议局得指明确据，呈候督抚查办；本省督抚如有侵夺谘议局权限，或违背法律等事，谘议局可以呈请资政院核办；谘议局于本省行政事件及会议厅议决事件，如有疑问，有权呈请督抚批答，强调"本条系申明谘议局于本省政务有与议之权"②；在谘议局议决事件或督抚交令复议事件上，谘议局与督抚如争议不下，须将全案咨送资政院核议。这些规定，一定程度已将谘议局与地方督抚放在一个平行的位置上。此外，章程中有关谘议局内部组织、会议程序、议事和表决方式，以及议员、议长、常驻议员的产生、任期、补缺和改选、辞职及对议员的处分等的规定，也基本符合立宪国家的议会规则。而在谘议局第一届会议上，总计 1643 名的各省议员，虽然 89% 为有传统功名的士绅阶级，但同时他们多数为受过新式教育的新知识人，为地方立宪派人物，

---

① 参见张朋园：《立宪派与辛亥革命》，14～15 页，长春，吉林出版集团有限责任公司，2007。

② 故宫博物院明清档案部编：《清末筹备立宪档案史料》下册，678 页。

且大多是 43 岁左右的中年人，年富力强，具有极强的议政和参政能力①；多数议员在第一届会议上积极议政、参政，并在会后发起速开国会请愿运动。谘议局的成立，为一部分国民打开了行使民主权力的第一扇大门，并在随后的两年里成为推动中国民主化进程的一股重要政治力量和一个有力的战斗堡垒。

在筹备开办谘议局的同时，根据《九年预备立宪逐年筹备事宜清单》的安排，地方自治也得以加速推进。1909 年 1 月 18 日，摄政王载沣上台执政不久就颁布了《城镇乡地方自治章程》和《城镇乡地方选举章程》，强调"地方自治为立宪之根本，城镇乡又为自治之初基，诚非首先开办不可"，谕令民政部和各地方"迅即筹办，实力奉行，不准稍有延误"。②1910 年 2 月，又颁布了《京师地方自治章程》《京师地方选举章程》《府厅州县地方自治章程》和《府厅州县议事会议员选举章程》。在清政府的督责下，地方自治在清朝的最后三年里进入了实质性实施阶段，在全国各地推广开来。据不完全统计，截至 1911 年，在下级城镇乡自治层面全国成立的城议事会、董事会超过 1087 个，镇议事会、董事会超过 580 个，乡议事会、董事会超过 2070 个；上级府厅州县议事会超过 329 个。③

与开办谘议局和推行地方自治制度相呼应，作为国家议会的过渡性机构的资政院也在摄政王政府的推动下，于 1910 年 10 月 3 日如期成立。一方面，根据 1909 年 8 月摄政王批准颁布的《资政院章程》65 条，资政院作为一个过渡性的立法机构，尚不完全具备立宪国家议会

---

① 有关谘议局议员的身份分析，可参见张朋园：《立宪派与辛亥革命》，23～27 页。

② 中国第一历史档案馆编：《光绪宣统两朝上谕档》第 34 册（光绪三十四年），368 页。

③ 以上数据根据马小泉《国家与社会：清末地方自治与宪政改革》（157～159 页，开封，河南大学出版社，2001）中的相关统计及说明得出。另，有关清末地方自治运动的研究，可参见博因彻（John H. Fincher）的《中国的民主：1905—1914 年地方、省和国家三层次的自治运动》（*Chinese Democracy*：*The Self-Government Movement in Local*，*Provincial and National Politics*，1905-1914，Canberra，Australian National University Press，1981）一书。

性质，民主色彩与谘议局相比较为薄弱，如资政院的总裁和副总裁均由君主特旨简充，议员的产生钦选和谘议局议员互选各为 100 名①；同时，资政院的立法权也不完全，无制定、修改宪法之权，议决的议案还须经过君主"裁夺"；在政府与资政院的关系上，并无军机大臣对资政院负责的规定，军机大臣和各部行政大臣如有侵夺资政院权限或违背法律之事，以及在资政院通过的议案上发生分歧，资政院只能请旨裁夺。但另一方面，资政院又拥有一些立宪国家议会所具有的职能和权力，如根据院章规定，资政院拥有议决国家财政预决算、税法和公债的权力，拥有制定和修改宪法之外的新法典的权力，拥有质问行政部门的权力，拥有弹劾军机大臣、行政大臣侵夺资政院权限或违背法律的权力，拥有核议具奏谘议局与地方督抚异议事件的权力。而在资政院第一届常年会开办后，在民选议员的强力推动和主导下，资政院也积极行使了上述民主权力。在 100 天的会期里，资政院议案讨论的内容涉及政治、经济、军事、外交、法律、文化、教育、地方事务和社会习俗等各个方面。其中，针对各省谘议局与地方督抚许多有争执的议案，资政院专门设置了由 18 人组成的"审查各省谘议局关系事件特任股员会"，负责审查研究，向全体会议提出审查报告，调解督抚与谘议局之间的争议，或支持谘议局行使正当权力。在经济领域，资政院曾提出商办铁路非经国会协赞不得收回国有案、铁路公司适用商律案等重要议案。在改良社会风俗方面，资政院提出的重要议案有改用阳历案、禁止妇女缠足案、禁烟案和剪发易服案等。在政治领域，资政院不但多次行使质问权，对各衙门行政事件及内阁会议政务处议决事件提出质询，而且公开提出速开国会案、设立责任内阁和弹劾军机大臣案以及开放党禁案等重大敏感政治议案。② 这些都充分表明资政院并不是一个封建专制机构，而是一个民主政治机构；它与谘议局一道推进了中国民主化的历史进程。

---

① 资政院第一届议员的实际名额为各 98 名。

② 参见韦庆远、高放、刘文源：《清末宪政史》，421～455 页，北京，中国人民大学出版社，1993。

继谘议局和资政院相继开办之后，作为立宪政治的另一项重要制度设置的责任内阁制，也在速开国会请愿运动的催促下，于1911年5月8日宣告成立。是日，摄政王政府批准并颁布宪政编查馆和会议政务处制定的《内阁官制》19条和《内阁办事暂行章程》14条，并颁布上谕，任命内阁总理大臣、协理大臣及各部大臣，同时宣布裁撤旧设内阁、军机处和会议政务处等机构。根据《内阁官制》和《内阁办事暂行章程》内容，新内阁官制一方面采行了立宪国家责任内阁制精神，规定内阁由国务大臣组成，国务大臣包括内阁总理及各部大臣。国务大臣辅弼皇帝，担负责任。总理大臣为政府首脑，决定政治方针，保持行政统一，有权停止执行各部大臣的错误命令或处分；有权对各省及藩属长官发布行政训示，实行监督，并停止其错误的命令或处分；有权颁布内阁令，并随时入对。国家颁布法律、敕令及有关国务谕旨，凡涉及各部者由国务大臣会同署名，专涉一部或数部者由总理大臣会同该部大臣署名。同时，内阁会议也由国务大臣同意议定，以总理大臣为议长，等等。这就明确了国务大臣的政治责任，将新内阁和国务大臣与旧时的军机处和军机大臣区别开来。旧时的军机处只是皇帝的办事机构，军机大臣相应也就不对国务负有责任。而新内阁作为国家最高行政机关，总揽国务，制定和颁布国务政策，实行副署制度，这就使得新内阁官制和国务大臣不能像旧时的军机处和军机大臣那样遇事敷衍塞责，且在一定程度上对君主专制独裁构成了限制，同时也有助于国家行政机构趋于合理化以及国家政令的统一和畅通，达到"萃一国行政大臣于一署，分之则各专所职，合之则共秉国钧，可否于以协商，功罪于以共负，无隔阂，无诿卸"①的效果。

但另一方面，新内阁还不是完全的责任内阁，与会议责任内阁制多有不符之处，保留浓厚君主专制制度色彩，极力维护君主实际权力不受根本性侵害。如新内阁官制和办事暂行章程规定，内阁总理大臣在处理国务问题上与各部大臣及各省长官及藩属长官发生严重分歧时，

---

① 《宪政编查馆会议政务处奏拟定内阁官制并办事暂行章程折》（宣统三年四月初十日），见故宫博物院明清档案部编：《清末筹备立宪档案史料》上册，560页。

最终须"奏请圣裁"。在内外新官制施行之前，各部大臣仍可自行请旨入对；按照向例蒙获召见人员，于国务有所陈述者，由内阁总理大臣或协理大臣带领入对，但御前大臣、领侍卫内大臣、军谘处、海军司令部、宗人府、内务府各大臣及其他蒙特旨召见者，不在此限；关于国务陈奏事件，凡例应奏事人员及言官奏劾国务大臣，仍得自行专折入奏，候旨裁夺；等等。另外，内阁总理大臣、协理大臣和国务大臣，也均由君主特旨简任，而非由议会任命。这就使得新内阁还不是完全真正意义上的责任内阁，而具有过渡性质。不但如此，摄政王政府还在新内阁成员的任命上违背皇族不得充当国务大臣的最基本的立宪原则。在 13 名内阁成员中，汉族大臣只有 4 人，满族大臣则占了 9 人，其中皇族又占了 7 人（皇族本支即宗室 6 人，远支即觉罗 1 人），且居于领导地位。这充分暴露了满族贵族无意放弃国家权力的愿望，使得摄政王载沣的政治改革大打折扣，并导致严重的政治后果。至于武昌起义爆发之后，摄政王政府慑于滦州兵谏，推出《宪法重大信条十九条》，应诺成立完全责任内阁，建立议会制君主立宪政体，已不属于摄政王载沣的自主改革，不代表其改革的真实意愿。这与其说是清朝政府的改革，还不如说是辛亥革命的成果。

## 二、关于其他新政改革

除了预备立宪政治改革之外，清末新政的其他改革，诸如法制改革、财政改革、教育改革、军事改革、振兴实业政策等，也都在摄政王载沣执政的三年里得以继续或加速推进。

如在法制改革方面，经过多年的编纂，1909 年修订法律大臣进呈编订现行律例，经多次争论修改，1911 年 1 月正式颁布《大清新刑律》总则和分则两编共 411 条，对旧律进行了诸多改革。1911 年 2 月 24 日，摄政王载沣又从法部奏请，通谕停止刑讯，永远革除一切非刑、私刑，要求有关死刑人犯应行讯者，务须恪遵现行律例办理。[①] 同时，

---

① 参见中国第一历史档案馆编：《光绪宣统两朝上谕档》第 37 册（宣统三年），16 页。

载沣大力推进近代司法制度建设，于 1909 年 8 月颁布《各级审判厅试办章程》，在中国首次确立了较为完备的起诉制度、检察官制度和回避制度。1910 年 2 月颁布的《法院编制法》，则为中国确立了四级三审制的审判制度。1910 年 12 月修订法律馆起草完成的《民事诉讼律草案》和 1911 年 1 月完成的《刑事诉讼律草案》，又排除地方督抚及保守官僚的反对，对陪审制和律师制均予保留，并且内容更为完备；这两部草案虽因清朝覆灭、未及核议颁行，但成为稍后北洋政府立法的蓝本。

在教育改革方面，学堂制度得到进一步完善，如批准学部《变通初等小学堂章程》，将初等小学堂分为五年制的完全科和四年制、三年制的简易科三种，以推广小学教育；制订、颁布了《小学教员检定章程》和《优待章程》，以加强小学师资力量，提高小学师资水平。另为配合预备立宪，提高国民识字率，学部编定和试行《简易识字课本》和《国民必读课本》，颁布、实施《简易识字学塾章程》，责令地方督抚在厅州县推广简易识字学塾，对年长失学和无力就读的贫寒子弟进行扫盲教育。在中学教育方面，学部仿照德国学制，奏准将中学堂分文科和实科两类，令在全国实行，文科重经学，实科重工艺；另颁布《检定初级师范中学教员及优待教员章程》，以保证初级师范中学教员质量，为培养合格小学教员提供保证。在女子教育方面，继 1907 年 3 月学部颁布《女子小学堂章程》和《女子师范学堂章程》，弥补壬寅学制和癸卯学制忽视女子教育的疏忽之后，1911 年 4 月，各省教育总会联合会还进一步打破男女不得同校的禁令，议决"初等小学儿童年龄在十岁以内，准男女同学"①。此外，大力充实和发展实业教育，强调"实业教育最为富国裕民之本"②，同时继续推动留学教育。在美国政府的配合和支持下，外务部和学部拟订利用美国退还部分庚子赔款派遣中国学生赴美留学

---

① 《各省教育总会联合议决案：请变更初等教育法案》，见李桂林、戚名琇、钱曼倩编：《中国近代教育史资料汇编·普通教育》，81 页，上海，上海教育出版社，2007。

② 《学部通饬整顿筹画实业教育札文》(1909 年 9 月 14 日)，见璩鑫奎、童富勇、张守智编：《中国近代教育史资料汇编·实业教育　师范教育》，21 页，上海，上海教育出版社，2007。

办法大纲，成立游美学务处，创办留美预备学校清华学堂，于1909—1911年分别挑选47名、70名和63名中国学生，分三批前往美国留学。[①] 在摄政王载沣执政的三年里，国内学堂和学生数也继续呈增长态势，学堂数由1905年的8277所和1908年的47995所，增至1909年的59117所、1910年的42696所和1911年的52500所；在校学生则由1905年的近26万人和1908年的130万人，增至1909年的163万人。[②] 这说明教育改革在清朝的最后三年里继续得到执行。

在军事改革方面，摄政王载沣不但继续此前政策，并在加强中央军事管理，着实推进中央对全国军队的控制方面取得突破，于1909年7月15日颁布上谕，宣布皇帝为海陆军大元帅，皇帝未亲政之前，暂由摄政王代理，并将军谘处从陆军部中分出，成为凌驾陆军部之上的一个独立军事机构，"通筹全国陆海各军事宜"[③]，使之相当于赞佐摄政王统率陆海军的总参谋部，并统辖陆军大学堂、陆军测绘学堂、驻各国使馆武官、陆军文库并负责全国各地海陆军参谋等官的管理、考核等事宜，任命贝勒毓朗和自己的亲弟弟载涛负责军谘处事务。同时，陆军部也在尚书荫昌的主管下改革内部机构，厘定陆军部暂行官制大纲，将原陆军部缩减，提高陆军部办事效率，明确各司职掌，加强对全国陆军的领导。在载涛和荫昌的相互配合和领导下，军谘处与陆军部先后采取一系列措施，削弱地方督抚兵权，加强中央对地方军队的直接领导和控制，如继1907年陆军部尚书铁良将袁世凯北洋四镇收归陆军部之后，1910年10月陆军部尚书荫昌将直隶总督控制的剩余两镇北洋军（第二镇和第四镇）收归陆军部直接管辖，另将军队各级高级军官置于军谘处和陆军部的绝对控制之下，由他们负责任免，并取消督抚所兼各省督练公所督办和会办头衔，派员调查地方驻军编制情况，

---

① 参见陈学恂、田正平编：《中国近代教育史资料汇编·留学教育》，188～190、197～199、202页。

② 参见王笛：《清末新政与近代学堂的兴起》，载《近代史研究》，1987(3)。

③ 中国第一历史档案馆编：《光绪宣统两朝上谕档》第35册（宣统元年），251页。

等等。在军事改革中，摄政王载沣还特别重视重整海军，1909 年 2 月 19 日即颁布上谕，宣称"方今整顿海军，实为经国要图"①，委派肃亲王善耆、镇国公载泽、尚书铁良、提督萨镇冰负责筹划；7 月又谕令设立筹办海军事务处，任命自己的另一位亲弟弟载洵和提督萨镇冰为筹办海军大臣；1910 年 12 月 4 日即宣布海军部脱离陆军部独立成立，作为全国海军的最高领导机关；另批准筹办海军事务处制订的发展海军"七年规划"，统一南北洋舰队，将 15 艘适于海战的舰艇编为巡洋舰队，将 17 艘适于江防的舰艇编为长江舰队；筹建象山军港，先后两次派遣筹办海军大臣出国考察海军，订购军舰 12 艘；等等。② 这是自甲午战败以来，清朝政府为重整海军所做的力度最大，也是最有成效的改革。

在金融、财政政策方面，经过多年的讨论和筹备，清政府在摄政王当政的三年里也多有突破。在 1905 年年底清政府颁布上谕、确定银本位的基础上，1910 年 5 月 23 日度支部颁布《银本位币制则例》24 条，进一步统一国内币制，除确定国币单位、改两为元外，还对各种铸币的成色、重量，主辅币间的关系和使用数量，以及收兑方式、法律责任等做了明确规定，并将铸币权收归中央。同时，度支部还进一步清理纸币，1909 年 7 月 23 日颁布《通用银钱票暂行章程》20 条，对各官商银钱行号发行银钱票的条件和数目加以限制。次年，度支部又颁布《厘订兑换纸币则例》19 条，将发行纸币权收归国家中央银行。在财政制度建设方面，度支部一方面在建立近代金融机构的基础上，进一步建立近代公库制度，1910 年年底与资政院奏定《国库章程》15 条，规定由国家银行设立金库，专门代国家保管现款，经理出纳事务。另一方面，度支部还根据《九年预备立宪逐年筹备事宜清单》要求，于 1909 年年初颁布《清理财政局办事章程》27 条，各省设立清理财政局，加强中央对全国财政的控制和管理，并在此基础上，实行现代预算制度，于

---

① 张侠、杨志本、罗澍伟等合编：《清末海军史料》下册，93 页，北京，海洋出版社，1982。

② 有关摄政王载沣为重整海军所做的改革，可参见海军司令部《近代中国海军》编辑部编：《近代中国海军》，563～578 页。

1910 年年底推出经资政院议定的中国第一个以立法形式宣布的宣统三年(1911)预算案。总之，在清朝的最后三年里，清末新政在金融和财政改革方面迈出了可喜的步伐。

在经济政策方面，摄政王政府虽然在个别政策上有所调整，特别是 1911 年 5 月推出的铁路国有政策，不但与新政初期商部鼓励商办政策相矛盾，而且直接导致辛亥革命的爆发。但铁路国有政策的推出，并不意味着清政府振兴实业政策发生逆转。事实上，在清政府的最后三年里，振兴实业的各项政策不但继续得到执行，甚至在某些方面还有所深入，譬如农工商部在发展近代农业的力度上就较前一时期有所加强。并且，就摄政王政府推出铁路国有政策的本意来说，固然有迎合列强投资中国铁路的因素，但主要还是出于商办铁路"奏办有年，多无起色"①，希望通过将铁路收归国有，克服商办铁路的各种弊端，加快中国的铁路建设，同时促进国防建设、交通运输业的发展及军政的统一，并减少民众负担。摄政王载沣在颁布铁路国有政策的上谕中就坚定申明出于此意，指出："朝廷每念边防，辄劳宵旰，欲资控御，惟有速造铁路之一策。况宪政之谘谋，军务之征调，土产之运输，胥赖交通便利，大局始有转机。熟筹再四，国家必得有纵横四境诸大干路，方足以资行政而握中央之枢纽。从前规划未善，并无一定办法，以致全国路政错乱纷歧，不分枝干，不量民力，一纸呈请，辄行批准商办。乃数年以来，粤则收股及半，造路无多；川则倒帐甚巨，参追无着；湘、鄂则设局多年，徒资坐耗。竭万民之脂膏，或以虚縻，或以侵蚀。恐旷时愈久，民累愈深，上下交受其害，贻误何堪设想。"②因此，摄政王推出的铁路国有政策与新政的振兴实业政策不但不矛盾，而且是为推进振兴实业政策而做的一个调整。③

① 宓汝成编：《中国近代铁路史资料(1863—1911)》第 3 册，1157 页，北京，中华书局，1963。

② 中国第一历史档案馆编：《光绪宣统两朝上谕档》第 37 册(宣统三年)，92 页。

③ 有关清末铁路政策的演变及如何看待清末的铁路政策，参见拙文：《论清末铁路政策的演变》，载《近代史研究》，1993(3)。

## 三、结　语

总之，在摄政王载沣当政的三年里，一方面，新政的各项改革不但没有倒退和停顿，反而加速推进；另一方面，载沣的改革的确在许多方面表现出加强中央集权的趋向，但这是新政改革一开始就固有的本质，只是随着改革的推进而愈益显化，并不意味改革的倒退。并且，加强中央集权也是清末新政改革的必然要求，是清末新政改革的应有之义；新政改革要取得成功，就必须克服先前清朝存在的地方主义弊端，通过加强中央集权，实现中央对改革的统一领导。事实上，从世界范围来说，在近代化初期，加强中央集权和巩固君权并不一定就妨碍向近代国家转型，反而更有助于一些落后国家的近代化发展，日本的明治维新和德国的俾斯麦改革，就是很好的例子。

清末新政改革的症结在于，在20世纪初满汉矛盾趋于激烈和君权被视为中国积贫积弱的罪恶之源的时候，以及清朝政府因不能克尽守土保民之责而丧失权威性和合法性、被视为"洋人的朝廷"的情形下，清政府加强中央集权和巩固皇权的举措，必然激化满汉矛盾，破坏新政改革的合理性和进步性，由此葬送整个新政改革事业，并为革命党人的排满宣传提供口实。这是当时的清朝统治者未曾认识到的一个重大问题，而清朝政府也为此付出沉重代价。

节录自王建朗、黄克武主编：《两岸新编中国近代史》（晚清卷）上册，本人撰写的第十一章"十年新政与清朝覆灭"，441～451页，社会科学文献出版社，2016，收录时内容有所调整

# 摄政王载沣驱袁事件再研究

　　摄政王载沣驱袁是辛亥革命前夕清廷内部发生的一个重大政治事件，它直接影响了清末民初中国政局的演变。相关论著对此虽有论及①，但均局限于对驱袁事件发生之际清廷内部权力斗争的考察，始终忽视这一事件所发生的国际背景，没有注意到驱袁事件与当时联美制日外交失败之间的关系，亦忽视驱袁事件发生之后清廷内外围绕袁世凯复出问题而展开的斗争，以及美、英、日等国的不同反应。本文则在前人研究成果的基础上，利用美国国务院档案，并结合中文档案和文献资料，从内政和外交两个维度，对载沣驱袁的经过、美国政府的反应以及载沣罢黜袁世凯的原因和袁世凯的复出等问题做一些补充研究，以便我们对这个历史事件的前因后果以及清末政局的复杂性有一个更为全面的了解和认识。

## 一、载沣驱袁经过

　　载沣驱袁事件缘起于光绪皇帝和慈禧太后的相继去世。1908 年 11 月 14 日光绪皇帝去世，慈禧太后于当日即发布懿旨，宣布以醇亲王载沣之子溥仪入承大统，为嗣皇帝；在其成人之前由载沣监国、行使军

---

　　①　以笔者有限的阅读，有关载沣驱袁问题的研究，以侯宜杰先生的《袁世凯全传》(当代中国出版社 1994 年版)和骆宝善先生的《骆宝善评点袁世凯函牍》(岳麓书社 2005 年版)两书中的相关论述，以及杨天石先生的《须磨村密札与改良派请杀袁世凯的谋划》[《复旦学报(社会科学版)》1986 年第 5 期]一文，比较有学术价值。

国政事。次日，慈禧太后本人也撒手人寰。两宫的去世，使得戊戌政变以来一直遭压制的帝党和后党之争的历史旧案重新浮出水面。当年拥光绪帝推行变法的康有为、梁启超等人立即在海外发起倒袁运动。他们发表《光绪帝上宾请讨贼哀启》和《讨袁檄文》，并上书摄政王载沣，历数袁世凯罪状，控告光绪帝系被袁世凯谋害，呼吁载沣"为先帝复大仇、为国民除大蠹"①。康有为甚至为此两次致电美国总统西奥多·罗斯福(Theodore Roosevelt)，控告袁世凯谋害光绪皇帝，请求美国政府出面进行干涉。② 同时，他们还策划与善耆、载泽等满族亲贵和岑春煊、瞿鸿禨、张之洞等汉族官僚联络，劝说载沣迅速去除袁世凯。③

在朝廷内部，一些满族亲贵和汉族官僚也发起了倒袁运动。还在光绪帝去世前不久，御史江春霖就有感于袁世凯50寿辰上前来祝贺的各路官员堵塞门庭，袁世凯的权势如日中天，于10月3日上书慈禧太后和光绪帝，建议为国家和为袁世凯家族计，须对袁世凯的权势加以裁抑。④ 12月19日摄政王载沣在宣统皇帝登基后为表示新朝"恩泽"，命庆亲王奕劻以亲王世袭罔替，赏加袁世凯太子太保衔，江春霖又于12月29日上书摄政王，不满褒奖，控告奕劻、袁世凯结党营私，败坏官场风气，提醒载沣慎重考虑。⑤ 御史赵炳麟也上书摄政王，直言袁世凯为人险恶，"包藏祸心""树植私党，挟制朝廷""他日必生意外之变"，建议摄政王在"方今主少国疑"之际速将袁世凯罢黜，"以奠国本

①　康有为：《上摄政王书》，见汤志钧编：《康有为政论集》上册，639页，北京，中华书局，1981。

②　Kang Yuwei to President Roosevelt，November 14，30，1908，Telegram，*Records of the Department of State Relating to Internal Affairs of China*(以下简称RDS)，1906-1910，microfilm. 参见拙文：《光绪皇帝和慈禧太后之死与美国政府的反应》，载《清史研究》，2009(3)。

③　有关海外立宪派康有为、梁启超的倒袁活动，可参见杨天石《须磨村密札与改良派请杀袁世凯的谋划》一文，兹不赘述。

④　参见江春霖：《劾军机大臣袁世凯权势太重疏》(光绪三十四年九月初九日)，见《梅阳江侍御奏议》第2卷，11～14页，1927年刊印。

⑤　参见江春霖：《论庆亲王奉旨世袭罔替覃恩过优疏》(光绪三十四年十二月初七日)，见《梅阳江侍御奏议》第2卷，29～32页。

而杜后患"。① 善耆、载泽等满族亲贵则以袁世凯权力对朝廷构成严重威胁,劝说载沣尽快严办袁世凯,指出:"此时若不速作处置,则内外军政方面,皆是袁之党羽;从前袁所畏惧的是慈禧太后,太后一死,在袁心目中已无人可以钳制他了,异日势力养成,消除更为不易,且恐祸在不测。"②度支部尚书载泽还鼓动载沣乘机除掉袁世凯,为光绪皇帝复仇,密谓:"大行皇帝之事,天下称冤。皇上年幼,尔摄政,其毋自贻伊戚。"③

在如何处置袁世凯的问题上,年轻的摄政王载沣优柔寡断,缺乏清初康熙帝擒杀权臣鳌拜的政治胆略,将此等需要果断速决之事商诸庆亲王奕劻和军机大臣张之洞等人。狡猾、贪财的奕劻早已被袁世凯的金钱收买,坚决反对将袁世凯革职治罪,一再为袁缓颊。据报载,"初六日,摄政王特召庆邸进内,密商惩处袁尚书之旨,庆曾竭力斡旋,事遂中止。至初八日,复特诏庆邸入对,重询惩处袁氏之事,并掷阅江御史参袁原折,罗列劣迹多款。摄政王意拟派员彻查,再予处分。庆邸又代为面求。摄政王但允不予深究,仍须降旨开缺。庆邸面请不如令其自行告病。摄政王亦不允,并云我亦深知其才可用,无如其居心实不可问,并历数其劣迹。词意之间,坚形于色。庆邸知无可挽回,至初十日遂因足疾续假,而袁尚书开缺之旨,即于十一日发表"④。据溥仪回忆,奕劻还曾以北洋军起来造反相威胁,阻止载沣将袁治罪,说道:"杀袁世凯不难,不过北洋军如果造起反来怎么办?"⑤而张之洞虽非袁世凯的同党,但以"主少国疑,不可轻于诛戮大臣"⑥,亦不赞成杀袁世凯。

---

① 赵炳麟:《劾袁世凯疏》,见《赵柏岩集》上册,473 页。

② 载涛:《载沣与袁世凯的矛盾》,见全国政协文史资料研究委员会编:《晚清宫廷生活见闻》,73 页,北京,中国文史出版社,2000。

③ 赵炳麟:《赵柏岩集》上册,307 页。

④ 《志庆袁两公之交谊》,载《申报》,1909-01-15。

⑤ 爱新觉罗·溥仪:《我的前半生》,23 页,北京,中华书局,1977。

⑥ 载涛:《载沣与袁世凯的矛盾》,见全国政协文史资料研究委员会编:《晚清宫廷生活见闻》,73 页。

慑于各种压力，1909 年 1 月 2 日摄政王载沣于朝堂散值后，复召张之洞、世续入内廷，拟定上谕①，仅以足疾为由，将袁世凯罢黜回籍，称："军机大臣外务部尚书袁世凯凤承先朝屡加擢用，朕御极后复予懋赏，正以其才可用俾效驰驱，不意袁世凯现患足疾，步履维艰，难胜职任，袁世凯着即开缺，回籍养疴，以示体恤之至意。"②同时，又发布上谕，命那桐在军机大臣上学习行走，另赏载洵为乾清门头等侍卫。

就在载沣颁布驱袁上谕的当日，袁世凯获知朝廷将有不利于己的事情发生，为免遭不测，即携部分家眷匆匆乘火车前往天津英国租界躲避，并由他的同党、直隶总督杨士骧派人暗中加以保护。③ 袁世凯的长子袁克定则留在北京，致函包括美国在内的各国公使馆，请求需要时给予庇护。④ 在杨士骧派人通知他的生命没有危险后，袁世凯与他的家人才于 4 日返回北京，5 日下午 5 时乘坐京汉铁路专车离京，回籍"养疴"。⑤

---

① 参见许恪儒整理：《许宝蘅日记》第 1 册，228 页，北京，中华书局，2010。

② 中国第一历史档案馆编：《光绪宣统两朝上谕档》第 34 册（光绪三十四年），325 页。

③ 按，对于袁世凯如何事先得知消息，一说是得到庆亲王通报（参见袁静雪：《一生经营，猢狲散尽》，见文斐编：《我所知道的袁世凯》，11 页，北京，中国文史出版社，2004）。一说 1 月 2 日袁世凯前往宫廷早朝时与袁世凯关系密切的太监告知他将有大不利于他的事情发生，具体如何严厉不得而知，于是袁世凯便急退出朝房，避往天津（参见刘成禺：《世载堂杂忆》，128 页，北京，中华书局，1960）。

④ Mr. Rockhill to the Secretary of State, January 16, 1909, RDS, 1906-1910.

⑤ 关于袁世凯离京回籍的时间，学者和史料有不同说法：侯宜杰先生说是 1 月 6 日（见《袁世凯全传》），《申报》也在 1909 年 1 月 7 日报道袁世凯于昨日即 1 月 6 日离京回籍（参见《西报译要·袁世凯出京》和"专电·电一"，载《申报》，1909-01-07）；骆宝善先生说是光绪三十四年十二月廿一日，即 1909 年 1 月 12 日（参见《骆宝善评点袁世凯函牍》，206 页）。以上两说均不准确，袁世凯离京回籍的确切时间应为 1 月 5 日。学部侍郎严修为少数到车站送别袁世凯的官员，他在是日的日记中写道："送项城于车站。"[见《严修日记》（三），1495 页，天津，南开大学出版社，2001。]美国驻华公使柔克义在 6 日的电文中也报告袁世凯系 5 日离京回籍（参见 Mr. Rockhill to the Secretary of State, January 6, 1909, Telegram, RDS, 1906-1910）。

## 二、美国政府的态度和反应

载沣驱袁表面看来纯属清廷内部事件，但实则不然。这一事件在当时就引起相关列强的密切关注，并以美国政府的反应最为强烈。在摄政王颁布罢黜袁世凯上谕当日下午 4 时，美国驻华公使柔克义（W. W. Rockhill）就将这一上谕电告国务院，并将载沣罢黜袁世凯看作满族官僚的"反动行为"①，认为"突然罢免袁世凯只是反动政策的第一步，既危害中国的利益，也危害外人的利益"②。紧接着，柔克义便与其他国家的驻华公使聚集在美国使馆商量对策，建议联合向摄政王载沣提出抗议。当晚 10 时，柔克义致电国务卿，请求授权他与其他国家的驻华公使分别提交照会，称："今天下午，我拜访了我的多数同僚，所有人均认为罢免袁世凯造成了十分严峻的局面，需要立即向中国政府抗议。袁世凯参与中国政府对维护秩序、稳定和进步产生了重要的影响，对他的罢免一定会在中国产生极为不好的后果，可能引发严重骚乱。您是否授权我就此向中国政府提出抗议，并要求中国政府注意这一草率行动给美国政府留下的不快印象。我们建议提出相似的抗议，但不采取联合方式。希望尽速回复。"③对此，国务卿罗脱（Elihu Root）当即复电，表示同意，并指示柔克义在向清政府提出的抗议中加上以下内容："我们深信这种草率的不明智的行动将会损害中国的信誉，毁坏中国在世界上赢得的尊重，极大地伤害中国政府业已宣布的为了促进中国的独立与强盛的明智计划，并且使美国依据 1858 年条约第一款规定的并为 1903 年条约所重申的为中国提出一些友好的忠告变得极为

---

① Mr. Rockhill to the Secretary of State，January 2，1909，Telegram，RDS，1906-1910.

② Mr. Rockhill to the Secretary of State，January 16，1909，RDS，1906-1910.

③ Mr. Rockhill to the Secretary of State，January 2，1909，Telegram，RDS，1906-1910.

困难。"①

在获得美国政府的授权后，柔克义积极策动各国驻华公使向清政府提出抗议，希望摄政王载沣收回驱袁成命。但他的这一工作并不顺利，遭到俄国和日本两国的抵制。俄国公使坦白地表示袁世凯对俄国不友好，是一位最难打交道的人，让他抗议清政府罢免袁世凯有些困难。日本公使则虚伪地表示他"担心抗议将会被中国政府误解，被看作对纯粹中国内部事务的干涉"。同时，日本政府为消除美国的担忧，也向美国驻日大使表示，罢黜袁世凯"只是人事原因，并不涉及实质性的政策改变"②，形势并没有什么危险，没有干涉的必要。在日本和俄国的影响下，法国、德国也不倾向就袁世凯问题向清政府进行抗议，表示除非所有国家都认同这一倡议；奥地利和意大利则表示在这一问题上将追随德国行动。③ 柔克义在 1 月 8 日的电文中向美国政府汇报：有关各国公使同时提出抗议一事，毫无进展；对于抗议的措辞和语气有许多分歧；是否有决心提出抗议，令人怀疑；一些国家的驻华使节认为这是不明智的，其中就包括日本公使。④

在联合干涉的愿望落空之后，柔克义坚持要对摄政王驱袁事件提出抗议，1 月 9 日他又致电国务卿，请求授权他单独与英国公使采取一道行动，指出："共同抗议一事完全失败，但我个人仍强烈地认为，应要求清政府对我们的忧虑表示严重关切，罢免袁世凯意味政策的转

---

① The Secretary of State to Mr. Rockhill, January 2, 1909, Telegram, RDS, 1906-1910. 按, 1858 年中美《天津条约》第一款规定："嗣后大清与大合众两国并其民人，各皆照前和平友好，毋得或异；更不得互相欺凌，偶因小故而启争端。若他国有何不公轻藐之事，一经照知，必须相助，从中善为调处，以示友谊关切。"见王铁崖编：《中外旧约章汇编》第 1 册，89～90 页，北京，生活·读书·新知三联书店，1957。

② Mr. O'Brien to the Secretary of State, January 6, 1909, RDS, 1906-1910.

③ Mr. Rockhill to the Secretary of State, January 16, 1909, RDS, 1906-1910.

④ Mr. Rockhill to the Secretary of State, January 8, 1909, Telegram, RDS, 1906-1910.

变……英国驻华公使的观点与我相同，我是否单独与英国公使一道，沿着我所说的路线和我们认为最好的方式行事？英国公使已将上述意思电告英国政府。"①

柔克义的这一建议再次得到美国政府的支持。在次日获得美国政府复电认可后，柔克义即与清朝外务部联系，要求会见。1月15日，柔克义与英国驻华公使朱尔典（John Newell Jordan）一道前往外务部会见庆亲王奕劻，分别提交内容相近的节略。柔克义在节略中写道：

> 美国政府一直对中国怀有友好感情并始终关心中国的福祉，且在许多场合都表达了这种真诚的感情。
>
> 在过去的几年里，美国一直以极大的同情和兴趣关注着对中国有深远影响和良好结果的政策的启动和发展，这一政策确保了中国政治和经济的发展，同时也加强了它与世界各国的关系，继续这一政策被视为和平、稳定和进步的一个保证。
>
> 美国政府对新君主刚刚即位就突然罢免一位与近几年的重大改革有密切关系的国务人员表示严重关切，对新政府的信心产生动摇，担忧新政府将不继续前任君主倡导的正确的政策，美国认为这一政策对中国有极大的好处。
>
> 美国政府很高兴获知，它的担忧是没有根据的，摄政王政府的愿望是，继续执行此前获得美国政府友好支持和由衷称赞的政策。②

在会谈中，庆亲王奕劻以肯定的语气，向两位公使保证"摄政王政府将

---

① Mr. Rockhill to the Secretary of State，January 9，1909，Telegram；Statement of Report by Cable from Mr. Rockhill，January 15，1909，RDS，1906-1910.

② Memorandum Left by Mr. Rockhill with the Prince of Ch'ing，January 15，1909，RDS，1906-1910.

严格执行前任君主的进步政策"，并向两位公使透露袁可能会被召回任用。①

在获得庆亲王的上述保证后，柔克义对会谈的结果表示满意。1月16日，他在写给国务卿的报告中指出："在整个会谈中，庆亲王都以最友好、最坦率和肯定的语气说话。很显然，他很高兴我们的抗议。我可以肯定它们将会被递送到摄政王面前，希望它们能对摄政王产生重大的影响。在庆亲王表示袁世凯的免职是摄政王的一场政变，以及他相信袁迟早会被召回复职之后，就不必再存疑虑了。"同时，柔克义认为他们的抗议将对摄政王上任后表现出来的冲动、任性和亲近保守派起到抑制作用，避免清廷重新回到保守的道路上去，指出："许多已被证实的摄政王冲动和刚愎自用的例子，使我和我的英国同僚坚信，我们有责任提醒他注意，他使他的国家以及中国的对外关系和物质利益面临危险。在我看来，如果摄政王发现，他罢免了进步政策的最有影响和最著名的执行者，而不会遭到列强的任何抗议的话，他将不会就此止步，他还会继续这样做下去，而他的一时冲动和个人好恶也会鼓动他这样做，并且也许很快就会无意但有效地抑制最近几年来所取得的进步，致使中国返回到十年之前的动荡、骚乱和困惑之中。"②

在收到柔克义的报告后，美国政府也对交涉的结果表示满意。1月19日，国务卿致电柔克义称：对于外务部接受你和英国公使的共同抗议，以及中国政府保证中国的政策将不会因罢免袁世凯而受到任何影响，保证目前的各项改革和对外国列强的态度将沿袭以前的路线，本政府十分满意。你在这件事上所做的工作受到国务院及总统的高度评价。③ 同时，美国政府还致函英国驻美大使，对英国驻华公使在干

---

① Mr. Rockhill to the Secretary of State，January 15，1909，Telegram；Statement of Report by Cable from Mr. Rockhill，January 15，1909，RDS，1906-1910.

② Mr. Rockhill to the Secretary of State，January 16，1909，RDS，1906-1910.

③ The Secretary of State to Mr. Rockhill，January 19，1909，Telegram，RDS，1906-1910.

涉罢黜袁世凯问题上的合作表示感谢。①

美国的干涉虽然没有迫使载沣收回驱袁成命，但对避免事态扩大化还是产生了影响。根据柔克义的报告，他召集各国驻华公使非正式讨论抗议驱袁问题的消息，当时就传回到载沣本人那里，并令摄政王政府"十分着急"②。为消除美国对罢黜袁世凯的不安，载沣在颁布驱袁上谕的第二天就任命亲美派官僚、外务部右侍郎梁敦彦署理外务部尚书兼会办大臣，1月8日又分别任命张荫棠和周自齐为外务部左丞和左参议，以博美国的欢心，消除驱袁所产生的不良印象。柔克义在11日写给美国政府的报告中，就对载沣的这一任命表示欢迎，认为这有助于改变罢黜袁世凯之后清朝外务部不得力的状况。③ 而柔克义与英国驻华公使朱尔典一道向清政府提交抗议照会，并从庆亲王奕劻那里获得将重新起用袁世凯的口头保证，则为袁世凯的东山再起提供了有力的外交支持。此外，值得指出的是，当时美国政府的态度还迫使日本政府也不得不私下要求载沣不要将驱袁事件激化和扩大化，既不要进一步处罚袁世凯，也不要株连袁世凯的同党，以免政局发生动荡。④ 载沣在罢黜袁世凯之后，没有听从袁世凯的政敌的建议，既未对袁世凯进一步加罪处罚，也没有对袁世凯的同党加以清除，这固然是由于他本人性格优柔寡断、缺乏政治斗争经验，以及慑于袁世凯培植的北洋势力，但美国的干预无疑起了重要作用。

就美国政府来说，它之所以对载沣驱袁事件做出如此强烈的反应，除了所说的担心清末新政改革政策发生倒退之外，另一个没有言明的原因与当时的中、美、日三国外交息息相关。这从以下我们对载沣驱

---

① Mr. James Bryce to Mr. E. Root，January 18，1909；Mr. E. Root to Mr. James Bryce，January 21，1909，RDS，1906-1910.

② Mr. Rockhill to the Secretary of State，January 8，1909，Telegram，RDS，1906-1910.

③ Mr. Rockhill to the Secretary of State，January 11，1909，RDS，1906-1910.

④ Mr. O'Brien to the Secretary of State，January 15，1909，RDS，1906-1910.

袁的背景的分析中可见一斑。

### 三、载沣驱袁与联美制日外交失败之关系

对于袁世凯突遭罢黜的原因，当时舆论及后来学者的研究多认为这是出于摄政王载沣与袁世凯之间的权力斗争，或认为是满族亲贵与汉族官僚之间的权力斗争。笔者以为，载沣驱袁体现了清廷内部的权力斗争，这是确凿无疑的。① 但一个有待补充的问题是，摄政王载沣之所以在1909年的1月2日罢黜袁世凯，这可能是由多种因素促成的。至少，根据笔者的研究，载沣罢黜袁世凯与当时清政府联美制日外交的失败有着直接的关系，成为袁世凯的政敌要求他下台的一个重要理由和导火线。

袁世凯自1901年继李鸿章出任直隶总督兼北洋大臣之后，便逐渐成为主导清廷内政和外交的一名重臣。1907年7月第一次日俄协约签订之后，为抵制日俄两国对东三省的侵略，特别是日本的咄咄逼人态势，袁世凯在外交上极力主张和推动联合美国，以抗衡日本势力。为此，袁世凯的同党和亲信——东三省总督徐世昌和奉天巡抚唐绍仪与美国驻奉天总领事司戴德（Willard Straight）商议借助美国资本，设立东三省银行，用于稳定当地币制、兴办实业、修筑铁路等。为实现这一联美制日计划，袁世凯于1908年慈禧太后病逝之前便奏请派遣他的亲信唐绍仪前往美国，予以落实。7月18日，清廷颁布上谕，命唐绍仪为赴美特使，表面为感谢美国退还部分庚子赔款，实为与美国商议东三省借款及推动中美德三国联盟。② 10月初，唐绍仪即启程前往美

① 最近，有个别学者以袁世凯确有足疾，曾因此提出休养的请求，便将载沣罢黜袁世凯回籍养疴看作一个正常的事情，认为不存在什么权力斗争或阴谋，只是后人的想象，这一观点实在过于简单化，不足为训。
② 有关唐绍仪赴美前后推动中美德三国联盟的具体活动及美国方面的反应，参见[美]查尔斯·威维尔：《美国与中国：财政和外交研究（1906—1913）》，张玮英、李丹阳译，47～64页，北京，社会科学文献出版社，1990；另参见拙文：《关于美国第一次退还部分庚款的几个问题》，载《近代史研究》，2004(1)。

国。但袁世凯的这一联美制日计划由于误判美国的外交政策，遭遇重大挫折。当时美国的西奥多·罗斯福政府虽然有意扩大美国在东三省的势力和影响，但同时完全无意与贫弱的中国结盟，与日本发生直接冲突。相反，在日本政府的拉拢和引诱下，11月30日美国国务卿在唐绍仪抵达华盛顿的当日与日本缔结"罗脱—高平协定"，美国以听任日本在中国东三省以"和平手段"自由行动换取日本不侵略菲律宾的保证，袁世凯的联美制日外交完全失败。在接下来的会谈中，国务卿罗脱完全拒绝与唐绍仪商谈东三省借款和中美联盟问题。而有关中美联盟外交失败的消息也在1908年12月下旬见诸报端，《字林西报》就曾根据12月30日华盛顿来电，报道："中国赴美专使大臣唐绍怡办理中美联盟事，现已失败。"①

正是这一外交挫折为袁的政敌提供了借口，成为摄政王罢黜袁世凯的一个导火线。袁世凯的门生沈祖宪、吴闿生在《容庵弟子记》中就强调袁世凯的去职系由派专使唐绍仪联美一事引发，指出："公（即指袁世凯——引者注）感悼孝钦后知遇，拟俟大丧事竣，亦即告退。乃未及上书陈请，而局势忽变。论时事者，言哤论杂，咸莫测其由来。不知公之去位，实由于派大使一案也。先是，公因甲午、庚子之后，政府虽一意讲求外交，而操纵失宜，究不免为外人所轻视，中国等级，向居人后。海牙和平会，置列三等。亲贵出洋，何尝无所激刺。奈事过辄忘。公因美之商派大使，遇我独厚，密建联美之策。先与庆王商定后，乘间独对，畅陈中国宜派大使理由。孝钦后甚韪其议。旋遭大故，枢廷同列，以不获预闻其事为恨，有议公之轻举者。于是横生阻力，事败垂成，其机会为全可惜也。"②

袁世凯本人在回籍养疴后回复友人的信函中，也婉转透露了他的

---

① 《西报译要·中美联盟失败》，载《申报》，1909-01-01。

② 沈祖宪、吴闿生：《容庵弟子记》第4卷，28页，1913年2月校印。按，袁世凯当时是支持宣统皇帝继任皇位和载沣担任摄政王的重臣。事实上，在皇位继承人的选择上，张之洞、侍郎俞廉三、御史赵炳麟有意立皇室中年长者为继承人，在光绪皇帝去世前夕赵炳麟为此专门上书。参见赵炳麟：《谏院奏事录》第5卷，1～4页，清宣统三年。

去职与当时办理外交遭受挫折有关。袁世凯在 1909 年 3 月 2 日《复邹道沂函》中这样写道："弟半生鞅掌，梦觉邯郸。自顾中外回旋，过多功少，时艰莫补，悚惧滋深。客秋患足疾后，曾经请假休息，迄未就痊。只以事变纷乘，不得不力疾销假，入直必须人扶掖。腊月，疾益加剧，仰蒙朝廷体恤，放归养疴，圣恩高厚，莫名钦感。"①作为回籍养疴的待罪之人，袁世凯虽然依照上谕的说法，将自己的去职归因于"足疾"，并钦感圣恩高厚，但字里行间却流露出他的去职实起因于"事变纷乘"，以及他在"中外回旋"上的过失，也即在处理外交问题上的过失。1911 年 6 月 22 日，袁世凯在写给端方的一封信函中论及清朝内政和外交，也表示他当初主政时的一个心愿就是"大借欧美债，大兴实业，隐以抵制强邻，使我得多延喘息，专意振作"，并对盛宣怀出任邮传部尚书后与欧美国家签订铁路借款合同，实现他当初抵制日、俄两国的心愿大为称赞，谓"惟望当道诸公，才略魄力多得如此老者，东、北两大（即指日、俄两国——引者注），何足畏哉！"袁世凯在信中对当初没有与盛宣怀合作实现这一外交目的深感遗憾，写道："惜从前误听人言，又为人所持，未得与此老早共谋之，成此大举，悔不可追。"②

美国政府在分析载沣驱袁的背景时也将它与外交问题联系在一起。1 月 7 日，美国国务院远东司在一份备忘录中认为这件事与清廷内部在外交问题上采取亲日还是亲美的斗争有着直接关系，并纠合满汉之间的矛盾，同时还与日本政府的活动有关，而美国与日本签订"罗脱—高平协定"，则进一步削弱了袁世凯的地位。该《备忘录》指出：最近几

---

① 《复署南汝光道邹观察道沂》（宣统元年二月十一日），见全国公共图书馆古籍文献编辑出版委员会编：《袁世凯未刊书信稿》上册，33～34 页，北京，中华全国图书馆文献缩微复制中心，1998。按，袁世凯在稍后写给吴品珩、何昭然、陈昭常、伍廷芳、桂君芳、刘燕翼、徐抚辰、严修等人的信函中，都有"自顾回旋中外，罔补时艰，循省之余，方深悚疚"词句，这说明袁的这一表述绝非泛泛而谈，而是寓有为己辩解之意，参见该书 41、47、61、63～64、69、75、79、89、139～140 页。

② 《致督办粤汉川汉铁路大臣端方函》（宣统三年五月二十六日），见骆宝善、刘路生编：《袁世凯全集》第 18 卷，681 页，开封，河南大学出版社，2013。

年，满族亲贵铁良、那桐和醇亲王载沣对像袁世凯这样的汉族官员一直存有戒心，他们信任日本，希望获得日本的支持，袁世凯的亲信唐绍仪访美就遭到他们的激烈反对，只是在慈禧太后的支持下唐绍仪才被任命为赴美特使。同时，日本方面对唐绍仪使团的使命十分敏感，他们意识到美国在中国尤其在东北利益的确立会妨碍日本的图谋；而挑选有前途的中国青年到美国留学，也对日本构成另一威胁。因此，日本便采取行动，破坏唐绍仪使团成功访美。由于十分清楚此时日本与美国互换照会会传达给中国信号，日本便于1908年11月30日成功地结束了与美国的谈判。此外，日本还在中国皇帝和皇太后去世时努力向摄政王保证，日本将支持他主持清廷朝政，并向美国声明日本将不会采取劝说、干涉行动，相信此时是没有必要的。国务院远东司表示日本的这些举动"从实际发生的事情来看，是非常有意思的"①。1月16日，柔克义在写给国务卿的报告中也指出袁世凯授意唐绍仪赴美执行联美制日的外交活动遭到了他的政敌的攻击，写道："我得到可靠的消息，袁世凯的政敌对摄政王说，袁世凯所执行的个人政策危害中国的利益，唐绍仪出使国外完全是为了他个人的利益。结果，摄政王认为唐绍仪应被立即召回，但庆亲王解释说已通知了好几个欧洲国家唐绍仪将前往访问，现将唐绍仪直接召回，这是极不礼貌的。摄政王虽然做出让步，但坚持唐绍仪必须赶紧完成出访欧洲的使命，并命令他尽早回国。"②

美国政府当时非常怀疑日本参与了驱袁这一阴谋，以排除袁世凯集团对日本侵略东三省构成的障碍，同时加强日本对清廷朝政的影响和控制。1月5日，美国国务院就电令美国驻日本大使收集有关中国政治局势的正式和非正式的情报和观点，以及与日本的关系。③ 一向

---

① Memorandum on Political Situations in China by Division of Far Eastern Affairs，January 7，1909，RDS，1906-1910.

② Mr. Rockhill to the Secretary of State，January 16，1909，RDS，1906-1910.

③ Mr. O'Brien to the Secretary of State，January 5，1909，RDS，1906-1910.

对日本持正面看法的柔克义在 1 月 16 日的报告中也持同样看法，他指出："一些外国列强，尤其是俄国和日本不会对袁世凯遭罢免感到不高兴，这并不奇怪，因为袁世凯是对他们东北政策最激烈的反对者。现在，日本政府、至少在这里的日本公使无疑如释重负，对袁世凯的下台感到十分高兴。他从中看到一些直接好处，因为他正与外务部就东北的一些悬而未决的问题进行谈判，他期望日本将获得比袁世凯在职时更有利的条件。"①

为消除美国的怀疑，日本政府一再向美方解释，声称他们与罢黜袁世凯事件无关，并不愿看到这一事件的发生。1909 年 1 月 14 日，日本外务大臣就中国形势与美国驻日大使进行了一次长时间的会谈，表示有关日本策划罢黜袁世凯的说法是没有根据的，日本需要的是和平，指出自光绪皇帝和慈禧太后去世后，他本人就通过各种途径向中国政府表示，日本希望中国维持国内和中日两国间的和平局面，不要采取任何危害现状的激进措施；他本人也认为袁世凯是一位精明能干的人，对袁世凯遭罢免感到非常遗憾，这种遗憾不是基于袁世凯对日本的用处，而是因为他对于中国的价值。同时，还安慰美国政府不必对罢黜袁世凯之后的中国局势过于担忧，指出"至少就目前来说，他不相信中国方面会试图进行任何激进的政策改变，策划对其他国家的邪恶计划"，并表示他本人已让日本使节向北京的有关官员转达，希望不要对袁世凯做进一步惩处，袁世凯在军政部门的同党也不要被追究，他相信这一方针会得到执行。② 1 月 21 日，日本政府又通过日本驻美大使致函美国政府，再次就舆论认为日本支持罢免袁世凯进行辩解，声称日本在维持中国政局的稳定上与其他国家的立场和态度是一致的，日本公使之所以没有与美国驻华公使一道就罢免袁世凯问题向清政府提出抗议，这是因为日本政府认为"袁世凯被罢免后再恢复原位会十分

---

① Mr. Rockhill to the Secretary of State，January 16，1909，RDS，1906-1910.

② Mr. O'Brien to the Secretary of State，January 15，1909，RDS，1906-1910.

困难，这已经是一个既成事实，抗议不可能产生良好结果，这只能激起中国政府的反感，好像日本政府正在干涉他们国家的内部事务"。但日本政府在解释不愿在罢免袁世凯问题上干涉中国内政的同时，又声称为避免政局发生动荡，日本政府已"训令日本驻华代表警告中国当局对袁世凯及他的朋友不要采取任何极端措施"。这就说明日本政府所说在罢免袁世凯问题上不愿干涉中国内政，并非由衷之言。对于某些外国人认为日本因为袁世凯妨碍了日本的东北政策而很高兴袁世凯下台，日本政府声称这种说法也是"完全错误的"，表示虽然袁世凯对日本不那么友好，但日本的东北政策需要像袁世凯那样有能力、有影响人物的合作，"因此，袁世凯并不被认为是对日本不利的人物"。①

对于日本方面是否直接或间接地策划和参与了驱袁事件，尚有待学者利用日本方面的档案资料，做进一步研究。但上述相关档案和文献资料足以证明，载沣驱袁既是清廷内部的一场权力斗争，同时又与当时清政府联美制日外交的失败有直接的关系，这一事件有着复杂的国际背景。这在此后袁世凯复出问题上也有所表现。

## 四、围绕袁世凯复出的斗争

对于是否罢黜袁世凯，清朝统治集团内部从一开始就存在严重对立。在摄政王罢黜袁世凯的上谕颁布之后不久，袁世凯的同党就积极活动，争取说服载沣重新起用袁世凯。1月4日，学部侍郎严修就上疏朝廷，呼吁载沣收回成命。② 而袁世凯本人则对严修在危难之际表现出来的这种真诚和忠诚感佩不已，赞其"风义笃厚，要当于古贤中求

---

① Mr. Baron Takahira to the Secretary of State，January 21，1909，RDS，1906-1910. 随后，代理国务卿培根将日本大使送来的这份备忘录转寄给美国驻英国、日本和中国使馆。

② 参见史晓风整理：《恽毓鼎澄斋日记》第1册，414页，杭州，浙江古籍出版社，2004。按，严修因袁世凯的援引，由编修超擢侍郎。

之耳，敬佩！敬佩！"①朝中一些士大夫还纷纷致书御史赵炳麟，责备他弹劾袁世凯，"谓汉大臣中，才未有如项城者，去之可惜"，以致赵炳麟感到巨大压力，感慨"议者竟敢四起，可见人心世道之变矣"。②

袁世凯在朝廷中的重要盟友庆亲王奕劻，则从一开始就反对摄政王驱逐袁世凯，对摄政王罢黜袁世凯采取杯葛行动，在罢黜袁世凯的前一天（1月1日）就请假，并拒绝会见前来官邸拜访的各部官员③，直至1月7日袁世凯离京后的第三天才回朝参政④。此后，庆亲王在罢黜袁世凯问题上仍然不予配合，与摄政王载沣为难。对于如何向各国驻华公使解释罢黜袁世凯的原因，他坚决拒绝以足疾为由作答，载沣只好表示由那桐出面做这样的答复。在1月15日会见美国驻华公使柔克义和英国驻华公使朱尔典时，庆亲王就以"不便表达"为由，拒绝解释袁世凯遭罢免的原因，同时对他们的抗议明确表示欢迎和感谢，坦认他本人十分清楚"袁世凯在指导外交方面和改革工作中的作用"，称他本人也对发生这件事"感到遗憾"，指出载沣驱袁只是"摄政王个人发动的一场政变"，并向他们保证：袁世凯还年轻，将会被朝廷重新起用。⑤

袁世凯的长子袁克定也继续留在北京，四处为其父复出活动，有意巴结载沣的兄弟载洵和载涛，在6月10日的信末便向他父亲汇报"近日事尚顺手，勿以为念"⑥。6月5日，他还曾亲往美国驻华使馆，向美方通报情况，以冀继续得到美国政府的支持。美国驻华参赞次日

---

① 《复严侍郎修》（宣统元年五月二十四日），见全国公共图书馆古籍文献编委会编著：《袁世凯未刊书信稿》上册，140页。

② 赵炳麟：《致赵芷荪侍御书》，见《柏岩文存》第2卷，28～29页。

③ 参见《奏电·电一》，载《申报》，1909-01-06。

④ 参见许恪儒整理：《许宝蘅日记》第1册，229页。亦参见《专电·电二》，载《申报》，1909-01-08，"庆邸足疾已愈，准明日销假"；《要闻·庆袁之关系》，载天津《大公报》，1909-01-06。

⑤ Mr. Rockhill to the Secretary of State，January 16，1909，RDS，1906-1910.

⑥ 《袁克定致袁世凯函》（四月二十三日），见《袁世凯等人函札》，中国社会科学院近代史研究所图书馆藏，档号：甲147-6。

就将这一情况电告美国政府称：袁世凯的儿子昨天造访了使馆，密告他与载沣的一位胞弟举行了一次会晤，有迹象显示载沣可能会接受袁世凯作为一个没有实权的官员复出。①

1909 年 9 月之后，袁世凯在与故旧和部下的通信中也多次谈到他本人的复出问题，并以时机不成熟，言不由衷地声称自己没有重新出山的念头，反复写道："自顾甫逾五十，衰疾侵寻，遗大投艰，断难胜任，早无复出山之想矣。"②称"迩者都下颇有议论，遂致报纸喧传，未免失实"，同时，他又不忘一再表白自己的忍辱负重和为社稷计的高风亮节，称"屡世受国厚恩，何敢淡忘大局。惟自忖羸疾之躯，断难更肩艰巨。诚以国计所关，不容再误，至一身罪谤，固所不虑也"。③ 或谓："受业屡世受国厚恩，何敢淡忘大局。第以时艰方亟，诚不当以屡疾之躯，再肩巨任。若犹是委蛇伴食其间，不但为受业所深耻，亦师座所不取也。"④或曰："时事日艰，杞忧曷极。惟是剧要之任，断非衰疾所能胜，只能息影空山，经卷药垆，消此宽闲岁月，殊不作用世之想矣。"⑤袁世凯偶尔也称赞部下所提有关他复出的建议"实获我心"⑥。

1910 年夏、秋期间，为应对日俄签订第二次协约以及中国进一步

---

① Mr. Fletcher to the Secretary of State，June 6，1909，RDS，1906-1910.

② 《复邓观察际昌》(宣统元年十一月四日)，见全国公共图书馆古籍文献编委会编著：《袁世凯未刊书信稿》上册，331 页。袁世凯在《复李观察清芬》(宣统元年八月十日)、《复崔知县耀章》(宣统元年十月十一日)、《复程军门文炳》(宣统元年十一月五日)等函，以及下文所引的书信中，均有相近的文字表述，见该书 212、308、336 页。

③ 《复朱中丞家宝》(宣统元年八月十六日)，见全国公共图书馆古籍文献编委会编著：《袁世凯未刊书信稿》上册，218 页。

④ 《复张观察》(宣统元年十二月四日)，见全国公共图书馆古籍文献编委会编著：《袁世凯未刊书信稿》上册，360～361 页。

⑤ 《复刘观察燕翼》(宣统元年十月廿六日)，见全国公共图书馆古籍文献编委会编著：《袁世凯未刊书信稿》上册，321 页。

⑥ 《复王饶州祖同》(宣统元年十月十日)，见全国公共图书馆古籍文献编委会编著：《袁世凯未刊书信稿》上册，301～302 页。

出现的边疆危机①，清朝政府酝酿发起第二次中美德三国联盟。为配合这一外交活动，重新起用袁世凯的问题再次被清廷提到议事日程。8月17日，摄政王发布数道上谕，命世续开去军机大臣，吴郁生毋庸在军机大臣上学习行走，以毓朗、徐世昌为军机大臣，另任命唐绍仪署邮传部尚书，盛宣怀为邮传部右侍郎并帮办度支部币制事宜。② 众所周知，徐世昌和唐绍仪都系袁党的核心人物。因此，一时之间，国内报纸纷传袁世凯即将复出的消息，或曰载沣胞弟载涛"以开缺军机大臣袁项城，前在北洋锐意进取，现值整顿各项要政之际，置之闲散，未免可惜，曾商由枢府授意其公子袁参议电达乃翁，促其出山"③，或谓袁世凯将出任"督练军政大臣"④，或谓袁世凯将回京参与讨论清朝内政和外交等问题⑤，或谓在载涛和徐世昌的力推下，袁世凯可能接替去世的鹿传霖出任军机大臣⑥，等等，不一而足。与此同时，袁世凯的同党也四处活动，为袁世凯的复出献计献策。袁世凯在8月16日及其后写给杨度、张士钰、商作霖等人的信中，亦都谈到他本人的复出问题，对一些部下关心他的复出问题表示感谢，谓："昨奉手翰，备荷注存，并代商鄙人出处，语长心重，可谓实获我心，具仰相知之深，见爱之厚，不同恒泛。"⑦同时，又重演一年前的故技，称报刊所传"不实"⑧，一再言不由衷地声称他本人并无出山之念，谓自己"衰病侵寻，精力迥

---

① 有关此一时期的中国边疆危机及清政府的危机感和反应，可参见丁名楠、张振鹍、赵明杰等：《帝国主义侵华史》第2卷，280～295页，北京，人民出版社，1986。

② 参见中国第一历史档案馆编：《光绪宣统两朝上谕档》第36册（宣统二年），254～255页。

③ 《申报》，"京师近事"，1910-08-29。

④ 《中外大员更调之先声》，载《申报》，1910-08-30。

⑤ 参见《袁项城确将起用》，载《申报》，1910-09-09。

⑥ 参见《军机大臣尚难即简》，载《申报》，1910-09-05。

⑦ 《复杨京卿度》（宣统二年七月十二日），见全国公共图书馆古籍文献编委会编：《袁世凯未刊书信稿》中册，667页。

⑧ 《复商观察作霖》（宣统二年八月七日），见全国公共图书馆古籍文献编委会编：《袁世凯未刊书信稿》中册，685页。

非昔比，投艰遗大，断难胜任。林泉可乐，幸得长为太平之民，于愿足矣"①。

然而，需要指出的是，袁世凯迟迟未能出山，并非袁世凯本人所说的那样，由于身体衰弱，"殊不作问世之想"，而是因为受到朝廷内外的极力抵制和反对，复出的时机未能成熟。在他回籍养疴之后，袁世凯的政敌们就认为处分过轻，为防止袁世凯东山再起，纷纷要求加重处罚。袁世凯的在野政敌康有为、梁启超就曾致函民政部尚书、肃亲王善耆，建议劝说载沣对外宣布袁世凯罪状，加重惩罚力度，认为虽因种种原因，不予"明正典刑"，但"最轻亦宜加以革职，交地方官严加管束"。②他们还纷纷在报刊上发表文章，为载沣驱袁辩解、叫好，宣传载沣驱袁既非排汉和排外之举③，也非反对立宪之举，指出袁世凯并非真正支持立宪之人，只不过"欲借宪政以自卫"④，"袁氏开缺与立宪前途有益无损"⑤，对中国的内政和外交不但没有影响，"且于外交上新政上反得良善之结果"⑥。他们批评袁世凯在外交上采取"媚外主义"，"于外人无丝毫之损伤，而于本国亦无几希之利益"，在内政上袁世凯只"为个人之地位"。⑦他们还批评欧美国家干涉载沣驱袁，宣称这一事件并不会产生欧美国家担心的"袁党与非袁党之争""满党与袁党之争"和"新党与旧党之争"。⑧他们热烈欢呼载沣驱袁为"大快人意"⑨之举，

----

① 《复张总办士钰》(宣统二年七月十七日)，见全国公共图书馆古籍文献编委会编：《袁世凯未刊书信稿》中册，673～674页；相似的表述又见该书685～686、690、699～700、733～734、796、798、917～918、932、999～1000页。

② 丁文江、赵丰田编：《梁启超年谱长编》，479～480页，上海，上海人民出版社，1983。

③ 参见《读去腊十七日某报铁尚书论书后》，载《申报》，1909-02-06。

④ 《十一日上谕恭注》，载《时报》，1909-01-05。

⑤ 《论袁氏开缺于立宪前途有益无损》，载《时报》，1909-01-14。

⑥ 《论袁宫保开缺事》，载天津《大公报》，1909-01-08。

⑦ 《论袁宫保开缺事》。

⑧ 《袁宫保开缺后之三大问题》，载天津《大公报》，1909-01-10、1909-01-11。

⑨ 《国人之于袁世凯》，载《申报》，1909-01-07。

大力称赞摄政王载沣"贤明敏决"①,"隐夺宵小之气焰"②。

在朝廷内部,袁世凯的政敌们则鼓动御史赵炳麟、江春霖,频频上书摄政王载沣,建议将袁世凯的党羽一概罢免,以免袁世凯东山再起,重新掌权。在袁世凯回籍养疴不久,赵炳麟便密奏载沣,一方面责骂"袁氏党羽布散谣言,倾陷监国摄政王","不徒布诸本国,抑且告诸邻邦,其意盖欲鼓动内国之人心,使之蠢蠢思乱,然后求外人干预,挟制朝廷,不能不用袁世凯";劝说载沣"心志必须坚定",绝不可听信流言,重新起用袁世凯。另一方面,建议载沣进一步解散袁世凯的党羽,消除袁世凯在朝廷中的影响力,指出:袁党"所恃以无恐,敢于怨怼朝廷者,以庆亲王奕劻谊系懿亲,而尚枢辅之任,直隶总督杨士骧地在密迩,而兼操兵财之权。是以袁世凯虽罢,其党内有庆亲王为之应,外有杨士骧济其财,仍然固结如旧。万一朝政偶有疏虞,则遇事挟持,监国摄政王必束手受制。今欲自立于不败之地,则直隶总督必不可不调。应请英断在心,不动声色,先将杨士骧设法调开,另选夙有声望、不避嫌怨、而居心忠义可恃者,授为直督,则北洋之财不致为袁氏私人耗尽,而党羽可解散"。为此,载沣在养心殿专门召见赵炳麟,商议对策,"逾一点钟之久"。③

江春霖也一再上书,敦促载沣尽快清除袁世凯在清朝政府内的党羽,指出:"三月以来不惟未退一人,且加委任焉……自古及今,未有始终行姑息之政而可以治国平天下者。"声称:"巨奸虽去,邪党尚多,非就京察,择尤罢黜,不足以惩既往而戒将来",控告袁世凯开缺后,"奉天巡抚出使大臣唐绍仪往来密电甚多;学部侍郎严修之请收回成命,实受世凯之子克定之嘱托;各处造谣,则农工商部侍郎杨士琦及苏松太道蔡乃煌居其大半;江西巡抚冯汝骙,安徽巡抚朱家宝,亦多附和"。④江春霖建议摄政王应速起用勋旧大臣,"不虞需才孔急";否则,"异时

---

① 《综论近日臣工之进退》,载《申报》,1909-02-17。
② 《论今日之朝局》,载天津《大公报》,1909-01-04。
③ 赵炳麟:《密陈管见疏》,见《赵柏岩集》上册,474～477页。
④ 江春霖:《请罢黜袁世凯党羽疏》(宣统元年闰二月初二日),见《梅阳江侍御奏议》第2卷,34页。

更有请用袁世凯如严修者，不从，则驱爵于丛；从之，则为虎附翼。患至为备，害至为防，已无及矣。"①

1910 年 8 月 17 日，载沣虽然下谕起用徐世昌和唐绍仪两位袁党官员，但他同时又起用贝勒毓朗和盛宣怀，实亦寓有牵制之意。盛宣怀和毓朗均为袁世凯的反对派。其中，盛宣怀因袁世凯自出任直隶总督后侵夺他的路、邮权利而与袁世凯积不相能。毓朗则为载沣倚重的满族官员，当初载沣在罢免袁世凯的第二天，就任命毓朗为步军统领。据说，庆亲王当时就对载沣令毓朗入军机处极为不满，以意见不合，以乞退相要挟。② 当时，日本报纸也对载沣任用袁世凯的政敌毓朗大加赞扬，称此举"足见用人自有次序，不失偏颇矣"；认为毓朗年富力强，"四十有五，神识明敏，思虑周密"，与善耆为从兄弟，均为摄政王载沣最信任之人，足以"镇轻躁好事之徒"的唐绍仪，"即有徐一人自旁助唐，亦未易逞其意也"。③ 江春霖则上书载沣，警告勿因美日外交问题起用袁世凯，指出："都下谣言，二国（美日）交涉，非袁世凯断不能了。安保非该党人构此难题，挟制朝廷，为起废地步。臣知圣明在上，必不坠其术中。"④

可以说，在重新起用袁世凯的问题上，摄政王载沣一直十分慎重，他本人并不愿让袁世凯复出。1910 年 9 月 27 日载沣的胞弟载洵在白宫拜见美国总统，答复有关袁世凯复出问题的问询时，就表示"此事正在由摄政王加以考虑，但还没有做出决定"，因此"不能给予肯定答复"。⑤ 稍后，美国驻华公使馆中文秘书丁家立（Charles D. Tenny）在向清廷中

① 江春霖：《请召复勋旧大臣疏》（光绪三十四年十二月二十四日），见《梅阳江侍御奏议》第 2 卷，30～31 页。

② 参见《庆邸乃亦乞退》，载《申报》，1910-09-10。

③ 《中国大官之更迭》，载《大阪每日报》（中七月十五日），见《日本报纸评论中国译件（清末）》，中国社会科学院近代史研究所图书馆藏，档号：乙 F35。

④ 江春霖：《请防奸党藉外交束手挟制起用袁世凯片》，见《梅阳江侍御奏议》第 2 卷，44 页。

⑤ Memorandum by Division of Far Eastern Asia，September 29，1910，RDS，1910-1929，The US National Archives and Records Administration，Microcopy.

的线人了解情况后，也报告"摄政王虽已被说服重新起用袁世凯，但他并不是那么愿意。努力促成此事的是庆亲王和徐世昌两位军机大臣"①。只是在 1911 年 10 月 10 日武昌起义爆发之后，为对付国内革命危机，载沣才在袁世凯的同党奕劻和徐世昌的一再劝说之下，迫不得已重新起用袁世凯，最终导致清朝权力落入袁世凯之手。②

并且，值得指出的是，围绕袁世凯复出问题，同样也夹杂着美、日之间的矛盾。如前所述，美国政府从一开始就反对载沣罢黜袁世凯，希望袁世凯能早日复出。对于摄政王载沣于 1910 年 8 月 17 日分别任命徐世昌和唐绍仪为军机大臣和邮传部尚书，美国驻华公使嘉乐恒（W. J. Calhoun）给予高度重视，当日就将此任命电告国务卿。③ 随后，他在 8 月 23 日写给美国政府的报告中便将它与袁世凯的复出问题联系在一起，指出这"可能是某种重要行动的第一步"。他分析：任命唐绍仪署邮传部尚书，至少一部分是迎合美国的意见，这可能导致在铁路借款问题上采取一项更为坚定的政策。作为一名官员，唐绍仪的特点是富有活力和勇气，他以前在东北时与徐世昌的友好关系使他能在军机处获得有力的支持。除此之外，唐绍仪最近几年与袁世凯关系极为密切，他的任命自然会引起有关袁世凯重新掌权的议论。使馆还未能得到这方面的证实，目前据说袁世凯的条件是要求实际权力而不是名义权力，这使得摄政王很难让步。但如果帝国内部的困窘继续增大，那么，目前任命像唐绍仪那样袁世凯的朋友，日后完全有可能促进袁世凯的复出。④ 9 月 13 日，嘉乐恒在向美国政府的汇报中，进一步认

① Confidential Papers by C. D. Tenny，October 14，1910，RDS，1910-1929.

② 有关辛亥革命爆发后袁世凯如何复出的情节，相关论著已有较多论述，兹不赘述。

③ Calhoun to the Secretary of State，August 17，1910，Telegram，RDS，1910-1929.

④ Calhoun to the Secretary of State，August 23，1910，RDS，1910-1929. 当时国内报纸分析摄政王载沣任命唐绍仪为邮传部尚书，也认为是出于外交的需要，并暗示系受美国等国的影响。参见《中央政界大更动之种种原因》《再志中央政界之大更动》，载《申报》，1910-08-23、1910-08-24.

为清廷最近人事任免的斗争主要围绕袁世凯的复出问题。他指出，摄政王在努力亲自控制国家之后，开始认识到他的不成功，并被内忧外患弄得焦虑不安，最后下决心召集那些同情改革的力量。载沣的弟弟载涛在访问美国和欧洲归来之后也建议重新起用袁世凯，但这一建议遭到以载泽为首的一派的激烈反对，摄政王则在这两派之间摇摆。而袁世凯本人并不急于复出，拒绝出任东三省总督，要求恢复直隶总督及在军机处的位置并控制北洋军。[①] 为弄清清廷内部围绕袁世凯复出问题的斗争，嘉乐恒还指示公使馆中文秘书丁家立会见他们在清廷中的线人，了解情况。[②] 此外，一位美国记者也曾就袁世凯复出问题专门致函国务卿诺克斯(Philander C. Knox)，称赞袁世凯是清廷中一位独一无二的官员，与其他只会夸夸其谈的官员不同，袁世凯具有办事能力和魄力，指出中国目前的危机很大程度就是由于袁世凯未能在北京掌控局面，袁世凯遭罢免肯定是由那些希望中国虚弱的人策动；尽管唐绍仪重新得到重用，他在许多方面也是一位强人，但唐绍仪如要有所作为，必须要有袁世凯的支持，建议美国政府加以干涉。[③] 而美国总统塔夫脱(William Howard Taft)和国务卿诺克斯也的确亲自过问了袁世凯的复出问题。9月27日，他们在白宫接见到访的载沣胞弟、海军大臣载涛时，其中就谈到恢复袁世凯的权力问题，鼓励摄政王载沣尽快加以落实，指出"这个方向是可取的"[④]。

与美国政府欢迎和支持袁世凯复出不同，日本方面则极不愿意看到袁世凯的复出。一方面，对载沣重用徐世昌和唐绍仪以及有关袁世凯复出的传言，日本舆论一片担忧和哗然，惊呼"中国军机大臣及邮传

---

① Calhoun to the Secretary of State，September 13，1910，RDS，1910-1929.

② Calhoun to the Secretary of State，October 17，1910，RDS，1910-1929.

③ Walter Kriton to the Secretary of State，November 1，1910，RDS，1910-1929.

④ Memorandum，by Division of Far Eastern Asia，September 29，1910，RDS，1910-1929. 有关载涛访美详情，可参见拙文：《海军大臣载涛访美与中美海军合作计划》，载《近代史研究》，2006(3)。

部尚书猝见更迭，属最须注意之事"，称清廷的这一人事任免"岂非由其间有一种政治的外交的阴谋以进退之耶？"指出徐世昌、唐绍仪均属袁党分子，均为亲美派人物，徐世昌"与项城谊同兄弟"，"且颇与美国派亲善"，唐绍仪"为袁派又纯为美国派，人人皆知。今得新补邮尚之重职，洵为我国所宜致意者"。① 或直言清廷的这次人事任免为清廷内袁世凯亲美派活动的结果，曰：此事"虽出于内部朋党之排挤，然美国派之热心运动，使中国政府不得不曲意允从起用唐少川者或致此耳"。警告摄政王政府须慎重起用，声称"误满洲之政局者，实袁、徐、唐三人也"，责骂唐绍仪"喜弄小智小黠，往往不免起波澜于平地"。② 另一方面，为避免袁世凯复出传言变为现实，有些日本报纸又立刻放言徐世昌、唐绍仪的升任并不意味着袁世凯的复出，称"以徐唐二人之荣进，即为袁出庐之前提，不亦太早计乎？"表示摄政王载沣当初罢黜袁世凯"其情事至为繁赜而且暧昧，然而一旦骤见起用，复占政府之要地，殆似无是理"。同时，日本报纸亦否认载沣胞弟载涛在欧美访问回国后支持袁世凯复出，表示此说"未之信也"，称："摄政王之与袁，其间有一鸿沟，不可辄逾。除庆邸及徐唐二人外，北京大员之与袁，果有何等同情？是数者，皆涛贝勒之所夙已知悉，则今日骤欲起用袁氏，吾侪窃以为未也。"③有的则扬言"袁党卷土重来之说"不足信，"不过其党中人故意播扬，中央政府初不挂齿牙也；然项城党人乃声言当道有意起用，袁则自重不出，以糊涂世间耳"，并抨击某些国家之所以盼望袁世凯复出，"一则由政略上之利害；一则由谬信项城才识过甚"。④

在不愿看到袁世凯复出的同时，日本报纸还始终将它与中美德三

① 《中国大官之更迭》，载《大阪每日报》(中七月十五日)，见《日本报纸评论中国译件(清末)》，中国社会科学院近代史研究所图书馆藏，档号：乙 F35。

② 《北京官场之小移动》，载《大阪朝日报》(中七月十五日)，见《日本报纸评论中国译件(清末)》，中国社会科学院近代史研究所图书馆藏，档号：乙 F35。

③ 《袁世凯果否出山》，载《大阪朝日报》(中七月十八日)，见《日本报纸评论中国译件(清末)》，中国社会科学院近代史研究所图书馆藏，档号：乙 F35。

④ 《中国政界及袁项城》，载《东京日日报》(中九月六日)，见《日本报纸评论中国译件(清末)》，中国社会科学院近代史研究所图书馆藏，档号：乙 F35。

国同盟问题联系在一起，抨击袁世凯是联美制日外交政策的始作俑者，指出："盖倚美国后援以掣肘日俄两国之政策，创自袁世凯之为外务部尚书、徐世昌之为东三省总督、唐绍怡之为奉天巡抚之日，以及梁敦彦之为外务部尚书、锡良之为东三省总督，依旧绍述不改，即如军机处大臣中称为有力之那相、世续二人向与美国无甚因缘者，亦附和雷同，一意依赖焉，以冀一变满洲局面。"① 强调袁世凯复出虽然没有成为现实，但对清朝内部亲美势力的增长和摄政王载沣态度发生转变、倒向亲美政策的可能性，必须保持高度警惕，指出载沣"未至决意大用袁者，由皇太后反对最力故耳，民间所传如此，此须注意者一也。系袁派之王大臣、各部尚书以下，皆属亲美党，此其须注意者二也。宗室及各部尚书中有力者，亦有所谓亲德党者，此其须注意者三也。自政府大员以及民间人士有主张借援美、德两国，以与日、英、俄、法两联盟相抗之说者，此其须注意者四也。美、德两国欲买欢中国，经营惨澹，无所不至，此其须注意者五也。夫其事情形势如此，袁之处于斯间，献联盟美德之策，无足怪者，而摄政王之心，不免为其摇动"②。为此，日本报纸一致抨击清政府推行中美德三国同盟政策是上了美国人的当，"徒蒙蔽于目前小惠，不悟为其牢笼，方且愉悦满意焉"。指出美国人所谓的"门户开放、机会均等"，"不过借此美名，以便瓜分豆裂之计而已"。③ 美国和德国之所以与中国倡同盟之说，其唯一目的"均图离间中日邦交，一面使日本不得助中国自强，一面使中国不便与日本唇齿相倚，终致中日两国，各各孤立，无从相扶，以阻遏其所谓黄种诸国隆兴之运"。指出美国一向不与其他国家结盟，中美两国国力相差悬殊，美国今日与中国结盟必有其私利，"或垄断筑路采矿

---

① 《中国承认日俄协约》，载《大阪朝日报》（中六月十九日），见《日本报纸评论中国译件（清末）》，中国社会科学院近代史研究所图书馆藏，档号：乙 F35。

② 《中美德三国同盟说》上，载《大阪每日报》（中十月十九日），见《日本报纸评论中国译件（清末）》，中国社会科学院近代史研究所图书馆藏，档号：乙 F35。

③ 《美国之势力及中国之外交》，载《大阪每日报》（中二月廿七日），见《日本报纸评论中国译件（清末）》，中国社会科学院近代史研究所图书馆藏，档号：乙 F35。

之利，或总揽监督财政之权，以及兵马政治教学之权，必有所要挟，以便其私图"。断言"中美德二国同盟，名为借力美、德，谋中国自强，以与列强相抗，实则不过举中国利权，付与美、德，独受其弊耳"。①批评清政府实行亲美政策，接受美国提出的诺克斯东北铁路"中立化"计划和修筑锦瑷铁路，导致"日俄两国亦大不慊于中国"而使中国进一步陷于孤立境地的恶果，而美国方面并没有为中国提供实际帮助，责问："中国之致意于亲美，如此其劳也，如此其苦也，然顾得其结果，窒碍纷出，不但无补于事，反招列国不平；而中国之侨民之在美国，排斥侮辱，莫所不至，竟未闻稍异曩时。则中国之一意亲美，果何为欤？"②对中美两国关系大加离间和挑拨。

并且，根据美国公使馆中文秘书丁家立的报告，日本方面也的确卷入了袁世凯复出问题的斗争。丁家立在1910年10月14日的报告中明确表示"日本人正在积极活动，反对召回袁世凯"，指出虽然日本驻华公使伊集院彦吉私下写信给袁世凯，否认日本报纸有关他对召回袁世凯向清政府提出抗议的报道，但军机大臣毓朗却亲自告诉美国公使馆在清廷中的线人，"日本反对召回袁世凯，赋予独立的权力"，表示"如果袁复出，他必须置于某人的权力之下"。③载沣的胞弟载涛在回忆中也说到袁的政敌善耆曾与日本人川岛浪速合作，派密探前往彰德，刺探情报，监视袁世凯的动向，写道："袁住在彰德洹上村之时，善耆对他并不放心。那时，日本人川岛浪速是善耆的警察顾问，亦即是他的心腹之人。川岛手下秘密侦探对袁的行动，随时都有密报。这种报告，善耆曾经给我看过。"④而中国社会科学院近代史研究所图书馆收

---

① 《中美德三国同盟说》下，载《大阪每日报》（中十月廿日），见《日本报纸评论中国译件（清末）》，中国社会科学院近代史研究所图书馆藏，档号：乙 F35。

② 《中国之亲美策》，载《大阪每日报》（中正月廿八日），见《日本报纸评论中国译件（清末）》，中国社会科学院近代史研究所图书馆藏，档号：乙 F35。

③ Confidential Papers by C. D. Tenny, October 14, 1910, RDS, 1910-1929.

④ 载涛：《载沣与袁世凯的矛盾》，见全国政协文史资料研究委员会编：《晚清宫廷生活见闻》，74页。

藏的一份《松字报告》，也证实载涛回忆所说内容不诬。该报告记述了宣统二年十一、十二两个月间袁世凯在彰德的动静及其与徐世昌、唐绍仪、赵秉钧等人的来往情况，虽然没有报告"紧要之事"，并坦承"因彰德袁舍离城五六里，四面宽阔，在田亩连绵之间，宛如小城郭，不便徘徊窥探，内面情形，实难察知，惟能看视由各处出入之形迹耳"①。但该报告的存在，充分反映了日本方面对袁世凯复出的戒心。

综观以上的考察，有关载沣驱袁事件，我们可以得出以下几点结论：第一，驱袁事件首先为清廷内部的一场权力斗争，其实质是以摄政王为首的满族亲贵借机打击和削弱袁世凯的北洋势力，以确保其权力不受威胁；那种以袁世凯确有足疾为由，认为载沣让袁世凯回籍养疴是一个正常的事件，并不涉及权力斗争或什么阴谋的观点难以成立。第二，载沣驱袁与当时清廷联美制日外交的失败有着直接关系；联美制日外交的失败直接导致袁世凯在朝中失势，并为袁世凯的政敌要求他下台提供了借口，成为载沣驱袁的导火线。第三，在驱袁事件发生之后，载沣之所以没有进一步加罪惩处袁世凯及其党羽，这固然由于载沣本人性格优柔寡断、缺乏政治斗争经验，以及慑于袁世凯培植的北洋势力，但同时与列强尤其是美国政府的强力干预有着密切关系。第四，由于袁世凯的影响力，围绕袁世凯复出的斗争几乎在驱袁事件爆发之际就在朝廷内外展开，并与中美日三国外交关系纠结在一起；而在重新起用袁世凯问题上，载沣一直十分慎重，持抵制态度，并不愿让袁世凯复出。第五，就几个主要列强来说，它们对载沣驱袁的态度和反应其实并不一致，日本和俄国实际上持欢迎和支持态度，欧美国家尤其是美国和英国则极力反对。日本之所以支持罢黜袁世凯，主要是因为袁世凯推行的联美制日外交政策妨碍了日本对中国东三省的侵略。而美国当时力挺袁世凯，一则为清政府的改革政策保驾护航，担心载沣驱袁导致清末新政发生逆转；二则在外交上压制清廷内的亲日派势力，抵制日本对清朝政府的控制及有利于美国与日本在中国东

① 《松字报告》（原件无时间标识），见《日本报纸评论中国译件（清末）》，中国社会科学院近代史研究所图书馆藏，档号：乙F35。

三省的争夺。第六，外国列强虽然对载沣驱袁事件的结局施加了影响，阻止了载沣将驱袁事件扩大化，但驱袁事件毕竟是清廷内政，列强的影响又是有限度的；载沣最终重新起用袁世凯，主要出于国内因素，以应付国内的革命危机。总之，载沣驱袁事件首先是清廷内部的一场权力斗争，同时也受国际因素的影响，与当时中、美、日三国之间的外交有着十分微妙的关系；在载沣驱袁权力斗争的背后，同时也浮现出日、美两国较量的影子。加强对晚清内政和外交的综合研究，将有助于我们更好地揭示历史真相。

原载《近代史研究》2011 年第 6 期

# 光绪皇帝、慈禧太后之死与美国政府的反应

——兼论光绪死因

在中国古代君主专制制度里，皇权高于一切。皇权制度下的家天下政治，使得一位君主的生老病死，常常与宫廷内的阴谋、杀戮如形影相随。1908 年 11 月 14、15 日，清朝的两位最高统治者光绪皇帝和慈禧太后的相继去世，不但惊动清廷朝野，而且也引起相关国家的关注。本文利用美国国务院相关档案，拟就美国政府对光绪皇帝和慈禧太后之死以及清廷政治权力变动的反应做初步探讨，并结合已往研究及相关清朝档案文献，就光绪死因问题做一辨析。

## 一、清朝官方公开说法

光绪皇帝死于 1908 年 11 月 14 日下午 5—7 时（光绪三十四年十月二十一日酉时）。但从清朝官方公布的谕旨及光绪帝死后的权力安排来看，清朝宫廷内部实际上在皇帝去世前一日已安排了他的后事。11 月 13 日 12 时午后，慈禧太后于寝宫中召见奕劻、载沣、鹿传霖、袁世凯等军机大臣之后，内阁即颁布两道上谕：第一，宣布奉太后懿旨，着醇亲王载沣之子在宫内教养，并在上书房读书；第二，宣布奉太后之旨，以醇亲王载沣为摄政王。①

在皇帝病逝前的当日，也即 14 日，清朝宫廷又颁布一道征召良医上谕，称："自去年入秋以来，朕躬不豫，当经谕令各将军督抚，保荐

---

① 参见中国第一历史档案馆编：《光绪宣统两朝上谕档》第 34 册（光绪三十四年），243 页。

良医。旋据直隶、两江、湖广、江苏、浙江各督抚先后保送陈秉钧、曹元恒、吕用宾、周景涛、杜锺骏、施焕、张鹏年等，来京诊治。惟所服方药，迄未见效。近复阴阳两亏，标本兼病，胸满胃逆，腰腿酸痛，饮食减少，转动则气壅咳喘，益以麻冷发热等症，夜不能寐，精神困惫，实难支持，朕心殊焦急。着各省将军、督抚，遴选精通医学之人，无论有无官职，迅速保送来京，听候传诊。如能奏效，当予以不次之赏。其原保之将军、督抚，并一体加恩，特此通谕知之。"①但鉴于清廷接着颁布的光绪皇帝临终上谕以及光绪帝于当日即告身亡，这道官方上谕与其说是征召良医，毋宁说是为宣布光绪帝病逝预做先告。

而清廷颁布的光绪皇帝临终上谕，也与当日的征召良医上谕相呼应，极力声明自己系病重不治、自然死亡，以消弭外界的猜疑，同时为身后权力的转移做出安排，宣布奉太后懿旨以溥仪为嗣皇帝，称："自去年秋间不豫，医治至今，而胸满胃逆腰痛腿软气壅咳喘诸症，环生迭起，日以增剧，阴阳俱亏，以致弥留不起，岂非天乎。顾念神器至重，亟宜传付得人。兹慈禧端佑康颐昭豫庄诚寿恭钦献崇熙皇太后懿旨，以摄政王载沣之子入承大统，为嗣皇帝。在嗣皇帝仁孝聪明，必能仰慰慈怀，钦承托付……克终朕未竟之志。在天之灵，借稍慰焉。丧服仍依旧制二十七日而除，布告天下，咸使闻知。"②

同一天，清廷还发布四道慈禧太后懿旨，宣布以醇亲王载沣之子溥仪入承大统，为嗣皇帝；在其成人之前由载沣监国、行使军国政事。另令礼亲王世铎，睿亲王魁斌，喀尔喀亲王那彦，度支部尚书载泽，大学士世续、那桐，外务部尚书袁世凯，礼部尚书溥良，内务部大臣继禄、增崇十人恭办皇帝丧礼。

作为接掌清廷权力的摄政王载沣则以宣统皇帝溥仪名义颁发上谕，对光绪皇帝的病逝表示哀悼，宣布仍为光绪皇帝举行三年之丧，同时

———————

① 中国第一历史档案馆编：《光绪宣统两朝上谕档》第34册（光绪三十四年），243页。

② 中国第一历史档案馆编：《光绪宣统两朝上谕档》第34册（光绪三十四年），248页。

令文武百官"共矢公忠，弼予郅治"①。次日，内阁又颁布上谕，宣布根据同治十三年停止各省将军、督抚、提镇、藩臬及盐关织造等来京叩谒梓宫惯例，同样也禁止以上地方官员奏请来京，叩谒光绪梓宫，"致旷职守"②。

1908 年 11 月 15 日午后 1—3 时（光绪三十四年十月二十二未时），年届 74 岁的慈禧太后在光绪皇帝死后不到 20 小时病殁。在慈禧太后病殁之前，清廷也曾降上谕，转达慈禧太后懿旨，将身后权力进一步托付给醇亲王载沣，称"予病势危笃，恐将不起"，申令"嗣后军国政事，均由摄政王裁定。遇有重大事件，有必须请皇太后懿旨者，由摄政王随时面请施行"。③ 在同日发布的临终诰文中，慈禧太后除为自己歌功颂德外，同时也讲述自己得病经过，称在她听政过程中"幸予体气素强，尚可支持。不期本年夏秋以来，时有不适，政务殷繁，无从静摄，眠食失宜，迁延日久，精力渐惫，犹未敢一日暇逸。本月二十一日复遭大行皇帝之丧，悲从中来，不能自克，以致病势增剧，遂致弥留"；要求摄政王及内外诸臣，齐心翊赞嗣皇帝，"固我邦基"。④

在慈禧太后病殁后，清廷内阁则于当日发布上谕，通报慈禧太后于 15 日未刻仙逝及太后病殁经过，宣布为慈禧太后穿孝百日并素服二十七日，称："朕以冲龄，仰蒙大行慈禧端佑康颐昭豫庄诚寿恭钦献崇熙太皇太后顾复恩慈，情深罔极，特命入承大统，深冀慈躬康健，克享期颐，俾朕奉养承欢，恭聆训诲，以成郅治而固邦基，乃霄肝忧劳，渐致违和，屡进汤药调理，方期日就妥痊，不意因二十一日大行皇帝龙驭上宾，哀戚过甚，病势陡重，遂至大渐，遽于本月二十二日未时

---

① 中国第一历史档案馆编：《光绪宣统两朝上谕档》第 34 册（光绪三十四年），248 页。

② 中国第一历史档案馆编：《光绪宣统两朝上谕档》第 34 册（光绪三十四年），249 页。

③ 中国第一历史档案馆编：《光绪宣统两朝上谕档》第 34 册（光绪三十四年），251 页。

④ 中国第一历史档案馆编：《光绪宣统两朝上谕档》第 34 册（光绪三十四年），252 页。

仙驭升遐。呼抢哀号，曷其有极。"①

　　需要指出的是，上述清朝宫廷关于光绪皇帝和慈禧太后病逝及事后权力安排的上谕不但向国内臣民公布，并于次日由外务部分别全文照会包括美国在内的各国驻华公使，通报各国政府。11 月 14 日，外务部将 13 日关于奉太后之旨，授醇亲王载沣为摄政王的上谕照会美国驻华公使柔克义。② 15 日，外务部除照会柔克义，通报光绪皇帝于十月二十一日酉刻龙驭上宾，称："本月二十一日酉刻大行皇帝龙驭上宾，薄海臣民悲哀感恋，谅贵大臣闻之，亦必同心哀恸，为此照会贵大臣，即希转达贵国政府为荷。"另将光绪皇帝遗诏和宣布以醇亲王载沣之子溥仪入承大统的懿旨，以及关于为光绪皇帝行三年之丧的上谕，也分别全文照会。③ 16 日，除照会、通报慈禧太后去世外，另将慈禧太后遗诏和举办慈禧太后丧礼上谕全文照会柔克义，并通告因遭大丧，除紧要事件外，其他寻常事件均行缓商。④ 18 日，摄政王载沣又以宣统皇帝名义，分别就光绪皇帝和慈禧太后病逝拟定国电两道，由外务部照会美国驻华公使柔克义和清朝驻美公使伍廷芳转达美国政府。其第一道电文如下："大清国嗣皇帝致电于大美国大伯理玺天德：昊天不吊，遽降鞠凶，朕之兼祧皇考。大行皇帝于本月二十一日龙驾上宾，奉太皇太后懿旨，以朕入承大统。藐兹冲人，婴斯大故，抢地呼天，攀号莫及。凡我友邦，理应讣告。贵国大伯理玺天德与我大行皇帝睦谊久敦，自必同深哀悼。谨此哀电奉闻。"其第二道电文称："大清国嗣皇帝敬致国电于大美国大伯理玺天德：邦家不造，迭遭闵凶。本月二十二日，朕之圣祖母大行慈禧端佑康颐昭豫庄诚寿恭钦献崇熙太皇太

_____

① 中国第一历史档案馆编：《光绪宣统两朝上谕档》第 34 册（光绪三十四年），252～253 页。

② 参见《外务部致美国公使柔照会》（光绪三十四年十月二十一日），Records of the United States Legation in China，1843-1945，microfilm，Roll No. 11。

③ 参见《外务部致美国公使柔照会》（光绪三十四年十月二十二日），Records of the United States Legation in China，1843-1945，microfilm，Roll No. 11。

④ 参见《外务部致美国公使柔照会》（光绪三十四年十月二十三日），Records of the United States Legation in China，1843-1945，microfilm，Roll No. 11。

后仙驾升遐，呼抢哀号，何其有极。伏念大行太皇太后慈德，薄海同钦，凡我友邦，理应讣告。中国与贵国睦谊夙敦，大伯理玺天德闻之，自必同深感悼。谨此哀电奉闻。"①11月29日（十一月初六日），摄政王政府分别通过外务部和清朝驻美公使伍廷芳照会柔克义和美国政府，通报朝廷择定十一月初九日辛卯午初初刻举行登基典礼。②

暂且撇开清朝官方关于光绪之死说法的真实性不谈，清朝宫廷将光绪和慈禧太后之死及权力的转移如此急切地不但向国内臣民公布，而且通告包括美国在内的各国政府，目的显然是消除中外有关光绪之死的各种猜疑，争取新皇帝尽快获得国际社会的承认。同时，清朝官方的做法也表明，清朝专制统治末年宫闱围绕皇帝生老病死而展开的政治权力斗争已与以往的历史有所不同，它不但受制于王朝体制，而且也受外国列强态度的制约。

## 二、美国政府的反应

对于光绪皇帝和慈禧太后相继病逝以及溥仪继任皇位，美国政府刚开始时持谨慎态度。在接到有关清廷政情的最新消息后，美国政府虽然于11月16日复电对光绪皇帝和慈禧太后的病逝表示吊唁，称："惊闻大行大皇帝龙驭上宾，复闻大行太皇后随于次日亦仙驭升遐，贵国迭遭大变，嗣皇帝与臣民共罹愍凶，本总统与本国臣民同深感悼，兹惟望嗣皇帝深信我两国休戚相关之意，俾彼此友睦情形较往昔更加敦笃。"③但对光绪皇帝病逝的原因还是有些猜疑，对清廷决定由三岁的溥仪继任皇位也有所保留，并没有立即予以承认。16日，美国国务卿罗脱在给伍廷芳当日的回复中，仅表示收到通报的内容，未做任何

---

① 《外务部致美国公使柔照会》（光绪三十四年十月二十五日），Records of the United States Legation in China，1843-1945，microfilm，Roll No.11。

② 参见《美国公使柔致外务部照会》（光绪三十四年十一月初六日），Records of the United States Legation in China，1843-1945，microfilm，Roll No.11。

③ 《美国公使柔致外务部照会》（光绪三十四年十月二十三日），Records of the United States Legation in China，1843-1945，microfilm，Roll No.11。

表态。①

　　根据美国国务院档案显示，当时美国政府对清廷因光绪帝之死而出现的权力变动未做表态，可能与康有为的电报有关。在 11 月 14 日光绪帝去世的同一天，在美洲的康有为就给罗斯福总统拍去一份电报，指责袁世凯谋害光绪帝，变换君主，扰乱中国，请求罗斯福总统致电北京，联合所有其他国家，不予承认。② 由于康有为与罗斯福总统此前有过接触，1905 年康有为访问美国期间，罗斯福总统曾两次（6 月 15 日和 24 日）邀请康有为到白宫讨论美国排华法令问题。1906 年 1 月 30 日，康有为又在墨西哥给罗斯福总统写了一封共 26 页打印纸约 6000 字的长信，就美国对待华人问题提出建议。③ 因此，康有为 11 月 14 日的电报得到美国政府的高度重视，国务院就电报的内容分别征求国务院远东处和驻华公使柔克义的意见。11 月 17 日，远东处就康有为电报内容给助理国务卿培根写了一份报告，在简要叙述自戊戌变法以来光绪帝和西太后之间的权力斗争及康有为和袁世凯的关系后，认为康有为电报的内容并非没有可能，指出从历史的观点来看，康有为电报指责袁世凯谋害皇上，表面来看是很有说服力的，因为西太后死后光绪帝真正接掌权力，就意味袁世凯官宦生涯的完结。④

　　但美国驻华公使柔克义无意追究光绪皇帝的死因，为加强美国在清廷的影响力，反对美国政府与康有为接触。24 日，柔克义电复国务院，对康有为其人完全做了否定性的评价，明确表示：“康有为在这里没有任何位置或势力，昨天袁世凯告诉我，康有为除了会冗长的演讲

---

　　① Root to Mr. Wu Ting-Fang, December 16, 1908, RDS, 1906-1910, microfilm, Roll No. 171.

　　② Kang Yuwei to President Roosevelt, November 14, 1908, RDS, 1906-1910, microfilm, Roll No. 171.

　　③ Robert L. Worden(an associate at the Library of Congress in Washington, D.C), Letter From K'ang Yu-Wei to Theodore Roosevelt, *Bridge, An Asian American Perspective*, Fall 1977, Vol. 5, No. 3.

　　④ Division of Far Eastern Affairs to Mr. Bacon, November 17, 1908, RDS, 1906-1910, microfilm, Roll No. 171.

外，没有任何实际东西。我不希望再提到他，这会引起人们的误解。"①次日，柔克义又写信汇报调查情况，称：就康有为目前的地位和影响是否对中国政府有所作用问题，调查这里的官员和外国人，几乎所有人的回答都是相同的——康有为在中国没有追随者，他在1898年对光绪帝的影响现在被认为不利于真正的改革。人们承认他是一位高雅的、令人喜欢的演说家，但毫无实际价值。广东人也对他有强烈的反感，他们指控他从居住海外的同乡人中敛财。②受柔克义观点的影响，此后美国政府对康有为的意见就不再予以理会。11月30日，康有为再次致电罗斯福总统，称袁世凯正在利用皇太后破坏世界和平，请求罗斯福电令美国驻京公使与醇亲王举行私人会晤，用军队保护自己，并秘密移居美国使馆。③对此，国务院未做任何反应。

另外，在光绪皇帝和慈禧太后相继去世时国内形势虽然相对平静，但当时中国国内产生的一些传言及11月9日安徽安庆发生的革命党人熊成基起义，也使美国政府对溥仪继任皇位的合法性和权威性持谨慎态度。美国国务院远东处在11月17日的报告中就根据有关来自北京的传言及南方发生的革命党人的反满活动，对中国政局感到担忧，称：据《前锋》通讯员说，他们的杂志接到一个来自北京的私人来电，预告将会发生一些意想不到的麻烦；另根据美国驻南京领事电报，南京的满族总督被命令率30000名官兵前往北京，这种情况显然是可能的。④在收到安庆发生革命党人起义的报告后，11月23日，美国国务卿罗脱致函海军部，建议海军部在已有的安排之下，应随时准备派军舰到

---

① The Secretary of State to Mr. Rockhill, November 24, 1908, Telegram; Mr. Rockhill to the Secretary of State, November 24, 1908, Telegram, RDS, 1906-1910, microfilm, Roll No. 171.

② Mr. Rockhill to the Secretary of State, November 25, 1908, RDS, 1906-1910, microfilm, Roll No. 171.

③ Kang Yuwei to President Roosevelt, November 30, 1908, Telegram, RDS, 1906-1910, microfilm, Roll No. 171.

④ Division of Far Eastern Affairs to Mr. Bacon, November 17, 1908, RDS, 1906-1910, microfilm, Roll No. 171.

中国港口或内地，以保护美国公民。① 24 日在接到汉口领事官报告一些外国妇女和儿童到英国炮艇上避难的消息后，罗脱再次致函海军部，建议海军部指示在上海的美国海军官员安排两艘炮艇在安庆和汉口之间巡游，以应急需。② 27 日，海军部回复，已指示派两艘军舰前往执行使命。③

尽管美国政府对光绪皇帝的死因有所怀疑，对清廷未来政局的稳定表示担忧，然而，随着安庆革命党人的起义很快就被平息，以及中国国内并没有出现外人想象和担忧的动荡现象，这就为美国政府承认新皇帝创造了条件。12 月 9 日，柔克义照会外务部，代表美国政府对安徽巡抚在安庆革命党人起义中妥善保护居住在当地的美国人的生命和财产安全表示感谢。④

另外，由于摄政王载沣有过国外游历的经历，国外舆论除对他的能力有所担忧之外，一般都对载沣出任摄政王持肯定态度。11 月 15 日，美国的《纽约时报》就对载沣出任摄政王表示赞同和支持，认为这是清廷内部改革派的胜利，有助于改革进程，指出"这项任命在社会上产生了良好反响，结果使那些改革者们感到满意，并且满足了人们对光绪皇帝的怀念之情。因为，这不但顾及了在皇位继承上最亲近的血缘关系，而且给这个帝国的新政引进了一种新鲜的、更富有现代观念的因素。这项任命是改革派一方所取得的明显胜利"⑤。并表示光绪帝和西太后的去世不会影响中国的政局，写道："在清国人民中间，鲜有

---

① E. Root to Secretary of Navy，November 23，1908，RDS，1906-1910，microfilm，Roll No. 171.

② E. Root to Secretary of Navy，November 24，1908，RDS，1906-1910，microfilm，Roll No. 171.

③ The Secretary of Navy to Mr. Root，November 7，1908，RDS，1906-1910，microfilm，Roll No. 171.

④ 参见《美国公使柔致外务部照会》（光绪三十四年十一月十六日），Records of the United States Legation in China，1843-1945，microfilm，Roll No. 11。

⑤ 郑曦原、李方惠、胡书源编译：《帝国的回忆：〈纽约时报〉晚清观察记》，146～147 页，北京，生活·读书·新知三联书店，2001。

迹象表明人们对正发生着的事有什么情绪化的反应。皇帝的死以及皇太后在很短时间内也可能死去这件事对清国人来说几乎没有什么影响。清国人所追求的是一条平稳、连贯的发展道路，根本不会为了这两人的死而悲伤。"①11 月 22 日，美国著名记者和报人密勒也在《纽约时报》发表文章，对清廷权力实现平稳过渡表示赞赏，认为中国国内在慈禧太后死后没有发生人们先前预料的"政治大灾难"，"从整体上表现出了其社会体制的稳定性，并且清国政治家们在面对紧急事态时表现出了十足的信心和能力。显然，他们对这个紧急事态的出现绝对是早有预料"。② 同时，密勒对后西太后时代由摄政王行使清朝政府的最高权力也表示由衷的欢迎，写道："由醇亲王担任摄政行使至高无上的权力，这在帝国历史上还是头一次。醇亲王是个年轻人，他成长的时代正处于现代思想火花立足于东方世界之际。他通过自己的眼睛看到了西方世界，其心智和视野并没有因为紫禁城的城墙而受到限制。因此，他可以做到其他大清国统治者所没有做到的事情，即立足于现代观点，以透视的目光，从与其他世界强国的对比中来认识自己的国家。单单凭据这一事实，即能证明他对目前清国所面临的事态所采取的态度是可靠而正确的。"③

除舆论对摄政王载沣表示欢迎之外，有些列强也对清廷权力的转移明确表示认同和接受。11 月 18 日，美国驻日本大使电告国务院，称日本外务部从北京和各省获得确信，形势有望保持和平，对指定的继任人将予以接受，不提任何抗议。并且，外务部还坚持声明日本不会采取任何形式的行动或干预。④

---

① 郑曦原、李方惠、胡书源编译：《帝国的回忆：〈纽约时报〉晚清观察记》，146 页。

② 郑曦原、李方惠、胡书源编译：《帝国的回忆：〈纽约时报〉晚清观察记》，369～370 页。

③ 郑曦原、李方惠、胡书源编译：《帝国的回忆：〈纽约时报〉晚清观察记》，376 页。

④ Mr. O'Brien to the Secretary of State, November 18, 1908, RDS, 1906-1910, Roll No. 171.

在上述历史背景之下，美国政府在经过短暂的观望之后，很快也对溥仪继任皇位并由摄政王行使清朝政府的最高权力表示接受。1908年12月2日，罗斯福总统特意在溥仪举行登基典礼这一天接见清朝特使唐绍仪，对新皇帝溥仪登基当面表示祝贺，表示美国愿意进一步发展与中国的关系，并帮助促进中国的进步，声称：我们的愿望是，只要机会和权力许可，将援助中国国民改善中国的状况，引导中国跟上人类文明潮流，显示我们是古老的中华帝国可信任的朋友和支持者。我相信现在世界比以往任何时候都意识到，任何国家的稳定和繁荣，以及维护自己边界的和平并强大到足以避免外来的入侵，对其他国家通常是有利的，而不是不利的。我们真诚地希望中国进步，并通过我们可能的和平和合法的手段，将在进一步推动中国的进步方面尽我们所能。12月3日，国务卿又致电柔克义，指示他代表美国政府祝贺宣统皇帝接位，贺词云："本总统及本国各大臣恭贺中国大皇帝登极，惟望福祚绵长，光荣照耀，并谓甚喜适于此日觐见贵国唐使，得以面祝登极贺词，实幸机缘巧遇也。"[1]5日，柔克义将此一贺词转达外务部。

12月3日，摄政王载沣在溥仪登基的第二天又颁布上谕，宣誓将继承光绪皇帝和慈禧太后遗志，继续奉行改革路线，按期于宣统八年颁布宪法，召集议员，"使宪政成立，朝野乂安，以仰慰大行太皇太后、大行皇帝在天之灵，而巩亿万年郅治之基"[2]。摄政王的这一行动进一步打消了美国对摄政王政府未来政策的顾虑。12月4日，柔克义在致国务院的报告中即对此予以肯定，认为它"最终打消了任何对新的君主未来政策不确定性的忧虑"[3]。美国政府在接获报告后也对摄政王

---

[1]　Mr. Root to Mr. Rockhill, December 3, 1908, Telegram; Rockhill to Secretary of State, December 12, 1908; Rockhill to Prince of Ch'ing, December 5, 1908, Ibid.；《柔克义致外务部照会》(光绪三十四年十一月十二日)，Records of the United States Legation in China, 1843-1945, microfilm, Roll No. 11。

[2]　故宫博物院明清档案部编：《清末预备立宪档案史料》上册，69页。

[3]　Mr. Rockhill to the Secretary of State, December 4, 1908, Telegram; Mr. Rockhill to the Secretary of State, December 4, 1908, RDS, 1906-1910, Roll No. 171.

发布坚持宪政改革上谕表示欢迎和释然，认为上谕"表达了新政府贯彻已故皇帝和皇太后去年 8 月制订的宪政计划的决心"①。

综上所述，就美国政府对光绪皇帝和慈禧太后病逝的反应来说，美国政府虽然怀疑光绪帝非正常死亡，系为他人谋害，但从美国自身利益出发以及受外交关系的制约，美国政府无意追究光绪死因，更关心清朝政局的稳定和中国未来政治走向。这也是当时与中国关系密切的国家的共同态度。美国《纽约时报》在 11 月 15 日的新闻专稿中报道驻京各国外交官的反应时就指出，当时各国驻华外交官除对清政府连续几周来有关光绪帝的报道自相矛盾，猜疑光绪皇帝并非自然死亡之外，他们更关心未来清廷朝政走向，担心载沣并非强权人物，他的摄政王位置是否会被反动势力占据，"倒退到她最初呈现于世人面前的情形"，再次引发列强的干涉，"重新出现导致彻底崩溃的危险"。② 这也是美国政府在承认新皇帝之后不久，对摄政王载沣罢黜袁世凯的行动做出强烈反应的原因。③

## 三、光绪死因辨析

光绪之死，由于事涉宫闱，各种野史和笔记历来有不同传说。学术界围绕光绪死因问题，也一直存在两种截然对立观点：一派倾向光绪帝系中毒死亡，即被人谋害；另一派认为光绪帝系正常病逝。④ 最近，国家清史纂修工程重大学术研究专项课题组利用现代科学技术，通过对光绪遗体的头发、遗骨和衣服进行反复的检测和分析，得出光

---

① The Secretary of State to Mr. Rockhill, January 21, 1909, RDS, 1906-1910, microfilm, Roll No. 171.

② 郑曦原、李方惠、胡书源编译：《帝国的回忆：〈纽约时报〉晚清观察记》，148～149 页。

③ 有关美国政府对罢黜袁世凯的反应，拟另文撰述，兹不赘言。

④ 参见朱金甫、周文泉：《从清宫医案论光绪帝载湉之死》，载《故宫博物院院刊》，1982(3)。

绪皇帝"系砒霜中毒死亡"的结论。① 光绪死因问题再次引起学术界的广泛关注。但由于现代科学技术的检测方法本身仍然无法解答和说明光绪皇帝棺内砒霜的来历，以及光绪皇帝被何人毒死和如何毒死这样一些历史问题，一些学者以这一结论与清朝官方档案或相关笔记和文献记述不符，仍然对此结论表示怀疑，或提出质疑。

笔者以为，以与清朝官方档案或相关笔记和文献记述不符，否定通过现代科学技术检测方法得出的结论，是有待商榷的。姑且不谈宫中所藏光绪脉案、药方是否为光绪病情的真实记录，实际上一些学者用来证明光绪皇帝系正常病死的清朝官方公开或未公开的档案以及相关官员的笔记，也并非完全证明光绪皇帝是正常病逝，相反，比照这些资料，却暴露出光绪皇帝非正常死亡的蛛丝马迹。一个明显的事实是，清朝官方公开上谕中有关光绪皇帝和慈禧太后病死的经过与宫中所藏脉案、《起居注》和相关官员日记所载明显存在出入。根据前述清朝官方公开上谕说法，光绪皇帝的病情在一年之前就趋恶化，到病逝前，"胸满胃逆腰痛腿软气壅咳喘诸症，环生迭起，日以增剧，阴阳俱亏，以致弥留不起"。而慈禧太后病逝系因光绪帝之丧"哀戚过甚"，"悲从中来，不能自克，以至病势增剧"，称慈禧太后在光绪大丧之前曾因"履进汤药调理，方期日就妥痊"。但清朝宫廷所藏慈禧太后、光绪皇帝脉案和《起居注》，以及鹿传霖、许宝蘅和恽毓鼎等人的宫中入值日记则显示，慈禧病重并非清朝官方公开所说的那样在十月二十一日光绪皇帝病逝之后，事实是慈禧太后在十月十日大寿前后身体就出现严重不适，不时征召御医诊病，脉案上出现"小水发赤""消渴"等记载②，并因此辍朝二日。恽毓鼎十二日日记云："花农前辈恭阅宫门抄，两圣不御殿见枢臣。"十三日日记又云："闻两圣仍未御殿，心甚忧虑，访于朝贵，知皇太后因腹泻而心绪拂逆，故辍常朝。"③许宝蘅在

① 参见国家清史纂修工程重大学术研究专项课题组：《清光绪帝死因研究工作报告》，载《清史研究》，2008(4)。

② 转引自钟里满：《清光绪帝砒霜中毒类型及日期考》，载《清史研究》，2008(4)。

③ 史晓风整理：《恽毓鼎澄斋日记》第1册，404页。

十四日的日记中亦云："前二日两宫未御勤政殿，以太后感冒伤风。"①
到十月十四日，也即光绪皇帝病逝前七天，慈禧太后就已着手为自己
准备后事了，令庆亲王奕劻前往东陵，为她查验陵寝。恽毓鼎在该日
的日记中记载："庆亲王见慈圣于榻前，既退，即兼程赴菩陀峪地宫。
朝士惊惶，虑有非常之变。"②许宝蘅十五日日记中也有"庆邸昨日请训
赴东陵查看普陀峪工程，今日起程"③的记载。而光绪皇帝虽然长期体
弱，患有各种慢性病，但至少在病逝前的十多天，光绪皇帝的身体状
况要好于慈禧太后，正常参与了一些朝政活动，并曾数日未用药。根
据宫中《起居注》记载，光绪皇帝于十月初六日于宫中接见达赖喇嘛；
初九至十一日连续三天参加了慈禧太后的祝寿活动。对此，许宝蘅、
恽毓鼎等人的宫中入值日记也有记载，如许在十月十日的日记中云：
"五时入值，以皇太后万寿圣节百官入贺，故西苑门启稍早……八时两
宫御勤政殿，仍照常召见军机，赐六大臣念珠各一串。"④总之，仔细
研究清朝宫廷所藏慈禧太后、光绪皇帝脉案和《起居注》，以及鹿传霖、
许宝蘅和恽毓鼎等人的宫中入值日记等权威资料的记载，光绪皇帝最
后十多天病情急剧恶化系在慈禧太后病重之后。⑤

清朝官方公开上谕在光绪皇帝和慈禧太后的病情上采取两种迥然
不同态度，对前者的病情大肆渲染，唯恐天下不知，对后者的病情则
多加隐瞒，甚至说谎，这不能不令人生疑——谎言和隐瞒真相的背后
常常隐藏着不可告人的阴谋！事实上，这也是当时国外一些舆论和后

① 许恪儒整理：《〈巢云簃日记〉选》，见中国社会科学院近代史研究所近代史
资料编辑部编：《近代史资料》总115号，57页，北京，中国社会科学出版社，2007。
② 史晓风整理：《恽毓鼎澄斋日记》第1册，404页。
③ 许恪儒整理：《〈巢云簃日记〉选》，见中国社会科学院研究所近代史资料
编辑部编：《近代史资料》总115号，57页。
④ 许恪儒整理：《〈巢云簃日记〉选》，见中国社会科学院研究所近代史资料
编辑部编：《近代史资料》总115号，56页。
⑤ 有关慈禧太后和光绪皇帝去世前的病情演变，请参见钟里满的《清光绪帝
砒霜中毒类型及日期考》(《清史研究》2008年第4期)和马忠文的《时人日记中的光
绪、慈禧之死》(《广东社会科学》2006年第5期)等文。

来人们对光绪死因表示怀疑的一个重要原因。应该说，这种怀疑不是没有理由的。最近，国家清史纂修工程重大学术研究专项课题组通过科学检测方法，得出光绪皇帝"系砒霜中毒死亡"的结论，只是再次应验了谎言与阴谋共生的一般规律。

并且，值得指出的是，当时清朝宫廷内部并非如有些学者所说的那样，不存在谋害光绪皇帝的犯罪动机。尽管光绪皇帝当时是一个毫无实权、体弱多病的傀儡皇帝，但一旦年过七旬的慈禧太后率先撒手人寰，光绪皇帝重新当政，在"君要臣死，臣不得不死"的皇权高于一切的君主专制制度之下，光绪皇帝的政敌——以慈禧太后为首的后党官僚必将面临灭顶之灾。事实上，早在皇帝、太后死亡之前四年，就有清朝官员预见到朝廷中的后党势力为求自保，必会在太后病逝之前加害光绪皇帝。1904 年 5 月，日俄战争爆发后，外间多有太后病危传言，日本驻华公使内田康哉就此询问外务部侍郎伍廷芳：太后驾崩后，皇上命运会如何？伍廷芳则婉转地向内田表示，太后驾崩便是皇上身上祸起之时，指出"今围绕皇太后之宫廷大臣及监官等，俱知太后驾崩既即其终之时。于太后驾崩时，当会虑及自身安全而谋害皇上"①。同样，美国国务院远东处在当时写给罗斯福总统有关光绪之死的分析报告中，也正是根据甲午战争以来清朝统治集团内部帝党和后党的矛盾，认为光绪皇帝存在被后党官僚如袁世凯等人谋害的可能性。1909年，日本记者佐藤铁治郎在书中谈到袁世凯与光绪帝的关系时，虽然没有认为袁世凯害死光绪帝，但针对袁世凯遭摄政王载沣罢黜回籍的结果，他明确指出如慈禧太后先光绪帝而死，袁世凯必会有更加严重的后果，写道："今光绪与西太后先后宾天，袁世凯已属大幸。设西太后先光绪帝而死，袁之不测风云，恐尚不止于此。此固专制政体下之

———————————————

① 日本驻华公使内田康哉与伍廷芳的谈话内容，见日本外务省外交史料馆藏《各国内政关系杂纂》"支那"之部，编号：1614-2，转引自孔祥吉、[日]村田雄二郎：《日本机密档案中的伍廷芳》，载《清史研究》，2005(1)。

大臣，应有之危险也。"①一言以蔽之，鉴于专制制度下君主的无上权力，以及清朝中央统治集团内部后党官僚与帝党官僚长期交恶的历史，当时清朝宫中和府中都有在慈禧太后病逝之前谋害光绪皇帝的强烈犯罪动机。诚若黄濬在20世纪二三十年代分析的："德宗正坐西后暴病，遂益趣其先死，此则纯为累年之利害与恩怨，宫中府中，皆必须先死德宗也。"②

有关谋害光绪皇帝的凶手，私家记载和各种野史都有各种不同说法。陪侍光绪的起居注官恽毓鼎在民国二年正月十七日所写的日记中，直言光绪皇帝为慈禧太后谋害，写道："害先帝，立幼主，授载沣以重器，其祸实归于孝钦也。"③曾在宫中生活多年、陪侍慈禧太后的德龄认为光绪皇帝系在慈禧的默许下，被清宫大太监李莲英谋害，她在《瀛台泣血记》一书中写道："万恶的李莲英眼看太后的寿命已经不久，自己的靠山，快要发生问题了，便暗自着急起来。他想与其待光绪掌了权来和自己算帐，不如还让自己先下手的好。经过了几度的筹思，他的毒计便决定了。……那时只有一个人是可以救他的，那就是太后，可惜太后到底不曾出来干涉。于是她就在无形中帮助李莲英达到了目的。"④末代皇帝溥仪则怀疑光绪为袁世凯谋害，他在《我的前半生》一书中写道："我还听见一个叫李长安的老太监说起光绪之死的疑案。照他说，光绪在死的前一天还是好好的，只是因为用了一剂药就坏了。后来才知道这剂药是袁世凯使人送来的。"⑤清末士人胡思敬则谓光绪系被庆亲王奕劻谋害，他在记述晚清掌故、逸事的《国闻备乘》笔记中写道："陆润庠尝入内请脉，出语人曰：'皇上本无病。即有病，亦肝郁耳。意稍顺，当自愈。药何力焉。'迨奕劻荐商部郎中力钧入宫，进

① ［日］佐藤铁治郎：《一个日本记者笔下的袁世凯》，孔祥吉、［日］村田雄二郎整理，182～183页，天津，天津古籍出版社，2005。
② 黄濬：《花随人圣庵摭忆》，117页，上海，上海书店出版社，1998。
③ 史晓风整理：《恽毓鼎澄斋日记》第1册，632页。
④ 德龄：《瀛台泣血记》，秦瘦鸥译述，357～358页，昆明，云南人民出版社，1980。
⑤ 爱新觉罗·溥仪：《我的前半生》，21页。

利剂,遂泄泻不止。次日,钧再入视,上怒目视之,不敢言。钧惧,遂托疾不往。谓恐他日加以大逆之名,卖己以谢天下也。当孝钦临危定策时,德宗尚在,而大臣不以为非。既立今上,称双桃,次日又诏各省疆臣保荐名医,其矛盾可笑如此。"①

笔者以为,以上诸说并不矛盾,参与害死光绪皇帝的不可能只有一人,应是一小撮能够进出宫中的后党官宦共同参与:元凶为慈禧太后;奕劻、袁世凯、李莲英等人很可能都为共犯,或为直接参与者,或为知情者。慈禧是一位残忍的嗜权如命的女人,自她1860年发动北京政变、垂帘听政以来,宫中即疑案不断。1874年同治皇帝暴死后,她不但气死22岁的嘉顺皇后,而且为达到继续垂帘听政的目的,不顾清代建储家法及朝野的反对,强行改立她的亲外甥、醇亲王奕谭之子——年仅4岁的载湉继任皇位。七年后(1881),也即光绪七年,慈安太后又暴死于钟粹宫,慈禧太后更加独揽朝政,于光绪十年(1884)三月便以因循贻误,将妨碍她权力的恭亲王奕䜣罢免,令其居家养疾。光绪十三年(1887)光绪皇帝虽然开始亲政,但慈禧又强行把自己亲弟弟桂祥的女儿指配给光绪皇帝做皇后,一直继续干预朝政。待至光绪二十四年(1898)八月,她便发动戊戌政变,将争取独立自主的光绪皇帝囚禁瀛台,再度垂帘听政,并开始有废立和弑杀光绪之意。是月十日,慈禧太后在再度训政后四天,便以光绪名义发布上谕,征召良医,向全国散布光绪患病消息,称:"朕躬自四月以来,屡有不适,调治日久,尚无大效。京外如有精通医理之人,即着内外臣工切实保荐候旨,其现在外省者,即日驰送来京,勿稍延缓。"②光绪二十五年(1899)十二月二十四日,慈禧太后就将废立阴谋付诸行动,以光绪皇帝名义发布上谕,声称"朕痼疾在躬,艰于诞育,以致穆宗毅皇帝嗣续无人,统系所关,至为重大",因此,恳请慈禧封端郡王载漪之子溥儁为皇子

---

① 胡思敬:《国闻备乘》,111页,北京,中华书局,2007。
② 中国第一历史档案馆编:《光绪宣统两朝上谕档》第24册(光绪二十四年),424页。

（大阿哥），继承穆宗毅皇帝（同治）为子，"以绵统绪"。① 此一阴谋只是因中外联合抵制，未能如愿实行。光绪二十六年七月二十一日，残忍的慈禧太后又在逃离京城之前，下令将光绪皇帝喜欢的珍妃投于井中处死。光绪三十四年十月十日，慈禧太后于寿辰之日，再次流露杀机，当光绪前往她的住处探病与请安时，她拒绝皇帝叩见，竟然下达懿旨，宣布"皇帝卧病在床，免率百官行礼"。对于有人传言光绪帝对她得病幸灾乐祸，慈禧太后发下毒誓："我不能先尔死。"②总之，据清朝官方公开上谕和相关官员宫中入值日记及各种野史、笔记所载，慈禧太后这位实际统治中国长达近半个世纪的无冕"女皇"，在她撒手人寰的最后一刻仍然牢牢掌握着百官的生杀予夺大权，光绪去世前后的有关权力安排均系遵照她的懿旨进行。

鉴于慈禧太后与光绪帝的长期积怨，以及慈禧的毒辣和她在统治中国近半个世纪过程中确立的绝对威权，慈禧无疑是最有可能下令毒死光绪的幕后元凶，其他与光绪有隙的后党官宦在慈禧太后的绝对淫威之下，似尚无擅自毒死光绪皇帝的胆量。正如戴逸先生在《论光绪之死》一文中所说："以当时的条件、环境而论，如果没有慈禧太后的主使、授意，谁也不敢、不能下手杀害光绪。"③当然，作为年过七旬的无冕"女皇"，慈禧不会亲自动手杀害光绪皇帝，必然是授意，或暗示，或默许庆亲王、军机大臣袁世凯，以及太监李莲英等人，具体加以实施。

总之，在国家清史纂修工程重大学术研究专项课题组利用现代科学技术，在光绪遗体的头发、遗骨和衣服中检测到大量砒霜之后，再结合我们的历史研究，光绪死因问题，应该可以盖棺定论。

原载《清史研究》2009 年第 3 期

① 中国第一历史档案馆编：《光绪宣统两朝上谕档》第 25 册（光绪二十五年），397 页。
② 恽毓鼎：《崇陵传信录》，见《清光绪帝外传（外八种）》，34 页，北京，北京古籍出版社，1999。
③ 戴逸：《论光绪之死》，载《清史研究》，2008(4)。

# 清末国会请愿运动再检讨

　　清末国会请愿运动，是中国近代民主运动史上波澜壮阔的一页。它历时四年之久，波及中国 23 个省，前后动员全国数百万国民参与其中，间接或直接导致了清朝的灭亡。但由于这场运动一直将速开国会与救亡联系在一起，以致这场运动的性质多被误解，如有些学者批评清末国会请愿运动是犯了"制度决定论"和"激进化"的毛病①，不但不是中国社会之福，反而是中国社会之祸，使得本来就四分五裂的中国社会更加支离破碎，"其对国会理论的歪曲理解，应该要对近代中国民本的坍塌和民权的迷失而负责"②。

　　其实，这样看待清末速开国会请愿运动是有违历史的。清末速开国会请愿运动固然有其局限性，但仍不失为一场具有伟大意义的民主运动，在速开国会背后隐藏的其实是制宪权之争，是"国民立宪"与"钦定立宪"的两条道路之争，是民主与专制之争。这从国会请愿运动的诉求和清政府的回应上，便可见一斑。

## 一、从杨度发起请愿运动说起

　　在立宪派人士中，最早倡议发起国会请愿运动的是湖南人杨度。

---

　　① 参见萧功秦：《危机中的变革：清末现代化进程中的激进与保守》，156～157、254～263 页，上海，上海三联书店，1999。
　　② 丁业鹏：《清末国会请愿运动研究》，147～148 页，博士学位论文，华东师范大学，2014。

杨度生于 1875 年，20 岁中举人，是著名学者王闿运的得意门生。王闿运在《湘绮楼日记》中常称杨度为"杨贤子"。1894、1895 年，杨度赴京参加甲午科、乙未科会试，虽均落第，但风云际会，适逢公车上书，有幸认识了后来声名显赫的梁启超、袁世凯、徐世昌等人。回湖南后，杨度又与蔡锷、刘揆一在长沙时务学堂听谭嗣同、熊希龄、唐才常、梁启超等维新志士讲课，成为维新人士一员。1902、1903 年，杨度两次赴日本留学，入弘文学院学习，次年转入日本法政大学速成科，集中研究各国宪政，并成为当时中国留学生中一位活跃人物，与孙中山革命党人和梁启超保皇党人都有交往，他的寓所有"湖南会馆"和"留日学生俱乐部"之称。1905 年，他当选为中国留日学生总会干事长。杨度并不赞同孙中山的革命排满主张，而是主张君主立宪。1906 年，他与梁启超在日本分别为清政府出洋考察宪政大臣捉刀起草报告，杨度写了《中国宪政大纲应吸收东西各国之所长》和《实行宪政程序》，梁启超写了《东西各国宪政之比较》，算是为清政府的预备立宪立下了汗马功劳。

　　1906 年 9 月 1 日，清政府下诏宣布"仿行宪政"，但其后在预备立宪方面多无实质性举措。有鉴于此，杨度主张应走国民立宪道路，认为立宪不立宪，关键在国民努力不努力，争取不争取，"立宪之事，不可依赖政府，而惟恃吾民自任之。世界中无论何国之政府，未有愿立宪者，此不必希望，亦不必责怨。希望之与责怨，皆倚赖政府之性质也"①。他还认为立宪的关键在于设立代表人民监督政府的议会，成立责任政府，"立宪国未有无国会者，有国会之国，又未有不为立宪国者"②。于是，他将速开国会作为立宪的突破口。1907 年年初，他的这一主张得到梁启超的赞同和支持，他们便开始一道在《新民丛报》《中

---

　　① 杨度：《〈中国新报〉叙（一九〇七年一月二十日）》，见刘晴波主编：《杨度集》，211 页，长沙，湖南人民出版社，1986。

　　② 杨度：《致〈新民丛报〉记者（一九〇七年四月上旬）》，见刘晴波主编：《杨度集》，402 页。

国新报》《时报》等杂志上发起速开国会的宣传。①

除了舆论宣传外，杨度还为速开国会进行组织活动，1907 年 2 月成立政俗调查会，7 月成立宪政讲习会，并在国内设立支部，推动国民立宪。9 月 25 日，宪政讲习会选派代表熊范舆、沈钧儒、恒钧、雷光宇赴京，将有 100 余人签名的请愿书呈送都察院代奏，要求清政府"于一二年内即行开设民选议院"。

在这份请愿书中，他们虽然将速开国会与救亡图存联系在一起，在开头部分大谈只有速开国会，才能消除内忧外患，认为中国当前内忧外患的局面，"皆由于无民选议院所致耳"。但他们提出速开国会的具体理由和诉求，却完全根据的是近代西方的宪政理论。他们强调，速开国会的一个首要目标是要建立一个向国会负责的政府，"责任政府为立宪制度之精神"，"民选议院一日不立，则责任政府一日不成"；只有设立民选议院，才能达到让国会监督政府的目的，克服政府的各种弊端，确保各项宪政政策的落实。另外，他们指出，实行三权分立，开设国会以为立法机关，也为立宪之本原，各立宪国通行之制；只有速开国会，才能实现司法独立，使人民生命财产有所保护，社会秩序得以维持。

在国会与宪法的关系上，请愿书虽然没有明确反对钦定宪法，但也婉转表达了协定和民定宪法的愿望，表示一定要将开国会安排在宪法颁布之后，这是没有历史依据的。英国作为宪政母国，迄今尚无成文宪法；德国被称为钦定宪法的模范国，但召集议会则在宪法颁布之前；日本开设议会虽然在宪法成立之后，但这由日本的特殊历史和国情使然，并且，日本开设议院的决定亦实在宪法制定之先。他们强调，宪法作为国家根本法，其"运用之妙与保障之法，则全恃夫议会"②。而在立宪派发表的宣传速开国会的文章中，他们明确表示国民应享有参与制定宪法的权利，指出"政府党之目的，在由政府制定宪法以左右

---

① 参见丁文江、赵丰田编：《梁启超年谱长编》，394～395、398 页。

② 《湖南即用知县熊范舆等请速设民选议院呈》（光绪三十三年八月二十八日），见故宫博物院明清档案部编：《清末筹备立宪档案史料》下册，615 页。

国民；而吾辈之目的，在由国民规定宪法以左右政府"①；只有国民享有协定宪法之权，"宪法乃为有效"②。

很明显，杨度发起速开国会请愿的初衷，是试图通过速开国会达到参政的目的，并由国会主导清末宪政改革，参与宪法的制定，建立英国式的议会君主立宪制度，改良政治，挽救国家危亡。这与清政府奉行的"大权统于朝廷"的自上而下的钦定宪政改革路线和巩固君权的目的，是格格不入、不可调和的。

1907年12月24日，清政府即发布上谕，重申1906年9月1日的预备立宪上谕精神，再次强调预备立宪的进展要视筹备情况及国民程度之高下而定，并由"朝廷主之"，且"大权统于朝廷"，并声明开设议院只是为采取舆论起见，召集议会及解散议会，均有定式，所议事件，亦均有权限，既非人人均有选举之权，也非人人可为议员，既非人人皆得言事，也非事事皆可参与；指责立宪派发起速开国会请愿运动"浮躁蒙昧、不晓事体"，"遇有内外政事，辄借口立宪，相率干预，一倡百和，肆意簧鼓，以讹传讹，浸寻日久，深恐谬说蜂起，淆乱黑白，下凌上替，纲纪荡然。宪政初基因之阻碍，治安大局转滋扰攘，立宪将更无期，自强之机，更复何望？"警告如有好事之徒纠集煽惑，"必宜从严惩办"。③

由杨度发起的速开国会请愿运动，揭开了清末国民立宪与钦定立宪两条立宪道路之争和制宪权之争的序幕。这在随后立宪派与清政府的严重对立中，表现得淋漓尽致。

## 二、慈禧太后的妥协

在各立宪派团体的组织和推动下，1908年的春夏，各省曾出现一

---

① 李庆芳：《立宪魂》，李华城校阅，26～27页，日本，中国宪政讲习会，1907。

② 李庆芳：《中国国会议》，载《中国新报》，第1卷，第9期，1907。

③ 朱寿朋编：《光绪朝东华录》（五），张静庐等校点，5805～5806页。

波速开国会请愿的热潮。面对纷至沓来的请愿书，富有统治经验的慈禧太后并没有惊慌失措，而是沉着应对。虽然出于"帝党"与"后党"的历史恩怨，慈禧太后有些感情用事，于7月25日突发上谕，将参与国会请愿活动且与"帝党"有关联的法部主事陈景仁革职。① 稍后，又将康有为、梁启超领导的政闻社以非法组织加以取缔。② 但对国内立宪派，慈禧太后还是采取笼络政策，认识到参与请愿立宪的多为社会名流，他们"实与从前纯由少年志士所鼓吹者不同，若不从速将国会期限决定，人心一失，隐患愈深"③，于是，对速开国会的要求还是做出了一些妥协。

为表达朝廷的立宪诚意，慈禧太后不但于6月间授意张之洞、袁世凯召集相关官员及归国留学生，就国会期限问题听取各界意见，而且加速预备立宪的相关立法进程，以满足立宪派的期望。1908年7月8日，发布上谕，将资政院拟订的资政院院章的头两章（总纲和选举）先行颁布，同时督促其余八章"着即迅速妥订，具奏请旨"④。7月22日，批准颁布由宪政编查馆拟订的《各省谘议局章程》和《谘议局议员选举章程》，并令各省督抚认真执行，"自奉到章程起，限一年内一律办齐"⑤。8月27日，批准颁布《钦定宪法大纲》《议院法要领》《选举法要领》和《九年预备立宪逐年筹备事宜清单》四个重要文件，宣布召集国会以九年为限，以1908年为第一年，于1916年最后一年召集国会，并责令各级行政部门每隔6个月，向宪政编查馆汇报筹备进展情况，以

① 参见朱寿朋编：《光绪朝东华录》（五），张静庐等校点，5951页。
② 参见朱寿朋编：《光绪朝东华录》（五），张静庐等校点，5967页。
③ 故宫博物院明清档案部编：《清末筹备立宪档案史料》下册，684页。
④ 《资政院等奏拟订资政院院章折》（光绪三十四年六月初十日），见故宫博物院明清档案部编：《清末筹备立宪档案史料》下册，628页。
⑤ 《谘议局及议员选举章程均照所议办理著各省督抚一年内办齐谕》（光绪三十四年六月二十四日），见故宫博物院明清档案部编：《清末筹备立宪档案史料》下册，684页。

示朝廷对预备立宪之重视。①

然而，慈禧太后的所有这些让步和妥协，都是以不违背"大权统于朝廷、庶政公诸舆论"的钦定宪政改革路线为前提的。以谘议局来说，宪政编查馆在进呈章程的说明中虽然表示谘议局"即议院之先声"，但同时又强调谘议局并不具有西方地方议会地位，它仅仅是一个省级议事、表达民意的机构，既不得妨碍"国家统一之大权"，也不得妨碍政府权力，"议院攻击政府，但有言辞，并无实力，但有政府自行求退，议院并不能驱之使行"。② 同样，作为"预立上下议院之基础"的资政院，慈禧太后也未赋予其国会地位和权力，而是最大限度地将其定位为由皇帝控制的议事机构。《议院法要领》则进一步对议会的立法权和行政监督权做出明确限制，以确保君上大权不受动摇，规定"议院只有建议之权，并无行政之责，所有议决事件，应恭候钦定后，政府方得奉行"；"行政大臣，如有违法情事，议院只可指实弹劾。其用舍之权，仍操之君上。不得干预朝廷黜陟之权"。③ 而《九年预备立宪逐年筹备事宜清单》又从程序上确保清末立宪完全按照钦定路线执行，把与宪政有关的重要制度安排和立法，都放在国会召开之前落实，以釜底抽薪之法，从根本上削弱国会在筹备立宪中的作用和地位，将立宪派发起速开国会请愿运动的意图在不知不觉中加以挫败。其实，这也是1910年立宪派不满九年预备立宪，再次发起速开国会请愿运动的根本原因所在。

慈禧太后在批准设立谘议局和资政院之后，紧接着于8月27日匆匆批准颁布《钦定宪法大纲》，其目的也是有意避免前者干预宪法的起草工作。宪政编查馆和资政院在奏定宪法大纲所做的说明中，就对立宪派提出的协定或民定宪法要求明确予以否定，强调宪法必须出于钦

① 参见《九年预备立宪逐年推行筹备事宜谕》（光绪三十四年八月初一日），见故宫博物院明清档案部编：《清末筹备立宪档案史料》上册，67～68页。
② 《宪政编查馆等奏拟订各省谘议局并议员选举章程折》（光绪三十四年六月二十四日），见故宫博物院明清档案部编：《清末筹备立宪档案史料》下册，669页。
③ 故宫博物院明清档案部编：《清末筹备立宪档案史料》上册，59～60页。

定，宣称"大凡立宪自上之国，统治根本，在于朝廷，宜使议院由宪法而生，不宜使宪法由议院而出，中国国体，自必用钦定宪法，此一定不易之理"；声称宪法的要义"一曰君主神圣不可侵犯，二曰君主总揽统治权，按照宪法行之"。①《钦定宪法大纲》就是据此制定的，其赋予立宪君主的权力与专制君主几无差异，并且以宪法的形式，将专制制度下的君权合法化。总之，在制宪权和巩固君权问题上，慈禧太后是绝不会退让和允许立宪派染指的。

## 三、1910 年的国会请愿运动

1910 年是清末国会请愿运动彪炳史册的一年。在这一年里，国内的立宪派以各省谘议局为舞台，以解决外交和内政问题为由，于 1910 年 1 月、6 月和 10 月，先后发动三次全国性的速开国会请愿运动，要求清政府一年内召开国会。

除了规模和声势更加浩大之外，1910 年的国会请愿运动在具体诉求上与 1908 年的国会请愿运动并无二致，一是仿照近代欧美国家宪政，成立一个向国会负责的责任内阁，由此推动中国宪政的实施；二是贯彻西方宪政国家的三权分立原则，使国会享有完全立法权。所不同的是，随着形势的发展，请愿的语言更加直白，更加激越。如在成立责任内阁问题上，他们直白建言只有实行英国式的虚君议会君主立宪制度，方能保君主之尊荣。在要求国会享有完全立法权问题上，他们直率批评清政府开办的资政院，既无监督权，也无立法权，并不具备西方国会的权限，"一为专制政体之议政机关，一为立宪政体之监督机关"②；并威胁清政府，如不授予人民立法权，那么人民就有不遵守法律的义务，即使人民起来造反，推翻政府，也只能听任之，"代表等

---

① 《宪政编查馆资政院会奏宪法大纲及议院法选举法要领及逐年筹备事宜折》(光绪三十四年八月初一日)，见故宫博物院明清档案部编：《清末筹备立宪档案史料》上册，55～56 页。

② 《国会请愿同志会意见书》，载《国风报》，第 1 年，第 9 号，文牍，1910。

亦无力可以导喻之，惟有束手以坐视宗社之墟耳"①。

再者，随着预备立宪的推进，1910 年国会请愿运动对参与制宪权的愿望也表达得更加强烈和迫切。在他们发表的《国会请愿同志会意见书》中，立宪派就明确要求宪法应由国会和君主共同制定，指出"宪法若纯由钦定，则将来人民必常倡改正之议，反以牵动国本，故不如采协定宪法之可垂诸久远。协定者，由政府起草，交议院协赞之谓也。倘政府果能采纳此说，则吾国一面召集国会，一面编订宪法，更易着手"②。有的则直率反对钦定宪法，指出宪法既为君民共同遵守，就应由君民共同制定，否则，必偏于独裁，流于专制，"以少数人之利益侵害多数人之利益"③，与宪法原则相违背，因此，必须"先开国会，而后定宪法，争民权"④。或说中国既然为国民的国家，而非家族的国家，国家主权属于人民，因此，制定宪法就"必不能采钦定之主义，而当采君民共定之主义"⑤。12 月，国会请愿代表团在宣布解散之前向全国通告政治纲领中，阐明当前的任务除督促政府设立新内阁外，也将要求参与宪法的制定列入其中，指出朝廷已任命修宪大臣，如以日本钦定宪法施行我国，"其危险不可思议"⑥，呼吁各省同志会电请资政院，要求将来宪法条文须交资政院协赞通过。1911 年 6 月，在清廷选定宫内焕章殿为修宪的办公地点之后，谘议局联合会即向资政院提交陈情书，要求清政府须将宪法交院协赞。

1910 年国会请愿运动与 1908 年的另一不同点是，立宪派与清政府之间的对立情绪明显加重，并趋于公开化。第二次国会请愿运动失

---

① 中国第二历史档案馆编：《中华民国史档案资料汇编》第 1 辑，131～132 页，南京，江苏人民出版社，1979。

② 《国会请愿同志会意见书》。

③ 《论国民不应放弃应有之责任》，载《广益丛报》，第 9 年，第 9 期。

④ 《立宪国之要素一曰国会一曰宪法当预备之时究应先开国会而后定宪法欤抑应先颁宪法而后开国会欤》，载《大公报》，1910-11-30。

⑤ 柳隅：《中国宪法之根本问题》，载《国风报》，第 1 年，第 35 号，1910。

⑥ 《同志会通告书》，载《时报》，1910-12-07。

败之后，国内立宪派便开始对清朝政府的立宪诚意表示极大的失望，责备清政府的态度简直"视爱国之义为仇国之举动"，为"弃吾民"之举动，而"弃民者，即无异自弃其宗庙社稷也"。① 第三次国会请愿运动之后，尽管摄政王载沣做出缩短三年召集国会的妥协，但他对请愿运动的敌视态度和公然以暴力手段对付请愿的行动，不但没有换回国内立宪派的拥护，反而增强了立宪派与清政府离心离德的倾向，他们严厉斥责清政府 12 月 24 日颁布的取缔请愿运动的上谕"直视吾民如蛇蝎如窃贼"，明确表示靠和平请愿办法已无济于事，"苟犹有以为不足者，势非另易一办法不为功"。② 警告清政府"今日毋谓请愿者之多事也，恐它日虽欲求一请愿之人而亦不可得矣"③。在京的国会请愿代表团在奉命宣布解散时向各省立宪派发表的一份公告中也明确表示和平请愿已走到尽头，以后如何从事政治活动，"惟诸父老实图利之"④，并开始致力于组织政党活动。1911 年春国内立宪派在谘议局联合会和国会请愿同志会的基础上成立全国性政党组织——宪友会，将立宪的政治希望寄托在自身力量的壮大上，而不再像立宪初期那样寄希望于清朝政府，宣布组织成立政党的目的：一是"破政府轻视国民之习见"，二是"动外人尊重我国民之观念"，三是"充吾民最后自立之方针"。⑤ 可以说，三次国会请愿运动实为武昌起义爆发后国内立宪派走上与清政府分道扬镳道路，埋下了引线。

## 四、摄政王载沣的对策

摄政王载沣，系醇亲王爱新觉罗·奕譞第五子，光绪帝载湉异母弟，宣统帝溥仪生父。作为一名满族少壮亲贵，载沣并非顽固守旧之

---

① 《敬告国民》，载《时报》，1910-07-01。
② 《读初三日上谕感言》，载《时报》，1910-11-08。
③ 《读二十三日上谕恭注》，载《申报》，1910-12-26。
④ 《国会请愿代表通问各省同志书》，载《时报》，1910-11-14。
⑤ 《申报》，1911-03-28。

人。但站在清朝宗室的立场上，为维护满族亲贵统治，巩固君权，摄政王载沣严格奉行慈禧太后制定的钦定路线，坚决反对速开国会。

1910年1月30日，摄政王载沣就发布上谕，否决了第一次请愿代表速开国会的请求，宣称钦定九年预备立宪及大权统于朝廷，系先朝慈禧太后和光绪皇帝明定，"此天下臣民所共见共闻也"①，不可更改。6月27日，再次发布上谕，不但拒绝了立宪派的第二次国会请愿要求，而且还否定国会在立宪中的重要地位，称"议院之地位在宪法中只为参预立法之一机关耳，其与议院相辅相成之事，何一不关重要，非尽议院所能参预，而谓议院一开，即足致全功而臻郅治，古今中外亦无此理"②。第三次速开国会请愿运动之后，在国内立宪派和部分督抚官员的共同压力下，摄政王载沣虽然于11月4日（十月初三日）下达谕旨，将国会召开期限缩短三年，改为宣统五年召开国会，但同时立即采取补救措施，宣布在召集国会之前制定、颁布宪法及议院法、上下议院选举法，并成立内阁，"不得少有延误"③，以确保钦定宪政改革路线得到贯彻，并下令解散各请愿代表团，把外地代表都驱赶出京师，严厉取缔各地请愿活动。另据《汪荣宝日记》记载，在如何对待提前召开国会的问题上，载泽、善耆等满族亲贵早在第二次国会请愿运动期间，私下就商定必须确保钦定宪法得到贯彻，强调"宪法必须钦定""中国国会之成立，当在宪法制定以后"。④

为绝对掌握制宪权，确保宪法最大限度地保障君权，载沣根据他们事前的商议，在宣布缩短召开国会期限的第二天（11月5日）就采取具体行动，颁发上谕，不将起草宪法的任务交由本该负责此项工作的宪政编查馆，而是另起炉灶，任命皇室成员溥伦、载泽为拟订宪法大

① 《俟九年预备完全定期召集议院谕》（宣统元年十二月二十日），见故宫博物院明清档案部编：《清末筹备立宪档案史料》下册，641页。
② 《仍俟九年预备完全再定期召集议院谕》（宣统二年五月二十一日），见故宫博物院明清档案部编：《清末筹备立宪档案史料》下册，645页。
③ 《缩改于宣统五年开设议院谕》（宣统二年十月初三日），见故宫博物院明清档案部编：《清末筹备立宪档案史料》上册，79页。
④ 韩策、崔学森整理：《汪荣宝日记》，166页，北京，中华书局，2013。

臣，"随时逐条呈候钦定"①，争取赶在国会召开之前抛出钦定宪法文本。载沣与庆亲王奕劻等少数满族亲贵还私下达成一个默契，不但不让议院参与修订宪法，凡是有资政院身份的人也不得参与宪法的起草。稍后，载泽和溥伦选派他们绝对信任的度支部右侍郎陈邦瑞、学部右侍郎李家驹、民政部左参议汪荣宝三人为协修宪法大臣。而汪荣宝在选派为协修宪法大臣后，为免去皇室的担忧，便主动提出辞去资政院议员，以表绝对忠诚。

更为极端的是，为将制宪权控制在少数满族亲贵之手，摄政王载沣和修宪大臣载泽、溥伦从一开始就要求协修大臣严守"秘密主义"，在正式颁布之前不得泄露半点"天机"。1911 年 7 月宪法起草工作正式开始后，便三次安排汪荣宝和李家驹躲到人迹罕至的名山寺观从事起草工作。第一次的地点是十三陵的玉虚观，7 月 6 日出发，12 日返回。② 第二次的地点为京郊周口店附近的兜率寺，8 月 18 日出发，24日回城。③ 第三次的地点改到泰山登日观，9 月 12 日出发，23 日回到京城。④ 为控制制宪权，摄政王载沣竟然将堂堂正正的国家大法——宪法的制定，弄成一桩偷鸡摸狗的事情，以致清末钦定宪法的文本迄今仍为一个历史谜案，无法让人一睹其真容。

为抵制立宪派的国民立宪路线，摄政王载沣还努力赶在国会召开之前成立一个不受国会监督、不向国会负责的内阁。11 月 3 日，在宣布将国会召开期限缩短三年的前一天，载沣、载泽、毓朗等满族贵族在御前会议上就商议好为避免纷扰，在召开国会之前就必先设立新内阁、明定国是，"庶君权不改为民权所抑"⑤。12 月 18 日，载沣又颁布上谕，否决资政院内立宪派提出的成立责任内阁的提案，声称根据《钦定宪法大纲》设官制禄及黜陟百司操诸君主的规定，设立责任内阁问

---

① 《派溥伦载泽为纂拟宪法大臣谕》(宣统二年十月初四日)，见故宫博物院明清档案部编：《清末筹备立宪档案史料》上册，79 页。

② 参见韩策、崔学森整理：《汪荣宝日记》，922~928 页。

③ 参见韩策、崔学森整理：《汪荣宝日记》，965~971 页。

④ 参见韩策、崔学森整理：《汪荣宝日记》，990~1001 页。

⑤ 《御前议国会记》，载《民立报》，1910-11-11。

题，"朝廷自有权衡，非该院总裁等所得擅预，所请著毋庸议"①。12月25日，载沣即谕令宪政编查馆将内阁官制赶紧详慎纂拟具奏。1911年5月8日，便匆匆推出臭名昭著的"皇族内阁"，公开申明新内阁的组织原则系根据《钦定宪法大纲》精神，仿照日本和德国两国办法，只向皇帝负责，不向议会负责，声称"我国已确定为君主立宪政体，则国务大臣责任所负，自当用对于君上主义，任免进退皆在朝廷……而不得干黜陟之柄，庶皇极大权益臻巩固，辅弼之地愈著恪恭"②。

一直到10月10日武昌起义爆发之后，摄政王载沣才在革命形势的压迫下改变"钦定"路线，接受立宪派的"国民立宪"路线和诉求。10月30日，载沣在发布罪己诏的同日，分别发布两道上谕。一从资政院之请，同意将宪法交资政院协赞，令溥伦等迅将宪法条文拟定完毕，交资政院详慎审议，钦定颁布；二从资政院之请，宣布取消内阁暂行章程，待事机稍定，即组织完全责任内阁，不以亲贵充任国务大臣，以符宪政。③ 11月3日，在陆军第二十军统制官张绍曾、陆军第二混成协统领蓝天蔚的兵谏下，载沣最终宣布接受资政院所拟体现英国议会君主立宪精神的《宪法重大信条十九条》。

立宪派和清政府在速开国会问题上的对立，清楚表明清末速开国会请愿运动争的不只是召集国会的时间问题，其实质是"国民立宪"还是"钦定立宪"的两条道路之争，是仿行英国式的议会君主立宪制度还是实行日本和德国的二元君主立宪制度之争。清末国会请愿运动虽然以救亡形式出现，但其基本诉求与近代欧美的民主运动并无二致，同样是争取基本的民主权利，争选举权、争立法权、争参政权、争监督权，争制宪权。清朝的灭亡，正是体现了清末国会请愿运动的胜利，

① 《设立责任内阁朝廷自有权衡非资政院所得擅预谕》（宣统二年十一月十七日），见故宫博物院明清档案部编：《清末筹备立宪档案史料》上册，547页。

② 《宪政编查馆会议政务处会奏拟定内阁官制并办事暂行章程折》（宣统三年四月初十日），见故宫博物院明清档案部编：《清末筹备立宪档案史料》上册，559页。

③ 参见中国第一历史档案馆编：《光绪宣统两朝上谕档》第37册（宣统二年），279～280页。

体现了民主力量战胜了专制力量。同时，清末国会请愿运动的历史亦证明，救亡的呐喊没有压倒或湮没民主启蒙，事实上它们之间是相互激荡、并行不悖的，它们共同推进近代中国历史的进步。

原载《国家人文历史》2016 年第 20 期，原文题目为《清末国会请愿运动为哪般："国民立宪"与"钦定立宪"之争》

# 论清末铁路政策的演变

铁路问题是清末各种社会矛盾的一个焦点，其重要性长期以来受到学术界的重视。但国内以往的研究，重点放在帝国主义的掠夺和中国人民争回路权的斗争上，对清政府一面的研究则略显不足。本文就清朝政府最后十余年间铁路政策的演变做一个系统论述，以加深我们对清末铁路问题的全面了解。

## 一、铁路总公司和路矿总局的铁路政策

铁路作为近代最具革命性的交通工具，在近代中国的命运非同寻常。起初，它被当作"怪物"遭到国人的拒绝。后来，虽有洋务派倡导修筑，但清朝统治阶级内部对是否需要铁路认识不一，致使兴办铁路在很长一段时期内处于"无人敢主持""两宫也不能定此大计"的状态。① 兴办铁路最终成为清末的一项基本国策，乃是 19 世纪 90 年代之后的事情。

1895 年中日甲午战争结束后，清朝统治阶级总结此次战争失败的原因，误以为是由于缺乏铁路所致。于是，他们纷纷谈论铁路的各种好处，将兴办铁路提到议事日程上来，看作"今日自强首务"②。与此同时，西方列强趁火打劫，纷纷占夺中国路权，将铁路作为它们划分势力范围的重要手段。在这种历史背景下，制定相应的铁路政策便成

---

① 宓汝成编：《中国近代铁路史资料（1863—1911）》第 1 册，79 页。
② 宓汝成编：《中国近代铁路史资料（1863—1911）》第 1 册，222 页。

了清政府尔后十余年里所要解决的一个重大问题。

就在这一年的下半年，清朝统治集团内部就如何兴办铁路进行了首次商讨。商讨的结果，一致赞同先从津芦、芦汉办起，但在采取何种方式修建铁路上存在三种不同意见。第一种主张铁路商办，不借外债，不入洋股；第二种则主张借债造路，官办和官督商办；第三种既支持铁路商办，但同时主张允许洋商入股，采取中外合股方式。① 清朝中央政府最后采纳了第一种意见，在 12 月 6 日兴办铁路的上谕中宣布，芦汉铁路如有富商集股千万两以上者准其设立公司，一切赢绌，官不与闻；如成效可观，政府则予以奖励。②

清政府倾向铁路商办的原因有二：一是甲午战后财政拮据，入不敷出，无力承办，试图借商办兴筑铁路，抵制西方列强对中国路权的占夺。诚若当时刘坤一所说，铁路如归官办，则"值此库帑支绌之时，无从筹此巨款；即令分年筹画，事难逆料，中辍堪虞。纵使有成，而旷日持久，计利亦不合算"③。二是甲午战后官办企业的各种弊端暴露无遗，信誉扫地，清朝中央政府也相信官办不如商办。

但事情的发展出乎清政府的意料。由于华商资金有限，且缺乏创办近代企业的精神，再加上清朝统治集团内部意见不一，华商对商办铁路的响应并不积极，应者寥寥。其间，虽有广东在藉道员许应锵、广东商人方培尧以及候补知府刘鹗、监生吕庆麟等人，自称集股已有成效，要求承办，但至 1896 年 7、8 月间经查明以上诸人均不可靠，实替英、美两国资本家出面揽办。这样，在清廷内部借款官办的主张转而占了上风。

同年 9 月，受命主持芦汉路务的湖广总督张之洞与直隶总督王文韶联合上奏，指出铁路未成之先，华商断无数千万之巨股，只有借债造路，陆续招股分还洋债一策较为可行；强调借洋债比招募洋股有利

---

① 参见宓汝成编：《中国近代铁路史资料(1863—1911)》第 1 册，199～204 页。
② 参见《大清德宗景(光绪)皇帝实录》第 378 卷，7 页，台北，新文丰出版股份有限公司，1978。
③ 宓汝成编：《中国近代铁路史资料(1863—1911)》第 1 册，203 页。

于路权不为外人所夺，断言"路归洋股，则路权倒持于彼；款归借债，路权仍属于我"。认为与其由华商向外商借款，以铁路应入之款作抵，且须由国家核准，还不如款由官借，路由官造更直接省事。最后，他们作一折中，建议设立铁路总公司，官督商办，一面招股，一面借款，并极力推荐与自己意见一致的盛宣怀担任公司督办。①

在王文韶、张之洞两督的保荐和盛宣怀本人的活动下，他们的建议终于被总理衙门接受。10 月 20 日，清政府批准设立铁路总公司，令盛宣怀为督办，同时仍着王文韶、张之洞两督"督率兴作"。② 1897年 1 月，盛宣怀正式启用铁路总公司关防。

盛宣怀主持的铁路总公司将张之洞的铁路计划进一步具体化，拟由铁路总公司募集 4000 万两，其款合官款、商股、洋债为一，采取官督商办形式，其中先募商股 700 万两，入官股 300 万两，借官款 1000万两，借洋债 2000 万两，先办芦汉，后办苏沪、粤汉等路。外债的举借亦由铁路总公司出面，商借商还，避免清朝政府与列强之间的交涉。③

但盛宣怀、张之洞的计划同样过于乐观，难以执行。首先在资金的募集上，铁路总公司就遇到了重大困难。华商对铁路投资本来就不积极，对铁路总公司的官督商办形式更是不感兴趣。苏、浙、粤等省的富商主张与本省无关的芦汉路由官款官办，商人则专办苏沪、粤汉等路。④ 而更为糟糕的是，盛宣怀寄予厚望的官款也远远不能满足他的要求。原定的 300 万两官股，在经过数月的努力后仅得 50 万两。南洋的 250 万两，刘坤一虽勉强允拨，但只用作沪宁铁路专款。⑤ 这对

---

① 参见《张之洞、王文韶会奏芦汉铁路商办难成另筹办法折》(光绪二十二年七月二十五日)，见张之洞：《张文襄公全集》卷四四，22～26 页，北平文化斋刊。

② 参见《大清德宗(光绪)皇帝实录》第 395 卷，7～8 页。

③ 参见《盛宣怀说帖》，见交通部、铁道部交通史编纂委员会：《交通史路政编》第 1 册，74～77 页，交通铁道部交通史编纂委员会出版，1935。

④ 参见《张之洞、盛宣怀请饬各直省将军督抚通行地方官帮同招集商股片》(光绪二十三年三月二十六日)，见张之洞：《张文襄公全集》卷四五，25～28 页。

⑤ 参见《盛宣怀致张之洞电》(光绪二十二年十月二十二日)，见盛宣怀：《愚斋存稿》卷二五，640 页，台北，文海出版社，1975。

耗资巨大的铁路来说，简直是杯水车薪，无济于事。在官款有限商股难招的情况下，盛宣怀转而单独求助于洋债一途。自 1897 年至 1903 年，由盛宣怀经手签订的借款合同有芦汉、粤汉、正太、沪宁、汴洛等路，共计 7086 里；签订的草合同，有苏杭甬、浦信、广九等路，共计 2006 里。所有由盛宣怀铁路总公司承办的铁路，均无华商参与。因此，原先所说的官督商办，纯然变为借款官办。

再者，借款的条件也十分苛刻，盛、张二人最初设想的目标均未能实现。对清朝政府来说，借债造路最担心的是路权外移，成为西方列强瓜分势力范围的工具。为此，盛宣怀、张之洞对借债的条件和方式十分注意，曾提出这样一些对策：第一，规定无论借何国路债，必须先用华款，后用洋债，造一段抵借一段，以免外商在借款谈判中多有要挟；第二，坚持借款为一般的商业性贷款，不涉及国家主权；第三，借款国尽量选择小国或在中国没有政治野心的国家，避免在同一地方借一国之款，原则上应在同一地区多借几国之款，以使它们之间彼此制约，不致铁路成为某国巩固其势力范围的工具。① 但这一时期的国际国内形势都对清朝政府十分不利，盛宣怀、张之洞的计划大多落空。事实是，不仅筑哪条路、借何国款中国不能完全自主，很大程度被西方列强左右，而且路权在借款期内基本上也由借款国操纵，外国借款公司享有行车管理权、稽核权、用人权和购料权。同时，借款公司还从中获得不少的利益，由盛宣怀签订的几笔铁路借款合同和草合同，利息重，折扣大，索酬多，一般都规定 5 厘息，9 折，提取红利 20%，购料佣金 5%，还本付息佣金 0.25%。此外，商借商还的原则也没有达到，外国借款公司并不认为铁路总公司为一商办机构，借款合同仍由国家批准担保。②

---

① 参见《王文韶、张之洞、盛宣怀密陈筹办芦汉铁路次序机宜折》(光绪二十三年三月)，见盛宣怀：《愚斋存稿》卷一，59～60 页。《张之洞致王文韶电》(光绪二十三年三月二十七日)，见张之洞：《张文襄公全集》卷一五三，1～3 页。

② 以上材料见各铁路借款合同。有关这一时期铁路借款受各国在华势力范围的影响，以及西方列强瓜分势力范围的情况，已有许多论著作过研究，其中宓汝成先生的《帝国主义与中国铁路》一书尤为详细、全面，因此本文不再做具体论述。

　　铁路总公司的实际政策与最初设想相去甚远，这不能不引起清朝统治阶级的严重关注。1897 年在德国强租胶州湾和芦汉铁路借款合同签订后，清政府即对铁路政策加以调整，改变过去由地方政府自行其是的办法，为免使中国路矿落入外人之手，并促进路矿的发展，路矿改由中央集中统一管理。1898 年 8 月，清政府下令在京师设立矿务铁路总局，派王文韶、张荫桓专理其事，"所有各省开矿筑路一切公司事宜，俱归统辖"①。

　　作为清政府管理全国路矿的最高行政机构，路矿总局推行由中央统一规划和管理的铁路政策。它在成立的当天即向各省宣布：在本局设立之前揽办但未确定的路矿均不得作为定案，由本局制订有关章程后再行处理。② 一个多月后，由总理衙门照会各国公使，声明中国开矿造路借用洋款必须经路矿总局批准，凡未经批准私自订立合同者，一概视同废纸，不予承认。③ 同年 11 月 19 日，总局颁布《矿务铁路章程》22 条，对申办路矿的手续、条件、经营方式、借用外资的原则等做了具体说明和限制，规定此后各省开办路矿，无论官商华洋，均应按照本章程办理；借用外资须由总局核准，并由总局咨明总理衙门照会该国驻京大臣照复后，方为定准；如未经本局核准，官商擅自与洋商议借者，虽已画押，本局概不承认。另规定各公司办理情形及账目等事，本局有权随时调查，或派员前往查阅；而各公司也有义务将办理路矿情形根据本局缮制的表谱格式，于每年年终填写送局查复。此外，章程还要求承办路矿公司，无论华股洋股，必须在批准 6 个月后开工，如迁延未报开办日期，所有批准之案即按作废论；如实有意外之事，亦须预先报明。

　　在以何种方式兴办铁路问题上，路矿总局的政策是鼓励商办，限制洋商。《矿务铁路章程》明确规定，路矿可分官办、商办、官商合办

① 朱寿朋编：《光绪朝东华录》(五)，张静庐等校点，4150 页。
② 参见交通部、铁道部交通史编纂委员会：《交通史路政编》第 1 册，87 页。
③ 参见宓汝成编：《中国近代铁路史资料（1863—1911）》第 2 册，526～527 页。

三种形式，但"总不如商办"，宣布除未设局以前业经开办者外，"此后总以多得商办为主，官为设法招徕，尽力保护，仍不准干预该公司事权"；凡华人承办路矿，独立资本至50万两以上，或出力劝办，实系华股居半者，应照劝赈捐之例予以优奖。① 同时，章程又规定集款以多得华股为主，无论如何兴办，统估全工用款若干，必须先有己资及已集华股十分之三为基础，方准招集洋股或借用洋款，如一无己资及华股，专集洋股与借洋款者，概不准行。此外，章程还规定凡办路矿，无论洋股、洋款，其办理一切权柄，总应操自华商，以归自主；唯该公司所有账目，应听与股洋商查核，以示公平。

为保证借款官办各路预期完工，并能偿付洋债本息及养路各费，以图按期收回路权，路矿总局在颁布《矿务铁路章程》后不到一个月，又会同总理衙门下令稳定借款筑路规模。宣布铁路由中央统筹规划，分别缓急，次第兴筑，先修芦汉、粤汉、沪宁、苏浙、浦信、广九、津镇、关内外及正太等路，只有在以上各路筑成敷还借款本息及养路各费尚绰有余裕的情况下，才有可能扩大其他各路。规定自此次奏明后，除已与各国定有成议以及近干支路地不过百里，款不出百万者，不在停办之列外，凡华洋各商请办各支路，此时概不准行。②

路矿总局的政策与铁路总公司显然有所不同，它试图贯彻清朝中央政府的意图，即通过铁路商办的形式和加强中央对铁路的统一管理来扭转因借款而造成的太阿倒持的被动局面，阻止列强对中国路权的占夺。但路矿总局宣布的那些政策还来不及具体执行，便因义和团运动的爆发而遭中断。并且，总局的铁路政策本身也存在不少缺陷。如规定铁路集股允许可以华三洋七，若根据正当法理，洋股既占多数，大权即归其掌握，所谓办理一切权柄，总应操自华商的规定便成一纸空文。再如在加强中央集中统一过程中，总局并没有采取措施，削弱

---

① 参见交通部、铁道部交通史编纂委员会：《交通史路政编》第1册，89～91页。

② 参见《通筹铁路办法事宜》，见沈桐生辑：《光绪政要》卷二〇，62～63页，台北，文海出版社，1973。

各路督办大臣及铁路总公司的权力和职能，将他们置于自己的直接控制之下，而是仍由他们自行其是，各自为政。尽管如此，路矿总局的政策在当时对遏制西方列强对中国路权的占夺还是起了积极作用，纵观清朝借款筑路的规模，基本上仅限于总局规定的范围，再没有盲目扩大。而路矿总局对洋商铁路投资的各种限制和规定，则为后来的收回利权运动提供了某些法律依据。它所采取的中央集权政策虽然刚刚起步，但毕竟使中国近代路政开始具有统一之规，使办路者开始有章可循，是中国近代路政走上正规化道路的第一步。

当然，对于这一时期铁路总公司的借款官办政策，我们也应做具体分析，不能因为它在客观上满足了西方列强的某些要求，便视为卖国政策。必须看到，这一时期借款条件比较苛刻，主要是由于当时中国国势太弱，社会过于落后所致。就张之洞、盛宣怀最初提出借债造路的目的来说，并不是为了要迎合西方列强，而是为了启动中国的铁路事业，"泯各国窥伺之心，断无数葛藤"，使中国铁路"早成一日，可保一日之利权，多拓百里，可收百里之成效"。①借债造路，虽然没有完全像他们想象的那样达到收回路权的效果，但较之由西方列强直接承办的东清、胶济、滇越等路，确如清朝统治阶级所说，"已属渐复主权"②，至少在名义上清政府对各借款铁路仍拥有主权，并且借债造路也的确带动了中国铁路事业的发展，清末中国自办铁路的增长主要是借款筑路的成果。至1911年，借款筑路占中国铁路总长度的54％，计5192.78千米。由西方国家直接经营的铁路，占39.1％，计3759.70千米；而完全由中国自己出资兴办的铁路仅占6.9％，总共才665.62千米。③

至于张之洞、盛宣怀等提倡铁路官办或官督商办，固然有封建性

---

① 《王文韶、张之洞、盛宣怀会奏湘鄂粤三省绅商合请速办粤汉铁路折》（光绪二十三年十二月二十五日），见盛宣怀：《愚斋存稿》卷二，73～74页。

② 《邮传部奏议覆湖广总督张奏商办铁路由官备价收回年限暂从缓议折》，载《东方杂志》，第4卷，第8期，1907。

③ 参见严中平、徐义生、姚贤镐等编：《中国近代经济史统计资料选辑》，190页，北京，科学出版社，1955。

的一面，与商办争权夺利，达到个人揽权的目的，但同时也不能不说是出于实际的考虑。铁路毕竟不同于一般企业，它耗资大，获利迟，工程技术复杂，不仅需要一套科学的组织管理制度，而且还要排除来自地方的各种干扰，维护铁路沿线的社会治安，所有这些，都不是普通华商所能胜任和解决的。此外，铁路事关国计民生，涉及国防军政，的确也有官办的必要，不宜由华商借款兴办。

总之，铁路总公司的借款官办政策虽然受到西方列强的操纵，有被动的一面，但同时又是一项积极主动的措施。借款官办政策的目的并不是要出卖路权，而是要借助外国资金和技术来启动中国的铁路事业，促进中国经济的发展，抵制西方列强对中国路权的占夺，这在当时不能不说是一个十分大胆的决策。

## 二、商部的铁路政策

1903 年 9 月，清政府裁撤矿务铁路总局，将所有路矿事务划归新成立的商部办理。而商部作为清政府兴办实业的中央机构，在铁路方面的政策，基本上是在总局的基础上加以改进的。

商部接办路矿总局后，铁路方面所做的第一件事是重订铁路章程。商部认为，1898 年路矿总局制订的《矿务铁路公共章程》存在许多缺陷，不能适应新的形势，于是就在这一年的 12 月初，另行颁布《铁路简明章程》24 条，宣布华洋官商禀请开办铁路均应按照本章程办理，其有援引前定铁路章程与现在相背者，概不准行。与《矿务铁路公共章程》相比，该章程在不少地方有所改进，其中对洋商的限制就比原章程严密。如该章程规定，如有华洋商向各省督抚请办铁路者，应由该督抚查明此路确于中国商运有所裨益，且于现行章程不相违背者，方能咨会本部办理。这就是说，洋商申办铁路，地方督抚如认为对中国商运无益，可不予批准。章程还规定，无论华商请办铁路附搭洋股，还是洋商请办铁路，均须由商部和外务部核准，如有华人与洋商私订合同，以请办之路抵借洋款，或于开办后将该路工程私售于他人者，一经本部觉察，或由地方官查明，除将路工充公注销全案外，且视案情轻重予以处罚。《铁路简明章程》对华洋在铁路集资中的比例，也做了改变，不再允许华三洋七，明确规定集股总以华股获占多数为主，洋股以不逾华股为限，并且不得在洋股之外另借洋款，如有违者，一经查实，随时注销撤办。同时规定，洋商请办铁路，无论集股若干，总须留出一半股额任华人随时照价附股。①

商部代表清朝政府，力图行使对借款官办铁路的监督权和管理权。1904 年 7 月，商部责备各管路大臣，疏于职守，奏请清廷批准，咨令督办铁路大臣、关内外铁路大臣、云贵总督、江苏巡抚、办理潮汕铁路候补京堂、两湖总督、云南巡抚，要求他们将历年办理铁路情形，包括工程起止、各项出入用费、工程师及华洋员役人数、薪工职业等，造具图册，上报本部，"以期有利与兴，有弊与革，其最要者莫如使铁路公司早一日清偿路款，即中国早一日收回路权"②。两个月后，商部再次上奏，令各管路大臣逐年按季填造表谱图册呈报本部，如再迁延拒不执行者，则"由臣部据实奏明，用以副朝廷整饬百度之至意"③。同时经清廷批准，率先向盛宣怀的铁路总公司开刀，派员会同盛宣怀调查他所办路矿出入款项。④

作为对借款官办各路和各省商办铁路行使监督权和管理权的一个重要措施，1905 年 10 月，商部奏请，仿照商务议员之例，由本部选派路务议员，遇有公事，径行呈报本部核办，或由本部差遣调查。次年 4 月，商部遵旨颁布《路务议员办事章程》12 条，规定路务议员的选派，一是由各该管路大臣及督办铁路的地方督抚在三个月内将在路供差各员，造具履历清册，出具切实考语，咨送商部择优录用；二是在商部章京及新学堂毕业的学生中由商部直接挑选。至于各省自办铁路公举之总理、协理及华工程师等，也由商部直接访察任派。章程赋予

① 参见宓汝成编：《中国近代铁路史资料(1863—1911)》第 3 册，925～928 页。
② 《商部奏请饬铁路大臣将历办情形报部折》，载《东方杂志》，第 1 卷，第 10 期，1904。
③ 交通部、铁道部交通史编纂委员会：《交通史路政编》第 1 册，100 页。
④ 参见朱寿朋编：《光绪朝东华录》(五)，张静庐等校点，5342 页。

路务议员的职权十分广泛，举凡材料之良楛贵贱，工程之优劣得失，用人之能否称职，运输之能否利便，岁出之如何能撙节，岁入之如何能增益，均由路务议员统筹并顾，随时径报本部核办。① 1906 年 3 月和 7 月，商部先后两次选派正太铁路总办记名道潘志俊、京张铁路总办候补道陈昭常、京张铁路正工程司候选道邝孙谋和詹天佑、关内外铁路总办候选道梁如浩，以及代理潮汕铁路事候选道张步青、山西铁路局会办志森等为路务议员。②

与此同时，商部还注意全国铁路线的规划和铁路轨制的统一。1903 年冬，商部在《铁路简明章程》中就规定，两轨相距须以四英尺八寸半为标准，以与现行之路一律。1905 年年底，因各省申办铁路大增，商部专奏厘定铁路轨道，指出有关钢轨距离之尺寸，桥梁承受之能力，开凿山洞之大小，造作车辆之高宽，以及车底挂钩之形式，均宜各路一律，以免轨辙不一，不相衔接。③ 次年 5 月，商部又奏请各省修筑铁路，应统筹规划，破除省界，由各省疆臣先行选派工程测绘人员标明本省干路和支路，最要之路和次要之路，已造之路和未造之路，再由商部参酌厘定成各省路线全图，此后各省官绅即根据商部所绘全图分别缓急，指明段落，次第兴办，避免出现"参互复沓，骈拇枝指"现象，保证"支干相继，脉络相贯，他日全国路成无虚糜之工程，有周行之利"。④

在采取何种方式兴办铁路问题上，商部极力提倡商办。1903 年 9 月，商部在成立伊始即表明拥护铁路商办的立场，宣布对商办铁路公司如同其他的商办公司一样，随时维持保护，并表示不用官督商办名目，也不另派监督总办等员，以防弊窦。⑤ 稍后，商部在《铁路简明章

① 参见《商部奏陈路务议员办事章程折》，载《东方杂志》，第 3 卷，第 9 期，1906。
② 参见交通部、铁道部交通史编纂委员会：《交通史路政编》第 1 册，105、107 页。
③ 参见朱寿朋编：《光绪朝东华录》（五），张静庐等校点，5428 页。
④ 朱寿朋编：《光绪朝东华录》（五），张静庐等校点，5515 页。
⑤ 参见宓汝成编：《中国近代铁路史资料(1863—1911)》第 3 册，925 页。

程》中规定，华商请办铁路如系独立资本至 50 万两以上者，由本部专折请旨给予优奖，如招集华股至 50 万两以上者，俟路工告竣，即按照本部奏定之十二等奖励章程核办。在此同时，商部还支持全国性的收回路权运动，不顾西方列强的阻挠和抗议，鼓励各省士绅、华商成立铁路公司，筹款自办，以防利权外溢。在商部的大力提倡下，商办铁路盛极一时，自 1903 年至 1906 年，由各省将军督抚会同绅商筹办而经商部核准的铁路公司有川汉、滇蜀、西潼、洛潼、粤汉、黑龙江、吉长等路，由各省绅商士民集股自办而经商部代奏者则有江西、安徽、浙江、福建、江苏、陕甘、山西、广西、广厦、潮汕、新宁等。① 而尤为重要的是，这一时期商部对奏准的商办铁路还多加保护。如商部尚书载振在请准侨商张煜南筹办潮汕铁路折中就吁请明降谕旨，令两广总督和广东巡抚谆饬该处地方官出示布告，晓谕沿线居民，俾知开办铁路，原为兴商便民之举，有关办理勘路、购地、运料、兴工等一切事宜，该地方官均应随时妥为关照，即便将来路成之后，也仍须认真保护，"不得以事属商办，稍存漠视之意，致拂舆情"②。再如当华商陈宜禧经办新宁铁路遇到地方劣绅干涉揽权时，商部即出来替他说话，态度坚决，表示"决不令邑绅干预路权"，声明附股士绅，"均照公司律股东权限办理；若并未附股者不得干预公司事宜，以清界限"③。并于 1906 年 2 月予以立案奏准，称"该职商陈宜禧请办新宁铁路，自行修筑，洵足创开风气，保全利权，于路政、商务均有裨益。……俟全路工竣，应请照章奏请奖励，以资观感"④。

很明显，商部的铁路政策，无论是加强中央对铁路的监督和管理，还是提倡商办，目的都是要收回路权，促进路政的统一，同时推动铁路事业的发展。但在清末封建政治体制之下，商部的这些政策也没有

① 参见曾鲲化：《中国铁路史》，64、103~105 页，北京，新化曾宅，1924。
② 宓汝成编：《中国近代铁路史资料(1863—1911)》第 3 册，930 页。
③ 宓汝成编：《中国近代铁路史资料(1863—1911)》第 3 册，946 页。
④ 《商部奏绅商筹办新宁铁路拟准先行立案折》，载《东方杂志》，第 3 卷，第 5 期，1906。

得到很好的贯彻。

首先,商部推行的中央集权政策便因地方督抚和不同权力派系集团的阻挠而步履维艰。开始时,盛宣怀的铁路总公司和各管路大臣无视商部的权威,对商部的指令不予理睬,商部很难行使监督权和管理权。后来,商部虽然借助国内收回利权运动的浪潮,迫使盛宣怀辞去铁路总公司督办一职,但权力却又落到北洋大臣袁世凯的手上。袁世凯除自任关内外及津浦铁路大臣外,举凡盛宣怀借用外债所筑或拟筑的各路,包括芦汉、沪宁、广九、汴洛、正太、道清、苏杭甬、浦信等均由他的一位得力助手唐绍仪一手接管。袁世凯是一位怀有政治野心的人物,他虽然在削弱盛宣怀的权力中曾与商部联手合作,但他的目的是要取盛宣怀而代之,将铁路作为培植个人势力的工具。因此,当商部试图通过奏派路务议员加强对借款官办各路的控制时,袁世凯即以这一举动侵越地方督抚权力为由表示反对,说什么"部中为立法之地,非行政之地,部员为中央议事之人,非地方办事之人",责问路务议员隶属商部,"则置管路大臣于何地"。① 由于袁世凯的反对,商部只好在《路务议员办事章程》颁布两个月后遵旨对有关路务议员的选派和任免的规定加以改动,将路务议员的隶属关系变为双重隶属关系,既隶属于商部,也隶属于各管路大臣或地方督抚。② 这样一来,商部统一路政的政策就遭到重大挫折。

其次,商部的铁路商办政策也不能始终如一地贯彻,它不仅遭到西方列强的抵制和破坏,而且还因清朝统治集团内意见不一而受掣肘。譬如在收回利权运动中,商部站在华商和地方士绅一面,态度积极,往往不顾中外条约、合同及其他有关章程的限制,支持各省铁路公司不认洋股,不借洋债,集款自办。但外务部以及具体负责路权交涉官员的态度则不同,他们在有关收回路权问题上比较谨慎,往往屈服于西方列强的压力,倾向于在中外条约和合同的范围内切实行使中国主

---

① 《请饬另行核议路务办事章程折》,见天津图书馆、天津社科院历史研究所编:《袁世凯奏议》下册,1293 页,天津,天津古籍出版社,1987。

② 参见《商部奏陈路务议员办事章程折》。

权。而像盛宣怀、张之洞、袁世凯、唐绍仪等清朝要员也不认为完全拒绝外商投资铁路是明智之举，他们在路权交涉中并不重视商部的意见，更多的是根据自己的判断行事，只对皇帝负责。对此，商部因权力所限，鞭长莫及。它积极提倡的撤退铁路外资、改归华商自办的目标，因西方列强的反对和清朝有关官员的妥协让步，大多未能实现，如粤汉、津浦、沪杭甬等，依然受中外条约或合同的限制，维持借款的局面。① 又如商部曾支持湖南成立商办铁路公司，但在老臣张之洞的反对下，商部的奏请也未能得到清廷的批准，而仍维持官督商办。②

检讨 1903—1906 年商部的铁路政策，几乎无不带有强烈的民族主义色彩。这些政策的出台，对 20 世纪初年收回路权运动的兴起和各省商办铁路公司的大量涌现起到了积极作用，并在一定程度上促进了中国近代路政的统一。但商部的政策在推动中国铁路事业的发展上却表现得软弱无力。虽然这一时期各省铁路公司一个接着一个成立，但雷声大、雨点小，实际修筑的铁路里数少得可怜。在 1906 年邮传部设立之前没有一条完工，到 1911 年才总共筑了 401 英里（1 英里约等于1.609 千米）的铁路，仅占当时中国铁路总长度的 6.92%。③ 因此，笔者认为，商部的商办铁路政策在政治上确实产生过非同寻常的影响，它几乎使全国的士农工商都来关心铁路问题，唤起人们保护路权的意识，但在推动铁路事业发展上并没有取得预期的效果，甚至可以说是失败的。

## 三、邮传部的铁路政策

1906 年 11 月 6 日，清政府下令进行机构改革，将原六部中的工

---

① 有关清朝统治阶级内部对挽回路权运动的态度以及列强对商办铁路的抵制和破坏，可参见李恩涵《中国收回铁路利权运动：1904—1911 年》（英文版）一书。

② 参见宓汝成编：《中国近代铁路史资料（1863—1911）》第 3 册，1035～1037 页。

③ 有关这一时期各省自修铁路的情况，可参见 Chang Kia-Ngau, *China's struggle for Roilroad Development*, New York, The John Day Company, 1943。

部并入商部，改为农工商部，同时另设邮传部，专管船、路、电、邮四政。

邮传部接管铁路后，在统一路政方面继续执行商部政策，并在清朝政府加快中央集权步伐的背景下和袁世凯、唐绍仪、梁士诒等一批北洋官僚的强有力领导下，取得重大进展，在短短的一年时间里便将各借款官办铁路置于邮传部的集中统一管理之下。1906 年 12 月，督办关内外及津浦铁路的袁世凯率先将两路关防移送邮传部。1907 年 1月，办理京汉、沪宁铁路的唐绍仪接着也将两路关防移交到部。同年 3月，唐绍仪又将京汉、沪宁、正太、汴洛、道清五路卷宗及盛宣怀原交卷宗一并移送邮传部。与此同时，邮传部也在部内设立管理借款官办铁路的专门机构。先是于 1907 年 3 月奏设提调处，任记名丞参梁士诒为提调，作为综理借款官办铁路的临时机构。同年 12 月，撤销提调处，改设铁路总局，梁士诒任局长，各借款官办铁路统归管辖，由铁路总局局长执行借款合同上督办的职权，"所有借款公司各路华洋员均受节制"①。次年 4 月，邮传部还专门饬令各路局只能称某某路局，不得再用"总局"字样，以免混淆，澄清隶属关系。②

邮传部在完成对借款官办铁路的接管工作之后，还对它们进行了卓有成效的整顿。这方面的措施主要有以下几项。

第一，归并职掌，裁汰冗员，尤其洋员，既可节约费用，又便暗中削弱洋人权力，培植本国铁路人才。如邮传部接管京汉铁路后，即将洋总工程师及驻比利时 13 名洋员尽行裁撤，另解雇 30 名在铁路上服务的洋员，裁去监工、栅头等员役 100 名，部分工作改派华员充任，每年可省银 10 万元。③ 京奉铁路整顿后，至 1909 年裁去华洋人员 50余名，将原路局内执事华洋员计分 20 处合并为一处，使所出费用比整

---

① 交通部、铁道部交通史编纂委员会：《交通史路政编》第 1 册，112 页。

② 参见交通部、铁道部交通史编纂委员会：《交通史路政编》第 1 册，322～323 页。

③ 参见《接管京汉铁路整顿情形暨筹拟扩充改良各办法折》，见《邮传部奏议分类续编》，路政，宣统元年正月至宣统元年十二月，74 页，1915。（出版信息缺失）

顿前有所减少，1908 年以前每年费用占进款的 37%，整顿后只占
28%。① 汴洛铁路据 1909 年年底邮传部具奏，共裁去洋员 26 名、华
员 23 名，每年省银 52000 两。②

第二，完善铁路规章制度，打击营私舞弊行为。以京奉铁路为例，
邮传部接管后严定客票货票规则 12 条，规定凡各站票房、磅守、车守
串通舞弊，以多报少，以贵报贱，私带客货，漏填账本，遗失票据者，
一律严加罚款；如有知情举发者，酌量提赏，以资奖励。对该路各货
厂也加清理整顿，明确货厂的宗旨是便商储货，各厂司事如有索要小
费、积搁货物者，一经查明，即予惩办。鉴于沿路站长与客商旅客随
时接洽，实为要职，邮传部订立站长委派章程，规定站长更调补充，
应由总办主持，车务总管不得专主，其平日办公勤惰也须按季造册呈
报，听候考核黜陟，并以此项人员皆有钱银之责，饬令一律觅出妥保
签单备案。③ 据统计，邮传部在成立后的三年里，查处涉嫌贪污、勒
索、玩忽职守的铁路员司不下百十余次。④

第三，加强铁路的经营管理，提高服务质量，增加铁路收益。如
京奉铁路自邮传部接管后，为拓宽铁路运营业务，添开车辆，酌减运
费，在交通要道添修岔道铁路，并与京汉、京张、南满铁路实行联运。
京汉铁路也在收回自主后锐意进取，除核减运煤车价，优给各项运货
回费外，还设立商务专员，与客商随时接洽，在京、津、鄂、汴等地
揽载货物，经济效益明显提高，1909 年头五个月铁路进款达 510 万
元，比上年同一时期多收 70 万元。⑤ 此外，邮传部还以铁路厘卡严重

① 参见《整顿京奉铁路划分权限疏浚利源折》，见《邮传部奏议分类续编》，
路政，宣统元年正月至宣统元年十二月，77～79 页。
② 参见《汴洛铁路裁并员司更定职掌折》，见《邮传部奏议分类续编》，路政，
宣统元年正月至宣统元年十二月，133 页。
③ 参见《整顿京奉铁路划分权限疏浚利源折》，见《邮传部奏议分类续编》，
路政，宣统元年正月至宣统元年十二月，77～79 页。
④ 参见《特参铁路贪劣职员折》，见《邮传部奏议分类续编》，路政，宣统元
年正月至宣统元年十二月，116 页。
⑤ 参见《陈明接管京汉铁路整顿情形暨筹拟扩充改良各办法折》，见《邮传部
奏议分类续编》，路政，宣统元年正月至宣统元年十二月，74～75 页。

妨害铁路运营业务和道路的畅通，直接出面与各省督抚协商调整。1908年，京汉路局在邮传部主持下，与直鄂豫三省协商，拟订《试办凭单运货章程》15条，实行凭单运输，由三省捐局划一各货捐例，载明某货抽捐若干，送由路局研究，期于铁路运输无碍，然后编成印本颁示客商，以免临时议捐，有误行车时刻。但后因三省捐例未能划一，只好暂缓执行。宣统元年，邮传部侍郎沈云沛以三省货捐病商蠹路，再次建议三省裁撤捐局，所有应收税厘由邮传部拨还。这一建议也由于三省督抚担心财权旁落，最终没有实行。① 京奉铁路因与南满铁路竞争，铁路总局局长梁士诒于宣统元年亲临奉天解决铁路货厘问题。经协商，奉天至营口往来之货概行免征，沟帮子税局于十月初一日停止收税，由京奉铁路每年包缴5000两，以作补偿，并拒绝奉督遣派捐局巡司上车查验。② 沪宁铁路通车后，邮传部也即派员与苏省督抚磋商厘金问题，厘定沪宁铁路厘金办法大纲8条。至宣统元年，议定减收厘金条款，规定减少厘卡道数，减轻货厘，除烟酒茶糖米捐外，南北货一律由五成减作三成，布疋棉纱由五成减至四成，牧畜门由五成再减十分之一，杂粮由八成减为七成，杂货门内棉籽、棉饼、煤炭也减为四成；并规定厘局司巡会同稽查货物，不得耽延火车时刻。③ 京张铁路通车后，经与直隶总督多次磋商，于宣统元年十月撤销丰台、张家口火车货捐局，改为调查火车商货局，归京张铁路局管理，暂停征收铁路货捐，并限制在铁路沿线添设厘卡。④ 宣统三年十一月，邮传部特饬各路研究办法，或由路局代收货捐，或统括于运价之内，俾

---

① 参见交通部、铁道部交通史编纂委员会：《交通史路政编》第4册，2522～2528页。

② 参见交通部、铁道部交通史编纂委员会：《交通史路政编》第4册，2532～2533页。

③ 参见交通部、铁道部交通史编纂委员会：《交通史路政编》第4册，2543～2546页。

④ 参见交通部、铁道部交通史编纂委员会：《交通史路政编》第4册，2577～2578页。

免捐吏扰乱行车，影响铁路运输。①

邮传部在加强铁路经营管理方面所采取的另一重要措施，是废除官场免价旧习。铁路免票制度始于关内外，其后扩大到京汉、正太、道清，相习成风，严重损害各路收益。为此，邮传部尚书张百熙于1907年1月奏请铁路应按商业之法经营，对铁路免票实行限制，订定《铁路免价减价章程》5条，规定钦差大臣及其随从因公出差一律免价；现任将军、督抚、都统在所辖境内一律免价，出境外票价车租均减半折收；现任司道在所辖境内票价车租减半，出境外全收；练兵处及各省督练处学生军人减半；查缉火车税厘各员酌给免票。② 1908年12月，尚书陈璧以铁路宗旨重在营业，主张彻底废除免票制度，奏请自1909年1月1日起各部省办公人员及官物材料一律停发免票，并另拟《铁路免价减价变通办法章程》8条，规定钦差大臣及现任将军、都统、督抚由部代购车票，车价由部作正开销；护路军警按名发给车票；陆海军军部及各省督练处军人票价减半；各省现任司道一律照收全价；各部省税厘局、文报局、造币厂探访局由各路局刊发凭照，按次记账，每月结算，照全价付款。③

在对各官办铁路进行整顿的同时，邮传部也注意全国铁路线的规划和轨制的统一。1907年8月，邮传部根据两广总督岑春煊的建议，奏定全国铁路线以北京为枢纽，分东西南北四大干线：由京汉连接粤汉为南干；由京张展至库伦、恰克图为北干；由京奉展至齐齐哈尔直抵瑷珲为东干；由正太西连同蒲，与潼关、兰州之线相接，延至伊犁为西干。四大干线之后，再分四路支线，以取"铁路之用，义取相连"之意。计划南路支线将豫、皖、苏、浙、赣、闽、鄂、湘、黔、粤10省铁路联为一体；北路支线使热河、绥远、内外蒙古诸轨相接；东路

---

① 参见交通部、铁道部交通史编纂委员会：《交通史路政编》第4册，2505页。

② 参见《限定铁路行车免价减价章程折》，见邮传部编覈科编：《邮传部奏议类编》，路政，光绪三十二年十月至三十三年十二月，4～5页，1908。（出版信息缺失）

③ 参见《变通铁路免价减价办法折》，见邮传部编覈科编：《邮传部奏议类编》，路政，光绪三十四年七月至十二月，310～313页。

支线连接山东、奉天、吉林、黑龙江诸轨；西路支线则使晋、陕、甘、新、川、滇、青、藏诸路相通。① 这一庞大的全国铁路网虽然不是当时的清政府所能修筑完成，但它却是中国近代第一个由政府规划的比较系统的铁路网计划，展示了邮传部发展中国铁路事业的雄心和长远目标。

在铁路轨制方面，邮传部除重申轨距以四英尺八寸半为统一标准外，另专门制订《中国铁路轨制章程》，对重轨铁路、中轨铁路、轻轨铁路，以及路轨工程、弯道工程、坡道工程、过道栅栏、过道桥洞、铺道石渣、垫道枕木、桥梁枕木、车站建筑、行车车辆、车轮车轴、碰垫车钩等各项的规格和技术要求分别做了具体规定，以保证铁路建筑和车辆的质量，以及各铁路线的联通和维修。②

此外，邮传部在主持路政期间还制订颁布了其他有关铁路规章，如《路员养老章程》11 条、《铁路雇佣洋员合同格式》10 条、《铁路员司工役服色章程》6 条、《出差给费章程》10 条、《铁路毕业生见习规则》16 条、《铁路地亩纳税章程》12 条、《陆海军铁路运输详细章程》10 条。同时，在部内设立铁路立法机关，加紧编订各项铁路法规。至 1911 年，共编法规 10 种。关于路律者有职司编、公司编、车务编、厂务编、工程编等 5 个法规；附于路律者亦有 5 种，分别是公司编施行条例，车务章程，车务章程施行细则，铁路犯罪条例，铁路征地通行条例。这些法规均因辛亥革命爆发，未及颁布施行。

在采取何种方式兴办铁路问题上，邮传部的态度比较复杂，大致以 1908 年为界，前后有所变化。

1908 年之前，邮传部继续鼓励铁路商办。1907 年年初，当张之洞提议商办铁路俟通车 30 年后一律由官备价收买一半时，邮传部即不以为然，认为不应打击绅商兴办铁路的爱国热情，称商办铁路为"我国路

---

① 参见《邮传部奏筹画全国铁路轨线折》，载《东方杂志》，第 5 卷，第 2 期，1908。

② 参见交通部、铁道部交通史编纂委员会：《交通史路政编》第 2 册，1055～1060、1148～2252 页。

政发达之基础"，表示在目前国家财力困难的情况下，不宜模仿日本效法列强，将商办铁路收归国有，主张铁路问题应由本部统筹全局，外仿列强之成法，内准中国之情形，再作定夺，"所有商办铁路备价收买暂请缓议"。①

接着，在铁路材料免税问题上，邮传部也坚持对商办铁路公司采取保护政策，反对向华商自办铁路材料征税。4 月 30 日，与农工商部联合上奏，吁请各省商办铁路公司所用材料按照官办，一律暂行免税，强调在这个问题上不应有优待外人而薄待本国商人之理，指出本国绅商"不恤投其血汗之资本以经营铁路，正所以助国力之不足，而杜外患于将来，推其公忠爱国之热忱，方奖励提倡之不暇，乃以其事非官办，遽责以苛细之税，何以作其气而服其心！"②

在邮传部的提倡和保护下，这一时期商办铁路公司也继续一个接一个成立，如山西同蒲、河南、京兆房山、广东粤汉、湖北兴国、广东佛江、惠潮、江苏仪泰、山东寿光、奉天开海、河南禹州、江苏浦宁、黑龙江齐昂等铁路公司先后由邮传部奏准设立，保持了前几年的发展势头。③

但自 1908 年之后，邮传部对商办铁路的态度发生明显转变，由积极扶持到消极否定，直至最后宣布收归国有。

1908 年 1 月，邮传部第一次发出要收回商办铁路的信号，责令粤鄂湘三省铁路公司赶速兴办粤汉铁路，如三年内仍未能取得重大进展，本部即会同该省督抚，另行设法筹款修筑。④ 它表明邮传部开始从鼓励商办的立场上退却下来。

6 月 25 日，清政府发布加快铁路建设上谕，也一改以前的商办立

① 《邮传部奏议覆湖广总督张奏商办铁路由官备价收回年限暂从缓议折》。
② 《农工商会奏各省商办铁路所用材料请照官路一律暂行免税折》，见邮传部编纂科编：《邮传部奏议类编》，路政，光绪三十二年十月至三十三年十二月，33 页。
③ 参见曾鲲化：《中国铁路史》，104～105 页。
④ 参见《请饬湘粤鄂三省赶办粤汉铁路片》，见邮传部编纂科编：《邮传部奏议类编》，路政，光绪三十二年十月至三十三年十二月，134 页。

场，指责各省铁路公司"奏办有年，多无起色，坐失大利，尤碍交通"，称赞近年各省官办铁路"皆能克期竣工，成效昭著"，责令邮传部选派委员，对各商办铁路进行勘查，严定期限，若所集股资不敷尚巨，或内部纷争，推诿误工，不能依限竣工者，即由邮传部会同该管督抚另筹办理；该路所举承办人员，查照商部历次奏案，分别撤销。①

随后，清政府采取直接措施，将商办铁路收归国有的目标首先放在当时问题最多的粤汉路上。同年7月，任命一直主张铁路官办的张之洞以军机大臣身份兼充粤汉铁路督办大臣。10月，又特颁谕旨，专张之洞督办粤汉铁路之权，宣布"嗣后该路筹款用人兴利除弊各事，宜悉责成张之洞通筹全局。……所有各省原派之总协、协理均听节制；在事官绅商董倘有营私舞弊、煽惑把持，以致妨害路政各情事，即着张之洞据实参办"②。12月，再命张之洞兼督鄂境川汉铁路。

与此同时，邮传部也为商办铁路收归国有做好准备工作，自1908年7月起，将商办铁路分三批派员查勘。第一批包括川汉、洛潼、西潼、同蒲、江苏、浙江；第二批有粤汉、福建、潮汕、新宁、惠潮；第三批则为安徽、江西、滇蜀。历经两年余，至1910年秋勘查完毕。并于这一年的9月发表《借款办路说帖》，提出发展中国铁路，"舍借款办法，目前实无良图"③。同年9月14日，又就撤销浙江铁路总理汤寿潜一事，声明铁路公司事关国防军政，非普通商业公司可比，商部前订《公司律》中所载总协理应由股董选派开除一节，系指一般商业公司，不是铁路公司所能"妄为比附"，将铁路公司看作"官治之公司"。④

经过一段时间的酝酿之后，1911年5月，清政府和邮传部终于将"干路国有"定为国策，宣布除支路仍准华商量力酌行外，从前批准的商办干路一律撤销，"如有不顾大局，故意扰乱路政，煽惑抵抗，即照

---

① 参见《大清德宗景（光绪）皇帝实录》第592卷，8页。
② 《东方杂志》，法令，第5卷，第11期，1908。
③ 《邮传部借款办路说帖》，载《东方杂志》，第7卷，第10期，1910。
④ 《声明铁路公司与普通公司情形不同片》，见《邮传部奏议分类续编》，路政，宣统二年正月至宣统二年十二月，58页。

违制论"①。这样，清政府便在一直争论不休的商办铁路和官办铁路问题上强行画上了一个句号。

促使邮传部政策发生转变的原因是多方面的。列强的鼓动和施压，可以说是其中的一个因素，如果列强没有向中国输出资本的愿望和要求，那么，清末所谓的借债造路也就无从谈起；并且，列强为攫取中国路权，对商办铁路一直进行抵制和破坏，抱有敌视态度，对清政府的铁路政策施加影响。但1908年邮传部政策的转变，主要还是出于国内的实际考虑，是前一时期铁路政策的一个逻辑发展。如前所述，邮传部在1907年年底基本完成了对借款官办铁路的统一管理。这样，自1908年之后，各省的商办铁路自然就成了邮传部整顿的主要对象。而各省铁路公司在资金和管理等方面存在的一系列严重问题，以及由此所造成的在铁路修筑上实际效果的微弱，使邮传部和清政府对前一时期试图利用商办铁路发展中国铁道事业的计划彻底失去信心，转而将商办铁路看作是中央加强全国铁路统一管理和加速铁路发展的障碍。在当时，姑且不论造成商办铁路各种弊端的原因是什么，以及该不该继续提倡商办铁路，至少清政府所说的各省官办铁路皆能克期竣工，成效昭著，而商办铁路奏办有年，多无起色，确是实情。此外，邮传部及出使人员调查外国铁路以国有居多，也影响了这一时期铁路政策的转变，是清政府采纳干路收归国有政策的原因之一。总之，在采取何种方式兴办铁路问题上，邮传部最后又回到借款官办政策上来，这并非要出卖国家利益，投靠列强，而是出于发展中国铁路的实际需要。

并且，随着国内国际形势的变化，邮传部执行的借债造路政策也比铁路总公司时代有所改进，更加注意利权的保护，力图使铁路外资不致损害中国主权，同时又使它们成为促进本国经济发展的一股力量。如1910年9月邮传部在公布的《借款办路说帖》中，总结本国和其他国家引用铁路外资的经验教训，明确提出此后铁路借债要做到"严禁抵押""严禁折兑""严禁居间者之垄断"，另要"保留伸缩偿期之权""保留

---

① 盛宣怀：《愚斋存稿》卷一七，422页。

用人购料之权"，强调为防止借债筑路出现伤权损利还须本国用好管好铁路外资，将外资用于"生产之路""而军防次之"，同时慎选有司，节糜汰滥，并为准备偿还外债建立铁路特别会计，或另筹检查之法，严防挪移侵权之弊。① 而在此之前，邮传部还于 1909 年 6 月颁布《雇佣洋员合同格式》10 条，对铁路洋员的任期、待遇、权限、职务等做出具体规定和限制，将他们作为雇员置于中国政府的管理之下。《雇佣洋员合同格式》第 5 条声明，所雇工程师或机器师居于受雇之地位，应秉承总办或总协理之指示办理有关车务路工等事，遵守邮传部和清政府所订的一切律例规章及临时所发之命令，倘有不称职守，违背合同条款，不遵守本路所定之各项规则章程，或任行滋事、虐侮欺诈者，总办、总协理随时有权解雇，且无须说明理由。《雇佣洋员合同格式》第 6 条还规定，该受雇人既为本路雇佣，便应为本路办事出力，合同期内不准另管他业，而平时非请假允准，不得擅离职守；有关本路应购各项材料、机器，受雇人须先期开单，呈明总办查核，或在中国采办，或在外洋订购，均应由路局、公司定夺，该受雇人不得干预包揽。该雇员除对工程疑难、行车危险及车务养路负有责任外，还有培养中国铁路人员之责，如本路在差华员有堪以学习工程、机器者，该受雇人应随时尽心教导，俾得实地练习。②

　　再从这一时期经由邮传部签订的几笔铁路借款合同来看，条件也确乎比以前有了明显改善。

　　首先，就路利来说，前一时期铁路借款的折扣都是 90 折，而由邮传部经手的铁路借款扣头有所减少，一般是 93 折，其中也有低于 93 折的。如广九和京汉赎路借款为 94 折，津浦铁路第二次借款为 95 折，第一次借款中的英款为 94.5 折，粤汉、川汉铁路借款为 95 折。其次在酬劳费上，铁路总公司时代一般规定购料佣金 5%，借款公司在借款期内提取铁路余利 2%。而邮传部在签订铁路借款合同中对购料佣金和提取余利采取另一种方式支付，不按提成，规定一个总数，分期

① 《邮传部借款办路说帖》。
② 参见《交通官报》，第 1 期，宣统元年。

付清。如广九铁路规定以 35000 镑作为借款公司承办铁路的各项酬金，余利提成每年按 1000 镑付给。沪杭甬铁路借款合同也以 35000 镑作为借款公司购料佣金，余利改由在借款内提取 67500 镑代之；津浦铁路借款合同余利也以在借款内提取 20 万镑代之。其中，京汉赎路借款合同和粤汉、川汉借款合同均无提取余利之说。①

从路权来看，铁路总公司时代铁路借款合同都规定由借款公司承造，行车、账目、铁路工程均归借款公司管理。而邮传部签订的铁路借款合同则均改为归中国自造，行车、账目等也均归中国自行管理。其中，1908 年 1 月签订的《津浦铁路借款合同》是这一时期中外签订铁路借款合同的一个蓝本，反映了这一时期路权的基本状况。该合同第 17 条载明"此铁路建造工程以及管理一切之权全归中国国家办理"②。规定由中国政府选用公司认可之德、英总工程师各一人，此两总工程师须听命于总办或代办；其聘用该两工程师之合同，也由督办大臣自行独订。有关铁路专门人员的任免，由总办或代办与该段总工程师商酌办理，如意见不合，则禀请督办大臣定夺，彼此均不得异言。另规定铁路完工后在借款期内须任用一欧洲人为总工程师，但不必与银行商酌。有关铁路材料问题，合同第 18 条规定在借款期内仍由借款公司经理，但定购材料及支取费用须经总办核准，否则，不得照行。有关铁路账目，合同第 14 条规定，由中国自主，借款公司派人稽查账目仅限于查察所用开支是否用于铁路及铁路公司每月所购外洋材料账目。③从这些合同条款的内容来看，路权显然比前一时期有所挽回。

在此期间，邮传部在挽回路权上还有两件值得一提的事。一是通过艰难的谈判，1908 年与英国银公司签订《沪宁铁路总管理处续订办事新章》，在挽回沪宁铁路权上取得部分成功。1903 年 7 月盛宣怀与英国怡和洋行和汇丰银行签订《沪宁铁路借款合同》，其第 6 条规定在

① 以上材料均见各铁路借款合同。
② 王铁崖编：《中外旧约章汇编》第 2 册，460 页，北京，生活·读书·新知三联书店，1959。
③ 参见王铁崖编：《中外旧约章汇编》第 2 册，456～461 页。

铁路预备开筑时，设立管理造路行车事务所，名曰沪宁铁路总管理处，共设司事人员 5 名，其中华员 2 名、英方 3 名，实行多数表决，沪宁铁路行政管理权实际被英方操纵。而邮传部则通过《沪宁铁路总管理处续订办事新章》打破了英方对沪宁铁路的操纵，规定由中国派一总办代表总管理处施行主权，总管路政，统辖员司，从总工程师至所有总管各科的司务人员均受总办节制，无须时时会商，但有关铁路工程、账目、购料、行车等仍由英总工程师及各类英方人员具体负责。① 二是根据芦汉铁路借款合同第 5 条的规定，于 1909 年成功地从比利时手中赎回芦汉铁路，完全归中国自主。虽然邮传部的赎款也来自英、法两国的借款，但从赎路借款合同的内容来看，并没有牵涉到路权问题。② 因此，不能简单地将收回芦汉铁路说成只不过是债主国的转移。

当然，邮传部执行的借款筑路政策要完全达到预期的目标还需要一定的社会政治经济背景，不可能一下子产生重大改观，做到于中国利权毫无损害。但毋庸讳言的是，在邮传部的努力下，借款筑路政策毕竟朝着愈来愈有利于中国的方面发展。

## 四、结　语

纵观 1895—1911 年的铁路政策，固然存在着这样或那样的问题，但加快中国铁路事业的发展，抵制西方列强的占夺，收回路权，提高国力，始终是这一时期清朝统治阶级制订铁路政策的根本宗旨。并且，清末的铁路政策也非通常所说，愈来愈趋向反动，而是在不断地吸收和借鉴西方经验，朝着专业化、合理化、制度化和自主性的方向迈进。至于在采取何种方式兴办铁路问题上，不能一概而论，认为商办便是正确的，借款官办便是反动的。其实，在国内资金匮乏又无铁路专门人才的情况下，借款官办政策有其客观必然性和可行性，不失为加快

---

①　参见王铁崖编：《中外旧约章汇编》第 2 册，482～489 页。

②　借款合同见前引《中外旧约章汇编》第 2 册（540～548 页）。有关赎回京汉铁路的经过请参见《三水梁燕孙（士诒）先生年谱》上册（74～82 页）。

中国铁路建设的一条捷径，关键是如何正确运用，使之既促进中国铁路事业的发展，又保障路权不因借款而被列强操纵，这可以说是清末铁路政策中的一个最大的难题，也是清朝政府面临的一个严重挑战，值得我们认真总结。对于清末借款官办政策的利弊得失，本人将另文专门讨论。

原载《近代史研究》1993 年第 3 期

# 中国近代第一部商标法的颁布及其夭折

商标法是国家为调整商标使用中所发生的社会经济关系而制定的有关商标的注册、管理、使用和保护的法律规范。中国近代第一部商标法是 1904 年清政府颁布的《商标注册试办章程》，它曾几经周折，最后以失败告终。这从一个侧面反映了在半殖民地半封建社会的中国建立起正常的近代经济秩序的艰难。

## 一、列强的要求和主张

商标是商品经济发展的产物，但中国近代第一部商标法的产生并不是中国近代民族工商业自身发展的要求，而是由西方帝国主义列强提出来的。

1902 年，英国在《中英续议通商行船条约》第 7 款规定："英国本有保护华商贸易牌号，以防英国人民违犯迹近假冒之弊。中国现亦应允保护英商贸易牌号，以防中国人民违犯迹近假冒之弊，由南北洋大臣在各管辖境内设立牌号注册局所一处，派归海关管理其事，各商到局输纳秉公规费，即将贸易牌号呈明注册。"①次年，《中美续议通商行船条约》和《中日续议通商行船条约》也提出类似的要求，并将保护外商的商标权扩大到商品专利权和图书版权。

这样，中国的商标注册管理权一开始就落到了由外人掌管的海关

---

① 王铁崖编：《中外旧约章汇编》第 2 册，103 页。笔者订正。

手里。1904年2月2日，总税务司赫德将一份共计13条的商标法草案送交外务部审核。在听取英国公使萨道义和上海商务参赞的修改意见后，赫德对原13条略加变通，改为14条，于3月8日送交外务部重新审核。该商标法对商标注册的条件和方法、商标的管理、商标权的取得和有效期限等做了规定，但它在内容上明显偏袒洋商，表现在以下几个方面。

第一，从该商标法制定的过程及其通篇内容来看，它突出强调如何保护洋商在华商标不受损害，相反，对华商商标的保护只是附带提及，根本不予重视。

第二，该商标法将中国商标管理权置于海关管辖之下，其第1条就规定津海和江海两关设立的注册局由该关税务司作为特派注册之员，凡商人有登记注册商标者，或本商亲自赴局办理，或由他口的税务司转至该局注册。

第三，将治外法权推及对商标侵权控告的审判。该章程第12条规定，如有人冒用他人商标，若系洋商冒用，应由该商标主向该局税务司处报明立案，同时自行赴该管领事处控告。

第四，在商标权的获得、有效期限、规费等方面维护洋商利益。该章程将商标分洋牌、专牌、华牌三类。洋牌系洋商已在外国按照该国例章挂号的商标；专牌系洋商在中国使用，但尚未在外国挂号的商标；华牌则系华商使用的商标。洋牌商标只要将该国挂号执照由该国主管官员画押盖印，再由领事官添用印押，证明无误即可获得在中国的专用权，其有效期也不受中国商标法的限制。专牌商标的有效期和专用权的获得，虽然与华牌没有什么差别，均以20年为限，但该商标法在专牌、华牌商标权的获得上采取了使用在先的原则，即最先使用人享有商标专用权。章程第8条规定专牌、华牌呈请挂号时不仅与已挂号商标形式相同或易混淆者不能获得商标权，而且与未挂号但确系在中国使用过相似或易混淆者，也不予挂号，或已挂号，亦可注销。采用这一规定的目的即是英国公使萨道义和上海商务参赞所说，在于

"表明中国进口货物，向用商牌而未挂号者，将来亦受保护之益"①。
而更有甚者，该章程在同一条内容中还单方面对华商商标提出苛刻的
要求，规定"至华商所用之牌，若日后货色与初时相逊，即由该挂号局
自行将其牌注销"。在商标注册规费问题上，该章程也损害中国利益，
压低各项收费标准。第 13 条规定，专牌、华牌呈请挂号关平银 10 两，
挂号领照关平银 20 两，转授注册、限满续请挂号、补发挂号执照、到
局阅册、赴局禀控冒牌各关平银 5 两，而洋牌挂号领照特别优惠，完
纳关平银 10 两即可。②

　　该商标法上述特点，充分表明帝国主义列强要将商标法也作为它
们侵略中国的一种工具。尽管条约以平等形式宣布中外互保商标，但
在中国近代民族工商业还远远没有发展起来的时候，互保只能是一句
空话；该商标法的实施只能起到帮助洋商在华推销商品，阻碍中国近
代民族工商业发展的作用。事实上，清政府中一些封建官员在 1902 年
中英商约签订之后对此就有所认识。1903 年，中美、中日商约大臣吕
海寰、盛宣怀、伍廷芳即主张商标权等问题应由中国设官定律后再行
保护，这样，"不独其设与否，其定与否，权操在我……将来设置、定
律后，尚有中国人预先注册一节，可以暗中斡旋，似与收回治外法权
一款同一用意"③。

　　商约大臣权操诸己的意图在条约中多少得到了实现，中美、中日
商约规定有关商品专利权、图书版权和商标权问题由清政府设立注册
局所予以保护，如中美商约第 9 款规定："凡美国人民之商标在中国所
设注册局所由中国官员查察。"④商约大臣吕海寰、盛宣怀、伍廷芳等

---

　　①　《外务部、英萨使、商部等为修改新拟商标章程及有关商标事的来往文
件》，中国第一历史档案馆藏，外务部档案，中英关系/开埠通商类，第 626 卷。

　　②　参见《中国海关的起源、发展及其活动文件汇编》(*Document illustrative of
the Origin, Development, and Activities of the Chinese Customs Service*)第 2 卷，
394～398 页，总税务司署统计科印行，Shanghai, Statistical Department of the
Inspectorate General of Customs, 1937。

　　③　王彦威辑：《清季外交史料》卷一七三，10 页，1933 年排印。

　　④　王铁崖编：《中外旧约章汇编》第 2 册，186 页。

事后对这一规定非常满意，认为根据这一内容，"则将来查有不合例之商标，即可不予保护，此中亦尚有微权也"①。中美、中日商约内这一微妙的变化，实际上为后来商标管理权的变动做了准备。

## 二、商部的努力与抗争

清末围绕商标注册权的斗争，主要是在商部和以英国为首的西方列强之间展开的。1904 年 2 月 9 日，商部咨呈外务部，要求外务部通知总税务司赫德将拟定的商标法送交本部审核，指出："查本部正在修订法律之际，其公司律业经奏定，奉旨颁行在案。现各商纷纷在本部禀请保护商牌注册，亟须订定商标律，奏请钦定颁行，以昭划一。"②3 月 20 日，商部又向外务部提出商标局应归本部专司管理，理由是1902 年中英商约在商部设立之前，因此第 7 款载有由南北洋大臣在管辖境内设立商标局所一处，派归海关管理一事，但现在本部既已成立，"责有专归，此项商牌注册局所自应照各国通例，由本部专司管辖"③。

商部对海关在所订的商标法中袒护洋商表示不满，主张中外商人应一体对待，指出："惟注册商品，同为行销中国之货物，华洋商注册公费及保护之法，自应无分轩轾。"④4 月初，商部拟定商标注册章程22 条，咨呈外务部向赫德征求意见，后又经与英、美、日公使磋商，参核各国商标法，拟定《商标注册试办章程》28 条，《商标注册试办章程细目》23 条，于 8 月 4 日上奏，旨准颁行。这就是中国近代史上第一部由清政府正式批准颁行实施的商标法。

---

① 王彦威辑：《清季外交史料》卷一七四，4 页。

② 《外务部、英萨使、商部等为修改新拟商标章程及有关商标事的来往文件》。

③ 《外务部、英萨使、商部等为修改新拟商标章程及有关商标事的来往文件》。

④ 《中国海关的起源、发展和活动文件汇编》(*Document illustrative of the Origin，Development，and Activities of the Chinese Customs Service*) 第 2 卷，402 页。

首先，该章程的内容比赫德的商标法草案更为完备，有些条款做了修改。该章程将商标注册改为划归商部管理，规定由商部设立注册局专办注册事务，津沪两关只作为总局下设的两个挂号分局，以便挂号者就近呈请。同时，章程对控告侵害商标的办法稍作改动，规定如果双方均系华人，或均系洋人，仍由各主管衙门管理，但如被告系外国人，则应由中国地方官照会该管领事会同审判；如被告系中国人，也应由该领事照会该地方官会同审判。

其次，该章程力图贯彻华洋商"无分轩轾"的原则，不再具体地将商标分为洋牌、专牌、华牌，以突出洋商的商标，明确提出："无论华洋商欲专用商标者，须照此例注册"，所有商标的有效期限均为 20 年。在商标权的获得上该章程在采用申请在先原则的同时参用使用在先原则，"同种之商品及相类似之商标呈请注册者，应将呈请最先之商标准其注册"。与他人已注册之商标以及距呈请两年以上已在中国公然使用之商标相同者不准注册。但该章程在参用使用在先原则的同时对外国商标以及已在中国使用但尚未注册商标的优先权做了限制，规定：在外国业已注册之商标由其注册之日起，限 4 个月内将此商标呈请注册者可认其在外国注册之时日；商标局开办以前在外国已注册之商标须于该局开办 6 个月内将此项商标呈请注册，该局当认此项商标为呈请之最先者；该局未开办以前其商标虽经各地方官出示保护，如该局开办 6 个月内不照章来请注册者，不得享保护之利益。该章程在商标权的获得上实际上是以申请在先原则为主，这与海关强调使用在先原则以及对外国商标的照顾截然不同。此外，在商标注册手续费的收取上，章程第 23 条声明无论华洋商均一律对待，并提高注册手续的收费标准，注册给发印照每件由海关规定的 20 两提到 30 两，合用转授注册每件由 5 两提到 20 两，期满呈请展限并注册由 5 两提到 25 两，遗失补发印照由 5 两提到 10 两，新添呈请注销手续费 30 两。章程第 24 条规定，该商标法将于光绪三十年九月十五日起施行。①

① 参见《商标注册试办章程》，见商务印书馆编译所编：《大清光绪新法令》第 16 册，第 10 类：实业、注册，上海，商务印书馆印行，1910。

《商标注册试办章程》虽对海关明显袒护洋商的地方稍作改动，但在商标权的取得以及治外法权问题上仍与西方列强存在妥协。然而，就是这样一份被时人称为"采择各国通例，参协中外之宜，毫无偏袒"①的章程也遭到了以英国为首的西方列强的抵制和破坏。

英国公使萨道义在接到该章程的照会后，对章程内容表示不满，一再胁迫清政府暂缓开办，并伙同德、法、意、奥四国公使合拟一份商标法，要求清政府接受。1905 年 4 月 22 日，他们照会外务部，称"前因各本国政府未能应允贵国所拟商标注册试办章程一节，本大臣等照前所商请者，现将该章程量为修改，想与中外商务应享之利权均有裨益，兹将拟改章程汇送查核，如照本大臣所冀望者允准，则请示复。一俟复文到日，本大臣再为转达各本国政府照允"②。

这份由五国公使合议的商标法共 26 条，它对中国主权的践踏和对洋商的偏袒比赫德的商标法草案有过之而无不及。首先，该章程对洋商治外法权的保护比以前又进了一步，不仅中国人控告洋商侵犯商标要由注册局照会该管领事官照约办理，而且对洋商违章的处罚也不根据中国的有关律例，"其罪名均系按照被告系属何国之人，即照何国律例惩罚"③。该章程承认商标注册权归商部管辖，但为便于洋商监督，要求商部在上海设局经理商标注册事宜；甚至还规定，商标局在商标审定过程中，如果案内牵涉外国人，则要由该国领事官或领事官委派之员会同审理。该项内容实际上已超出治外法权的范围，是对中国行政主权的干涉。这样一来，商标局对牵涉洋商商标的审定就会受到外国官员的牵制，商标注册事实上已不是完全归商部主持，而是变为中外共同主持。

其次，该章程在商标的定义、商标权的获得以及规费等问题上极

---

① 《论商标注册不应展期》，载《东方杂志》，第 1 卷，第 12 期，1904。

② 《商部、外务部为商议使用商标注册条规、商标章程拟改事的来往咨文》，中国第一历史档案馆藏，外务部档案，综合、商业贸易类，第 4468 卷。

③ 《各国会议商标章程》，见邓实：《政艺丛书》万国外交政史卷二，1905。（出版信息及页码缺失，仅注明卷次。）

力袒护洋商，损害华商利益。该章程开宗明义提出："凡商标须以显著易识之式样字母语言图章及货品盛器之形状与别号以及他项显著之认号，或取以上所载之记号相兼并用，均无不可，是为商标之要领。至店名(系指以店主之姓名作店字号者)字号及公司字号既非商标，则无论此种名号曾否列于商标之内，均一律无庸注存仍予保护，若以货品之出处及地名联缀于店名字号者，亦照此办理。"①根据这一规定，华商在国内使用的大部分商标在该商标法实施后将没有资格再作为商标予以保护。因为中国传统商标的特点就是商标和商号不分，将制造者的姓名或作坊、行铺的名称刻印在商品上，作为商品的标记，以防假冒，而消费者也是凭字号识认商品的品质，以致"老字号"招牌成了店铺无形的资本。现在五国公使将商号一概排除在商标之外，这显然是经过一番苦心研究的，与商部的态度也是截然不同的。在《商标注册试办章程》中，商部没有具体提到中国传统商标该不该入保护之列的问题，只是在第一条中笼统地规定"商标者以特别显著之图形文字记号或三者俱备，或制成一二，是为商标之要领"②。但商部在最初拟订的商标注册章程中的第一条就明确表示对中国传统商标将予以立法保护，该条写道："凡商家贸易之百货黏帖于上以为记认者，即名为商标，又名为商牌。华商但知绘画人物等类或用于招牌上或用于包纸上，谓本号以某某为记，是私定一标牌以作一铺号之记认，无报明注册之例，致有影射冒牌等事。东西洋各国则以一物定一标牌，或贴于货物上，或黏于瓶匣上，且须呈明由官注册方可作准，以杜假冒，较华商为核实，本部现当振兴商务之际，亦愿华商仿行之。"③在这里，商部虽然指出了中国传统商标的缺陷，但与五国公使不予承认的态度迥然有别，形成鲜明对照。在商标权的获得上，五国公使也偏袒洋商，规定光绪

① 《各国会议商标章程》，见邓实：《政艺丛书》万国外交政史卷二。
② 《商标注册试办章程》，见商务印书馆编译所编：《大清光绪新法令》第16册。
③ 《中国海关的起源、发展和活动文件汇编》(*Document illustrative of the Origin，Development，and Activities of the Chinese Customs Service*)第2卷，402~403页。

二十九年正月初一日以前已在外国注册至今确在中国使用的商标，以及未在外国注册但能呈出确据，证明已于光绪二十九年正月初一日以前准其使用于某种货物并至今仍在中国使用的商标享有优先权。它们在规费上也享有特权，其所有应纳呈状公费（按规定为 5 两）唯批驳不准者才能征收，其商标如为一商注存数件，除一件纳费 10 两外，其余各件均完纳 5 两。同时，五国公使还重新降低其他手续的收费标准，注册给发印照由商部规定的 30 两降到 10 两，转换注册每件从 20 两降到 5 两，期满复行注册每件从 25 两降到 10 两，呈请注销每件从 30 两分别降到 5 两（由商标主自行呈请）和 10 两（由他人呈请）。此外规定注册存案和复行注册的商标，如系一商标用于数种货物上，所有应纳公费，除首列一种完纳正费外，其余各货每增一件，即完纳呈状公费 1 两，完纳注册或复行注册费 5 两。①

## 三、列强阻拦商标法的实施

在商标法问题上是执行清政府颁布的《商标注册试办章程》，还是接受五国公使合拟的商标章程，这是一件事关中国主权和华商利益的事情。在这场交涉中，商部及后来的农工商部既有妥协，也有抗争。

1905 年 5 月，商部在审阅五国合议的汉洋文章程后，当即表示不能首肯，并就该章程内容与各国展开交涉，提出修改意见，重申华洋商"无分轩轾"的立场，声明"此次商改之宗旨均属力主和平，凡各国商利所关，中国主权所系，均当兼筹并顾"②。商部首先就第 15、20、21、23 条内容与五国公使展开激烈辩论。商部认为商标章程系根据西方国家定例制订，商标审定也自应照各国通例办理，因此删去第 15 条商标审定由该管领事官会同审判的内容，并对第 20、21 两条内容也做了相应的修改。第 23 条是关于规费问题的，商部认为五国公使所订的收费标准偏低，应按原议。五国公使对这些修改意见一概拒绝，强调

① 参见《各国会议商标章程》，见邓实：《政艺丛书》万国外交政史卷二。
② 《商部、外务部为商议使用商标注册条规、商标章程拟改事的来往咨文》。

第 15 条内容系为保护本国商民特意拟入，不能删去，指责商部对第20、21 条内容的修改"实与条约甚不相符"，认为商部所开的各项规费比较各国甚属高昂，"各国政府似不能准使通商担受如此重费"。① 最后五国公使表示在上述内容未商妥之前，此外尚有应驳之处暂且"先可毋庸议论"。针对五国公使的反对，商部对上述各端的修改理由进行了阐释，指出所拟各项规费也是参照各国通例，查美国注册费为 25 美元，就相当于中国 35 两，如果再以国境大小和商标有效期限与各国平均核议，那么所订规费"即属有绌无盈"②。有关商标审定和冒牌商标的处理办法问题，商部声辩说，章程第 15 条所开内容专指商标的审定，它纯属商标局的职能，与控告裁判毫不相关；章程第 20、21 条内容专指商标纠纷的裁判和处置办法，对此以前条约并无明文规定，根据中美、中日商约所说"商标均由中国官员查察保护及遵守中国所定之商标章程"各语推断，那么，因商标而产生的各种事端理应属商标局管辖。再者，从前条约所载领事裁判权专指干犯刑事而言，不能与此次商标裁判相提并论，更何况英美日三国在商约中均答应"俟中国法律改正，即弃其治外法权……何独于此次参酌各国通行照约应行遵守之商标法不愿意遵守耶！"③英、法、德、意、奥五国公使对商部的上述辩驳根本不予理会。10 月 25 日，他们照会外务部，蛮横指责商部在商标法问题上牵提与此事无关之治外法权，与以前所订的中外条约的内容相违背，表示"在未奉各本国政府命令以前，本大臣等无从论议此项事宜，至来文及复论所拟改各节，本大臣等碍难应允，惟有转达各本国政府"④。这样，近代商标法在中国的实施再次陷入僵局。

经过将近一年的搁置，1906 年 9、10 月间，商部重新拟定商标注册章程与五国公使磋商，但同样以失败告终。英国公使朱尔典审阅该章程后，认为它系重新拟议，是否妥恰必须详细审查，要求商部"在有

① 《商部、外务部为商议使用商标注册条规、商标章程拟改事的来往咨文》。
② 《商部、外务部为商议使用商标注册条规、商标章程拟改事的来往咨文》。
③ 《商部、外务部为商议使用商标注册条规、商标章程拟改事的来往咨文》。
④ 《商部、外务部为商议使用商标注册条规、商标章程拟改事的来往咨文》。

关此事之各国大臣未曾议妥之前，幸勿施行"。之后，各国公使态度冷淡，均无下文。1907年，农工商部接替商部后，接二连三地催促各国公使尽速回复，指出所拟新章在审判和规费两事上均做了让步，商标纠纷的审判已按照《中英烟台条约》所开犯事各端办理，规费一节也减去三分之一，其内容"核与各国使臣用意无甚悬殊"①。

经农工商部一再催促，英、法、德各国公使先后做了回复，但对新拟章程仍不允认，坚持农工商部接受1905年年初五国公使合议的商标法。朱尔典在照会中指出："此章与本国政府所欲者虽有数处相合，而与前年三月间所拟之稿迥不相伴。前者之稿既经本国政府视为商议之基，本大臣未便远离其旨……请将商议之处谨依前稿可也。"②法国公使称所拟新章除治外法权一节尚属满意外，其余"均大相径庭，本大臣既奉本国政府训示，惟有钦遵，仍持各国草稿大纲，希设法必以此为基础，勿再歧异"③。德国公使态度更为强硬，称此项新章与五国合议各章"相去霄壤，本大臣未奉本国政府训复以前，无从陈复"④。

对于英、法、德各国公使的无理要求，农工商部解释道，所拟新章即以各国公使合议商标章程大纲为基础，"虽次第间有异同，而意义实皆一致"⑤。并重新将所拟新章与五国合议章程详加勘校，稍作增补。为表明这次所拟新章确与五国合议章程无大相径庭之处，农工商部还不厌其烦地将两个章程逐条予以比较说明，并表示如果英法德各国公使审核后尚有不明白的地方，请逐条声复，以凭核办，但"倘不能有所指实，仍以空言诘问，则本部惟有视此项章程为完全成立之章程，

---

① 《外务部、英萨使、商部等为修改新拟商标章程及有关商标事的来往文件》。

② 《外务部、英萨使、商部等为修改新拟商标章程及有关商标事的来往文件》。

③ 《外务部、英萨使、商部等为修改新拟商标章程及有关商标事的来往文件》。

④ 《外务部、英萨使、商部等为修改新拟商标章程及有关商标事的来往文件》。

⑤ 《商部、外务部为商议使用商标注册条规、商标章程拟改事的来往咨文》。

不更以空文往复，致稽要政"①。

但是，农工商部的退让、解释和声明并没有换来各国公使的丝毫让步，他们对农工商部所拟新章和修改各条还是百般挑剔。朱尔典在5月28日的照会中对商部所拟新章提出了一些具体意见，指责农工商部所拟新章使英商从中获享的利益与所需费用相比得不偿失；将商标局设在北京，洋商又无分行在京代表，"难保不无各种阻窒"；最后，他表示"此项章程语句艰深，未能一目了然，故本大臣未便逐句磋商，矧复奉本国训条，碍难就此稿商议"②。与此同时，英国驻上海总领事霍必澜竟然无视中国主权，通过上海道台瑞澂擅自发布保护英商商标的公告，声明在他的管辖区内严禁华人侵犯英国商标，若有侵犯，严惩不贷。③ 以英国为首的西方列强在商标问题上的这一系列行为，充分暴露了它们的侵略本质。

中国近代第一部商标法虽然由于帝国主义的破坏，在清末始终未能正式推行，付诸实施，但《商标注册试办章程》的颁行本身仍有其历史意义，它的出现不仅反映了立法者的一种意向，而且挫败了外国人攫取中国近代商标注册管理权的企图，为后来国民政府行使全国商标管理权迈出了第一步。

原载《历史档案》1991 年第 3 期

---

① 《商部、外务部为商议使用商标注册条规、商标章程拟改事的来往咨文》。
② 《外务部、英萨使、商部等为修改新拟商标章程及有关商标事的来往文件》。
③ 参见《字林西报》(*North China Daily News*)，1907-08-20。

# 国外清末新政研究专著述评①

清末的最后十年，是中国社会由传统向现代转型的一个关键时期。在这十年里，清朝政府内外交困，为继续维护其统治，自 1901 年开始，在政治、军事、经济、教育、社会等各个方面进行一系列的改革，史称"清末新政"。清末新政既是晚清历史上的第三场改革运动，也是晚清历史上的最后一场改革运动。有关这段历史，国内外的学者已做了不少研究。但遗憾的是，在日益国际化的今天，研究清末新政的中外学者之间并没有进行很好的交流和沟通。有鉴于此，笔者就所阅读过的相关英文著作做一个简单介绍，希望能对国内的清末新政研究有所裨益。

## 一、综合研究

清末新政作为一场广泛的改革运动，它与洋务运动、戊戌维新等重大历史事件一样，在国外的有关中国近代史著作中始终占有一席之地。如徐中约著的《中国近代史》②和费正清主编的《剑桥晚清中国

---

① 本文介绍的专著仅限于英文著作，这些著作的作者大多为西方学者，个别为在国外的华裔学者或留学生，由于他们的学术都受西方的影响，因此，概以国外论之。另，在清末新政研究方面，有不少优秀的日文论著，笔者因不能阅读日文而未做介绍，特致歉意；如有学者能对日本学者的研究加以介绍，将是一项很有意义的工作。

② Immanuel Chung-Yueh Hsü, *The Rise of Modern China*, New York, Oxford University Press，1975，pp. 499-512.

史》，对此都有专章论述。① 然而，国外综合研究清末新政的最早一部英文专著当推卡梅伦（Meribeth E. Cameron）的《中国的维新运动（1898—1912）》②一书。该书自1931年由斯坦福大学出版以来，一直为研究这段中国历史的外国学者所广泛引用，多次重印。有鉴于此，笔者在此根据该书的1963年版，做一较为详细的介绍。

在《中国的维新运动（1898—1912）》第一、二两章里，卡梅伦首先对1860—1894年的洋务运动和1895年中日甲午战争之后的戊戌维新运动做了扼要的追述，以揭示1900年之后新政改革与前两者之间的继承和发展关系，认为清末新政是晚清改革的第三个阶段。第三章，卡梅伦通过对1901—1903年清廷一系列改革诏令和举措的考察和分析，论证慈禧太后在经受1900年排外失败的打击和西行所饱尝的艰辛之后，终于认识到列强远比清朝强大，为了清朝和她的人民，中国必须要引进一些西方的制度和观念。卡梅伦指出，慈禧真诚地面对这个问题，抛弃了之前的保守主义偏见，转向赞成实质上是1898年光绪皇帝提出的改革政策。1901—1903年的改革虽然只是一个开端，规模有限，但它们却是后来更大规模改革的前驱，表明由光绪帝主持的改革政策得到复活，重新获得重视，尽管慈禧太后本人极力否定这一点。

该书自第四章开始进入对清末新政各项改革运动的考察。在卡梅伦看来，教育改革是清末各项改革中最为急需的，它可为清政府提供所需要的新式人才，因此将其放在第四章首先加以讨论。她认为，清末在教育改革上所取得的进步是曲折的、不平衡的。清末在废除科举制、建立西式学堂方面存在的主要问题是：没有为新的教育制度提供所必需的国家财政支持；缺乏合格的教员，教学质量差，尤其是小学教育被严重忽视；政府政策的波动和一些地方官员对新式学堂的抵制和冷漠，以及新式学堂学生在政治上的不妥协，也妨碍了晚清的教育改革。

① 参见［美］费正清编：《剑桥中国晚清史：1800—1911年》下卷，中国社会科学院历史研究所编译室译，424~463页，北京，中国社会科学出版社，1985。

② Meribeth E. Cameron, *The Reform Movement in China 1898-1912*，New York，Octagan Books，INC.，1963.

对于晚清的奖励留学政策，卡梅伦认为清政府最初鼓励中国学生留学日本的政策存在很多的问题：中国留学生集中前往日本，给日本的教育设施带来重大的压力，结果致使许多的青年留学生落入各种江湖骗子之手，接受的是一种极大稀释了的西学知识；许多留日学生本身就是一些冒险家，他们来日本只是为了获得留学生的名声，只要在日本居住二三个月就足以满足这种诱惑力，在这种情况下，居留日本的结果是大多数人只获得一些适宜于激怒人的心灵而不是给人以知识的观念；康梁立宪派和孙中山革命派的影响，导致许多留日学生成为共和主义的鼓吹者。虽然自1907年开始清政府意识到了留日学生存在的问题，并转向鼓励留学欧美，但直至辛亥革命之前留学欧美的学生人数仍很有限，留学欧洲的计400人，留学美国的计800人。再加之受科举时代读书做官思想的影响，大多数的归国留学生并不愿从事教育职业，他们认为自己适合从事一些更惹人注目的事情。清政府虽然也通过一些考试，授予一部分归国留学生官阶，加以录用，但这些考试的结果同样不能令人满意，通过考试的人并不总是获得任用，而落选者更是滋长了不满情绪。

此外，卡梅伦还简略论述了清末的妇女教育以及教会学校与晚清教育改革的关系。她认为，妇女教育在清末取得一定的进展，但同样存在缺乏合格教员的问题；教会学校的水平虽然不在清政府创办的学堂之下，但清政府不愿让教会学校在教育改革中起主导作用，教会学校在清末的新式教育制度中并没有获得承认，后来随着教会学校自身进行了一些必要的改革，以符合清政府所规定的要求，情况才有所改变，到1911年时教会学校才开始获得清政府一定程度的承认。

最后，卡梅伦对晚清教育改革的成果做了总体评价。她认为，评估清末教育改革成果的最好证据是学堂的数目和学生人数，以及教学的质量。卡梅伦认为与晚清适龄学童的人数相比，学堂的数目和学生人数少得令人失望。1910年中国的总人口大约为4.38亿，其中适龄学童约为6500万人，但同年中国各类公立学校只有57267所，学生1626529人，而在1872年明治维新改革后不久的日本，适龄学童为4923272人，但学校却多达1590115所。至于晚清新式学堂的教育质量，在她看来更是不尽人意。她指出，由于大部分的教师本身并没有多少学问，他们把大部分的时间花在军训上，而学生热衷于政治运动，结果晚清新式学堂的教育并未造就一批支持清廷实行渐进改革的温和的自由主义者，反而造就了一批激昂的政治运动的鼓吹者。

卡梅伦认为，建立一支有效的国防力量是当时清朝政府最为渴求实现的一个目标，该书第五章对晚清的军事改革做了评述。在这一改革领域，她强调了袁世凯所起的作用，认为袁世凯是一位纪律严明的人、一位令人钦佩的军事领导人、一位真诚的改革家，在他的部队中享有崇高的威望。在袁世凯的领导下，北洋军成了一支可与欧洲部队相媲美的力量。在 1906 年被解除北洋军的兵权之前，袁世凯组织了一支拥有 80000 人的近代化军队。在她看来，袁世凯之后的军事改革虽然继续执行，且内容上更加完备，但这些计划与实际情况往往存在差异，诸如中央集权的计划远未得到贯彻。实际情况是：兵权仍然留在地方督抚手中，只有几个镇的兵权真正在陆军部的直接控制之下；陆军部在 1912 年之前组建 36 镇的计划未能实现，只组建了大约 12 个镇和 19 个混成协，且部队的装备也很不统一；军官较袁世凯主持时期更加无能，部队缺乏热情，整架机器都因缺钱而运转不灵；等等。同时，她认为在晚清军事改革中军事院校制度卓有成效。至 1912 年，成立的军事院校计有：27 所初级学校，15 所测绘学校，4 所中等学校，1 所贵胄学堂和陆军军官学堂。这些院校的教员大部分是在国外受过某种军事训练的中国人，也有一些德国和日本的教官。接受教育的不限于军官，普通的士兵也被要求每天参加两小时的学习，学习一些基础知识，接受爱国主义教育。此外，晚清军事改革所产生的另一个更有意义的影响是在中国出现了尚武精神（国防意识），以前士兵是被人们轻视的人物，真正有身份的人总不屑于穿军服；而在晚清军事改革时期，穿着制服的青年进入学堂，富家子弟也毫不犹豫地进入部队服役，像袁世凯和张之洞这样重要官员都乐于作为军事改革的倡导者和领导人，甚至贵为天子的皇帝也宣布自己为军队的总司令，这一时期所出现的强烈的"民族主义"情绪与军事改革所带来的尚武精神有着极为密切的关系。她同时指出，晚清满族亲贵掌控军权的现象则在另一方面加剧了满汉矛盾，加强了人们对满族亲贵裙带关系的指责。除对陆军改革做了考察之外，作者还扼要叙述了日俄战争之后清政府重建海军的宏大计划和各种努力，指出由于财政问题及辛亥革命的爆发，清政府既无财力也无时间将雄心勃勃的重建海军计划付诸实施，它们大部分只是停留在纸面上，具体的成果很少。

卡梅伦认为，在清末新政的各项改革中，最为新奇和引人注目的是1905—1911年的预备立宪。她认为，1905年清政府宣布仿行立宪，主要是受日俄战争的刺激，并不意味着当时清朝最高统治者慈禧太后转向认同民主政治或有限的君主制。该书的第六章详细考察了清末预备立宪的过程，作者不赞成将清末的"预备立宪"说成是清政府的一种欺骗行为，认为这种观点是当时革命党人宣传的需要，是不公正的。宪政的某些改革未能付诸实施，其因在清政府的无能和地方官员的不合作，而非出于欺骗。对于在预备立宪中所宣布的各项政治改革的性质，清朝的最高统治者不一定有清楚的认识，但他们还是抓住了一些重要的原则。首先，他们意识到必须通过政治改革，使中国有一个统一的政府，而不能是一群半独立的"古波斯帝国的省长"。其次，他们认识到必须建立一套新式的公务员制度，以专业化和正规化取代过去官员中的兼职和责任不清。最后，他们认识到中国必须建立一个能够让国内各阶层代表表达意见的立宪政府，以密切统治者和被统治者之间的关系。

该书第七章对清末禁烟运动的起因、背景、过程和结果做了详细论述，并给予了极高的评价，认为无论是从效果还是从政治和道德意义来看，在清末所有举措中，清政府为根除鸦片的种植和吸食所做的努力是最值得重视的，它和教育改革、整顿财政以及消除饥荒等改革措施一道，最终将使广大的民众变得正直、生活富足、富有知识、思想开明，是一项比在中国建立一个现代政府机器更为必要的举措。作者指出，在1906—1911年，清政府最后之所以能将传统的禁烟政策付诸实施，是由一系列的有利因素相结合所促成的，诸如民众中反对吸食鸦片的意识增强、英国政府在印度鸦片问题上态度的彻底转变，以及被日俄战争的结果所激发起来的广泛的改革热情。晚清的禁烟还有力地证明了这样一个事实，即当清政府的意志与人们的愿望相吻合时，这个衰败的统治机器仍然能够有效地推行它的意志。考虑到禁烟运动的成果是在当时行政部门几乎不可能放弃任何税源的情况下，以牺牲巨大的财政收入为代价获得的，因此，禁烟运动即使不能表明清朝政府的深谋远虑，那也至少表明了清朝政府对改革的真诚。

该书第八章对新政的其他一些改革，诸如财政货币改革、法制改革、消除满汉畛域、统一度量衡、废除奴婢、提倡妇女放足和去辫留辫之争等做了扼要的论述。卡梅伦认为，这些改革没有取得前面所说的禁烟运动、预备立宪运动、军事和教育改革那样的成功和进步，更多只是停留在政府公布的纸令上，但有些改革却是中国富强和启蒙所急需的。她指出，在这些改革中，最为重要的是财政的改革，而财政改革首先和最主要的是在官员中反复灌输公务诚实原则，但遗憾的是在清末新政改革中财政改革不仅被忽视，而且遭到地方官僚的强烈抵制，是最不成功的。货币改革与财政改革密切相关，虽然有关货币问题的争论不断，但始终只是雷声大雨点小，没有获得实质性的成果。清末推行法制改革的动机是为了废除治外法权，改革的内容主要是按照西方模式，编纂商法和民法，修订刑法，建立审判厅制度，实行司法独立；可实际上并没有获得完全的成功，刑审逼供继续保留，新成立的审判厅往往滥用传统的做法，同时给本已超负荷的清朝政府增加了财政负担。法制改革中最有起色的是监狱状况有所改良，此外，法律和秩序也因西式警察制度的建立而得到加强。消除满汉畛域是一个重要的政治和社会举措，满人的特权地位是激怒汉人的根源，也是威胁清朝统治的一个祸根，清朝政府在理论上对此给予了相当的注意，但实际行动很少，特别是摄政王载沣在消除满汉畛域上的倒退，最后毁灭了这个本可以比其他改革更能为清廷赢得良好声誉的改革。

该书第九章探讨了新政改革与辛亥革命两者之间的关系，分析了清末新政为什么没有形成一股凝聚力，将晚清中国凝聚为一个中央集权的和谐整体，反而成为革命的前奏。关于这个问题，卡梅伦将清末新政与日本的明治维新进行比较，认为根本原因是清政府实行的新政改革太晚了，它已无力将这一政策付诸实施。她指出，日本明治维新时代，日本皇室有爱国心和忠诚的支持；而清末新政时期，清政府已处在衰败之中，在自鸦片战争至义和团等一系列事件中，清政府遭受的是屈辱和失败，因此当民族主义在中国兴起时，其矛头不可避免地直接指向清政府，认为清政府应为中国的积弱负责，反对清政府的情绪更因满人是外族统治者这一事实而增强。正是这一差别决定了近代日本和中国在吸收西方文明过程有着许多惊人的差异。

此外，卡梅伦对清末新政失败的原因还做了具体分析。首先，她认为，阻碍清政府实行变革意图的主要障碍是那些保守的、受传统经典教育的汉族官僚阶层，他们经常将清政府所要求的革新作为向民众进行进一步勒索的借口。卡梅伦指出，如果清政府拥有一个有效的行政机器，能够证明改革的真正好处，或许可以推迟其灭亡，但由于清政府的软弱，没有进行一些最必须也是最困难的改革，如没有重新改造官僚制度，以便官僚的外貌和精神都有所改变，没有取缔盗用公款的行为，移植一种简单、准确的管理国家财政制度。其次，她认为慈禧太后的去世也是清末新政失败的一个主要原因，自太平天国运动之后，主要是慈禧太后以她不可战胜的力量维持着清王朝的生命。慈禧摄政时期总的来说是一个衰落时期，但如果不是她占据权力位置，衰败很可能更快、更具灾难性；清末新政期间，正是慈禧以她个人的力量，促使一些近代化政策得以执行。慈禧去世后，摄政王载沣和擅于阴谋诡计的隆裕太后，无力对付当时比他们更有组织、更有知识和更有坚强意志的以康有为为代表的立宪派和以孙中山为代表的革命派，同时又未能有效都控制国内的新闻舆论，结果致使清政府陷人极为糟糕的境地。她认为，1911年爆发的辛亥革命只是一场政治革命，是早熟的反传统信仰的表现，而不是一场经济革命，其实质上是中国历史上周期性的动乱之一。在人们所说的共和主义和议会的背后，引发这场革命的一些基本因素，与中国历史上的其他的革命一样，仍是人口的过剩、天灾、官员的横征暴敛和王朝的衰败。

基于以上的分析，卡梅伦在第十章的结语中对清末新政改革被辛亥革命中断甚为惋惜，认为这既是清政府的不幸，也是中国的不幸。她指出，清政府的改革是真诚的，清朝的覆灭使中国的近代化失去了合乎逻辑的、循序渐进的转化机会，使中国由传统向近代的转化陷入暴力革命之中；如果清政府再能延续一二十年的话，或许能做更多的事情，以减轻中国在由传统向现代转型过程中所遭受的痛苦。

对于卡梅伦所做的这一研究，特别是在有关慈禧太后在晚清改革中的作用、新政改革与辛亥革命的关系以及如何评价清末改革运动等问题上，人们尽可提出不同的意见。此外，人们或许还可对该书提出其他一些批评意见，诸如对清末所实行的一些改革的描述并不完整，只是做了粗线条的揭示，有些甚至完全被忽视，等等。但这些丝毫不影响该书的学术价值。作为国外最早一部系统研究清末新政的著作，《中国的维新运动(1898—1912)》一书所提出的问题，依然是如今学术界争论和探讨的问题。在后来研究清末中国历史的国外学者中，不管他们对该书的观点是赞成还是反对，几乎无不将之列入参考书目。《中国的维新运动(1898—1912)》可以说是国外研究清末新政历史的一部当之无愧的奠基之作。

## 二、专题研究

在清末新政研究领域，除了卡梅伦的综合性著作之外，另有一些英文著作就新政改革的某一方面进行专题研究，从不同角度深化了人们对这段历史的理解。

在政治改革领域，梅恩伯格(Norbert Meienberger)的《中国立宪政府的出现(1905—1909)：慈禧太后认可的概念》①一书，通过对 1909 年谘议局成立之前清政府预备立宪的考察和分析，透视清政府对宪政的认识和理解，力图解释清政府为什么决定采用立宪政体，以及清朝统治者所要实现的目标是什么。在对清政府的预备立宪措施进行考察和分析后，梅恩伯格得出与卡梅伦大致相近的观点，认为清政府的宪政改革是真诚的，那种指责清政府的宪政改革不真诚和拖延的观点是缺乏根据、站不住脚的，只是代表了革命党人和一部分激进的立宪派

---

① Norbert Meienberger, *The Emergence of Constitutional Government in China 1905-1909*, *The Concept Sanctioned by the Empress Dowager Tz'u-His*, Bern, Peter Lang, 1980.

人士的意见。他指出,清政府从未承诺要引进将会削弱皇权的政体,只赞成采纳立宪主义的某些适合的成分,以有利于中国的强盛和维护清朝的统治,清政府的宪政改革只是传统内的一场改革运动;而作为一场"传统内的改革",清政府所认可的宪政概念含有维护过去的传统和清朝的统治的企图,这是显而易见的。对一个相信自己还有足够的权威"钦定"宪法和国会的统治者来说,维护自身权力自然是其最本质的目的。关于清政府将预备立宪的年限定为九年,作者也认为并不是清政府为了拖延。他指出,对清政府来说,建立一个新的君主立宪的政府,并不是有了一个国会就可以了,它涉及一系列的活动,诸如人口普查、财政改革、制定法律法规等,要是行政部门不能提出预算,那么国会对君主又有什么用呢? 要是没有法律法规可供参照,国会又如何能够依法行事呢? 清政府的预备立宪完全是真诚地要解决这些问题。并且,将预备立宪的年限定为九年也有先例可循:日本的国会便是在 1881 年宣布,而在 1890 年召开的;在孙中山的共和方案中,他也提出革命后中国建立立宪政府需要九年时间准备。考虑到清末预备立宪涉及的方案如此巨大以及中国国土的辽阔,九年时间与其说太长,还不如说太短。他认为,即使预备立宪的方案没有按计划执行,推迟了,也是由于统治阶级内部保守派和改革派的意见分歧和斗争,由于旧的习惯浸透了整个官场,绝不是清政府故意拖延。梅恩伯格所做的这一研究虽然只是进一步发挥了卡梅伦的观点,但他强调从清政府所认同的立宪去理解和评论清末的预备立宪,这是很有启发意义的。

傅因彻(John H. Fincher)的《中国的民主:1905—1914 年地方、省和中央三层次的自治运动》①一书,从地方、省和中央三个层次,对 20 世纪初年中国的自治运动的动力、运作及其所取得的成绩和产生的

---

① John H. Fincher, *Chinese Democracy: The Self-Government Movement in Local, Provincial and National Politics, 1905-1914*, Canberra, Australian National University Press, 1981. 新近出版的另一本研究清末自治运动的英文著作是, Roger R. Thompos, *China's Local Councils in the Age of Constitutional Reform, 1898-1911*(Harvard University Press, 1995)。该书与傅因彻一书不同,它主要通过对清末自治运动中清政府和有关官员所拟订和倡导的各级地方议会的考察和分析,揭示了清末最后十年国家—社会关系的变动。

影响做了较为全面、系统的研究。傅因彻认为，从世界范围来看，在
西方国家从中世纪向近代国家的转变过程中，无论是尼德兰、英国、
美国、法国的革命，还是其他西方民主国家的革命，代议制的兴起始
终是政治结构变革中最为关键的部分。20 世纪初中国政治制度的发展
也与西方"代议制的兴起"相类似，但遗憾的是大多数研究中国历史的
学者忽视了这一点。傅因彻认为清末自治运动的动力既来自清政府强
烈的有意的推动，也来自地方精英的推动，官方倡导的自治运动与非
官方推动的自治运动有着极为密切的互动关系。因此，在论述晚清自
治运动的发展过程中，傅因彻既对清政府所采取的各项改革和举措进
行了较为全面的考察，也对自治团体的活动进行了一定的考察，并透
过自治运动中代议制度的运作，具体揭示了自治运动对晚清中央和地
方政治制度所产生的巨大冲击和影响，以及一些新的制度如何取代传
统制度，进而指出代议制在某些场合是对扩大中央权力的一种补充，
与专制政府并不矛盾，它本身就是这一时期清政府加强中央集权的产
物，但代议制同时也向中央和地方督抚的专制统治提出了要求民主的
挑战，它否定独裁制度的可能性一点也不比法国的代议制逊色，不能
将 1900—1913 年中国代议制的兴起等同于地方、省和中央三个层面的
保守的政治和社会秩序的重建，等同于中国历史上伴随一个王朝衰败
而出现的地方保守士绅势力的兴起。在清末自治运动中，地方一级的
议会大部分只是停留在纸面上，除了致力于研究性的学会之外，很少
有自治团体或组织在地方县、市集会；那些超越学会性质的地方立法
机构也肯定是存在在中国政治和经济前沿的县市，而不是在那些传统
的、由拥有土地的地方士绅控制的内地。在省一级，谘议局的成员主
要是一些改革的积极分子，他们虽然大多有地方士绅的身份，但他们
的选举程序和他们所被赋予的职责要求他们超越地方士绅的利益；许
多议员有着海外留学或从商的经历，或两者兼而有之，他们已将国家
的认同添加到他们的地方认同，甚至所有的议员都很快地认识到，他
们与本省官员打交道的影响力很大程度与他们在其他省份的同道有着
直接的联系。在 1910 年要求速开国会的政治运动中，各省议员也是致
力于省和全国层次的自治事业，而不是致力于地方一级的自治，或提

出一些具有民族主义倾向的经济和军事方案，以取代清政府旨在加强中央集权的行政制度改革。1911 年武昌起义爆发后，各省的议员利用自己在官方联络系统中所处的重要位置及其所控制的新闻舆论，在推翻君主专制制度中起到了关键作用。

同时，傅因彻认为 1900—1911 年的自治运动不能仅仅从中国的国内政治加以解释，其中也有国际因素。台中、台北、天津、上海和广州等地最初出现的自治组织和机构，与列强卷入争夺地方土地权的斗争有着极为密切的关系。1905 年的日俄战争激发了清朝政府的立宪兴趣，加速了其立宪改革。并且，正是因为外国列强威胁的因素，抑制了清末自治运动中的地方分离主义。如果没有外来的威胁，那些地方的民主人士很可能会像美国独立战争挑起法国君主反对大英帝国、尼德兰革命挑起英国君主反对哈布斯堡王朝一样，挑起某一列强与清朝君主专制制度相斗，以实现他们的自治要求。中国虽然也像其他国家一样，民主政治受到民族主义的损害，但中国的民族主义超越了地方分离主义。

对于清末自治运动所取得的成绩和历史意义，傅因彻给予很高的评价，认为过去大多数的历史学家忽视了它对中国政治的影响。他指出清末自治运动所取得的民主成绩并不是表面的，1909 年的选举动员了几乎 200 万非官员精英，而 1912 年和 1913 年的选举则将数千万中国人卷入政治之中，虽然尚不能说是大众的，但也不能看作是精英主义的；就 1905—1913 年中国民主政治所取得的进步来看，其发展要好于同时代的俄国和美国的民主改革。虽然到了 1923 年中国的议会民主政治不再发生作用，但新闻界和法团组织仍然发挥着类似早期近代欧洲第三等级的作用，继续成为中国民主政治的动力。

在清末教育改革方面，傅吾康（Wolgang Franke）的《中国科举制度革废考》①一书对自隋唐建立科举制度以来历代著名文人学士对科举制

---

① Wolgang Franke，*The Reform and Abolition of the Traditional Chinese Examination System*，Cambridge，Harvard University Press，1963. 该书实际上系傅吾康在哈佛大学做访问学者时所做的一个专题报告，除前言外，共分四章，于 1960 年由哈佛大学东亚研究中心出版，1963 年再版。

的批评，以及进入近代以后清政府改革科举制度的努力和 1905 年最后宣布废除科举制的历程做了系统抱要的叙述。傅吾康认为，1905 年清政府宣布废除科举制与 1901 年《辛丑条约》规定暂停某些省份的科举考试并无直接的关系，主要是因为那种奖励科举出身的做法已不能适应新的教育，新教育的发展最终不但要求冲破传统的科举出身，而且要求打破整个的科举制度。他所做的这一研究，使人们清楚地看到科举制度最后被废除是科举制存在的固有缺陷不能适应时代发展需要的必然结果，而并非是一朝一夕的事情。

研究晚清教育改革的另一本更有影响的著作是巴斯蒂（Bastid）的《20 世纪初的中国教育改革》①一书。在这部著作中，巴斯蒂没有泛泛地探讨 20 世纪初清朝政府的各项教育改革举措，而是在 20 世纪初中国教育改革的大背景之下，通过对张謇教育思想及其在江苏的教育活动的考察，着重分析近代绅商在晚清教育改革中所起的作用以及近代绅商在兴办教育中与清政府之间的关系，提出一些独到的看法。巴斯蒂指出，教育改革之所以在晚清十年新政中最富有成效，一个主要的原因是得到像张謇这样开明的近代士绅的大力配合和支持，正是在他们的主持和领导下，清末的各项教育改革在地方得以实行。换言之，清末在建立近代学堂制度方面所取得的成功是近代士绅与清政府及地方官员合作的一个结果。在教育改革过程中，近代士绅之所以能与清政府和地方官员达成合作，是因为他们都以日本为模式。② 巴斯蒂同时指出，在这种基于日本模式的合作背后一开始就存在着冲突与对立，

---

① Marianne Bastid，*Educational Reform in Early Twentieth-Century China*，Ann Arbor，The University of Michigan Press，Center for Chinese Studies，1988. 该书于 1971 年由法国莫顿出版社出版，1988 年由美国密歇根大学中国研究中心译成英文出版。另一本研究晚清教育改革的英文著作是，William Ayers，*Chang Chih-tung and Educational Reform in China*（Cambridge，Harvard University Press，1971）。该书最后两章涉及张之洞在 1900 年之后教育改革中所起的作用。

② 为此，巴斯蒂在书中就日本对清末教育改革的影响及其途径做了详细的论述，认为在清末的教育改革过程中，欧美的影响始终甚少，即使存在，也是通过日本的途径。但在笔者看来，"日本模式"并不足以解释在清末教育改革过程中地方士绅与清政府和地方官员的合作和冲突。

因为日本模式对他们来说并不意味有着相同的意义。虽然清朝官员和士绅都认为教育改革的目的是培养所需的人才，但对清政府来说，其所要培养的是忠于封建君主的人才，清政府企图借教育改革恢复传统的以君主为核心的团结和统一，换言之，清政府是将教育改革当作稳定统治的一种工具；而以张謇为代表的近代士绅则不然，他们将教育改革当成是政治改革的一种工具，希望借教育改革为改造中国、振兴国家提供所需的人才。巴斯蒂认为，清朝官员和开明士绅在教育改革目的上的这一分歧和矛盾直至1906年都尚未导致他们之间产生重大的对立或冲突，因为直至那时士绅们仍然对他们的成功充满热情和希望，并且害怕革命运动。然而，1906年立宪运动开始后，士绅与清政府在教育改革上的合作不再和谐，两者之间的目标愈来愈相背离：清政府力图夺回在教育改革过程中士绅所申称获得的各种特权；而士绅则力图扩大这些特权，并使它们合法化，他们将教育作为对抗政府的一个阵地。

此外，对于清末教育改革所产生的社会影响，巴斯蒂提出了与学术界不同的见解，认为清末彻底放弃中国传统教育体制、完全引进西方教育制度的做法，极大地阻碍了社会的进步。巴斯蒂指出，在建立近代学堂制度之前，普通收入的农家子弟尚可以在私塾中获得一些读、算和对农村生活有用的基础知识，一些天资聪颖的学生还有可能获得更高的教育；而在近代学堂取代传统社学、私塾和书院后，原来那些资助宗族学校的富家都将他们的子弟送到近代公立学堂上学，不再关心和资助宗族学校，而近代学堂的学费又远远高于传统书院，这就使得许多农家子弟无力上学。学堂数量的增加并不意味着受教育人数的增加，相反，由于学堂学费的提高，贫穷的农家子弟失去上学的机会，使得中国的社会精英与普通百姓的差距进一步扩大。

在晚清军事改革方面，美国学者鲍威尔（R. L. Powell）的《1895—1912年中国军事力量的兴起》[①]和澳籍华裔学者冯兆基（Edmund S. K. Fung）的《军事近代化与中国革命》[②]是两部相得益彰的著作。鲍

---

① ［美］拉尔夫·尔·鲍威尔：《1895—1912年中国军事力量的兴起》，陈泽宪、陈霞飞译，北京，中国社会科学出版社，1979。

② ［澳］冯兆基：《军事近代化与中国革命》，郭太风译，上海，上海人民出版社，1994。

威尔的《1895—1912 年中国军事力量的兴起》一书是国外最早系统论述晚清军事变革的专著,出版后,被国外的有关论著广为引用。在这部著作中,鲍威尔除在第一章对满族军队的组织及湘、淮军的历史做了简要追述之外,第二章至第七章对 1895 年小站练兵至 1912 年清帝逊位十余年间中国陆军现代化的过程做了系统考察。鲍威尔认为,晚清军事改革的领导力量主要来自袁世凯和张之洞,并且得到了慈禧的支持,上述三人对晚清军事力量的进步具有重大功劳。1908 年以后,随着慈禧太后和张之洞的相继辞世,以及袁世凯被罢黜,晚清军事改革的进度受到了阻滞。用鲍威尔的话来说:"这些人的离职或去世,标志着军事和政治上的一个重大转折",标志"一个时代的结束"。① 对于清末最后三年摄政王主持下的军事改革,鲍威尔评价甚低,指出:"摄政时代的整个军事纲领,在很大程度上落空了。建立有效的常备军这件事,也很少进展。巡防营主要仍由地方控制,而且它们承受了绿营和团练的许多弊窦,也收容了大批绿营团练的将弁";"自慈禧死亡袁世凯被罢黜以后,常备军的战斗力并没有什么大的增加。到了 1908 年以后,则不仅量的扩充停止了,就连质的提高也受到阻挠。军队的素质在某些方面甚至退化,这种现象即使在北洋军的一些部队中也有所发现"。②

《1895—1912 年中国军事力量的兴起》一书的另一重要内容是试图探讨晚清军事改革对中国近代社会和政治的影响,尤其是晚清新军与军阀的关系。鲍威尔在导言中明确指出,这部著作的一个重要的目的就是,"试图描绘半私人性质的军队如何成长起来,以及军阀如何上升到能够在君主制崩溃后夺到政权的地位"③。在鲍威尔看来,晚清新军,特别是作为新式陆军核心的张之洞的自强军和袁世凯的北洋军,是中国近代军阀时期私人军队的先驱,是湘军、淮军的继承者,是新

---

① [美]拉尔夫·尔·鲍威尔:《1895—1912 年中国军事力量的兴起》,陈泽宪、陈霞飞译,223、228 页。

② [美]拉尔夫·尔·鲍威尔:《1895—1912 年中国军事力量的兴起》,陈泽宪、陈霞飞译,256、260 页。

③ [美]拉尔夫·尔·鲍威尔:《1895—1912 年中国军事力量的兴起》,陈泽宪、陈霞飞译,2 页。

军阀阶级的训练中心。因此，鲍威尔在考察晚清军事现代化的过程中，同时注意到了不同政治派系以及中央和地方为争夺军事领导权而展开的斗争，特别是北洋军在袁世凯最后获取政治权力中所起的作用，指出袁世凯之所以能成为晚清中华帝国最有权势的官员，主要是由于北洋军及北洋集团对他的支持。鲍威尔认为，晚清的军事改革，尤其是军事学堂的创办，提高了军人的社会地位和威望，从而吸引士绅家庭子弟从军，进入军事学堂，逐渐形成一个武职官僚制度。在德国和日本教习的熏陶下，这些新式军官重武轻文，没有对共和理想的忠诚。晚清中国虽然还没有像后来的军阀主义年代那样受当兵的支配，但军事领袖们取得了足以攫取权力的地位，军阀主义的基础业已奠定。1912 年帝制被推翻后，传统儒家文职官员在训练和信念上都没有为治理一个现代国家做好准备，保住自己的主宰地位。而新式学堂的学生和留洋学生尚不能满足现代国家的需要，他们的威信比旧日的士大夫还要低，这一阶级同样没有机会使自己执掌大权。唯一能够填补空缺并攫取权力的一群人便是新式军人，到 1912 年新式军人中取得高官的人数已超过受西洋教育的文员，"军国主义已在文治的腐朽外衣下滋长起来"①，到了 1916 年兵权完全被军人们掌握，兵力不幸成为攫取权力、控制大局的唯一力量。

冯兆基的《军事近代化与中国革命》一书在许多方面受了《1895—1912 年中国军事力量的兴起》的影响，但也有自己的一些特点和贡献。鉴于《1895—1912 年中国军事力量的兴起》已对晚清陆军近代化的进程进行了较为详尽的考察，《军事近代化与中国革命》一书只是在该书的前三章中从新军的形成、军事管理机制和财政制度以及新的教育体系的建成等方面，对 1895 年特别是 1903 年练兵处成立以后晚清中国军事的发展及其存在的不足进行了扼要的论述。对晚清军事改革所取得的成绩，冯兆基给了比鲍威尔更为积极的评价，认为新军作为中国第一支近代化陆军，比起以往的旧式军队是一个巨大的进步，标志着中

———————

① ［美］拉尔夫·尔·鲍威尔：《1895—1912 年中国军事力量的兴起》，陈泽宪、陈霞飞译，304 页。

国武装力量发展到了一个重要的阶段，在 19 世纪零打碎敲的军事改革和 20 世纪 30 年代国民党整顿军备之间起到了"继往开来"的历史作用。同时，冯兆基指出以下一些因素严重制约了晚清军事力量的发展。第一，1909 年以后北京领导集团的软弱无力影响了军事改革的进程，并挫伤了士气。第二，地方主义从内部损坏了中央集权的政治体制，妨碍了中央的统一指挥，从而妨碍了北京组建一支名副其实的国家军队的计划。第三，财政制度的混乱制约了各项军事改革计划的实施。第四，缺乏建立近代陆军所必需的工业基础，既无法生产大批高质量的武器装备，也无力建立调动军队所需要的交通运输网。

再者，与鲍威尔突出袁世凯、张之洞、慈禧三人在晚清军事改革中的作用不同，冯兆基更强调清末的军事改革是一场全国性的改革运动，在书中一再指出，1900 年以后的振军运动并不限于少数几个官员统辖下的若干省份，而是全国规模的运动。振军运动是由策划维新运动的地方大员发起，遵照清政府制定的方略和规章开展起来的，并获得了社会各阶层的普遍支持。冯兆基在第四章对社会各阶层关于清末军事改革的反响做了具体分析。对于最后三年摄政王主持下的军事改革，冯兆基一方面与卡梅伦和鲍威尔持相近看法，认为这一时期由于摄政王的领导能力以及统治阶级内部各种矛盾的加剧，妨碍了军事改革的成绩，但同时指出摄政王所实行的各项军事改革方案实际上是慈禧太后所做努力的继续，特别致力于统一全国各地的陆军，力图从军事上、财政上控制各省。冯兆基的这一观点，显然更合乎实际。

除上述这些不同特点之外，《军事近代化与中国革命》在学术上更主要的贡献在于它在新军与辛亥革命关系问题上的独到探讨。关于辛亥革命，正如冯兆基在书中所说，学术界最初强调同盟会以及孙中山、黄兴和其他革命党领袖人物的作用，后来又对著名的改革精英、立宪派人士、省谘议局议员以及绅商等非革命党人的作用表现出浓烈的兴趣，最近则将研究兴趣转向晚清行政管理的改革和中国社会各方面的变化上，认为是清末离心离德的改革导致了革命。而冯兆基教授则通过对新军动向的考察，强调新军在辛亥革命中发挥了直接和间接的双重的关键作用：直接作用是新军担任了武装斗争的主力；间接作用是新军的武装起义对那些心怀异志的立宪派人士和地方士绅施加了必要的压力，促使他们把筹码押到革命党人一边。而新军军官和各省谘议局的合作，正是辛亥革命很快取得成功的原因。同时，对于新军为什么背弃清政府，冯兆基也做了深入细致的分析。他认为，单单强调革命党人的策反活动并不足以解释新军普遍背弃清政府的现象，这只是其中的一个因素。新军对清政府失去忠诚是多种因素交互作用的结果：晚清实行募兵制，各省的新军都从本省征募，结果土生土长的士兵占了多数，这些士兵大多出身于农民家庭，他们的思想感情往往跟当地贫苦民众和乡亲故友毫无区别，这就决定了新军的士兵不可能被国家当作无限度的镇压工具来使用；清政府统治的最后几年里频繁发生的自然灾害给人民带来极大的痛苦，由此所引发的民众的骚动，极大影响了地方的驻军；军队中存在的腐败、贪污、欠发薪饷、虐待士兵、编制紧缩、晋升机会减少等问题，也使得军官和士兵的怨愤情绪上升；军事改革中滋长起来的近代民族主义思想又对军队秩序起着颠覆破坏作用，当事实证明清政府既不能应付外来挑战，又无法处理好国内问题时，许多青年军官就将攻击的矛头指向清朝统治者。此外，普通士兵文化程度的提高，也使得部队更容易受革命宣传的影响，被各地方报刊的时事评论打动。他指出，军人普遍不满现状是晚清社会矛盾激化的必然结果，革命党人不可能制造出军人的怨愤，他们只是利用了军人的不满情绪，把军心思变与社会革命有机联系起来。该书在这方面所做的研究，辩证地说明革命在军内发生并得到大多数新军部队的支持绝不是个别人物活动或某些孤立事件的结果，而是有深刻的历史背景的。

　　然而，需要指出的是，《军事近代化与中国革命》对晚清军事改革的研究虽然在不少方面较诸《1895—1912年中国军事力量的兴起》深入，但同样也存在一些不足之处。譬如在新军与近代军阀的关系问题上，该书的观点显得有些模棱两可。在有些地方，冯兆基似乎赞成鲍威尔的观点，指出编练新军虽然是由中央发起的，但新军"仍然有很浓厚的地方色彩"①。在晚清军事改革中文武关系所发生的变化上，该书

---

　　① ［澳］冯兆基：《军事近代化与中国革命》，郭太风译，73页。

也几乎与《1895—1912 年中国军事力量的兴起》持相同的观点，认为军人在晚清的社会地位有了提高，但直到辛亥革命后传统文武关系才发生了根本的变化，军方的作用显得愈发重要，"辛亥革命几乎不可逆转地改变了军队与国家官僚政治的传统关系，结果军方占了优势，就像'军阀割据'时期表明的情况一样"①。造成这一局面的原因在于，辛亥革命摧毁了传统的统治模式，新建的民国政府缺乏传统的权威，无论是最高统治者，还是地方当局，都无法依靠尚未建立起来的西方民主制度，他们无一例外地依赖军队高级将领的支持，至少也需同后者建立友好关系。在民国初年的政治权力的角逐中，军方比文官集团装备得更为充分。但在另外一些地方，冯兆基似乎又赞成美国学者麦金农的观点，反对将北洋军说成是效忠袁世凯的半私人部队，反对将北洋军说成是近代军阀的前身，认为"北洋军支持袁世凯，并不是要效忠于他个人，而是普遍觉得唯有袁世凯才能建立起新秩序，以避免外国干涉的危险"②。另外，书中一方面对晚清军事改革中崛起的尚武主义和军国民主义给予积极的评价，认为"晚清改革家们在促进中国尚武主义方面是取得成功的"③，但同时又指出"不幸的是，原先那种积极的、全民振兴武备的设想，在以后几十年里很快演化为地方割据的军阀主义"④。由此所引发的一个问题是，原先具有积极意义的尚武主义为什么会演化为后来的军阀主义，它们两者之间到底存在什么关系。对此，作者并没有做具体的解释。

此外，与《1895—1912 年中国军事力量的兴起》一样，该书对中国近代重要军事力量之一——晚清海军的状况，也没有做任何的考察。固然，晚清海军在 1894—1895 年的中日甲午战争中遭重创后，一直未能恢复到战前的水平，但鉴于海军是一个比陆军更为现代化的军种，以及海军仍在晚清扮演一定的角色，完全将海军排除在晚清军事力量

---

① ［澳］冯兆基：《军事近代化与中国革命》，郭太风译，316 页。
② ［澳］冯兆基：《军事近代化与中国革命》，郭太风译，11 页。
③ ［澳］冯兆基：《军事近代化与中国革命》，郭太风译，317 页。
④ ［澳］冯兆基：《军事近代化与中国革命》，郭太风译，126 页。

之外，显然不甚恰当。并且，考虑到晚清海军的动向也曾对辛亥革命的成败产生过重大的影响，该书在探讨晚清中国军事力量与辛亥革命的关系中完全不提海军，就更加不能不说是一个重大的缺陷了。

## 三、袁世凯、张之洞研究

清末新政作为一场自上而下的改革运动，其发生和发展与清朝统治集团内一些重要官员的倡导和推动有着极为密切的关系。加强对一些重要新政人物的研究，无疑有助于加深对这段历史的认识。在这一研究领域中，美国学者裴士丹（Daniel H. Bays）的《迈入20世纪的中国：张之洞与一个新的时代》①和麦金农（Stephen R. Mackinnon）的《晚清中华帝国的权力与政治：袁世凯在北京与天津》②是两部较有影响的著作。

《迈入20世纪的中国：张之洞与一个新的时代》一书除前言和结语外，共分九章。该书着重考察张之洞最后十多年的活动及思想，具体揭示了1895年之后中国传统政治制度所发生的变革及遇到的新问题。作者认为，从甲午战争至辛亥革命爆发的十多年是中国历史上一个十分重要的时期。在这十多年里，中国政治体制在近代第一次开始发生一些根本的结构性的变化，社会、政治和价值观念所经历的加速变革与此前半个世纪毫无生气的变化截然不同，新出现的一些问题引起愈来愈多中国人的关注，并对此后数十年的中国历史产生深远的影响。作者将这些新出现的问题概括成三个主题：改革主义、民族主义以及中国政治权力所发生的大量的具体的结构性变化。全书即是围绕这三

① Daniel H. Bays, *China Enters the Twentieth Century*：*Chang Chih-tung and the Issues of a New Age*，*1895-1909*，Ann Arbor，The University of Michigan Press，1978.

② Stephen R. Mackinnon，*Power and Politics in Late Imperial China*：*Yuan Shi-kai in Beijing and Tianjin*，*1901-1908*，Berkeley，University of California Press，1980. 在清末新政人物研究方面另一本值得参考的英文著作是，Rover V. Des Forges，*Hsi-Liang and the Chinese National Revolution*（New Haven and London，Yale University Press，1973）。

个主题展开。

根据裴士丹的研究，从 1895 年到 1911 年，在改革主义和民族主义两大主题之下，存在着两种基本类型：一种是"官僚型"，其着眼点放在国家上；另一种则可称为"地方型"，其性质很难界定，属于非官僚体制（裴士丹主要是指具有近代思想的士绅，或者说近代地方精英）。这两种类型都为改革主义和反帝的民族主义所激励，而张之洞则属于官僚型的改革主义者和民族主义者。作为一个官僚型的改革主义者，张之洞的一个根本愿望是在国家的基础上实行一些新的改革计划，建立一套新的制度，强调中央取向的重要性，以及旧的中央组织优先于所有各种新生势力，诸如主张改革的士绅、学生、报馆和谘议局等。裴士丹指出，张之洞的官僚型的改革主义与地方型的改革主义的活动，就其争论的问题以及所执行的各项改革计划都没有将大多数的国民包括在内的这一意义来说，两者都是精英统治论者，但他们并不具有相同的实际意义。张之洞属于主张中央控制的精英主义者，他总是关心制度化、秩序化，关心统一的国家行政，关心国家的福祉高于任何阶级的福祉。而地方型的改革主义则属于非中央集权的精英主义，它不但破坏中央权威，而且最终毁坏国家的福祉，1911 年后它越来越与国内城市和农村中的各精英集团的既得利益联系在一起。裴士丹认为，就此来说，张之洞的官僚型的改革主义与 1949 年之后强调废除精英阶级对地方和城市管理的操纵的主张相近，而与 1911—1949 年掠夺成性的时代相去甚远，在这一时期始终不存在制衡各地精英集团权力扩张的中央势力。对精英分子无限度追求自我利益的危害的认识上，也许没有人比张之洞更有先见之明。

裴士丹认为，张之洞作为一个官僚型的民族主义者，其民族主义思想既包含了对中国资源和中国具有某些外国资本所需要的东西的自豪，也包含了对中国在不平等条约体系内行动所受的各种束缚和限制的认识。张之洞与外国人打交道的历史，表明他绝不是一个易受西方外交官影响的人物，也不是外国利益的代言人。与 1900 年后的一些其他官员一样，张之洞在与外国人的交涉和维护中国利益过程中所做的努力，实际上是卓有成效的。然而值得注意的是，在建设全国铁路网的过程中，张之洞没有抽象地谴责帝国主义，只要条件合理，他愿意向外国借款筑路。但在 1900 年之后，几乎所有与帝国主义的协定不管是否合理、必要，都会立即招致怀疑，结果导致各种利益集团的叛离，打击了中央的权威。裴士丹指出，在中国积弱、帝国主义强权的时代，张之洞的官僚型的民族主义在阻止帝国主义的浸透上虽然最终没有比公众舆论的慷慨陈词更为有效，但在能够去除帝国主义之前，等待建立一个具有强有力的群众基础的国家政治体制是必不可少的。从这一意义上来说，无论是张之洞那样的官僚型民族主义者，还是那些大声疾呼的地方型民族主义者，都受到精英分子立场的束缚，缺乏群众基础，都没有像后来的中国共产党那样在民众的基础上建立一个真正的国家政治体制。

最后，在对待晚清政治权力结构变化的问题上，张之洞也是持国家官僚的立场。裴士丹指出，在与清政府的关系上，张之洞对他本人是清政府的一员的认同是最为牢固的。1895 年之后，特别是 1900 年改革运动开始后，中央官僚机构在有关目标的制定、资源的控制、计划的管理以及改革等方面的领导权力不断扩大。作为一个国家官僚，张之洞对这一趋势持欢迎和鼓励态度。同时，他也意识到中央政府需要继续与其他相关部门处理好关系，政治领域也需要非官方力量的参与。在病逝前夕，张之洞甚至对因摄政王载沣推行满族主义所引起的各种紧张关系也有所认识。张之洞对朝廷存在的各种弊端并没有视而不见，他常常希望自己有能力清除朝廷内的各种阿谀奉承和无能的官员，但他对清政府的忠诚从来没有动摇过。

与此相一致，在与国内士绅及其所分化出来的各个阶层的关系上，张之洞作为清政府官僚中的一员，与 1895 年前一样，在从事国家改革计划的过程中仍然以一种带有偏见和不赞成的眼光看待地方精英们的利益。当改革计划涉及这些精英集团时，特别是在建立立宪制度过程中，张之洞总是十分关注中央政府是否能够最大限度地加强对这些利益集团的控制，他似乎认为扩大中央控制的改革方案经常为地方精英扩大活动提供了方便之门，而这些活动很可能不符合清政府的最高利益。裴士丹认为，1911 年之后发生的事情，应验了张之洞对地方精英利益会对朝廷乃至整个清政府权威构成潜在破坏的疑虑。

与关心士绅或地方势力的威胁形成鲜明对照的是，张之洞对近代学生阶层和以学生阶层为基础的革命运动并不那么担心。在他看来，只要民族主义是这些学生革命活动的主要的动因，那么只要改革派或政府部门满足他们看到希图国家强盛的诉求，与学生的合作之门还是敞开着的；再者，只要这些学生大多数具有上层阶级或士绅的家庭背景，那么他们回国后也极易为这个在社会、经济和政治上都占主导地位的阶级重新吸纳；他们与社会另一底端秘密会社的联合通常表现不佳，一部分也是因为受他们的上层阶级的家庭背景的影响。这些因素结合在一起，最终导致学生只能是一股不能产生实际影响的革命力量。只有当秘密会社卷入革命活动，张之洞才对革命的威胁产生关注，对于大规模的秘密会社的活动，他总是迅速做出反应，毫不迟疑地用武力加以镇压。然而，尽管如此，张之洞并不认为秘密会社本身具有推翻朝廷的能力，他们只是制造骚乱；只有当秘密会社与上层阶级的领导和组织联合在一起时，张之洞才会感到害怕。因此，当发现学生或知识分子与秘密会社的联合努力取得进展时，张之洞总是做出强烈的反应，在 1900 年的自立会事件和 1906 年年底的萍、浏、醴的起义中，他对学生和下层的叛乱进行了残暴镇压。

通过对张之洞所做的这一研究，裴士丹认为，在晚清中国政治结构中，中央和地方督抚的利益是一致的，在改革过程中并不存在地方督抚抗拒中央命令的"地方主义"，那种认为晚清地方督抚存在"地方主义"倾向的观点难以令人信服。地方主义理论的失误在于，错误地将晚清政治结构的动力归诸中央与地方督抚的关系。裴士丹认为，理解晚清中国政治的真正分水岭，实际上是国家正式政府机构与县级以下的非正式的地方士绅两者之间的关系。对中央权威来说，从政治结构底层兴起的地方士绅势力对中央权威比地方督抚代表的政治势力更具破坏性。

麦金农的《晚清中华帝国的权力与政治：袁世凯在北京与天津》一书除前言和结语外，共七章。该书不但在研究方法上与《迈入 20 世纪的中国：张之洞与一个新的时代》类似，并且研究的问题也与之相近，所不同的是后者主要通过对改革过程中意识形态问题的研究，揭示出官僚阶级与地方精英之间的分野，从而折射出晚清中国政治的变动，而《晚清中华帝国的权力与政治：袁世凯在北京与天津》一书则通过对袁世凯在清末新政期间政治权力和所从事的改革事业的具体考察，直接揭示晚清政治权力结构的演变。

在研究袁世凯晚清政治权力的来源和所达到的范围之后，麦金农认为，袁世凯与张之洞一样，在清末都属于政府官僚，而并非是一些学者所认为的近代军阀的前身。他在清末军事或政治权力的扩大，不存在任何地方分离主义的性质；他追求权力的目的是要拯救中国，创立一个与外国并驾齐驱的、强大的中央集权的国家。作为袁世凯政治权力的重要来源和象征的北洋新军并非人们所说的那样，是他的私人和地方部队——近代军阀的前身。袁世凯控制新军完全是通过他在北京的影响力，新军在财政和行政方面都依赖清政府的支持。并且，与湘军和淮军不同，建立新军的最初目的并不是地方上为对付国内叛乱所引起的危机，而是由于外部对国家和朝廷的安全构成了威胁，1904—1905 年发生在中国东北的日俄战争促使慈禧拨巨款在中国北方筹建新军。此外，新军的组织和运作也与湘军、淮军不同，遵循的是专业化的路线。新军的组织经过刻意的设计，以近代日本的军队为模式。衡量新军军官和士兵的突出标准是教育和专业军事训练，而不重视个人和地域的联系。再者，北洋新军的各级指挥官经常变动，也限制了部队和指挥官之间建立起忠诚关系。北洋新军军官对袁世凯的个人忠诚分三个派别，依次不同：一是像段祺瑞、吴佩孚这样的忠诚度极高的高级官员；二是像姜题桂、张勋那样的忠诚程度稍差的前淮军军官；三是许多受日本训练的低级官员，他们与袁世凯的联系很少。所有军官对袁世凯的忠诚都取决于他能否满足他们的职业和政治目标，而这反过来又取决于袁世凯在北京的影响力。同样，袁世凯在直隶地方权力的扩大，主要也是巧妙地运用他在北京的影响力，例如直隶的许多县官由他挑选，然后通过他在北京的影响加以任命，这就使得那些县官易受其控制。总之，无论是筹办北洋新军，还是直隶改革，北京的支持都是袁世凯成功的关键所在。

在该书的第五章，麦金农通过对直隶县一级教育、警察和经济改革的考察，揭示了县一级社会政治力量的变动以及袁世凯与县一级地方精英之间的权力关系。在作者看来，袁世凯在直隶县一级所实行的改革是不平衡的，在大多数的县中，教育、警察和经济改革很少同时得到执行，大多只是实行了其中的一项或两项，但从加强国家权力对县一级的控制来说，他在直隶县一级实行的改革是成功的。在改革过程中，袁世凯不但提高了县官的管理能力，从而扩大了他在省内的权力，而且还争取到地方士绅的合作与支持，与县官们一道主动接纳精英分子在地方上的领导权和他们的一些事业活动，并使之合法化，如在近代化的名义下，解散或取缔像联庄会、保甲和团练这样一些非正规的警察和军事组织，以近代的警察和北洋新军取而代之，而那些对义和团运动记忆犹新的地方精英分子们既满意这一改革所带来的相对安定的社会环境，也满意袁世凯为其子女提供的接受现代教育的机会，因此他们也愿意想方设法为袁世凯的社会控制付出代价。这样，袁世凯就扩大了自身在地方士绅中的声望。不但如此，袁世凯在直隶的改革和对北京宪政的坚定支持以及在天津率先推行的自治等改革，通过诸如上海的《东方杂志》等传媒的报道，在全国得到广泛的宣传，从而为他在辛亥革命期间获得全国范围的地方精英分子的支持打下了基础。

同时麦金农指出，与袁世凯对士绅采取拉拢态度相反的是，袁世凯对商人和农民则采取了强硬的态度和措施。如在如何发展直隶经济问题上，袁世凯比李鸿章更倾向于官僚资本主义，商人的利益常常被忽视或损害。除少数商人创办的企业之外，直隶的近代企业基本上被周学熙、李士伟和孙多森这样一些官僚资本家所控制。同时，袁世凯也反对天津商会的地位和权力过于强大。在改革过程中，直隶农民的利益更是被损害。袁世凯的改革不但使直隶的男性农民承担北洋新军的强制性兵役，承受所谓的"近代"纪律约束的梦魇，而且还要承担沉重的额外赋税和地租，以支付在农村所推行的各项改革的大部分的费用。且农民稍有反抗，即遭残暴镇压。总之，商人和农民受到各种新旧方式的统治和剥削，他们为新的改革活动付出代价，但很少从中得益。袁世凯代表的是精英分子的利益，特别是那些与地方督抚和国家政府有着密切联系的大地主的利益。

　　根据对袁世凯晚清政治权力的研究，麦金农认为晚清北方地区中国政治权力结构的模式与裴士丹在《迈入 20 世纪的中国：张之洞与一个新的时代》一书中所说的情况稍有不同。在北方并没有出现像南方那样与政府正式权力相抗衡的地方士绅精英势力，其政治权力结构的模式是中央政府和地方督抚以及县级以下的地方精英三者之间的权力同时扩大并交错重叠。与人们通常想象的不一样，三大权力中心之间更多的是合作，而不是竞争，其原因在于他们共同面临着来自西方和日本不断增强的压力。① 如果说三种政治权力的扩大是以牺牲其他人为代价的话，那被牺牲者就是被政府和地方精英严密控制的农民。

　　此外，在研究晚清中国政治权力的变化时，麦金农还十分重视列强的影响，指出在义和团运动之后的十年里，列强对北京和地方政府决策的干预达到了前所未有的程度。列强不仅对新政改革运动施加了重大影响，而且列强的支持还成为一些重要地方督抚维护其政治地位的一个至关重要的因素。因此，在《晚清中华帝国的权力与政治：袁世凯在北京与天津》一书中，麦金农除了探讨袁世凯政治权力与中央政府和地方士绅精英三者之间的相互关系之外，还对袁世凯政治权力的兴起与列强之间的关系做了深入分析，指出袁世凯在晚清中央政府中的政治地位和影响力，除了慈禧太后的信任和朝廷中有利的人事关系外，与大多数列强尤其是英国的支持是分不开的。而慈禧太后之所以在政治和人事上依赖袁世凯，原因也就在于他能与外国人打交道，帮助其解决一系列棘手的外交问题。袁世凯一方面坚定地捍卫朝廷的主权免遭帝国主义的直接侵犯，另一方面又能在表面上安抚列强，避免清政府与列强发生灾难性的冲突。关于列强对晚清中国政治权力的影响，麦金农则给予积极的评价，声称通过他对晚清最后十年在政治上最有影响力的袁世凯权力的考察，以及裴士丹对这一时期另一重要政治人物张之洞生涯的研究，表明清政府严重依赖列强维持的事实从短期来看是增强而不是削弱了其力量。

---

　　① 这一解释并不能说明南、北方士绅在与政府权力合作中表现出来的区别，事实上南方同样也面临着类似麦金农所说的外部的压力。

　　基于上述分析和研究，麦金农认为晚清的中国政治不能用以往的王朝循环理论来解释。他指出，19世纪末20世纪初的中国政治虽然存在传统王朝循环衰败的迹象，诸如晚清官僚的腐败，但延续的趋势更加明显，晚清最后十年的权力政治并不适合王朝衰败的演化模式，慈禧太后的中央政府并没有衰败瓦解，它不仅更强大，而且开始通过改革，把中央对县级以下的影响力扩大到几世纪来前所未闻的程度。虽然地方权力的集中以及广泛的农民骚动一直延续至1911年，但很少有证据表明它们威胁到朝廷的统治。这一时期地方上的重要人物，如袁世凯和张之洞，他们主要的政治联系和效忠对象都在北京。同样，北京的新式军队和西式武器也足以对付农民的起义，这些农民起义从没有表现出失控迹象。最后，地方精英的权力在1911年之前无疑是继续扩大的，但至少在北方并未牺牲中央和地方政府的权力。中华帝国晚期的政治权力结构，尤其在北方，并未随着清朝的覆灭而瓦解，而是随着袁世凯的灭亡而崩溃。

　　麦金农的《晚清中华帝国的权力与政治：袁世凯在北京与天津》和裴士丹的《迈入20世纪的中国：张之洞与一个新的时代》两书探讨的问题和看法虽不完全相同，但在晚清中国政治结构的变动问题上，两本书中的观点基本是一致的。他们都对20世纪30年代以来华盛顿学派关于自太平天国革命后滋长起来的地方督抚的原始军阀倾向和地方主义破坏了晚清政治的统一和对中央权力构成严重威胁的观点提出质疑，而力图证实孔飞力（Philip A. Kuhn）在《中华帝国晚期的叛乱及其敌人——1796—1864年的军事化与社会结构》[1]一书中提出的一个重要观点：晚清政治权力结构的主要分界线不在中央与地方政府和军队之间，而在政府与地方士绅精英的非正式权力之间。他们所做的这一研究，对于我们重新认识晚清政治权力的演变无疑具有重大的学术价值，

---

[1]　Philip Kuhn, *Rebellion and It's Enemies in Late Imperial China: Militarization and Social Structure, 1796-1864*, Cambridge, Harvard University Press, 1970. ［美］孔飞力：《中华帝国晚期的叛乱及其敌人——1796—1864年的军事化与社会结构》，谢亮生、杨品泉、谢思炜译，北京，中国社会科学出版社，1990。

特别是他们对政府正式权力机构与地方士绅非正式权力之间的关系所做的研究和分析，纠正了学术界长期以来只强调地方督抚与中央之间矛盾的倾向，为我们分析晚清政治权力的演变提供了新的视角。但他们以张之洞和袁世凯都为官僚改革派而完全否认晚清地方督抚存在地方主义和分离倾向，则是缺乏说服力的，对袁世凯来说尤其如此。例如，裴士丹和麦金农都提到张之洞和袁世凯在经济上主张官僚资本主义，但在笔者看来，这并不意味着他们要维护和巩固中央的权力，更多是为了让督抚自己控制地方实业，事实上袁世凯和张之洞当时在经济上实行的一些官办政策是与清朝中央政府的振兴实业、鼓励商办的政策相抵触的。再者，晚清袁世凯权力的扩大，的确在很大程度上扩大和加强了国家政权对社会的控制，但它不一定就意味着中央权力的扩大。即便袁世凯权力的扩大诚如麦金农一再强调的是通过北京中央政府实现的，但这依然不能说明袁世凯在清末政治或军事权力的扩张没有地方分离主义的倾向。事实上无论是张之洞还是袁世凯，他们最后被调离地方督抚职位，固然有派系之争的因素，但很大程度还是中央与地方督抚之争（同时也交织着满族亲贵与汉族官僚权力之争）的产物。

此外，麦金农认为列强对袁世凯权力的支持加强了中央权力，这也是有待商榷的。列强的支持，的确提高了袁世凯个人的政治地位，但对清朝中央政权来说，显而易见是起了削弱的作用，并且需要指出的是，地方督抚依赖列强巩固个人的政治或军事地位，这正是近代军阀的一个特征。总之，麦金农对袁世凯政治权力兴起所做的详尽描述和分析，在笔者读来恰恰说明了袁世凯权力扩张的地方分离主义性质，及其个人权力对晚清中央权力所构成的重大威胁。就清末十年政治权力结构的演变来说，笔者认为，既存在政府正式权力机构与地方士绅非正式权力之间的分野，也存在中央与地方督抚之间的权力的分野，这两个分野同时并存，并随着清末各项改革措施的出台而变得愈益突出和尖锐，最终从内部加速了清朝的覆灭。

## 四、列强与新政关系研究

新政改革作为一场后发型的近代化运动,其产生和发展除了国内的因素之外,与当时中国所处的国际背景和列强的干预也有着极为密切的关系。较早注意到晚清改革与列强关系的英文著作是,1931年由北平著者书店出版的《日本对中国教育改革的影响,1895—1911》[①],该书是一位名叫王风岗(音译)的中国留学生,他为申请博士学位,向斯坦福大学教育系和研究生院提交的一篇学位论文。但遗憾的是,在这篇学位论文中,王风岗几乎将四分之三的篇幅都用在对晚清教育改革过程的描述上,仅仅在第四章中对日本与晚清教育改革的关系做了集中讨论。首先,王风岗从四个方面扼要勾勒了日本对晚清教育改革的影响:一是在中国从事教育工作的日本教员;二是中国翻译的日文著作;三是日俄战争的影响;四是留学日本的中国学生。同时,王风岗指出,随着1907年日本对中国侵略威胁的加强,两国的友好关系遭到破坏,自1908年开始日本对中国教育改革的影响有所削弱,中国开始摆脱日本的影响,不再将日本作为汲取知识的唯一源泉。辛亥革命之后,日本对中国教育的影响进一步下降,因为随着清政府的倒台,以及革命党人寻求建立西方式的共和制度,人们自然以法国和美国作为建立新制度的模式或原则,而不以帝国的日本为榜样。最后,王风岗对日本对晚清教育改革影响所产生的结果以及中日两国教育改革的异同也做了一些简略的分析。

与研究清末新政与列强关系相关的另一本更有影响的著作是,美国在华传教士李佳白之子李约翰(John Gibbert Reid)的《清帝逊位与列

---

① Wang Feng-Gang,*Japanese Influence on Educational Reform in China,from 1895 to 1911*,Peiping,Authers Book Store,1931.

强(1908—1912)——第一次世界大战前的一段外交插曲》①。在这部著作里，李约翰以编年体的方式，详细叙述了宣统年间(1908 年 11 月 15日至 1912 年 2 月 12 日)英、法、德、美、俄、日六国的对华政策和外交活动对晚清政局所产生的巨大影响，将清朝皇帝的逊位看作"战前外交中的一段插曲"，指出这一时期六国的对华政策和争夺对宣统朝的灭亡负有很大的责任，"1912 年 2 月 12 日满清皇朝逊位，主要是由于它没有得到中国各省的信任，或外国的支持而发生的。六大强国在第一次世界大战之前的外交中，没有在宣统朝时期，真正遵行一种协调的政策；它们没有在中国支持一个强有力的、中央集权的、稳定的政府，也没有帮助那个古老而统治松弛的帝制政府。互相竞争而冲突的种种外国利益，以或多或少的强烈程度向北京政府坚持它们的要求，使北京在外交关系中的地位和国内的威信都大大降低了。清朝为了屈服于外国压力和被迫施行这个或那个列强所要求的方案而受到责难。列强所采取的协调政策没有能阻止中国国内局势的日趋恶化，反而间接地引起国内的不安和叛乱"②，最后导致清帝的逊位。

在具体考察列强与清帝逊位两者之间关系的同时，李约翰对这一时期英、法、德、美、俄、日六国对中国国内改革的态度也做了一些论述和分析。他认为这一时期英、日、俄、法四国在对华政策上结成同盟，为保持它们在势力范围内所享有的特权和利益，更倾向维持现状，因此对中国国内的政治改革、财政改革以及其他一些改革持抵制态度，反对和破坏清政府为捍卫中国国家利益所做的一切努力。而美国和德国倾向对华实行门户开放政策，因此赞成和支持中国国内的改革，希望通过清政府的改革，能在一定程度上增强中国的国力。然而需要指出的是，李约翰在该书中对有关列强对中国改革所持态度的论

① John Gibbert Reid，*Manchu Abdication and The Powers：An Episode of Pre-war Diplomacy*，Berkeley，University of California Press，1943. ［美］李约翰：《清帝逊位与列强(1908—1912)——第一次世界大战前的一段外交插曲》，孙瑞芹、陈泽宪译，北京，中华书局，1982。

② ［美］李约翰：《清帝逊位与列强(1908—1912)——第一次世界大战前的一段外交插曲》，孙瑞琴、陈泽宪译，333 页。笔者订正。

述和分析既不全面，也不系统，只停留在外交政策层面的分析上，并没有具体、实际地探讨列强与各项改革的关系。因此，他所做的一些论断显得过于简单化，并不十分准确。从新政史研究的角度来看，该书的价值和贡献主要在于具体描述了在晚清纵横捭阖的外交中，英、法、日、俄、德、美六国如何将中国看作可供它们宰割或与别人交换利益的俎上肉，同时又将中国看成是它们可以拉到自己一边以增强力量的对象，以及处在列强夹缝中的清政府如何一再被彼此竞争的两个集团所挤压、背弃和出卖，最后陷于孤立无援的境地，从而令人信服地揭示了当时中国所处的恶劣的国际环境既是导致清朝灭亡，同时也是导致清末新政改革失败的重要外部原因。

在清末新政与列强的关系中，与中国一水之隔的日本一直是中外学者关注的重点。美国学者任达（Douglas R. Reynobls）的《新政革命与日本——中国，1898—1912》①一书，在充分吸收前人研究成果的基础上，对日本与晚清改革的关系做了较为系统的梳理。任达认为，1898—1912 年中国国内在思想和体制方面所发生的变革，是一场具有以"相对新的典范全部或部分取代旧的典范"的性质的革命，在这场具有架构性变革的革命中，日本起了关键的作用。他反复指出："新政革命主要有思想和体制两方面，如果不以日本明治为参照，对两者都难于理解。事实上，日本是作任何分析的关键。如果没有日本在各种各样的幌子下、在不同的层次表示合作，中国不可能打破传统控制而向现代化道路迈进……中国在 1898 至 1910 这 12 年间，思想和体制的转化都取得令人注目的成就。但在整个过程中，如果没有日本在每一步都作为中国的样本和积极参与者，这些成就就无从取得。和惯常的想法相反，日本在中国现代化中，扮演了持久的、建设性而非侵略的角色。不管怎样，从 1898 至 1907 年，中日关系是如此富有成效和相对地和谐，堪称'黄金十年'。"②该书即是围绕这一观点展开的。书中第

---

① Dauglas R. Reynolds，*China，1898-1912：The Xinzheng Revolution and Japan*，Cambridge，Harvard University Press，1993. ［美］任达：《新政革命与日本——中国，1898—1912》，李仲贤译，南京，江苏人民出版社，1998。

② ［美］任达：《新政革命与日本——中国，1898—1912》，李仲贤译，2～7 页。

一章提出"黄金十年"和"新政革命"两个基本概念。第二、第三两章扼要追述 1897—1898 年，日本军事和非军事人员向中方所表达的友好和共同抵制西方侵略的合作愿望，以及对改革运动的劝说。第四、第五、第六三章分别探讨了中国留日学生以及来华的日本教习、顾问，还有日译书籍对这一时期思想变革所产生的影响。第七、第八、第九、第十章依次探讨了日本对晚清教育体制、军事、警察和监狱系统，以及司法和宪政体制改革等方面的影响。

通过以上的考察，任达最后将日本对清末新政所起的作用和所产生的影响概括为五点。第一，日本为清末新政改革提供了示范，特别是日本成功地将西方之"用"与传统儒学之"体"结合起来，为中国接受新思想和新体制清除了障碍。第二，出于各种的原因，日本对清末新政的改革实行开放政策，不但替中国训练军官、教员和政府行政人员，而且对来日本的中国人，日本政府和非政府方面都给予真诚的接待。第三，日本为新政改革提供了受过高级训练和富有经验的人才。任达认为，晚清那些受雇于中国的日本教习和顾问，既是受中国高薪的诱惑，也是出于对明治维新成就的自豪感；就国家层面来说，既是出于国家自身利益的考虑，也是出于民族使命感。第四，日本为清末改革提供了现代词汇。任达认为，这一时期如果没有大量现代日本词汇的移入，中国任何改革的努力，都可能会在词汇战的争吵中失败。在此之前，把西方概念和词汇译为中国惯用语的一切努力，从林则徐和魏源在 19 世纪三四十年代粗陋的翻译，到西方传教士译著中各种各样、并不协调的新造词语，乃至严复的翻译，全都失败了。第五，与第四点相关的是，清末大量日译西方著作和日本教科书以及学术、思想、文学等书籍竞相被译成中文，引发了 1911 年后的新文化运动，使中国在思想方面迅速进入现代。

任达的这一研究，主要从正面揭示了日本在晚清中国近代化过程中所起的积极作用，对我们重新审视近代中日两国的关系，的确不无启发。但该书的不足之处也是显而易见的。首先，关于"黄金十年"，任达没有具体交代它是在怎样一个历史背景下产生或者出现的。换言之，任达并没有说清楚为什么清政府在改革中能够消除不久前中日甲午战争战败的奇耻大辱的心理而倚重日本，以及日本为什么在当时如此"热心"中国的改革运动。并且，对于为什么将"黄金十年"界定在1898—1907 年的十年间，而不包括 1907 年之后的一段时期，任达在书中也没有专门做出解释。① 再者，任达只提日本在晚清改革中所起的积极作用，完全忽视中日两国在改革过程中的分歧和矛盾、控制和反控制，这显然是十分片面的。此外，任达虽然较为充分地吸收了相关的研究成果，但很少利用第一手的中、日文资料，这也极大地妨碍了该书的研究深度。鉴于该书所存在的这些局限，任达断然将 1898—1907 年的十年说成是近代中日关系史上的一段"黄金时期"，难以令人信服。根据他的研究，这一时期至多只能说是近代中日文化交流史上的一段"黄金时期"。

## 五、结 语

以上所介绍的这些著作，由于写于不同的年代，它们研究的重点和看法也就不尽相同，有着各自的学术或现实关怀。大致说来，卡梅伦的《中国的维新运动(1898—1912)》通过对清末新政的综合研究，揭示清末改革的成败，希望 20 世纪 30 年代之初的中国能避免重蹈覆辙，重新走上一条和平渐进的改革道路。鲍威尔的《1985—1911 年中国军事力量的兴起》通过对晚清军事改革的考察，探讨了中国近代军事力量的兴起及近代军阀的起源，同时也为朝鲜战争之后不久西方国家重新认识中国军事力量提供一个历史背景。冯兆基的《军事近代化与中国革命》则是国外辛亥革命史研究的一个拓展，着重分析清末军事力量与辛亥革命的关系及其对中国文武关系的转换所产生的影响。梅恩伯格的《中国立宪政府的出现(1905—1908)：慈禧太后认可的概念》和傅因彻的《中国的民主：1905—1914 年地方、省和中央三层次的自治运动》对

① 关于这个问题，任达教授只是在书中的第一章第一小节提出"黄金十年"概念的最后指出："西方在中国利益的增长和主动进取的增强，构成了对日本在中国特殊地位的挑战。离开当时西方的进取和追求，就难于理解中国何以于 1908 至 1909年决定在寻求先进的教育和训练方面，由依靠日本转向西方。"(13 页)此外，就再也没有对 1908 年之后中国的改革由依靠日本而转向西方的现象做出描述和解释。

清末预备立宪和地方自治运动所做的研究，则透露了中国改革开放初期西方学者对中国政治改革和民主政治的关注。巴斯蒂的《20 世纪初的中国教育改革》以及麦金农的《晚清中华帝国的权力与政治：袁世凯在北京与天津》和裴士丹的《迈入 20 世纪的中国：张之洞与一个新的时代》，虽然探讨的内容不完全一样，但他们实际上都是从"国家—社会"这一研究模式或者说研究架构，揭示清末改革过程中国家与地方士绅，或者说国家正式权力与地方士绅非正式权力之间的相互关系，以及这种关系对清末改革乃至近代中国的影响。李约翰的《清帝逊位与列强（1908—1912）——第一次世界大战前的一段外交插曲》和任达的《新政革命与日本——中国，1898—1912》，虽然探讨的都是列强与清末新政的关系，但前者侧重对列强外交政策对清末政局的影响及列强对新政改革所持的一般的态度的考察和分析，并突出列强在清朝瓦解过程中的所起的消极和破坏的一面，后者具体考察了日本在清末新政改革中所扮演的角色，并强调其所起的积极作用。这些风格不一、观点相谐或相异的研究，从不同层面揭示了清末最后十年历史的复杂性及其在近代中国历史上的意义，同时也展示了西方学者的历史识见。然而，尽管如此，西方学者对清末新政的研究在不少方面仍有待进一步深入。

第一，西方学者似乎将研究的兴趣和重点主要放在政治、军事、教育方面的改革，严重忽略了清末经济政策方面的变化、调整和改革。虽然也有一些英文著作注意到清末经济政策方面发生的重大变动，如美籍华裔学者陈锦江教授在《清末现代企业与官商关系》①一书的第八至十一章中，对 1900 年之后清朝政府的现代企业和商人政策的变化做了扼要的论述，但他主要是从官商关系的角度探讨晚清经济政策所发生的一些变化，并将清末最后十年期间清政府在官商关系方面所做的调整仅仅看作清政府向地方当局控制现代企业的挑战，这就极大地限制了对清末经济政策变动的认识。固然，在清末发展现代企业过程中，

---

① Wellington K. K. Chan, *Merchants, Mandarins, and Modern Enterprise in Late Ch'ing China*, Cambridge, Harvard University Press, 1977；［美］陈锦江：《清末现代企业与官商关系》，王笛、张箭译，北京，中国社会科学出版社，1997。

清朝中央政府与地方当局的确存在矛盾和争夺，但清末经济政策的变动主要并非如陈先生所说，系清政府向地方当局控制现代企业的挑战，而主要是为了迎合当时国际化浪潮，换言之，也就是如何将中国的经济纳入或使之符合近代资本主义经济体系。因此，清末的经济改革远不止设立一些经济行政机构，调整官商关系，而是涉及制定一系列新的经济法规，确立一套新的经济制度，它们既涉及农工商业政策的调整，也涉及有关外资、外贸政策，以及财政金融货币的改革。如果说清末最后十年是近代中国国家形成的时期，那么经济政策的调整无疑是其中的一个重要组成部分，其意义和影响并不亚于清末其他领域的改革，这是西方学者在研究清末新政历史中不能不多加关注的。

第二，在清末新政研究中，西方学者较多注意到清末政局变动(权力之争)对清末改革运动的影响，但很少注意各项改革之间的相互关系，往往只是就政治论政治，就教育论教育，就军事论军事，即使卡梅伦在综合探讨清末新政的《中国的维新运动(1898—1912)》中对此有所留意，如提出财政改革在清末各项改革中最为重要，并指出清政府没有建立统一的近代国家财政制度是导致改革失败的一个重要原因，但她在大多数的时候并没有用联系的眼光或全局的眼光思考问题，同样是孤立地看待清末各项改革，当她谈到禁烟运动时，便说禁烟是比其他改革更为重要的改革，谈到教育改革时又说教育改革重要，并没有说清楚清末的各项改革到底存在一种什么关系，以及清政府本身是如何认识和操作的。同时，由于忽视各项改革之间存在的互动和制约关系，西方学者还往往将某些改革所出现的变化简单地归诸人为的因素，如卡梅伦、鲍威尔、冯兆基都将1908年之后陆军改革的实际效果不理想全然归咎于摄政王载沣的无能，而忽视了这一时期重振海军的努力分散了前一时期用于陆军改革的精力和财力的事实。其实，清末改革的进程既受政局变动的影响，同时也受内部各项改革的制约。例如，振兴实业政策一度被清政府摆在一个十分突出的位置，商部最初在清朝中央各部中位居第二，仅在外务部之下，但在新政后期振兴实业政策的力度明显有所削弱，具体负责制定经济政策的农工商部在中央11部中退居倒数第三，应该说，这主要不是因为清朝统治集团内部的权力之争，或官员的无能和腐败，而是受到 1905 年之后兴起的预备立宪以及诸如财政、货币等其他改革政策的冲击。清末各项改革之间存在的制约关系对晚清改革的影响有时并不亚于政局变动所造成的影响。在今天看来，清末新政改革最后失控，没有达到预期目的的一个很重要的原因就是，清政府没有处理好各项改革之间的关系，对这场改革运动的轻重缓急没有统一的规划。因此，在研究清末新政过程中，要用联系和全局的眼光，这是十分重要的。

第三，对于清末新政与列强的关系，西方学者虽然程度不同地都注意到了这个问题，但相对于列强在清末改革中所扮演的角色来说（可以说，在清末的三次改革运动中，以清末新政与列强的关系最为紧密），西方学者在这方面所做的研究还很不够。迄今为止，尚没有一部全面系统地探讨列强与清末新政关系的著作问世。如前所述，李约翰的《清帝逊位与列强（1908—1912）——第一次世界大战前的一段外交插曲》只是着重探讨当时列强对华政策对清末政局的影响，并且只限于宣统朝；任达的《新政革命与日本——中国，1898—1912》只是探讨日本与清末新政的关系，并没有对其他列强加以考察，并且在探讨日本与清末新政的关系中仅仅剖析日本对新政改革所产生的积极影响，其他层面完全忽视。有些研究清末新政的著作虽然提到了列强的影响，但很少做系统的分析。此外，在西方学者撰写的有关这一时期的中外关系史的英文著作中，有时也谈到一些列强对清末新政改革的态度①，但只限于外交政策的分析，无意进一步去深究列强是如何对清末的各项改革施加影响或干涉的。就此来说，一定程度上是清末新政与列强关系问题本身的性质妨碍了西方学者对之进行深入的研究。对于研究

---

① Walter V. Scholes and Marie V. Scholes, *The Foreign Policies of the Taft Administration*, Columbia, University of Missouri Press, 1970; Michael H. Hunt, *Frontier Defense and the Open Door: Manchuria in Chinese-American Relations, 1895-1911*, New Haven and London, Yale University Press, 1973; Michael H. Hunt, *The Making of a Special Relationship: The United States and China to 1914*, New York, Columbia University Press, 1983; E. W. Edwards British, *Diplomacy and Finance in China 1895-1914*, Oxford, Clarendon Press, 1987.

晚清史的学者来说，他们可能将列强与新政的关系看作中外关系史家们探讨的问题；而对那些研究中外关系史的学者们来说，他们又可能将它看作晚清史学者研究的问题。其实，从学术的角度来看，鉴于清末新政与列强关系的广度和深度，具体全面地考察和分析列强与晚清最后十年改革的关系，无论是对研究 20 世纪初的中外关系来说，还是对研究晚清改革运动来说，都是一个重要的突破点。研究这一问题，西方学者较诸中国学者，有着更为得天独厚的条件。可以说，西方一些学者与其继续在一些老问题上从事一些修正研究，或许还不如在列强与新政关系问题上做些研究更有意义。

第四，尚需进一步加强中外学者的交流和沟通。由于受时代的限制，1979 年之前出版的与清末新政相关的英文著作不但没有注意中国学者的研究，并且所用的资料基本上也都以英文为主，中西学术处于隔绝状态。1979 年中国实行改革开放政策之后，西方学者虽然比较注意中外学术交流，在研究过程中几乎都来过中国，尤其重视收集一些相关的中文档案和文献资料，但在交流过程中西方学者对中国学者所做的研究的关注似嫌不足，至多在论著的参考书目或注释中征引一些相关的中文论著，而很少在学术史上下功夫，结果导致有些学者在著作中征引的中文论著实际上并不代表中国学术界的水平，相反有些该征引的论著却没有列入其中，在象征中外学术交流的地方透露出中西学术的隔膜。当然，这不只是清末新政研究中存在的问题，同时也是中国近代史其他研究领域中存在的问题。

原载《近代史研究》2003 年第 4 期

# 端方与美商一桩未予诉讼的经济官司

　　端方是戊戌之后清政府的一名重要满族官员（满族正白旗人），1898 年出任直隶霸昌道后，即官运亨通；1900 年因护卫慈禧太后和光绪皇帝西巡有功，更得两宫宠信，先后任湖北巡抚、湖广总督、两江总督、直隶总督等要职；后遭满族少壮亲贵排挤，被监国摄政王载沣借故免职。在任期间，端方整顿财政、振兴实业、兴办教育、劝办赈灾、厉行改革，被认为是清末新政期间一名开明的改革派官员。有关他在清末最后十余年的言行事功，《端忠敏公奏稿》多有反映①。本文披露尘封在美国历史档案中有关 1901 年年底和 1902 年年初他与美商之间的一桩经济官司，从一个侧面揭示 1901 年《辛丑条约》之后美国政府与清廷政情之间的微妙关系。

## 一、美商的起诉

　　起诉端方的是美国著名商行——茂生洋行。茂生洋行是一家创办于 1877 年的工贸公司，总部设在纽约，分支机构遍及世界。1879 年茂生洋行来华开业，首先在上海设立分号，嗣后又在天津、营口、旅顺、北京、汉口、哈尔滨等地设立分号或代理处，经营工厂材料、铁路材料、钢铁产品、机械、五金、染料、化学品、药材、锡砂及各种

---

　　① 　中国第一历史档案馆收藏的"端方档案"也反映了端方在清末最后十年间的重要地位。笔者有幸在 20 世纪 80 年代末 90 年代初翻阅过该档案，但前年再往查阅，却不向普通读者开放了。

杂货的进出口贸易，并承办相关工程业务，代理欧美日本保险、轮船及其他公司厂商数十家。①

茂生洋行起诉端方的缘由和经过大体如下。1900—1901 年义和团运动期间，鉴于政局的动荡，茂生洋行为收回所欠钱款，在商务往来中于光绪二十六年十月从天津当地一家中国商行手中接收了志诚信钱庄持有的五张元昌钱庄的借票，其中第一、二两张借票票面价值为一万两，分别约定在光绪二十五年十月十五日和八月三十（1899 年 11 月 17 日、10 月 6 日）之前在北京兑付；第三、五张借票票面价值为 5000 两，分别规定在光绪二十五年八月二十五日和八月十五日（1899 年 9 月 29、14 日）之前在北京兑付；第四张票面价值 2000 两，规定光绪二十五年八月十五日（1899 年 9 月 19 日）之前在北京兑付。五张借票总计 3.2 万两。需要指出的是，在茂生洋行转手接受这五张借票之前，志诚信钱庄就因元昌钱庄到期未能兑付借票，于 1899 年 11 月间将元昌钱庄副经理吴新麟起诉到天津知县衙门，吴新麟声称元昌钱庄的业主为端方。天津知县衙门在接到时任署理陕西巡抚的端方的电报后，即将控告撤销。端方在 10 月 19 日致志诚信的电报中宣布授权元昌经理乔子才为代理人，称乔子才将于 23 日携款前往天津，让志诚信钱庄不要有任何担心。但乔子才实际并没有到庭，在义和团运动爆发后此案便不了了之。②

茂生洋行接收元昌钱庄的五张借票时，对 1899 年年底发生的这桩诉讼并不知情，在调查元昌钱庄的业主系为端方，并听说端方十分善于理财后，便接收了这五张借票。1901 年津京局面恢复平静之后，茂生洋行便找元昌的天津代理人要求兑付借票。但由于借票规定在北京兑付，天津代理人只是元昌的一个低级职员，没能获得满意的结果，茂生洋行转而聘请一位美籍代理人，前往北京，向乔子才出示银票，

---

① 参见黄光域编：《外国在华工商企业辞典》，392 页，成都，四川人民出版社，1995。

② American Trading Company to Mr. Conger，April 2，1902，Despatches from U. S. Ministers to China（以下简称 DMC），1843-1906，microfilm，Roll No. 118.

要求兑付。但就在他出发的前一天，乔子才出现在天津，茂生洋行便将乔子才诉至法庭。在法庭上，乔子才承认这些钱票的真实性，表示端方是元昌的业主，除非由端方提供必要的资金，否则不能兑付，他本人愿意给端方发一封电报迅速解决这件事。在发出电报后，乔子才表面上保证留在这里，直至这件事解决，暗地里却潜离天津。结果，诉讼又遭中断，元昌钱庄对乔子才的供词不予承认。①

无奈之下，茂生洋行根据天津其他一些钱庄的建议，决定直接向端方本人追讨所持元昌借票本息。1902 年 1 月 9 日，茂生洋行向端方发送一份明码电报，要求端方支付元昌借票本息共计 3.7 万两，电文称：贵行元昌共欠我行 3.7 万两，我们希望尽快解决；否则，我们一定通过外务部提出我们的要求。②

## 二、端方的回应

对于茂生洋行来电威胁要将他诉至外务部，端方极为重视，"十分焦虑"。为不让此事公开，影响自己的官场声誉，他在 1902 年 1 月 10 日收到电报后即将此事转告美国驻汉口领事魏礼格（Wilcox），声称他本人在元昌钱庄没有任何股权，只是在 1896 年提供过 8000 两贷款，年息为 6%，迄今没有收回，请求魏礼格告诉美国驻华公使康格（E. H. Conger），对茂生洋行的行为加以斥责和制止，并表示他本人"不希望被拖到公众面前，也不希望给他的政敌提供伤害他的机会"③。端方建议如果美国公使馆不能说服茂生洋行放弃其要求，请在采取行动之前通知他本人，等待他本人做出书面答复。根据端方的要求，魏礼格于 1 月 13、14 日将会谈内容电告康格，15 日又去函详细汇报此事的经过。

---

① American Trading Co. to Mr. Conger，May 3，1902，DMC，1843-1906，Roll No. 118.

② American Trading Co. to Mr. Conger，January 17，1902，DMC，1843-1906，Roll No. 118.

③ Mr. Wilcox to Mr. Conger，January 15th，1902，DMC，1843-1906，Roll No. 118.

在收到魏礼格的电文报告后，康格一面去函询问茂生洋行，希望他们向美国公使馆提供有关证据及电报的副本①；一面又于16日致电魏礼格，指示他转告端方，应对这件事速予考虑，同时答应在采取明确行动之前将等待他的书面回复。② 为此，2月3日康格致函茂生洋行，阻止他们直接向端方催讨债款，要求他们将发送给端方的电函通过美国驻汉口领事转达，表示"我正在等待巡抚的书面陈述"③。2月5日，茂生洋行复函，表示服从康格的安排。④

由于康格并没有压制茂生洋行兑付钱票的要求，端方只好做出书面答复，于3月3日致函康格，请求帮助。在写给康格信函的正文中，端方极力称赞康格和美国政府在义和团运动期间所表现出来的对中国的友好态度。信中写道：

> 我本人长期以来一直对你们的文化和宽宏大量有着极大的敬意，并希望与您认识。
>
> 当前年京城暴民发动的那场最后以灾难告终的骚乱爆发之际，我忧愤交加。去年和谈期间，我即在远方听说阁下如何严肃对待国际事务，如何寻求公正处理问题，以促进各国的福祉，以及如何加深友情，交还我们的首都。当我们的皇上返回京城时，阁下又归还天津府库的30万两银子。所有这些都显示了阁下追求满意地解决整个问题，以树立信任，恢复友情。大清的所有官民都欣赏您的正义。我本人虽然身在湖北，但也遥知您的正直，敬仰莫名。去年义和团运动期间，我在北京的家也遭洗劫，由于阁下的善意，您指示阿门特(William Scott Ament，美国公理会教士，中

---

① Mr. Conger to American Trading Co., January 16, 1902, DMC, 1843-1906, Roll No. 118.

② Mr. Conger to Mr. Wilcox, January 17, 1902, DMC, 1843-1906, Roll No. 118.

③ American Trading Co. to Mr. Conger, January 31, 1902; Mr. Conger to American Trading Co., February 3, 1902, DMC, 1843-1906, Roll No. 118.

④ American Trading Co. to Mr. Conger, February 5, 1902, DMC, 1843-1906, Roll No. 118.

文名为梅威良——引者注)先生归还所有被拿走的东西，我对此万分感谢。由于保卫国疆是我的职责，我不能亲自拜访阁下，只能遥寄我诚挚的、难以言表的感激之情。谨致谢意，并祝安康。①

在信的附件中，端方专门叙述了他收到茂生洋行信件的经过及他本人与元昌钱庄的关系，希望康格出面制止茂生洋行对他的不当指控。他写道：

去年农历十二月一日，我收到天津茂生洋行的一份电报，谓：阁下的元昌钱庄欠我们3.7万两银子，我们希望尽快解决，否则，我们定向外务部敦促赔偿。

我立即要求美国驻汉口领事魏礼格先生致电阁下，元昌钱庄并非由我创办，茂生洋行不应该向我发送威胁性的明码电报。我十分感激收到您的回复。昨天，我又从魏礼格领事那里收到阁下1月20日的来信，信中说您已接到茂生洋行的一份报告，声称我是元昌钱庄的合伙人之一，我们将等待回复，等等。

元昌钱庄系乔子才创办，我不是其中的一个合伙人。几年前，乔子才从我家借去8000两银子，明确约定借贷利率为6%，并有一字据为证。由于是约定利率，因此很显然，这笔钱只是存款，而不是股份，这显然是毫无疑问的。我附寄上这份字据的副本，供您考查。② 后来，元昌于三年前因破产被天津地方知县关闭，

<hr>

① Governor Tuan Fong to Mr. Conger，March 3，1902，DMC，1843-1906，Roll No. 118.

② 按，美国国务院档案中端方附寄的借据已译为英文，未见中文原件副本。已译为英文的借据全文如下：This is to certify that Ch'iao Tzu-ts'ai has this day borrowed from the Tuan Family a free loan of Ching p'ing Sycee，Tls. 8，000，clearly agreeing to pay interest at the rate of 6%，and at the expiration of three years to repay the loan. This is given as evidence. Kuanghsu，XXII Year，First Moon，20th. Day. March 3rd，1896. (Signed) Ch'iao Tzu-ts'ai. 该英文借据译为中文如下："兹证明乔子才于即日从端方家借款京平银8000两，同意付息6%，3年后偿还借款，立此为据。光绪二十二年元月二十日(1896年3月3日)。签名：乔子才。"

存款到现在从未由他们偿还。现在，我不知道茂生洋行从哪里得到的毫无价值的借票，向我要求兑付，这分明是一种恫吓，并且是对我名声的伤害。我已具体讲述了事情的原委，真诚地请求阁下对茂生洋行制造不当的威胁、恫吓和粗暴直接地发送电报的错误行为予以制止，您由此将促进正义，维护友好关系。

我相信阁下的公正处理，并借此祝您成功。①

端方的这一书面回复，对争取到康格的支持起了积极作用。3 月11 日，康格复函，对端方在义和团运动期间保护外国人表示感谢。②在收到康格的复函后，端方请魏礼格转达他对康格的感谢，并谦虚地表示他在陕西巡抚任上所为是他的职责所在，不足挂齿。③

## 三、美国官方的态度

在茂生洋行起诉端方的案件中，美国官员的态度颇为耐人寻味。美国驻汉口领事魏礼格从一开始就偏向端方，不支持茂生洋行的起诉要求。他在 1902 年 1 月 15 日写给康格的报告中怀疑这件事"也许是一些中国人用茂生洋行的名义，以便威吓巡抚偿付这笔款项"，建议康格重视端方的要求，指出："由于端方作为陕西巡抚在动乱期间帮助许多外国人逃跑——他们中许多人为美国人，我认为他的要求值得重视。"④

美国驻华公使康格的态度前后有所变化，开始时倾向支持茂生洋

①　Governor Tuan Fong to Mr. Conger, March 3, 1902, DMC, 1843-1906, Roll No. 118.

②　Mr. Conger to Mr. Wilcox, March 11th, 1902, DMC, 1843-1906, Roll No. 118. 在美国国务院档案中未能找到康格写给端方信件的原文内容，该信件有可能保存在中国第一历史档案馆所藏"端方档案"，请有条件查阅的学者代为留意。

③　Mr. Wilcox to Mr. Conger, April 7th, 1902, DMC, 1843-1906, Roll No. 118.

④　Mr. Wilcox to Mr. Conger, January 15th, 1902, DMC, 1843-1906, Roll No. 118.

行向端方兑付钱票，希望端方尽快考虑美商的要求，并建议美商提供相关材料，但在收到端方 3 月 3 日的书面答复之后，康格的态度发生了明显变化，逐渐倾向于不支持美商将端方诉至公堂。在康格将端方的书面答复的副本转交美商后，茂生洋行坚持要求由端方兑付钱票并于 3 月 18 日写信给康格，表示"我们决定至本月底与端方解决这件事；如果他拖欠，我们将通过正常途径进行"①。4 月 2 日，茂生洋行又向康格寄上五张元昌钱庄借票的副本，重申他们的要求，指出元昌钱庄于光绪二十一年由端方创办，光绪二十三、二十四年间端方访问天津，亲自取走钱庄的资本和公积金；当光绪二十五年十月志诚信钱庄在天津知县衙门起诉元昌钱庄时，正是端方电复，表示愿意偿付，并且他署理陕西巡抚的身份使得这桩诉讼"变得更为复杂，他的官位使他可以逃避这桩案子所要承担的结果"②。茂生洋行认为端方本人先是承认后又否认，也正好证明"他就是元昌的业主"③。因此，他们再次请求美国使馆将他们的要求和有关材料提交清朝外务部，如果公使馆建议其他程序的话，则请通知他们需要采取什么方法。

由于康格有事外出不在使馆，美国公使馆二等秘书边必济代表康格，对茂生洋行的请求明确予以拒绝。4 月 16 日，他复函茂生洋行，指出因为该要求基于商业合同，没有国务院的特别指示，本公使馆不能干涉；因此，这件事只能提交国务院处理。考虑到将这件事提交国务院可能会造成耽搁，茂生洋行次日写信给边必济，希望按照他们的要求，将此案转告清朝当局解决，指出："我们的索赔要求不是针对清政府，而是针对个人，我们找不到可以起诉的法庭裁判。虽然我们不反对将这件事提交华盛顿，但延搁将对我们造成极大的损害。因此，我们

---

① American Trading Co. to Mr. Conger，March 18，1902，DMC，1843-1906，Roll No. 118.

② American Trading Co. to Mr. Conger，April 2，1902，DMC，1843-1906，Roll No. 118.

③ Mr. Bainbridge to the American Trading Co.，April 16，1902，DMC，1843-1906，Roll No. 118.

要求将控告提交到北京的清政府，由他们采取他们认为合适的行动"①。然而，边必济没有接受茂生洋行的建议。4 月 20 日，边必济复函茂生洋行："所有美国公民基于商业合同的索赔要求，不管是针对外国政府、公民或臣民，如没有国务院的授权，都不属于外交干预范围。鉴于这一原则，我不能满足你们的要求，将你们的要求提交外务部。"②

康格回到北京后，肯定了边必济的处理意见。4 月 30 日，康格本人就这个问题写信给茂生洋行，表示他已阅读了洋行和边必济之间的信件，指出边必济的意见是正确的，信中说："在我采取进一步行动之前，我必须将这个案件提交国务院，并请求国务院的电文指示。"但同时为表明自己尽保护美商之责，律师出身的康格建议茂生洋行在他向国务院请示之前，提供有关元昌钱庄倒闭的时间、钱庄的存票如何和在什么时候转到他们手里、需要兑付的数额以及交易的具体细节和美国领事签名的转让合同的副本，另外最好还了解到天津法庭拘捕、起诉和宣判释放元昌业主的历史，以及一份证明钱庄为端方所有的陈述，强调指出这些事实"对国务院妥善处理这件事情是必要的，在将这件事提交外务部时尤其重要"③。

根据康格的建议，茂生洋行于 5 月 3 日致函康格，对光绪二十五年十月志诚信钱庄起诉元昌钱庄的经过以及茂生洋行转手接受元昌钱庄借票和要求元昌钱庄兑付借票的经过做了详细的描述，并附寄上光绪二十五年十月十九日（1899 年 11 月 21 日）端方从西安发给志诚信钱庄的电报和 1901 年 11 月 5 日由美国驻天津领事若士德签名的钱票转让合同的副本，指出元昌钱庄的经理乔子才据说现在就躲藏在汉口，如有必要，他们可以进一步证明端方就是目前仍存在的元昌钱庄的业

---

① The American Trading Co. to Mr. Bainbridge，April 17，1902，DMC，1843-1906，Roll No. 118.

② Mr. Bainbridge to the American Trading Co.，April 20，1902，DMC，1843-1906，Roll No. 118.

③ Mr. Conger to the American Trading Co.，April 30，1902，DMC，1843-1906，Roll No. 118.

主。同时，茂生洋行也在信中表达了对美国公使馆和美国驻汉口领事偏袒端方的不满和失望，指出："我们希望改正你们以为我们是购买了这些钱票的印象，这对汉口领事更为必要，因为他就是根据这样一个假设，对我们的案子怀有极大的偏见。不考虑端方是一位高官的事实，我们至少理应在汉口的领事法庭起诉他，但汉口领事在写给我们的一封信中对这件案子明显怀有偏见，妨碍了我们就这件事进行进一步的交流。"①信的最后这样略带失望地写道："我们认为这些钱票是真的，端方个人有义务兑付。我们还认为它们应合法地按票面价值支付。我们希望这一解释包含了您的所有要求，感谢您 4 月 30 日的来信支持，我们认为这是十分合乎情理的。我们想表示，如果您认为在上述的情况下，一个中国人不能合法地向一个美国人转让票据，或有义务兑付这些钱，我们愿意放弃这件事。看来因为元昌的业主是一位巡抚的情况使这件案子变得复杂化，但我们认为它实在没有任何关系。如果一位巡抚选择开设一家钱庄，那么他就更有理由是诚实的。"②

在收到茂生洋行的回信后，康格立即于 5 月 7 日报告国务院，附寄上有关这桩案件的各方来往通信和材料，请求指示。在扼要介绍这桩案件的大体经过后，康格这样表达他个人的意见：端方"自出任湖北巡抚以来，一直以对外国人友好而著称。1900 年非常时期，作为陕西巡抚，他在该省尽力援助和保护传教士，并且十分成功，这也是众所周知的。如果他被控告至外务部，可能刚好给诋毁和羞辱他的人提供机会。然而，这些事实并不能阻止美国政府帮助它的公民向端方索赔债款。但这桩起诉要求似乎完全为合同性质，除非有国务院的明确授权，否则不属于外交干涉范围——由于整个事件的经过已在附件的通讯中，因此，在得到您的特别指示之前，我将不会把它提交清朝外务部。如果国务院认为应对这件事采取外交行动，那么我请求您电示，

① The American Trading Co. to Mr. Conger，May 3，1902，DMC，1843-1906，Roll No. 118.

② E. H. Conger to the Scretary of States，May 7th，1902，DMC，1843-1906，Roll No. 118.

以免贸易公司进一步遭受不必要的损失。"①尽管康格在这封信中也表示不能因端方是一位巡抚而影响美国政府帮助其公民索付借款,但他不倾向支持起诉端方的态度还是十分显然的。

在收到康格的报告后,国务院的意见果然与康格一致,不支持茂生洋行起诉端方,表面理由便是康格所说——这是一件美商个人的合同纠纷,不宜通过外交途径解决。并且,国务卿海约翰(John Hay)在6月21日发出这样的电文指示时,还特意以茂生洋行4月17日写给公使馆信中的一句话作为其依据,称:"正如茂生洋行代理人在4月17日致公使馆的信中所说'这桩起诉不是针对清政府,而是针对中国个人',因此,这不是一桩可以通过外交途径提出来的诉讼"②。

## 四、几点辨析

由于美国官方的不支持,茂生洋行最终未能将端方讼诸公堂,但与该案有关的一些问题尚有待深究,且蕴含深意。

首先,通过该案,端方与天津元昌钱庄存在某种密切关系应为确实无疑。至于端方到底是如本人所说只是元昌的债权人和受害人,还是如茂生洋行控告,系为元昌钱庄的业主,由于该案最终未能讼诸公堂,且未能找到元昌钱庄的成立合同,尚不能下一定论。但根据茂生洋行的陈述及提供的有关证据,特别是光绪二十五年志诚信钱庄和元昌钱庄诉讼过程中端方从西安发来的电报,说明端方应为元昌钱庄的实际控制人。而端方的反驳则显得苍白无力。在辩驳中,端方并没有对茂生洋行提供的有关他与元昌关系的材料一一进行反驳,或予以否定,如关于他曾在光绪二十三年和二十四年来天津亲自取走元昌钱庄的本金和盈余以及在1899年年底志诚信钱庄起诉元昌钱庄时他出面缓颊等情况,都未做澄清。而端方出具的1896年元昌钱庄的8000两银

---

① E. H. Conger to the Scretary of States, May 7th, 1902, DMC, 1843-1906, Roll No. 118.

② Mr. Hay to Mr. Conger, June 21, 1902, Diplomatic Instructions of the Department of State, 1801-1906, China, microfilm, Roll No. 43.

子的贷款借条，并不能说明他就是元昌钱庄的一个普通债权人，也有可能是端方作为元昌钱庄财东的"护本"资金。根据王子建、赵履谦《天津之银号》一书的研究，在当时天津钱庄的资本构成中，一部分就有财东的"护本"资金。所谓"护本"资金，一说为财东的特殊存款，与营业相始终，其与资本的不同之处，在于它享有定额利息；一说"护本"资金系钱庄银号在资本不足运用时由财东暂时垫出，事过境迁，并不收回，即加入资本额中而收取一定的利息。① 因此，端方以约定利率说明自己为元昌钱庄的普通债权人和受害人并不足以为据，相反，恰好说明端方确与元昌钱庄有着非同寻常的关系，证明茂生洋行的控告应属空穴来风，事出有因。②

总之，就美国档案中争辩双方的资料来看，更令人倾向于端方就是元昌钱庄的业主，或为实际控制人。并且，如果该案情况属实，也有助于我们重新看待清代官僚与票号及钱庄业的关系。一般认为，清代官员在钱庄和票号存贷款，这是一个比较普遍的现象，但钱庄和票号的股东主要为商人，直至民国时期才有一些军政身份的人员投资票号和钱庄业③，而美国档案中曝光的这桩经济官司则提醒我们，在清

---

① 参见王子建、赵履谦：《天津之银号》，15～16 页，河北省立法商学院研究室出版，1936。股金收取利息的做法并非天津钱庄所特有，而为中国近代企业的一种普遍现象，这从中国近代企业的"官利"制度中可见一斑。

② 笔者曾就端方出示的贷款借据的利率问题求教于中国近代经济史研究专家郑起东和史建云两位著名学者，深得他们的指点和帮助。据郑起东教授说，端方放贷给钱庄的 6％的年利率在当时是一个不高也不低的利率，是一个比较可以拿到桌面上的利率。郑教授也认为单凭端方出示的借条，并不足以说明端方为普通的债权人。

③ 有关清代票号和钱庄的研究，请参见王子建、赵履谦：《天津之银号》；杨端六：《清代货币金融史稿》，124～167 页，北京，生活·读书·新知三联书店，1962；叶世昌：《中国金融通·先秦至鸦片战争时期》第一卷，587～604 页，北京，中国金融出版社，2002；张国辉：《晚清钱庄和票号研究》，北京，中华书局，1989；张国辉：《中国金融通史·清鸦片战争时期至清末时期(1840—1911 年)》第二卷，北京，中国金融出版社，2003；郑亦芳：《上海钱庄(一八四三～一九三七)——中国传统金融业的蜕变》，台北，"中央研究院"三民主义研究所，1981；黄鉴晖：《山西票号史》，太原，山西经济出版社，2002。

朝不排除一些官僚以存款或借款的名义隐性投资票号和钱庄业的可能性，这在开设钱庄和票号不受政府管制的清代可以说是一件很容易的事情。

其次，美国官方以该案系美商与中国人之间的一桩纠纷而不支持茂生洋行起诉端方，这只是一种蹩脚的托词。事实上，通过1844年的《中美望厦条约》，美国在中国就不但享有刑事方面的领事裁判权，同时还获得了民事方面的领事裁判权。《中美望厦条约》第24条规定："合众国民人因有要事向中国地方官办诉，先禀明领事等官，查明禀内字句明顺、事在情理者，即为转行地方官查办。中国商民因有要事向领事官办诉，先禀明地方官，查明禀内字句明顺、事在情理者，即为转行领事等官查办。倘遇有中国人与合众国人因事相争不能以和平调处者，即须两国官员查明，公议察夺。"[1]后来，美国在中国享有的民事领事裁判权在1853年的中美《天津条约》和1880年中美《续约附款》的相关条款中得到进一步的确认和细化。根据中外不平等条约所获得的权利，美国政府对美商与华人之间的合同纠纷并非像康格和海约翰所说的那样，不进行外交干涉，相反，每当美商的利益受到损害时，美国驻华的领事、公使及美国政府总是加以干涉和保护。对于各国利用领事裁判权，在本国商人与华商经济合同纠纷中袒护本国公民、欺压华商的情况，郑观应在《盛世危言》中曾沉痛地写道："他如华商欠负洋商，一经控告，追封产业，累及亲朋，西人负欠华债，虽饶私蓄，循例报穷，便自逍遥事外。"[2]因此，根据美国官方通常的做法，如果茂生洋行诉讼的对象是普通的华商，即使不足以直接向清朝外务部控告，但完全有可能通过美国驻汉口领事的帮助，在地方上起诉。美国政府不支持起诉的真正原因，诚如当时茂生洋行的代理人所说，是端方的巡抚身份影响了美国政府的态度。更确切地说，是端方在清廷中的亲外形象影响了美国政府的态度。

---

① 王铁崖编：《中外旧约章汇编》第1册，55页。

② 中国史学会主编：《戊戌变法》(一)，69～70页，上海，上海人民出版社，1957。

　　并且，对本文来说，值得特别指出的是，美国政府在端方案中表现出来的保护和支持清廷亲外的改革派官员的态度和立场，并非一个孤立事件，而是与《辛丑条约》之后美国政府的对华政策相关联。19 世纪末 20 世纪初随着美国成为一个世界大国，随着美国宣布"太平洋时代"的到来，为实现美国的远东政策，美国政府开始愈益重视清廷朝政的变动。为加强美国对清廷的影响，及时了解信息，1901 年年底康格就曾建议在美国驻华公使馆内设立"腐败基金"，用金钱向清朝官员收买一些重要情报。① 为了防止清廷排外保守势力死灰复燃，美国一方面频频要求清政府罢免那些同情排外保守势力的清朝官员，并要求将1901 年清政府颁布的并载入《辛丑条约》的保护外人、惩处排外官员的上谕重新传贴十年，写入 1903 年的中美《通商行船续订条约》。② 对1903 年 1 月 22 日清政府任命因同情义和团而遭降级的俞廉三为山西巡抚③，康格则与其他列强一道进行干涉，照会外务部，表示"十分遗憾"，指出山西的传教士众多，外人在山西的商业利益也逐日变得重要，不应让俞廉三出任山西巡抚这一重要位置，同时指责清政府没有履行《辛丑条约》规定的义务，在内地广泛张贴禁止排外上谕，强烈要求清政府确保他们的关切得到落实。④ 对此，美国政府完全支持，并且认为联合照会的措辞"不够强硬"，宣称"清政府疏于履行张贴告示的

---

　　① 但这一建议被柔克义否决，他认为只要驻北京的公使馆人员尽力与中国官员和其他国家的外交人员保持密切的联系和接触，就没有必要从中国官员那里购买情报。参见 Mr. Rockhill to the Secretary of State，December 31，1901，John Hay Papers，microfilm，Roll No 9。

　　② 参见拙文：《试论 1903 年中美〈通商行船续订条约〉》，载《近代史研究》2001(5)。

　　③ 参见中国第一历史档案馆编：《光绪朝上谕档》第 28 册（光绪二十八年），350 页。由于俞廉三的任命遭列强的抗议，实际未予履任，朱寿朋所编《光绪朝东华录》（中华书局 1958 年版）第 5 册第 4984 页提到 1903 年 1 月 22 日清廷官员的任免时便略去俞的任命，只记载赵尔巽为湖南巡抚和诚勋为安徽巡抚的任命，此一做法实有篡改史实之嫌。

　　④ Note to Prince of Ch'ing and Wang Wen-shao，February 5，1903；Conger to John Hay，February 6，1903，DMC，1843-1906，Roll No. 123。

义务是不可宽恕的，任命俞廉三这样的官员违背了清政府对列强所做的承诺。"①在包括美国在内的列强的共同干预下，2 月 17 日清政府只好改任张曾敫为山西巡抚。② 另一方面，美国政府积极支持清政府重用他们认为对外国人持友好态度的改革派官员。1901 年 11 月 7 日，清廷任命在义和团运动中积极保护外国人的袁世凯接任李鸿章，署理直隶总督，美国政府就极为欢迎，不但国务卿海约翰于次日致电祝贺③，而且当时负责美国远东政策的柔克义也写去祝贺信，称："我很高兴从美国驻北京公使的来电中获知您被任命为直隶总督。没有更合适和有能力的人可以找来接替李鸿章，您的任命对美国国务卿来说则是一件令人满意和愉快的事情。我经常向国务卿和总统谈论有关您的情况……作为您的老朋友，谨致最热烈的祝贺，并祝您在新的岗位上一切顺利……如果有我可以为您尽力之处，请随时召呼我，我将尽力而为。"④1903 年 4 月 12 日，清政府任命庆亲王奕劻接替病逝的荣禄出任军机大臣，康格也以奕劻"比荣禄更倾向进步，不像荣禄那样不喜欢外国人"表示支持，认为这是"最好的选择"。⑤ 总之，自 1901 年《辛丑条约》之后，美国政府就将扶植清廷内的亲外的改革派官员作为他们影响清廷朝政的一个重要途径和手段。美国政府在 1902 年美商起诉端方案中的态度和行为，只是其中的一个案例。

原载《历史研究》2007 年第 3 期

---

① Rockhill to John Hay，March 24，1903，DMC，1843-1906，Roll No. 123.

② 参见中国第一历史档案馆编：《光绪朝上谕档》第 29 册（光绪二十九年），14 页；朱寿朋编：《光绪朝东华录》（五），张静庐等校点，4992 页。钱实甫先生在所编《清季重要职官年表》（中华书局 1977 年版）第 214 页谓俞廉三因病被免去山西巡抚一职，不甚准确。对于清政府改任张曾敫为山西巡抚，康格以对张曾敫"所知甚少"，未再提出异议。参见 Conger to John Hay，February 23ʳᵈ，1903，DMC，1843-1906，Roll No. 123。

③ Hay to Conger，November 8，1901，Diplomatic Instructions of the Department of State，1801-1906，China，microfilm，Roll No. 43.

④ W. W. Rockhill to Yuan Shih-Kai，December 6，1901，Rockhill Papers，Houghton Library，Harvard University.

⑤ Conger to John Hay，March 12，1903，DMC，1843-1906，microfilm，Roll No. 123.

# 柔克义与美国第一次庚款兴学

柔克义是晚清中美关系史上一位十分重要的人物。他是 19 世纪末美国对华门户开放政策的起草人，亲历了中美关系中一系列重大事件。国内研究晚清中美关系的论著都会提到他的名字，但由于受资料的限制，国内学界对柔克义的了解还十分有限，尚缺乏深入的专题研究。①本文利用美国哈佛大学所藏柔克义个人档案及美国外交文件和相关英文著作，既对柔克义的生平做一次比较系统的介绍，同时就柔克义与美国第一次庚款兴学的关系做一个比较深入的考察，从一个侧面揭示他在晚清中美关系中的重要地位和对晚清中美关系的影响，希望对柔克义的研究有所裨益。

## 一、柔克义其人②

柔克义于 1853 年 4 月 1 日出生在美国费城的一个律师家庭，但第二年父亲的去世改变了他的命运。9 岁那年，他随母亲移居法国巴黎，开始就读于当地一所中学。中学毕业后，柔克义以名列第九的成绩考入法兰西第二帝国中央工艺学院。1871 年，通过美国驻法国大使的帮

---

① 近年国内学界就柔克义的藏学研究发表了数篇专题论文，如胡岩的《早期进藏的美国人》[《西藏民族学院学报（哲学社会科学版）》2006 年第 2 期]、郭永虎的《柔克义与近代美国的西藏政策》(《中国藏学》2006 年第 4 期) 和宗喀·漾正冈布、妥超群的《美国藏学家柔克义的两次安多考察》(《甘肃社会科学》2012 年第 1 期) 等。

② 有关柔克义的生平请参见 Paul A. Varg, *Open Door Diplomat: The Life of W. W. Rockhill* (Urbana, The University of Illinois Press, 1952) 一书。

助，进入法国圣西耳军校学习。在 1871—1873 年就读圣西耳军校期间，柔克义除学习军校课程外，还师从在法兰西学院任教的哲学和历史学家、闪美特语言学家欧内斯特·勒南（Ernest Renan）学习东方语言，并在勒南的引导下，阅读了法国神父古伯察（M. Huc）的《鞑靼西藏旅行记》，萌发了游历西藏的念头。此外，他还在课余前往法国国家图书馆，在法国东方学家里昂·费里（Lenon Feer）的指导下研究西藏问题。1873 年军校毕业后，柔克义又在阿尔及利亚法国外籍兵团服役三年，于 1876 年退役并返回美国，与卡洛琳·泰森喜结连理。1881 年又举家前往瑞士投奔其母亲，重新潜心学问。1883 年，柔克义出版了他的第一部藏学著作，把一部藏文佛经《自说品》（*Vdonvargx*）译成英文出版。次年，他又把另一部藏文佛经《解脱经》（*Pratimoksba sutra*）译为法文出版，并根据藏文资料，编译出版了《佛陀的一生》。这些研究成果的出版，使得柔克义在年仅 30 岁时便在西方汉学界崭露头角。

怀着对中国特别是西藏的兴趣，柔克义自 1883 年开始谋求以武官的身份来北京学习汉语和藏语。1884 年 4 月，柔克义终于实现自己的梦想，来华任美国驻华使馆二等秘书。1885 年 7 月晋升为使馆秘书；1886 年 12 月至 1887 年 4 月前往朝鲜汉城署理朝鲜事务。在北京使馆工作的四年里，柔克义一直跟随一位来自西藏拉萨的北京雍和宫僧人学习藏语。1888 年柔克义因与公使田贝（Charles Denby）不和，辞去公使馆秘书职务，12 月 17 日启程前往中国内地游历，5 月抵达西藏，历时 6 个月，行程 4900 英里。1891 年 12 月 1 日柔克义又自北京出发，开始第二次中亚之旅，历时 10 余月，行程 8000 余英里，于第二年 10 月回到上海。根据这两次旅行经历，柔克义不但在美国史密森学会（Smithsonian Institution）主办的《世纪》（*The Century*）杂志上发表了一系列考察报告，而且于 1891 年和 1894 年由史密森学会先后出版了《喇嘛的地域》（*The Lands of the Lamas*）和《1891—1892 年蒙藏旅行日记》（*Diary of a Journey through Mongolia and Tibet in 1891 and 1892*）两部游记，获得国际汉学界的广泛赞誉，他也因此于 1893 年获得英国皇家地理学会金质奖章。

柔克义在藏学研究领域所取得的成就，不但在国际汉学界赢得了声誉，同时也为他进入政界创造了条件。1893 年，他的学识得到当政的克利夫兰（Grover Cleveland）总统的赏识，开始进入国务院工作，一年之后即被提升为三等助理国务卿；1896 年 1 月又被提升为助理国务卿，协助克利夫兰总统解决古巴危机，并处理对英事务。1897 年共和党人麦金莱（William McKinley）当选总统后，柔克义一度有意谋求驻华公使一职，但他的这一愿望未能实现，麦金莱任命与其关系密切的律师出身的参议员康格为驻华公使。是年 7 月，柔克义结束助理国务卿职务，出于经济考虑，勉强出任美国驻希腊、罗马尼亚公使。1899 年 4 月，通过其在华盛顿的朋友亚当斯（Henry Adams）、海约翰（John Hay）、艾迪（Alvey A. Adee）、罗斯福（Theodore Roosevelt）等人的帮助，柔克义又调回华盛顿，名义上任美洲事务局局长，实际上主要精力都用在另一兼职——国务院远东问题顾问这一职务上。

在任国务院远东问题顾问的六年里，柔克义作为当时美国政府中难得的一位谙熟中国文化的官员，同时也由于他本人与国务卿海约翰、总统罗斯福的关系，成为这一时期美国远东政策的实际制订者，对这一时期美国的对华政策起到了重大的作用。针对 19 世纪末列强在远东掀起瓜分中国、划分势力范围的狂潮，为维护美国在远东的利益，1899 年夏天柔克义与中国海关税务司、英国人贺璧理（Alfred E. Hippisley）草拟门户开放政策照会。在起草照会过程中，除了强调贸易机会均等之外，柔克义还力图加入有关维护中国行政和领土完整的内容，表示希望看到美国在中国问题上所做的声明将能"被中国理解为我们对维护帝国完整所做的一个承诺"[1]，指出由英国、俄国和其他列强所做的有关维护和确保中国完整的保证"应该以更为强烈的语言和更为明白的形式表达出来"[2]。他认为对华实行门户开放政策，维护中国的完整，不但有利于美国对华贸易，而且也可促使北京政府向所有条约国

① Rockhill to Hippisley，August 3，1899，Rockhill Papers.
② Rockhill to Hippisley，August 18，1899，Rockhill Papers.

家承担它的国际义务①，同时也将极大地提高美国在北京的声誉和影响②。柔克义也因此被称为"门户开放外交家"。

1900年义和团运动爆发后，柔克义又于8月底作为国务院特使来华了解情况，1901年2月初接替康格代表美国负责辛丑条约的谈判。9月返回华盛顿后，继续担任国务院远东问题顾问，协助国务卿海约翰和接替麦金莱的罗斯福总统处理主要与中国有关的亚洲事务，被罗斯福总统称为"我们亚洲政策的制订者和倡导人"。国务卿海约翰也对柔克义任职期间所做的工作表示赞赏，在他离任时写信称赞他为国务院做了"十分出色的工作"③。事实上，柔克义本人也对他在制定美国对华政策中所发挥的作用和影响十分自豪，以致对谋任美国驻华公使一职不再感兴趣，在1902年8月写给贺壁理的信中说道："自从去年回国后，我在国务院有关中国事务方面的意见获得极大的信任。如果我必须干预有关中国事情的话，我更愿意从华盛顿着手，在这里我可以比在北京公使馆更容易和有效地推行我的观点。"④

1905年4月，柔克义离开华盛顿，启程前往中国接替康格出任驻华公使。尽管清政府对柔克义的任命表示热烈的欢迎，但中国发生的收回粤汉路权运动和抵制美货运动，使柔克义这位远东问题专家的外交使命受到严重的挑战，并在一定程度上削弱了他在制定美国对华政策中的影响力。在收回粤汉路权问题上，柔克义一方面意识到这将严重损害美国在华的利益和影响力，希望清政府不要收回粤汉铁路，但同时承认这件事的责任主要在于美国华美合兴公司违约。对于抵制美货运动，柔克义一方面代表美国政府一再要求清政府加以取缔；另一方面，他对20世纪初的中国近代民族主义又抱有一定的理解，认为它们不同于义和团的盲目排外。柔克义在处理中国问题上与美国政府表现出来的一些个人看法和主张，引起了罗斯福总统和国务卿罗脱

---

① Paul A. Varg, *Open Door Diplomat：The Life of W. W. Rockhill*, p. 35.
② Memorandum, Rockhill to Hay, August 28, 1899, Rockhill Papers.
③ John Hay to Rockhill, March 7, 1905, Rockhill Papers.
④ Rockhill to Hippisley, August 16, 1902, Rockhill Papers.

(Elihu Root)对他的不满，他们批评柔克义在远东待的时间过长，以至于用一个中国人的眼光看待问题，而不是从一个美国人的立场看待问题。①

1909 年 4 月前陆军部部长、共和党人塔夫脱（William H. Taft）继任总统，为推行他的金元外交政策，特别是为了加强美国在中国东三省的势力和影响，柔克义再次被委以重任，出任美国驻俄大使。但由于美国推行的金元外交政策与俄国存在根本利益冲突，柔克义在驻俄大使任上并无什么建树。尽管他极力贯彻美国政府的金元外交政策，就诺克斯东北铁路"中立化"计划和币制实业借款等问题代表美国政府与俄国政府反复接触、商谈，但毫无外交成果，均被俄国政府拒绝。结果，他在 1911 年 6 月调任为美国驻土耳其大使。国务卿诺克斯（Philander Knox）在柔克义离开圣彼得堡之前的一封指示信中即表达了对他没有很好执行金元外交政策的不满，指出塔夫脱总统希望"大使的精力将始终如一地转到实在的和商业事情上来，不要放在美国在近东的学术兴趣上"②。而柔克义本人也对华盛顿方面在有关中国问题上越来越不尊重和听取他个人的意见而深感失望，他在 7 月间写给贺璧理的信中说道：本人十分高兴能够离开俄国，到土耳其履新，"我憎恶始终处于要两面讨好的境地。至于我个人在圣彼得堡位置上对政府的价值，华盛顿方面的人对在远东执行我们政策的方式有他们自己的想法，他们不需要也不介意我对中国问题的意见，他们比我更了解中国"③。

1911 年 8 月柔克义抵达君士坦丁堡履任后，土耳其即发生革命，因此他在土耳其大使任上也无外交成果可言。1913 年 3 月民主党人威尔逊（Woodrow Wilson）担任总统，柔克义很快便成为美国政党分肥制的牺牲品，他被当作共和党人的支持者而被威尔逊政府解职，离开他服务多年的国务院。1914 年 2 月，柔克义再次来到北京，出于经济的考虑，以及他本人与袁世凯的关系，他接受了袁世凯的邀请，出任总

---

① Paul A. Varg, *Open Door Diplomat: The Life of W. W. Rockhill*, p. 80.

② Knox to Rockhill, June 17, 1911, Rockhill Papers.

③ Rockhill to Hippisley, July, 1911, Rockhill Papers.

统顾问，条件是月薪 1000 美金，他本人将仍居住在美国。随后，他在美国度过了一段宁静的书斋生活，1914 年 11 月 28 日，柔克义作为袁世凯的顾问，又从旧金山启程前来北京，途中因感冒而染上肺炎，转至檀香山治疗，12 月 8 日不幸因心脏病去世。

需要指出的是，自 1893 年踏入政界、致力于外交工作以来，柔克义一直没有中断他对研究学问的兴趣，并将学问研究与他所从事的工作结合起来。1897 年他在《美国历史评论》（*American Historical Review*）杂志上发表了《走向中国朝廷的外交使节：叩头问题》一文，利用他所熟悉的中古资料，对 8 世纪至 1894 年外交使团觐见中国朝廷的历史做了追溯，并对使节在亚洲国家和西方国家地位中的差异做了详细的比较和考察，从而揭示为什么叩头问题成为清政府与西方国家建立正常外交关系的一个重大障碍。在任驻希腊公使期间，柔克义又将 13 世纪中叶一位法国传道士游历东方的游记《鲁勃吕克远东游记》（*The Journey of William of Rubruck to the Easten Parts of the World*）从拉丁文翻译成现代语言，并利用他所掌握的中文资料重新加以编辑，将法国传道士的观察与同时代的中国人的观察进行比较，从中探讨该游记的价值，另在编译的引言中，探讨了当时欧洲国家对蒙古入侵的反应。在任国务院远东问题顾问期间，柔克义又结合实际工作需要和东亚国际格局的变化，对中朝关系史的研究产生兴趣，1904 年编辑出版了《1894—1904 年中朝条约和会议集》，次年又出版了一本题为《从 15 世纪至 1895 年中朝关系史》的著作。1905 年任驻华公使后，柔克义继续关注朝鲜问题，1908 年续编出版了《1904—1908 年中朝条约、会议、协定和条例集》。另外，他还着手编译南宋学者赵汝适的《诸蕃志》，该书是研究 12 世纪末 13 世纪初中外商业关系的宝贵资料，编译本最后于 1912 年由圣彼得堡皇家科学院（Academie des Inscriptions et Belles-Lettres）出版。正是由于柔克义在汉学研究方面的造诣，在他去世前不久，被录选为法国铭文与美文科学院通讯员。可以说，柔克义既是美国一名谙熟中国问题的外交家，同时也是一位优秀的汉学家。①

## 二、柔克义与美国退款之关系

从 1900 年美国出兵中国、镇压义和团运动，与其他列强一道参与勒索庚子赔款，至 1909 年美国正式退还部分庚子赔款，用于派遣中国学生留学美国的近十年时间里，正是柔克义具体参与制定和执行美国对华政策的时期。因此，他完整参与了美国退还部分庚子赔款的全过程。

1900 年北京发生义和团运动后不久，柔克义即被任命为美国派往中国的专使，8 月 29 日抵达上海，随即前往北京以公使参赞和顾问的身份参加辛丑和约的谈判。1901 年 2 月，他被任命为美国全权代表，直至 9 月 7 日和约签订，离华返回美国，亲历了有关庚子赔款问题的谈判。

在北京外交团讨论赔款问题过程中，作为门户开放政策的实际制定者，柔克义为确保清政府的生存和发展，当时就极力贯彻美国政府的主张，反对列强过度勒索，强调赔款不应超出清政府的偿付能力，损害中国的行政和行政改革能力，危害中国的独立和完整。② 1901 年 5 月 7 日，当北京外交团决定向清政府提出总数 4.5 亿两的赔款联合照会时，柔克义以这一赔款数目过高而持保留态度，指出"绝不应把照会中提到的赔款额看成向中国的索赔要求，或要求中国对支付这一赔款额做出任何许诺，这仅仅是将其送交全权大臣，使他们能够就中国偿付能力的限度以及准备采取的偿付办法做出正式表示"③。而在当日写给国务卿海约翰的报告中，他明确表示列强提出的这一赔款要求超出了清政府的支付能力，"必须对赔款总数做大量的削减"，认为现在

---

① 1915 年 4 月《英国皇家亚洲协会杂志》在发表的一篇纪念柔克义的文章 [*William Woodville Rockhill*，*Copied from the Journal of the Royal Asiatic Society of Great Britain*(April，1915)，Rockhill Papers]中，称他"既是一位令人尊敬的、训练有素的外交家和一位无畏的世界探险家，也是一位能说能写藏语和在西方世界中对近代中国政治史最有权威性的导师"。

② Rockhill to Hay，April 23，1901，Report of William W. Rockhill.

③ Rockhill to Hay，May 7，1901，Report of William W. Rockhill.

就提出最后向中国要求的赔款总数"还为时过早"。① 为挫败列强提出的这一赔款要求，柔克义甚至于 7、9 两日分别致电美国驻南京和汉口领事密告两江总督刘坤一和湖广总督张之洞，希望经由中国全权谈判代表提出困难以达到削减赔款的目的，指出"总督应通过中国全权大臣力陈他的观点。美国将尽力阻止这一赔款要求而使中国避免陷入持久的财政困难。我们宁愿清政府实行行政改革和增加外国贸易优惠政策，而不要大笔的现金赔款"②。在愚蠢的清政府答应列强的赔款要求之后，柔克义仍然做最后努力，呼吁列强降低赔款，他在 5 月 22 日的外交使团会议上建议外交使团就是否同意对赔款做任何削减进行表决，指出虽然中国政府承认了 4.5 亿两的赔款，但当初我们提出这一要求只是一个假设性的数字，因此我们不能就此把它理解为要求中国偿付这一巨额赔款的一个承诺。③

1901 年 9 月《辛丑条约》签订后，由于各国申报的赔款总额高达4.6 亿多海关两，比和约规定的 4.5 亿两多出 1000 余万两，因此各国继续就如何分配庚款问题举行谈判。在此过程中，柔克义继续建议美国政府指示驻华公使康格转告其他列强，在将赔款数削减至 4.5 亿两之后，美国愿意做进一步的削减，假如其他列强——包括英国在内也按比例削减的话。④ 但由于其他列强的抵制，柔克义的这一建议并没有得到落实，经过多番商讨，至 1902 年 7 月列强仅就内部如何分配4.5 亿的赔款达成一致意见，而无意做进一步的削减。

在庚子赔款数额尘埃落定之后，对于列强因"镑亏"问题而与清政

① Rockhill to Hay，May 7，1901，Report of William W. Rockhill，p. 156.

② Rockhill to American Consuls in Nanking and in Hankow，May 7 and May 9，1901，Report of William W. Rockhill，p. 159.

③ Memorandum，Rockhill to Hay，January 22，1902，Rockhill Papers；Rockhill to Hay，May 22，1901，Report of William W. Rockhill，pp. 171-172.

④ Draft of Telegram to Mr. Conger，May 1，1902；Rockhill to Hay，May 13，1902；Rockhill to Adee，June 26，1902，Rockhill Papers；Hay to Conger，May 9，1902；Hill to Conger，June 28，1902，Diplomatic Instructions of the Department of State，1801-1906，China，microfilm，Roll No. 43.

府发生的争执，柔克义又坚定地站在中国一边，坚决反对列强在庚子赔款中因银价跌落而产生的亏损即"镑亏"问题要求清政府负责补偿，批评列强提出的庚子赔款还金的要求和理由完全不能成立，极力支持清政府的还银主张。1902 年 6 月 22 日，柔克义以一位当事人的身份，就此问题专门给国务卿海约翰撰写了一份冗长的备忘录，详尽地叙述了外交团确定庚子赔款数额的经过，具体驳斥了列强提出的还金要求是没有根据和不公正的。他指出：当初清政府接受 4.5 亿两的赔款，很明确这是中国方面的一个赔款总数，并且与以往的赔款一样，均以银为付款单位；而列强提出 4.5 亿两的索赔要求，也是列强在计算各国的损失和考察清政府的各项财源之后提出的一个总的赔款额，并且也是以银为计算单位的。在此过程中，没有任何证据表明中国应承担列强因银价跌落而造成的可能损失；因金银比价波动所造成的损失，只能由《辛丑条约》第 6 款中确定的 1901 年 4 月 1 日的固定汇率予以保证。① 他还亲自草拟国务院致康格的电文指示，要求康格在与其他列强谈论还金还银问题时坚持美国所持赔款还银观点的同时，表示美国将不会盲从其他列强的要求；如果中国将这一问题提交海牙国际法庭裁决，美国将予以支持。② 此外，柔克义还一再鼓动清政府在还金还银问题上坚定立场。在读到 6 月 9 日伦敦《泰晤士报》有关庆亲王奕劻、盛宣怀承认还金的报道后，柔克义立即劝说清朝驻美公使伍廷芳建议清政府将这一问题提交海牙国际法庭公断，统一清朝内部在这一问题上的意见，与美国保持一致，以免其他列强反对美国对《辛丑条约》第 6 款条文的解释；声称即使庆亲王表达了不同的意见，但在清政府采取进一步行动之前，美国仍将坚持自己对第 6 款所做的解释。③

在愚蠢的清政府接受列强的还金要求之后，柔克义为缓解因"镑亏"问题给清政府所造成的进一步财政压力，转而推动由美国率先退还

---

① Rockhill to Hay，June 22，1902，Rockhill Papers.

② Draft of Cablegram to Mr. Conger，1902，Rockhill Papers.

③ Rockhill to Wu，June 20，1902；Rockhill to Hippisley，August 16，1902，Rockhill Papers.

部分庚子赔款，从而达到促使其他列强一同退还的目的。1904 年 12 月 6 日，他为国务卿海约翰草拟了一份提交国会的关于退还部分庚子赔款的备忘录。该备忘录指出："经调查，美国公民在义和团时期所遭受的损失以及美国军队的开支并非最初估计的那么多。鉴于这一事实，以及中国目前的财政困难和我们过去也曾向中国归还过超出的赔款，向国会提出这一问题是我的职责。我们宣布退还超出部分的赔款有望减轻中国沉重的债务。如果这一建议获得国会的批准，我建议授权行政部门通知清政府，此后美国只要求赔款总数的一半，随后安排中国与其他列强解决这一问题。"①

1905 年 4 月在被国务院任命为驻华公使后，柔克义为早日促成此事，在来华前夕就如何归还部分庚子赔款征询梁诚的意见。② 1905 年 7 月 12 日，在海约翰病逝后第五天，柔克义又在中国立即写信给罗斯福总统，希望他早日解决退还庚子赔款超额部分的问题，实现国务卿未遂的心愿，声称在过去的几年里，海约翰经常与他说起这件事，每次谈话最后他都这样表达他的意见：我们必须找到某种方式将这一公正的事情付诸实施。但这件事在国务院并没有任何文字记录，只是海约翰和我之间的多次讨论，因此，"提请您关心这件事是我的责任，也是对海约翰的纪念。相信以您的智慧，您能够决定以某种方式完成海约翰这一愿望"③。在这封信中，柔克义还再次以当事人身份，将他去年起草的提交国会的关于退还部分庚子赔款的备忘录附寄给罗斯福，并进一步指出就美国在庚子事变中的实际损失和战争费用来说，美国即使退还庚子赔款的 75％ 也不为过。

对此，罗斯福在 8 月 22 日写给柔克义的回信中虽然表示中国发生的收回粤汉路权和抵制美货运动极大地妨碍了他向国会提议退还庚子

---

① Memorandum, December 6，1904，Rockhill Papers；Rockhill to Hay，December 12，1904，John Hay Papers，microfilm，Roll No. 9.

② 参见《驻美公使梁致外务部函》(1905 年 5 月 13 日)，见清华大学校史研究室编：《清华大学史料选编·第一卷：清华学校时期(1911—1928)》，77 页，北京，清华大学出版社，1991。

③ Rockhill to Theodore Roosevelt，July 12，1905，Rockhill Papers.

赔款的决定，但同时明确承诺在清政府取缔收回粤汉路权和抵制美货运动之后，他本人将会解决这个问题，并声称无论是在移民问题还是在赔款问题上，他比任何一个总统更愿意公正地对待中国人。① 在柔克义说服清政府平息抵制美货运动之后，罗斯福即兑现承诺，授权国务卿罗脱与清朝驻美公使梁诚商议退款之事。1907 年 6 月 15 日，罗脱正式照会梁诚，通报美国政府将豁免庚子赔款超额部分。12 月 3 日，罗斯福在递交国会的咨文中正式要求国会批准他退还庚子赔款超额部分。1908 年 5 月，美国参众两院通过决议，正式授权罗斯福总统在适当的时候以适当的方式向中国退还 1075 余万美元庚子赔款。

综上所述，退还部分庚子赔款的决定虽然最终是由美国政府做出的，但柔克义作为亲历庚子赔款谈判的当事人和当时美国对华政策的实际制定者和执行者，无疑在其中起到了关键作用，是美国政府内主张退还部分庚子赔款的积极推动者。

## 三、柔克义与兴学之关系

在美国第一次庚款兴学中，柔克义不但是美国政府内主张退还部分庚款赔款的积极推动者，而且也是最早主张将退款用于兴学的美国官员。

作为一位学者型的外交家和美国对华门户开放政策的实际制定者，柔克义对通过吸引中国学生来美留学以扩大美国的影响情有独钟。1905 年 2 月，他就曾写信给一位美国参议员，呼吁他支持国会通过法案，允许西点军校向中国学生开放，指出："我不能设想还有比向他们提供我们的教育设施更为有益的事——不仅对他们来说，而且最终对我们来说。从与许多在美国接受教育的中国官员的长期接触中，我很负责任地肯定这些人对他们国家和人民所产生的影响绝对是符合我们利益的。已有不少中国的海军军官在美国接受教育，他们中的许多人已享有盛名。我相信如果有可能允许中国学生进入西点军校，将会获

① Theodore Roosevelt to W. W. Rockhill, August 22，1905，Rockhill Papers.

得同样令人满意的结果。"①

　　1905 年 4 月，柔克义在来华前夕就如何归还部分庚子赔款征询清朝驻美公使梁诚的意见时，便提出退还的庚子赔款的用途问题，授意清政府最好答应将退款用于设立学堂、派遣中国学生留学，这将有助于退款的决定在美国获得支持和通过。会后，梁诚即致函外务部，转达此意，建议清政府在柔克义抵京谒见时，"倘蒙标此宗旨明白宣示，俾得接洽。则机轴愈紧，成功愈易"②。7 月 12 日，柔克义在来华后写给罗斯福总统建议尽快落实退还部分庚子赔款的信中，也极力劝说罗斯福支持将退款用于教育，坚决反对康乃尔大学教授精琪（Jeremiah Jenks）提出的将退款用于清政府货币改革的建议，指出这一方案不切实际，强调接受现代教育是目前中国各项改革事业中所急需的，只有它才能确保中国的生存，并且清政府已答应保证将退款完全用于教育，并很可能会要求我们参与这一教育基金的管理。③ 1906 年 5 月 3 日，他在写给国务卿罗脱的信中，再次强调接受中国学生留学美国是一件对中美两国都有益的事情。④

　　1908 年 5 月 25 日在美国国会通过退还部分庚子赔款的决议之后，在与清政府讨论退款方式的过程中，柔克义极力胁迫清政府必须将退款完全用于派遣中国学生赴美留学。在 5 月 25 日收到国务卿的退款指示后，柔克义故意没有立即照会外务部，而是非正式地通知外务部右侍郎梁敦彦，询问清政府是否有贯彻三年前向他本人多次做出的将退还庚子赔款用于兴学的诺言。6 月 10 日，柔克义在与唐绍仪、梁敦彦会谈过程中，应后者的要求，柔克义递交了他拟订的清政府致美国政府照会和他本人致清政府照会的草案，供清政府参考。6 月 30 日，对梁敦彦送来的外务部照会草案略去有关声明退还的方式将按美国政府

---

　　① Rockhill to Senator Warren，Feburary 28，1905，Rockhill Papers.

　　② 《驻美公使梁致外务部函》(1905 年 5 月 13 日)，见清华大学校史研究室编：《清华大学史料选编·第一卷：清华学校时期(1911—1928)》，77 页。

　　③ Rockhill to Theodore Roosevelt，July 12，1905，Rockhill Papers.

　　④ Rockhill to Root，May 3，1906，DMC，1843-1906，microfilm，Roll No. 131.

的安排、成立教育使团的文字，柔克义当即表示不能接受，要求梁敦彦转告庆亲王奕劻：如果外务部送给美国政府的是这样一个照会的话，我担心总统将不会放弃庚子赔款的权利。如果中国希望美国放弃这种无容置疑的权利的话，必须提出充分的理由，向总统证明他这样做是正确的。我个人认为，在一个确定的年限内成立一个大规模的派往美国的教育使团，这对总统将有很强的吸引力，将有助于中国实现退还部分庚子赔款的目标，但中国派遣教育使团的决心必须明确、正式地表达出来。7月9日，在与唐绍仪的会谈中，柔克义再次强调：如果中国希望美国早日归还部分庚子赔款的话，清政府必须对派遣学生留美计划、学生人数和实行年限做出明确的声明，实行年限应该与庚子赔款的退还期相同。最后，柔克义与唐绍仪就派遣中国学生赴美达成一致意见，商定前四年每年选派 100 名学生赴美留学，学习期为八年，此后为每年 50 人。但为了显示这一方案完全出于清政府的意志，避免外界将派遣中国学生留学美国看成是归还赔款的一个先决条件，唐绍仪建议将有关派遣留学的具体计划与正式照会分开，以附件形式发送。7月11日，对梁敦彦送来的照会的附件草稿遗漏实行年限，柔克义在第一段的第六行和第七行补上"直至赔款付清为止"一句，要求梁敦彦拿回去再加以修改；他本人原计划这一天送给清政府的照会也没有发出。7月14日，柔克义亲自拜访外务部，在确知清政府的照会完全满足了他的要求之后，才与外务部正式互换照会。①

与此同时，为保证庚款兴学的计划不被推翻，柔克义还想方设法挫败清政府和美国一些外交官主张将退款挪作创办东三省实业银行的图谋。当时，为了与日、俄争夺对中国东三省的控制权，美国政府内部在退款用途问题上再次出现不同声音。美国驻沈阳总领事司戴德和助理国务卿威尔逊等官员极力主张与清政府合作，将退款用于东三省的开发，以削弱和抵制日、俄两国在东三省的势力和影响。柔克义则坚决反对司戴德的这一倡议和活动，并通过国务卿罗脱下达指示，责

① Rockhill to Root, July 16, 1908, RDS, 1906-1910, microfilm, Roll No. 242.

令司戴德停止这方面的活动，不要插手庚子赔款的退款问题，明确交待退款问题的所有安排将完全由美国驻北京公使处理。①

同样，清政府本意也不赞同将退款全部直接用于兴学，更希望将退款首先用于东三省的开发，以其余利再用于兴学。因此，清政府在与柔克义就庚款用途问题互换照会的次日，即 7 月 15 日，便任命唐绍仪为赴美特使前往华盛顿，名义上感谢美国退款，实则有意劝说美国政府改变庚子赔款用途，支持将退还的庚子赔款首先用于振兴东三省实业计划。柔克义在得知这一内情之后，也极力加以阻止。他立即写信给国务院，汇报唐绍仪访美的真实意图，建议美国政府不要接受清政府的方案，指出中国的财源愈来愈拮据，财政改革没有任何前景，如果将退还的庚子赔款用于东三省实业银行借款的担保，很有可能过了几年派遣留学生的计划即由于缺乏财政的支持而被停止；从长远来说，将退款用于教育使团的派遣肯定比用在不可靠的东三省实业银行更有价值。② 为使美国政府拒绝唐绍仪的游说，柔克义甚至不惜诋毁唐绍仪的个人能力，他在 7 月 30 日写给国务卿的信中说，唐绍仪与大多数的中国人一样，对财政、政治经济问题完全无知；虽然他的英文不错，也了解一些西方知识，但无论是从中国人的标准来看，还是从我们的标准来看，他都不能称为是一个有很好教育的人。③ 在接到柔克义的通报之后，美国国务院在唐绍仪来访之前即采取了相应措施，在全国广泛公开发表 7 月 14 日清政府的照会，"让世人都知道中国将用退还的庚子赔款派学生来美留学"④，以杜绝唐绍仪来美后提出将退款用于东三省借款的方案。美国国务院官员称赞柔克义"很出色地处理

① 参见 Michael H. Hunt, *Frontier Defense and the Open Door*: *Manchuria in Chinese-American Relations*, 1895-1911, pp. 71-72；［美］查尔斯·威维尔：《美国与中国：财政和外交研究(1906—1913)》，张玮英、李丹阳译，47～48 页。

② Extract from Letter from Rockhill to W. Phillips, September 30, 1908, RDS, 1906-1910, Roll No. 242.

③ Rockhill to Root, July 30, 1908, RDS, 1906-1910, Roll No. 242.

④ W. Phillips to Adee, September 9, 1908, RDS, 1906-1910, Roll No. 242.

了这件事"①。

在挫败将庚款用于东三省实业开发的图谋之后，柔克义又在驻华公使任上再接再厉，将庚款兴学计划具体落实到位，做成定案。1908年10月31日，柔克义将他与清政府共同制订的《派遣美国留学生章程草案》译送国务院，并于当日致电国务卿罗脱，表示他与清政府达成的这个选派中国学生赴美留学的规划已完全满足了我们的要求，建议美国政府从1909年1月1日起开始退款，指出如果这一提议获得您的批准，这可使中国政府立即执行目前的计划：招考首批留美学生，设立预备学校，并可望第一批学生至迟不晚于明年秋季之前抵达美国开始学习。②他的这一建议很快被美国政府采纳，12月28日罗斯福总统签署命令，宣布免除的部分庚子赔款将于1909年1月1日起开始退还中国。③

另外，柔克义也继续做清政府方面工作，频频与外务部交涉，敦促清政府尽快落实庚款兴学计划。1908年12月9日，他就退款的使用问题照会外务部，要求清政府"应声叙减收之款，系与派生留学一事紧接牵连"，并"应声明每年所减之还款拨出若干以办学务"，指出只有这样，"美政府方可抵拒或强迫中国将此减还之款改作他用"。④ 1909年3月20日，柔克义又照会外务部，催促清政府尽快选拔留美学生，指出第一批学生赴美留学之期将至，美国方面已为接收中国留学生做好准备，"外部愿中国速选学生筹备一切，迅来美国就学为盼"⑤。5月14日，柔克义再次向外务部施压，对清政府迟迟不履行去年10月间

① W. Phillips to Bacon, September 30, 1908, RDS, 1906-1910, Roll No. 242.

② Minister Rockhill to the Secretary of State, October 31, 1908, Papers Relating to the Foreign Relations of the United States, 1908, Washington, Government Printing Office, 1912, p. 70.

③ The Secretary of State to the Chinese Minister, December 31, 1908, Papers Relating to the Foreign Relations of the United States, 1908, pp. 72-74.

④ 《美国公使柔致外务部照会》(光绪三十四年十一月十六日)，Records of the United States Legation in China, 1843-1945, Roll No. 10。

⑤ 《美国公使柔致外务部照会》(宣统元年二月二十九日)，Records of the United States Legation in China, 1843-1945, Roll No. 10。

达成的《派遣美国留学生章程草案》以及对他的照会未做反应提出强烈抗议，指出根据去年达成的草案，"贵部大臣与本大臣均以此事草章所有应行酌改之处，自必无难办理定卜，于会晤时即可核定，心虽如此设想，而事则惜与愿违。在此三个月中，本大臣迭与那中堂、梁大臣提及此事，催请按照草章及面谈所定之章，即行办理，岂料迄今未曾施行一事。在上年虽曾将留学一事电达政府，美政府也曾允减收之款，即由本年正月起算，然细阅上年七月十四号来照所言之意旨，似系至今全行更变。迨至本年前两月间复行照会此事，迄未准复，更足见系于原所商定之法，均不愿照行"①。柔克义最后威胁外务部："如中政府不按上年七月十四号所云办法及草案速行酌定，本大臣无法，祇可达知美政府将现行减收之法停办，俟贵国将派生赴美留学生之章定妥，再行议订减收之法。"②正是在柔克义的一再交涉和敦促之下，1909年7月10日清政府颁布《遣派游美学生办法大纲》，在北京设立"游美学务处"，附设"游美肄业馆"，正式启动留美计划。"游美肄业馆"便是今日清华大学的前身，它于成立的翌年10月即因地处"清华园"，更名为"清华学堂"。

综上所述，美国第一次庚款兴学是在柔克义任驻华公使任上得以完成的。可以说，柔克义自始至终是美国政府中促成退款兴学的关键人物之一。如果追溯今日清华大学的历史，不能不说柔克义所起的作用。并且，作为19世纪美国政府中难得的一位身兼汉学家的外交家，柔克义也是晚清中美关系中一位很值得做进一步研究的人物。

原载《史学月刊》2016年第1期

---

① 《美国公使柔致外务部照会》（宣统元年三月二十五日），Records of the United States Legation in China，1843-1945，Roll No 10。

② 《美国公使柔致外务部照会》（宣统元年三月二十五日），Records of the United States Legation in China，1843-1945，Roll No 10。

# 美国政府对辛亥革命态度的原因分析

1911 年的辛亥革命，是中国近代史上一件震惊中外的大事。它不仅宣告了清朝的覆灭，同时也标志着沿袭了 2000 余年的君主专制制度在中国的终结。在如何对待辛亥革命的问题上，尽管当时美国驻华外交官有各种不同意见，但自 1911 年 10 月 10 日武昌起义爆发至 1912 年 2 月清帝逊位及袁世凯出任中华民国临时大总统，美国政府始终严格奉行中立政策，反对有关国家干涉中国内政，既拒绝承认南方革命政权，也不帮助清政府或袁世凯势力镇压革命，寻求承认一个代表中国人民意愿的并具有权威性的合法政府。① 本文就美国政府对辛亥革命所持这一立场的原因进行分析，以窥当时影响美国政府决策的各种因素。

## 一、中国方面的原因

任何国家的外交政策，都要以对方国家的实际情况为基本依据。美国政府之所以对辛亥革命持中立态度，首先与当时中国国内的政治形势有着密切的关系。在这方面，又与革命党人的策略有关。

---

① 有关美国政府对辛亥革命的态度和反应，可参见王纲领：《美国对辛亥革命之态度与政策》，见《中国近代现代史论集》第十七编辛亥革命，1009～1048 页，台北，台湾商务印书馆，1986；王立新：《美国对华政策与中国民族主义运动 (1904—1928)》，125～152 页，北京，中国社会科学出版社，2000；拙文：《美国政府与清朝的覆灭》，载《史林》，2006(6)。

为避免列强的干涉，革命党人在 1905 年 8 月同盟会成立之际制定的《中国革命同盟会革命方略》中就确定了以下七项外交原则：（1）所有中国此前与各国缔结的条约继续有效；（2）赔款外债，继续担任；（3）保护所有居留军政府占领地域之各国人民、财产；（4）所有各国之既得权利，亦一体保护；（5）清政府与各国所立条约，所许之权利，所借之国债，其事件成立于此次宣言之后者，军政府概不承认；（6）外人有加助清政府以妨害军政府者，概以敌视之；（7）外人如有接济清政府以可为战争用之物品者，一律搜获没收。根据同盟会这一外交方略，武昌起义后二日，革命军便由黎元洪以中华民国军政府鄂省都督的名义，照会各国驻汉口领事，重申《中国革命同盟会革命方略》中的这七项主张，声称"对于各友邦益敦睦谊，以期维持世界之和平，增进人类之幸福"[1]。军政府还明确规定："伤害外人者斩""保护租界者赏""守卫教堂者赏"。[2] 南京临时政府成立后，孙中山在 1912 年 1 月 5 日发表的对外宣言中也同样声明继续承认和保护外人的各项条约权利，强调"吾人更有进者，民国与世界各国政府人民之交际，此后必益求辑睦"，呼吁"各国既表同情于先，更笃友谊于后"，"其协助吾人，俾种种大计，终得底定"，指出"盖此改建之大业，固诸友邦当日所劝告吾民而满政府未之能用者也"。[3] 同时，南京临时政府还发布通令，要求各省都督保护外人生命和财产的安全；外交总长王宠惠则于 1 月 17、19 日先后两次致电美国政府，呼吁美国承认南京临时政府。

革命党人所采取的这些外交政策和努力，虽然没有达到预期目的，赢得美国政府的支持，但一定程度上消除了美国对革命的恐惧和担忧，从而排除了美国介入中国内部政权更迭的可能。我们看到，当 10 月 10 日武昌起义爆发后，正是由于革命党人对外人采取的保护措施，美

---

[1] 中国史学会主编：《辛亥革命》（五），152 页，上海，上海人民出版社，1957。

[2] 辛亥革命武昌起义纪念馆、政协湖北省委员会文史资料研究委员会合编：《湖北军政府文献资料汇编》，24 页，武汉，武汉大学出版社，1986。

[3] 中国史学会主编：《辛亥革命》（八），23 页。

国驻汉口领事虽然拒绝承认武昌革命军政府，对军政府有关不得支持清政府的照会拒绝回复①，但同时也拒绝清朝地方官员提出的由外国军舰帮助巡护长江、阻止革命军渡江的请求，表示"只有租界区将受到保护"②。驻华代办卫理和驻汉口总领事顾临在向国务院报告中国国内形势时也都对革命党人在与清军的战斗中保护外人的情况表示肯定，称"叛乱显得很有组织和领导"，"外国人迄今受到悉心尊重"③；"那里的外国人被认为是安全的，因为革命党人有意避免攻击外国人"④。10 月 13 日，国务卿诺克斯于 13 日向塔夫脱总统汇报中国政局的变动时也对革命党人保护外人予以肯定，指出："中国发生自太平天国革命以来最严重的叛乱。迄今外国人的利益一直受到悉心尊重，这就将这次革命与以前的革命区别开来，并表明了领导层的智慧，努力避免外国干涉的危险。"⑤

　　根据革命党人对外人采取保护措施，美国外交官和国务卿都将武昌起义定性为一场"太平天国"性质的叛乱。这一定性固然表明他们对辛亥革命的性质尚缺乏正确的判断，但他们没有将武昌起义定性为排外性质的义和团运动，实际上就承认了武昌起义只是一场纯粹的反清革命，属于中国内部事务，排除了进行干涉的必要性。并且，正是基于对武昌起义这一性质的判断，14 日美国国务院远东司司长兰斯福德·米勒（Ransford Miller）就中国最近发生的革命提出五点政策建议：第一，由美国亚洲舰队保护长江流域美国人的生命和财产安全；第二，将边远地区的美国人转移到外国租界加以保护；第三，在中国各派之争中保持中立；第四，反对各国单方面进行军事干涉；第五，遵守《辛

---

① Williams to the Secretary of State，October 11，1911，RDS，1910-1929.
② Williams to the Secretary of State，October 11，1911，RDS，1910-1929.
③ Williams to the Secretary of State，October 12，1911，RDS，1910-1929.
④ Greene to the Secretary of State，October 12，1911，RDS，1910-1929.
⑤ Knox to Taft，October 14，1911，RDS，1910-1929.

丑条约》签约时列强达成的协商一致的原则。①

同样，也正是由于革命党人对外人采取了保护措施，在1912年年初南方革命政权与清政府的对峙中，美国政府反对日本政府提出的帮助维持清朝统治的建议。2月3日国务卿诺克斯在向德国政府阐述美国政府对中国政局的态度时，明确主张继续奉行中立政策，反对各国干涉中国内政，指出："令人欣喜的是，无论皇室支持者还是共和分子，他们都保护外人的生命和财产，因此，外国列强绝无干涉之必要；并且最新的报道更令人相信，未来时局的发展也无招致此种干涉的可能性。"②

其次，革命形势的快速发展和清政府的软弱无能也导致美国政府对辛亥革命采取中立态度。武昌起义爆发后，代办卫理在11日的电报中就称"北京政府心慌意乱"。③ 10月13日，上海领事维礼德（Amos P. Wilder）也在电报中向国务院汇报"汉口的叛乱可能会动摇北京政府"，"中国人同情叛乱分子"。④ 到10月下旬，随着许多省份继武昌起义之后，相继宣布独立，清政府的无能进一步暴露，在华的美国外交官纷纷得出清政府无望的结论。10月26日，上海领事维礼德在电文中向国务院汇报最近中国国内的革命形势时称："帝国的革命话题高涨。传教士只是害怕暴徒。每个公民，许多官员都是革命分子。长沙、宜昌、西安等被轻易劝降。武力镇压叛乱是不切实际的。我预计北京出于对革命形势的担忧，将会做出任何妥协。在目前体制下，将可能

---

① Miller to Knox（memo），October 14，1911，Knox Papers，see：James Reed，*The Missionary Mind and American East Asia Policy*，*1911-1915*，Harvard University Press，1983，p. 115.

② The Secretary of State to the German Ambassador，February 3，1912，RDS，1910-1929.

③ The American Charge' d'Affaires to the Secretary of State，October 11，1911，RDS，1910-1929.

④ Amos P. Wilder to the Secrretary of State，October 13，1911，RDS，1910-1929.

继续保留皇帝。统治者的腐败和无能被暴露无遗，改革是不可避免的。"①同日，代办卫理在报告中直言清政府面临被推翻的命运，指出："通过对帝国进行的一次普遍的调查，人们只能承认目前的清朝面临着历史上最严重的危机。除非清朝与革命党人有效地达成一个妥协，否则，即将到来的不是清朝的分裂，就是清朝被彻底推翻。"②

正是根据中国国内革命形势的发展，国务院在27日向总统汇报美国对华政策时，明确反对此时介入中国内部事务，向清政府提供财政支持，指出此时向清政府贷款是"不合时机和不明知的"③。由此可见，美国对辛亥革命的态度首先是由当时中国国内政治形势决定的。

## 二、美国外交传统因素

除了中国方面的因素外，美国政府对辛亥革命奉行中立政策，一定程度上与美国在外交方面的不干涉原则和孤立主义传统也不无关系。

1776年美国在摆脱英国殖民统治，宣告独立之后，为了谋求年轻的美利坚合众国的生存和发展，美国的政治家们就将不干涉政策和孤立主义奉为美国政府的外交原则，除了一心追求与全世界通商贸易之外，拒绝卷入其他大陆的政治事务，干涉别国内政，拒绝与其他任何国家结盟。1783年6月12日在美国国会通过的一项决议中就宣称合众国的"真正利益要求应该尽可能地不卷入欧洲国家的政治与纷争"④。1796年9月17日美国国父华盛顿发表的退出政坛的《告别演说》中也

① Amos P. Wilder to the Secrretary of State，October 26，1911，RDS，1910-1929.

② The American Charge d' Affaires to the Secretary of State，October 26，1911，*Papers Relating to the Foreign Relations of the United States*，1912，Washington，Government Printing Office，1918，p. 52.

③ The Secretary of State to the President，October 27，1911，Telegram，RDS，1910-1929.

④ Richard W. Leopold，*The Growth of American Foreign Policy：A History*，New York，1962，p. 18.

强调"我们对待外国应循的最高行动准则是在扩大我们的贸易关系时，应尽可能避免政治上的联系"；"我们真正的政策是避开与外界任何部分的永久联盟"。① 1823 年 12 月美国提出"门罗主义"宣言时也强调了不干涉政策和孤立主义原则，反对欧洲国家干涉美洲国家的独立，宣布：欧洲国家"如果企图把他们的制度扩张到西半球任何地区，则会危及我们的和平与安全。我们不曾干涉过任何欧洲国家的现存殖民地或属地，而且将来也不会干涉。但是对于那些已经宣布独立并维护独立的而且基于伟大动机和公正原则承认其独立的国家，任何欧洲国家为了压迫它们或以任何方式控制它们命运而进行的任何干涉，我们只能视为对美国不友好的表现"②。

　　虽然美国的不干涉政策和孤立主义主要针对欧洲国家；虽然 19 世纪随着美国成为世界强国走上向海外扩张道路，参与帝国主义角逐，一些美国政治家们公开呼吁放弃孤立主义，指出孤立主义"不再合乎需要"，"已经成为历史"；虽然一般认为自 1869 年之后 80 年里的美国对华政策上基本奉行与列强"合伙"与使用武力并用的策略，但在 20 世纪第二次世界大战之前的美国东亚政策中实际上还是保留了一些孤立主义的传统。我们看到，在 19 世纪末 20 世纪初的东亚角逐中，美国与列强无论对立还是合作，始终没有与任何国家结盟，1908 年和 1910 年年底罗斯福和塔夫脱总统两次拒绝清政府提出的与美国结盟的建议，固然是因为美国政府认为与一个贫弱的中国结盟不符合美国的利益，但在拒绝清政府的建议时美国政府仍将不结盟外交传统作为一个理由。在对华关系上，无论是麦金莱总统，还是罗斯福总统，抑或是塔夫脱总统，他们都注重商业经济关系的重要性，而不太重视和关注中国内部的政治进程。在 1911—1912 年中国政权发生鼎革之际，塔夫脱政府奉行中立政策显然也是受了这种不干涉外交原则和孤立主义传统的影

---

　　① ［美］乔治·华盛顿：《华盛顿选集》，聂崇信、吕德本、熊希龄译，324、325 页，北京，商务印书馆，1983。

　　② James D. Richardson, ed., *The Compilation of the messages and Papers of the Presidents*, vol. 2, New York, 1897, pp. 776-789.

响。当美国国内有人建议美国对中国政局进行干预时，诺克斯当时就以干涉中国内政不符合美国外交原则为由予以拒绝，指出中立政策之外的"其他任何政策都与每个国家有权在不受其他国家干涉下解决其国内事务的原则不相符合"，表示只有"当重大问题因中国人民自己解决后，国务院自然会采取相应的措施"。① 诺克斯的这一解释，充分说明美国的中立政策继承了美国外交上的不干涉原则和孤立主义传统。

再者，美国对辛亥革命持中立政策也是对华门户开放政策的结果。为维护中国的门户开放，美国政府一方面与其他列强一道"合伙"侵略中国，但同时又与俄国、日本等列强不同，美国希望看到一个相对繁荣和强大的中国，帮助美国抵制其他列强独占中国，维护门户开放局面，便于促进美国的对华投资和出口。1904 年 8 月 5 日，美国对华门户开放政策的实际制定者柔克义在美国海军学院所做的演讲中阐述美国对华政策的转变时即指出，在美国宣布门户开放政策之前，美国的对华政策与欧洲国家一样，一道维护在中国的条约权利，特别是片面最惠国待遇，以保证我们的人民享有同样的条约权利，但在门户开放政策之后，我们的对华政策又增添了新的义务，既要防止任何外国列强政治上完全控制中国，同时也要避免列强在中国的利益冲突，通过一切合法的途径保持列强力量的均势；与那些通过武力和军事侵略控制中国的列强不同，它们对华采取直接的武力压迫，希望维持中国政府的虚弱、无能和腐败，美国作为一个寻求商业利益和政治机会均等的国家，则希望通过建立一个强有力的、负责任的高度中央集权的政府来实现自己的目标，以便获得必要的合作和支持。② 塔夫脱总统上台后，在对华推行金元外交中也一再表达希望促进中国进步与发展的愿望，指出"我们不是那些认为阻止其他国家的发展就有利可图的国家。最有利可图的商业必须是对双方都是有利的。我们最有利可图的商业，就在与那些最繁荣的国家的关系。因此，美国十分关注中国的

---

① Knox to Mrs. Vilbur F. Crafts，January 13，1912，RDS，1910-1929.
② *The United States and the Chinese Questions*，*The Lecture Delivered at U. S. Naval War College*，Newport，Auguest 5，1904，Rockhill Papers.

发展和繁荣。毫无疑问，有其他政府也这样认为，但有些国家的政府只顾眼前利益，毫不怀疑他们自私的动机。我们可以自夸地说，我们与中国的友谊是无私的。我们对中国领土没有任何企图，不把它当作一件礼物，美国已有他在世界上想要的领土"①。

根据门户开放政策，支持一个无能、腐败和软弱的清政府，显然不符合美国的利益，这也是美国当时反对日本支持保留清王朝的原因之一。因此，在武昌起义爆发后，塔夫脱总统在 1911 年 12 月 7 日的国会年度咨文中即宣布在中国发生的内战中保持中立，继续奉行有助于中国进步和发展的外交政策，指出："在保护我们侨民利益的同时，美国政府将竭尽所能地维持其对清朝和它的人民友好和同情的传统政策，并真诚地希望他们经济发展、行政进步，同时我们将一如既往地运用各种合适的手段增进他们的福祉，这些手段与我们在竞争各派之间所奉行的严格的中立政策是一致的。"②

此外，美国政府之所以对中国的辛亥革命持中立态度，也与美国当时在华实际利益有限有着直接关系。据相关学者的研究，美国的对华出口虽然在 1905 年度达到 5300 万美元，但到 1912 年又滑落到 2400 万美元，仅占美国对外出口总额的 1%，并且这一对华出口额也使该年度美国的对华贸易处于逆差地位，因为就在这一年美国从中国进口的商品达到了 3000 万美元。而美国的在华投资同样十分有限，微不足道，在 4000 万到 5000 万美元之间，不到美国海外投资的 2%。美国在华的经济利益更多是潜在的远景。③ 同时，在政治关系上，清朝政府虽然是美国承认的合法政府，但它并不是美国扶植的傀儡。换言之，当时的美国政府与清朝政府并不存在某种特殊关系。正是当时中美关系之间的这些实际因素，造成美国政府在对待辛亥革命和中美洲革命

---

① Memorandum of Interview Between Liang Tun-yen and Taft and Knox, December 17, 1910, RDS, 1910-1929.

② *Message of the President*, *Papers Relating to the Foreign Relations of the United States*, 1911, Washington, Government Printing Office, 1915, p. 18.

③ 参见[美]孔华润主编：《剑桥美国对外关系史》上册，514 页，王琛等译，北京，新华出版社，2004。

上采取了两种不同的态度。当然，20 世纪美国在东亚的实力尚不能与英、日、俄等列强分庭抗礼，也影响了美国在辛亥革命时期不可能如后来那样卷入中国内部事务。

## 三、价值观念因素

在美国制定外交政策的过程中，价值观念和文化因素也往往起到重大作用。对中国革命持反对态度的塔夫脱政府对辛亥革命持中立政策，与此也不无关系。

武昌起义爆发后，美国在华外交官如代办卫理和公使嘉乐恒（W. J. Calhoun）及一些商人等，担心革命破坏秩序，损害美国利益，曾极力主张美国政府干涉中国内政，平息中国革命，支持清政府。但另一方面，出于对民主价值观念的信仰，美国民众和舆论却表达了不同的声音，他们热烈欢迎辛亥革命推翻清朝专制统治，认为这是一场受美国价值观念和理想影响的革命，是一场"发生在中国的美国革命"，憧憬中国取代日本成为亚洲最为西化的国家。波士顿《电讯报》欢呼辛亥革命是一场由知识分子和进步人士领导的革命；圣路易斯的《全球民主报》认为中国的革命，是 1787 年费城制宪会议上华盛顿、汉密尔顿和麦迪逊等人的民主共和理想在中国的实现。华盛顿《时报》和印第安纳波利斯的《新闻》杂志，则赞扬中国人民和他们领导人的能力。《美国亚洲协会杂志》则将辛亥革命看作"中国复兴过程中一个必然的事件"。《明尼阿波利斯日报》则将孙中山南京临时政府的成立，比作美洲的发现、罗马帝国的灭亡。纽约《商业》杂志称"这是所有历史上最激动人心的事件之一"。此外，圣路易斯《邮报》、圣保罗《先驱报》、纽约《商报》和其他许多报纸都希望中国革命获得成功。[①] 在美国颇有影响力的教会也对革命普遍持赞成态度，他们认为革命标志着中国的觉醒和对进

---

① 以上有关美国民众和舆论对辛亥革命的反应均见 Nemai Sadhan Bose, *American Attitude and Policy to the Nationalist Movement in China*，1911-1912，New Delhi，Orient Longmans，1970，pp. 11-19。

步的追求，希望革命的成功将有助于基督教事业的发展。① 同时，美国民众极力呼吁美国政府承认和支持中国的革命。据美国学者詹姆斯·里德(James Reed)的研究，在辛亥革命爆发之后，国务院收到潮水般的信件和电报，它们大多要求美国尽快承认中华民国。②

另外，旅美华人也声援辛亥革命。1911 年 10 月 16 日，在旧金山的华人协会代表旅居美国华人，致电国务院，要求美国政府发挥其影响力，促使列强对中国发生的革命保持中立，以便维护中国的完整和建立一个稳固的政府。③ 居住在美国檀香山的华侨也发函表示，他们将反对任何列强干涉中国人民通过自主选择建立一个新政府的权利，要求美国政府为严守中立树立榜样。④

在美国民众和舆论的影响下，1912 年 2 月 29 日，美国国会参众两院即通过了由众议院外交委员会主席威廉·苏尔泽(William Sulzer)的提案，"对中国人民实行代议制制度及其理想的努力深表同情"，"对其执掌自治政府的权力、义务和责任表示祝贺"。⑤ 同年 12 月 3 日，塔夫脱总统在年度国情咨文中阐述美国对中国问题的中立政策时，就表示某种程度上是接受美国民众的意见，指出："1911—1912 年秋冬的中国政治骚乱导致了 2 月 12 日清统治者的退位，以及临时共和政府的成立，以处理国家事务，直至按期成立一个永久政府。在 1912 年 4 月 7 日国会的一个现行决议中，美国人民恰当地表达了对中国人民主张共和原则的自

---

① 有关在华美国传教士和美国教会对辛亥革命的态度和反应，参见 James Reed, *The Missionary Mind and American East Asia Policy*, *1911-1915*, Cambridge, Harvard University Press, 1983, pp. 121-127。

② James Reed, *The Missionary Mind and American East Asia Policy*, *1911-1915*, p. 131.

③ The Chinese National Association to the Secretary of State, October 16, 1911, *Papers Relating to the Foreign Relations of the United States*, 1912(Washington, Government Printing Office, 1919), p. 50.

④ The Chinese Residents of Honolulu to the Secretary of state, October 24, 1911, *Papers Relating to the Foreign Relations of the United States*, 1912, p. 51.

⑤ Huntington Wilson to Taft, February 29, 1912, RDS, 1910-1929.

然同情。"①

# 四、国际因素

在美国政府制定对华政策中，除中美两国的因素之外，同时也受国际因素的制约。美国在辛亥革命中国政权鼎革之际保持中立，反对干涉中国内政，主张列强一致行动，其国际因素方面的考量是避免少数国家特别是日本和俄国乘机单独干涉中国内政，谋取特殊利益。

日俄战争之后，随着日本侵华野心的进一步扩大和日本成为美国对华门户开放政策的最大挑战者，美国政府对日本通过培植清政府内的亲日派或通过中国内部的动乱达到控制中国的目的抱有高度警惕。1909 年 1 月 2 日摄政王载沣罢黜袁世凯的事件发生后，美国政府就怀疑日本参与策划，搞垮日本的反对者，扶植亲日派。1 月 7 日，美国国务院远东司在一份有关中国内部事务的备忘录中明确指出，中国最近发生的事情，与日本的阴谋有很大关系，并对日本为达到控制中国在中日甲午战争之后纵容革命党人和培植清廷亲日派官僚的活动做了系统的回顾。②

武昌起义爆发前夕，在华的美国外交官也一再对日本可能利用中国的动乱谋取特殊利益，表示严重关切。1910 年 8 月 23 日，嘉乐恒在写给国务院的报告中指出："毫无疑问，日本是唯一能从动乱事件中获益的国家，它或者通过动乱获取利益，或者通过帮助中央政府镇压叛乱，从中增强它对北京的影响力。"③1910 年 7 月 26 日，美国亚洲舰队司令默多克（Murdock）在向海军部报告中国不久将会发生严重的骚乱或革命时，也对日本的动向表示关切，指出日本已在为此做准备，"如果情报准确的话，日本的数千名部队将迅速在中国登陆，据说有

---

①　Message of the President，*Papers Relating to the Foreign Relations of the United States*，1912，Washington，Government Printing Office，1919，p. 21.

②　Memorandum，January 7，1909，RDS，1906-1910.

③　Calhoun to the Secretry of State，August 23，1910，RDS，1910-1929.

3万人。如果真实的话，他们将不限于保护日本的既得利益"①。

武昌起义爆发后，为避免日本利用革命，乘机出兵中国，美国驻日本外交官斯凯勒（Schuyler）为此拜访日本外务次长，敦促日本在未事先与美国政府协商之前，不要采取任何行动。他认为："如果像这里所期待的那样，东北地区的局势变得复杂，日本和俄国将不会征求其他列强，立即派军队前往那里。20000人的日本军队将在任何列强的军队赶到之前抵达北京，5000名在香港的英国军队由于担心广东，将不会离开……我相信日本将会独立采取行动。不管日本做什么，它的目的是使自己成为未来中国政府不可缺少的倚靠。"②

1912年12月3日，塔夫脱总统在国会年度国情咨文中阐释美国对华政策时，也明确指出美国政府之所以对武昌起义和清帝逊位采取中立和与其他国家联合行动的政策，这是因为"美国同其他在华有巨大利益的国家一样，认为外国政府为自己利益采取独立行动，只会使已经复杂的形势变得更加混乱"③。

## 五、结　语

综上所述，美国政府对辛亥革命的态度是由多种因素决定的。既有中国国内的因素，也有美国自身的因素；既有国际因素，也有价值观念因素。虽然一般来说，外交是内政的继续，但外交毕竟不能等同于内政，不能不受对方国家国情及国际形势的影响和制约。因此，我们在探讨美国对华政策中，不但要注意美国国内政治的影响，同时也要充分考虑到中国国情及国际形势的发展如何影响到美国的对华政策。有些问题乍一看来，似乎是美国国内政治影响了美国的对华政策，但

---

①　Murdock to the Secretary of State，July 26，1910，RDS，1910-1929.

②　The American Chargé d'Affaires at Tokyo to the Secretary of State，October 15，1911，RDS，1910-1929.

③　Message of the President，*Papers Relating to the Foreign Relations of the United States*，1912，p. 21.

细加追究，美国政治的有些变化恰恰是由国际形势的变化促成的。总之，在探讨美国对华政策的过程中，我们对各种因素要有一种辩证的观点。这是十分重要的。

原载《江海学刊》2008 年第 5 期

# 日俄战争时期的上海外交

　　1904—1905 年的日俄战争，是日俄两国为争夺朝鲜和中国东北地区而发动的一场战争，也是 20 世纪初亚洲东部地区爆发的一次最大规模的战争。在这场直接关系到中国主权和领土的战争中，清朝政府碍于内外形势，于 1904 年 2 月 12 日战争爆发之初即宣布"局外中立"，并为包括日俄在内的各列强所接受和承认。根据清政府颁布的有关局外中立的声明和告示，上海虽然属于"局外境"的中立之区，不像东三省属于"局内境"的战区，但上海作为亚洲东部地区的一个重要港口，在战争期间亦经受了一系列的外交考验。

## 一、俄舰"满洲"号交涉事件

　　俄舰"满洲"号于 1903 年 12 月 12 日自旅顺来沪，日俄战争爆发后奉俄海军部之命，滞留上海，以待后命。随后，如何解决俄舰"满洲"号便成为清政府宣布中立之后遇到的第一桩外交纠纷。

　　考虑到"满洲"号于日俄开战之前即已来沪停泊，经检查并没有添装军火备战，并且考虑到俄方提出的"满洲"号船小兵单，若出外海，有被日本海军擒获的危险，外务部起初没有完全按中立条规的有关规定执行，而是由上海道台袁树勋与俄国总领事商定以下解决办法：鉴于各国军舰向来停泊在浦江中，而"满洲"号因修船桅停泊码头，现应移泊江心，并由税司派人驻守该舰，严禁装载军火。①

　　然而，这一解决方案立即遭到日本政府的反对。日本驻上海总领事分别照会两江总督和上海道台，表示允许"满洲"号停留上海与中立条规不相符合，有碍商务，要求根据局外条规规定，限"满洲"号于24小时内出口。为此，日本还以保护商务为名，将军舰"秋津洲"号开至张华浜，监视"满洲"号，并扬言若中方再以和平待俄，将会生出重大事端。② 在日方的要求和压力之下，为维护上海的中立局面，上海道台袁树勋于2月18日照会俄国领事，要求"满洲"号于20日下午5点至21日下午5点期间驶离中国辖境，以便我方照会日本领事，立即转致"秋津洲"号兵船，一律遵照，限期出口。③

　　俄国总领事接到照会后，并没有接受袁树勋的要求，表示此事驻京公使与外务部商定在先，必须请示而后可行，并重申"满洲"号于开战之前就来到了上海，并未参与战事。考虑到要求"满洲"号出口有实际困难，在开出中国管辖境外之后，"满洲"号很有可能被日本兵舰劫持，上海道台袁树勋为解决交涉难局，在研究清政府颁布的局外中立条规的有关规定之后，于当日照会俄领，提出另一解决办法，即将"满洲"号上所备的战具由海关起存，或将汽机要件拆卸一二，以示不能行驶，实系不干预战务，待战争结束后，再予退还，"否则，仍请饬令该轮开往江海之外"④。同时，袁树勋将交涉详情和个人意见报告外务部，由外务部与俄驻华公使雷萨尔直接交涉。⑤

---

　　① 参见《收沪道致外务部电》（十二月三十日），见《清光绪朝中日交涉史料》卷七四，1～2页。《外务部发雷使照会》（光绪三十年正月初二日），见"中央研究院"近代史研究所编：《清季中日韩关系史料》第9卷，5806页，台北，"中央研究院"近代史研究所，1972。

　　② 参见《收南洋大臣致外务部电》（正月初六日），见《清光绪朝中日交涉史料》卷七五，12～13页。

　　③ 参见《沪道袁树勋致俄领催俄舰满洲遵限退出华境照会》，见王彦威辑：《清季外交史料》卷一八二，2页。

　　④ 《沪道袁树勋致俄领请将俄舰战具由海关起存照会》，见王彦威辑：《清季外交史料》卷一八二，4页。

　　⑤ 《收上海道电》（正月初六日）、《收上海道致外务部电》（正月初六日），见《清光绪朝中日交涉史料》卷七五，13～14页。

2 月 28 日，外务部与俄国驻华公使雷萨尔达成协议：俄方同意将"满洲"号炮身后膛拆卸，并收取一切军器，战争未定以前不准出口，并不干预战时商船往来。同时，俄方也提出要求，在俄兵船收缴军器之后，"日本兵船非严守局外各例，不得停泊中国各口岸"①，"否则，俄国自由以定办法"②。

根据上述协议，3 月 5 日沪道袁树勋与俄国驻上海总领事就"满洲"号卸械一事达成一致意见，将卸下的器械封存海关。至于如何安置"满洲"号上的人员，袁树勋在与俄国领事商量后，仍不能定夺。考虑到上海人烟稠密，屋贵如金，不便安置，且为避免管束纠纷，袁树勋向外务部建议仍准"满洲"号弁兵留在船上，以便管带约束，上海地方不受干扰，并希望外务部就此能征得日方的同意。③

3 月 12 日，袁树勋派人会同税司完成"满洲"号的卸械工作，将拆下的俄舰军械要件装上南瑞兵船，由海关税司核对、封储。④ 但日方对这次的拆卸仍不满意，拒绝将兵船"秋津洲"号出口，认为仅将炮身后膛及军火取出，仍对日本商船构成威胁，要求"满洲"号卸去轮机要件。俄国领事则以未奉公使指示，加以拒绝，并表示如卸去轮机要件，若遇风暴，有失控危险。⑤ 为此，袁树勋一边继续与俄国领事和日本领事协商，一边请求外务部与俄驻华公使交涉，指示俄国领事接受要求，以解僵局。⑥

---

① 《外务部收俄柯翻译信》（光绪三十年正月十一日），见"中央研究院"近代史研究所编：《清季中日韩关系史料》第 9 卷，5817 页。

② 《外务部收雷使照会》（光绪三十年正月十三日），见"中央研究院"近代史研究所编：《清季中日韩关系史料》第 9 卷，5818 页。

③ 参见《收上海道致外务部电》（光绪三十年正月十九日）、《收南洋大臣致外务部电》（光绪三十年正月二十日），见《清光绪朝中日交涉史料》卷七五，33、35 页。

④ 参见《收上海道致外务部电》（二月初一日），见《清光绪朝中日交涉史料》卷七六，1 页。

⑤ 参见《外务部收日本内田使函》（1904 年 3 月 25 日），见"中央研究院"近代史研究所编：《清季中日韩关系史料》第 9 卷，5882 页。

⑥ 参见《收江海关道致外务部电》（二月初六日），见《清光绪朝中日交涉史料》卷七六，4~5 页。

3月27日晚，袁树勋接到外务部电文，俄国公使同意以下解决办法：或将"满洲"号轮机拆卸，或将"满洲"号禁系码头，水手登陆，移置别处。上述两法之一，一旦实行，日军舰"秋津洲"号须在24小时内离沪。否则，"满洲"号将重行装置，恢复原状。在协商过程中，俄国领事显然倾向第二种方案，反对在"满洲"号拆除轮机后移居江心。袁树勋则极力说服俄国领事接受第一种方案，指出"日使本欲令其兵丁强半登岸，因觅居不易，商拆行船要机；如虑风潮，不妨多加锚链。"① 30日，"满洲"号轮机拆卸完毕；"满洲"号上的水手除留下23人看守外，其余于当晚乘法国公司船只遣返俄国。② 日本领事在查看拆卸工作之后，也于次日令日军舰"秋津洲"号出口。③ 至此，"满洲"号事件得以和平解决。

## 二、俄舰"阿斯科"号
## 和俄艇"格罗苏福意"号卸械交涉事件

1904年8月10日，日俄舰队大战于旅顺，俄方败绩，俄国鱼雷艇"格罗苏福意"号和巡洋舰"阿斯科"号于12日来沪躲避。与此前的"满洲"号在日俄开战之前来沪不同，"格罗苏福意"号和"阿斯科"号是在战时窜逃至沪，完全适用清政府颁布的局外中立条规的有关章程办理。鉴于8月10日逃入烟台港的俄国军舰"列事特意内"号在卸械之后，未受到清朝政府的有效保护，于次日发生被尾随而来的日本军舰强行拖走的事情④，俄国公使雷萨尔担心同样的事情发生在逃入上海

① 《收南洋大臣致外务部电》（二月十五日），见《清光绪朝中日交涉史料》卷七六，13页。

② 参见《收上海道致外务部电》（二月初十四日），见《清光绪朝中日交涉史料》卷七六，12页。

③ 参见《收上海道致外务部电》（二月十五日），见《清光绪朝中日交涉史料》卷七六，13页。

④ 有关此一事件发生经过见《收北洋大臣致外务部电》（七月初四日），见《清光绪朝中日交涉史料》卷七九，4页。

的俄国军舰上，便于 13 日给清外务部的照会中要求上海地方能按局外中立规定办理。① 然而，由于清政府颁布的中立条规本身不甚完善，以及日俄两国都从对自己有利的方面解释条规的内容，使得交涉也颇费周折。

在"格罗苏福意"号和"阿斯科"号于 12 日抵达上海后，上海道台袁树勋即按条规规定，要求俄军舰须于 24 小时内出口，否则按"满洲"号办法，立即拆除军械。但俄国领事 13 日回复，俄方拒绝拆除军械，表示俄国军舰因受伤进口修理，不受 24 小时出口的限制，只同意在船修竣之后 24 小时内出口。②

对于俄使提出的待战船修竣后 24 小时再出口的解决方案，日本坚决反对，认为中国如准俄舰尽行修理，足以恢复其战斗力，有悖中立条规允战国兵船只能行驶至最近口岸的规定。8 月 17 日，日本领事奉日本政府令，照会袁树勋，提出以下解决方案：或令俄国军舰立即出口，如不愿，则不许修理，并拆卸一切军器、子弹、紧要机器，停泊口内，直至战争结束。表示若不能就以上两方案择一而行，日本将采取适当手段，自行解决，由此引发的事端，概由中方负责。③ 19 日中午，日本总领事小田七又向袁树勋面递照会，要求将俄国军舰修期减至两日，指出如中国准其尽行修理，日本将自行采取适当手段加以解决。④

在如何处理俄国军舰的问题上，袁树勋与外务部虽然都持中立态度，但在具体办法上亦不尽一致。外务部对日俄双方的意见加以折中，于 8 月 18、19 日两次照会俄国公使雷萨尔，要求俄方在以下两种解决方案中做出抉择：一是按"满洲"号做法，解除武装，不参与战事，待

① 参见《外务部收雷使照会》（光绪三十年七月初三日），见"中央研究院"近代史研究所编：《清季中日韩关系史料》第 9 卷，5909 页。

② 参见《收南洋大臣致外务部电》（七月初六日），见《清光绪朝中日交涉史料》卷七九，8 页。

③ 参见《收南洋大臣致外务部电》（七月初七日）、《收上海道致外务部电》（七月初七日），见《清光绪朝中日交涉史料》卷七九，9～10 页。

④ 参见《收沪道致外务部电》（七月初九日），见《清光绪朝中日交涉史料》卷七九，14～15 页。

战争结束，方准出境。二是按俄方要求修理船只，分别验明竣工后，何船修毕，即限何船于 24 小时内出口，不得愈限滞留，亦不能再仿照"满洲"号做法办理。并强调"修补损坏与解卸武装两事不能并议"①，指出："中国于此事均系按局外中立之例妥切代筹，并无丝毫违背；倘若俄船不能照办，出有意外之事，应由贵国自担其责。"②

袁树勋根据局外条规中允许战国兵船修补损伤的规定，不赞同日本和外务部提出的"拆卸"和"修理"不能并论的意见，同意俄国军舰于竣工后 24 小时内出口，否则拆卸军械，同时根据条规交战国船只的修理仅以驶至最近口岸为度的规定，要求俄船的修理仅限于水面下船壳及机器，舱面上凡关乎战用者，均不得修理，修理时间由船厂工程师开具清单确定。③ 19 日在船厂工程师报告俄舰的修理分别需要 18 天和 28 天以及日本总领事小田七的照会抗议之后，袁树勋的态度有所转变，认为工程师出具的修理清单和时间，可以使俄舰恢复作战能力，违背中立条规的规定，转而支持日本总领事的意见，照会俄国总领事并电请外务部照会俄国公使，要求俄舰必须在 48 小时内修竣，24 小时内出口，其中雷艇 1 小时尚能行 15 海里，损伤不大，须于 24 小时内出口，否则，即拆卸军械，停止修理。但同时明确表示这一做法"与日使所称修理拆卸不能并论者有别，仍是遵照中立条规办法"④，强调"俄舰固不能任意增修，日本亦不应强行干预"⑤。20 日，外务部也根

① 《外务部发雷使照会》(光绪三十年七月初九日)，见"中央研究院"近代史研究所编：《清季中日韩关系史料》第 9 卷，5924 页。

② 《外务部发雷使照会》(光绪三十年七月初八日)，见"中央研究院"近代史研究所编：《清季中日韩关系史料》第 9 卷，5915 页。

③ 参见《收上海道致外务部电》(七月初五日)、《收沪道致外务部电》(七月初八日)，见《清光绪朝中日交涉史料》卷七九，7、13 页。

④ 《收上海道致外务部电》(七月初九日)，见《清光绪朝中日交涉史料》卷七九，16 页。

⑤ 《收沪道致外务部电》(七月初九日)，见《清光绪朝中日交涉史料》卷七九，15 页。

据沪道袁树勋电请，照会俄使，提出同样要求。① 同时，袁树勋又照会驻上海领事团领袖，向各国领事通报与俄舰的交涉情况，指责俄领事破坏中国中立，声明由此产生的一切后果"均系俄国担其责任，而与中国无涉"，试图通过各国施加压力，以使俄国军舰就范。②

21 日，袁树勋继续照会俄国领事，声明根据局外中立条规，工程修理期限应由中国地方官酌定，不能由交战国自行决定；俄国如不遵守中立章程，不听中立国约束，中国将不承担保护责任，并将上海交涉情况电告外务部，电请外务部照会俄国公使，电令俄国领事遵起军械，指出："俄领见我不担责任，日兵又复逼迫，或可不待竣工而遵起军械；倘公会有人仗义执言，俄人转圆，则尤幸甚。事已到此，非步步紧逼，不能自立地步。"③为配合袁树勋的交涉，21、22 日外务部连日照会俄国公使，催促饬令俄国领事通知俄国军舰在 48 小时内出口，否则赶紧拆卸。④

在要求俄国军舰出口的限期过后，23 日袁树勋再与俄国领事谈判，对俄国军舰的维修时间又展限五天，宣布 28 日正午 12 时为俄国军舰修竣出口的最后期限。对中方的这一决定，日方极为不满，日本公使内田表示强烈抗议，指责中方未与日方商量，擅自允许俄国军舰展限出口，"无乃将本国政府所提办法视同弁髦然"⑤，要求中方承担由此所产生的一切责任。然而，就在日本提出强烈抗议之际，俄国领事突然接到俄国政府的指示，于 24 日向袁树勋声明愿意解除俄国军舰

---

① 参见《外务部发雷使照会》(光绪三十年七月初八日)，见"中央研究院"近代史研究所编：《清季中日韩关系史料》第 9 卷，5926 页。

② 参见《沪道袁树勋致沪领袖领事俄舰不守中立规条请转致公会照会》(七月初十日)，见王彦威辑：《清季外交史料》卷一八四，1~3 页。

③ 《收沪道致外务部电》(七月十一日)，见《清光绪朝中日交涉史料》卷七九，22 页。

④ 参见《外务部发俄雷使照会》(光绪三十年七月十一、十二日)，见"中央研究院"近代史研究所编：《清季中日韩关系史料》第 9 卷，5931 页。

⑤ 《外务部收日本内田使照会》(光绪三十年七月十四日)，见"中央研究院"近代史研究所编：《清季中日韩关系史料》第 9 卷，5936 页。

武装，两舰将于当晚 7 时一律下旗，撤退守护兵丁，请上海道台知照税务司与本领事会商两舰拆卸具体事宜；在俄国军舰"格罗苏福意"号和"阿斯科"号卸去军器、守护兵丁撤退后，其修理工程仍将续行照修；两国军舰的水手则按"满洲"号办法，一部分遣送回国。① 袁树勋当即将这一情况通报各国领事，并由外务部通知日本公使内田。② 此后，交涉的焦点便转到续修和俄舰兵弁留沪安置还是遣返回国两件事上。

在俄国军舰续修问题上，日方坚决反对，认为"俄船既定拆卸，决无任其续修之理"。27 日，日本公使内田在致外务部关于俄国军舰卸去军械的 6 条要求中，明确表示"续加修工，乃系恢复战力，故断不可任其续修"③。袁树勋也认为应该停修，不但多次与俄国领事交涉，而且还照会英国领事配合，令英国船厂停修，同时电请外务部与俄国公使直接交涉。但俄国领事拒不停修，声称拆卸机械，船仍续修，系为俄国沙皇指示，断不能擅自更改④，并表示日俄开战不知何日结束，如果停修，将来俄舰久冻浦江，若有险失，舰值数百万，须由中国负责。⑤ 而英国领事为使英国船厂获得一笔颇丰的修船费，对袁树勋的照会也迟迟不做回答，直至 9 月 2 日才复文，称据耶松船厂禀复，俄国军舰船底损坏，不能乘此潮汛补竣，若必限定停工，则该舰将不得不留于坞中，其租坞费不得不向中国索偿。⑥ 结果，俄国巡洋舰"阿斯

① 参见《收沪道致外务部电》（七月十四日），见《清光绪朝中日交涉史料》卷七九，29 页。

② 参见《沪道袁树勋致沪领袖领事起卸俄舰军械机器照会》（七月十四日），见王彦威辑：《清季外交史料》卷一八四，6～7 页；《外务部发日本内田使照会》（光绪三十年七月十五日），见"中央研究院"近代史研究所编：《清季中日韩关系史料》第 9 卷，第 5937 页。

③ 《日使内田致外部酌拟俄舰卸去军装办法六条请切实施行照会》，见王彦威辑：《清季外交史料》卷一八四，9 页。

④ 参见《收沪道致外务部电》（七月十七日），见《清光绪朝中日交涉史料》卷七九，32～33 页。

⑤ 参见《收沪道致外务部电》（七月二十一日），见《清光绪朝中日交涉史料》卷七九，37 页。

⑥ 参见《收上海道致外务部电》（七月二十三日），见《清光绪朝中日交涉史料》卷七九，39 页。

科"号直至 9 月 10 日修竣,才由拖船拖至东清码头靠泊,经海关人员完成卸械工作。①

在俄国军舰兵弁留沪安置还是遣返回国的问题上,袁树勋和外务部考虑到此次俄国军舰兵丁人数众多,巡洋舰"阿斯科"号计有 542 人(其中武员 21 人,兵丁、水手等 521 人),雷艇"格罗苏福意"号计有 55 人(其中武员 4 人,兵丁、水手等 51 人)②,若将他们全部留沪,势必增加上海负担,易生不测,因此赞成俄方意见,亦主张按照"满洲"号办法解决,允许部分俄国兵弁乘中立国船只回国。但日方坚决反对,认为"将俄船员兵遣送回国一事,乃系增加俄国战力"③,坚持俄国兵弁在战争结束之前不得回国,必须上岸圈禁,由中国管押。为此,袁树勋和外务部与日方多次交涉,希望日方能予通融,按照"满洲"号办法解决,允许俄国兵弁回国,指出:"查沪埠为各国通商要口,人烟最为稠密,与胶州、威海地方迥不相同。兹据沪道电称前因,亦实有为难情形。若将俄兵多名留置岸上,万一滋生事端,谅亦非贵国政府之所愿也。"④对此,日方表示如上海不便安置,可移置别处甚至内地拘束。⑤ 经多次协商,考虑到俄舰已被解除武装,日方仅同意将俄国兵弁留置舰上管押,但为防止俄国兵弁逃逸,日领又向沪道提出以下 3 条:(1)俄官兵均留船,不许散逸;(2)中国派兵常川停泊俄船之旁,严密看管;(3)令地方官及关卡一并稽查,遇有俄国兵弁潜逃者,勒令

---

① 参见《俄船出坞》,载《申报》,1904-09-11(光绪三十年八月初二日)。俄雷艇"格罗苏福意号"则于此前的 8 月 30 日完成卸械工作,参见《收沪道致外务部电》(七月二十日),见《清光绪朝中日交涉史料》卷七九,37 页。

② 参见《收上海道致外务部电》(七月二十七日),见《清光绪朝中日交涉史料》卷七九,44 页。

③ 《日使内田致外务部酌拟俄舰卸去军装办法六条切实施行照会》(七月十七日),见王彦威辑:《清季外交史料》卷一八四,9 页。

④ 《外务部发日本内田使照会》(光绪三十年七月十八日),见"中央研究院"近代史研究所编:《清季中日韩关系史料》第 9 卷,5943~5944 页。

⑤ 参见《收上海道致外务部电》(七月十九日)、《收驻日本杨大臣致外务部电》(七月二十三日),见《清光绪朝中日交涉史料》卷七九,35、40 页。

回船，毋任漏网。① 另外，为防俄国兵弁在上海滋事，沪道袁树勋也与俄国领事反复交涉，约法四章：（1）查取"阿斯科"号巡洋舰和"格罗苏福意"号鱼雷艇兵弁人数；（2）另具非中国允准不得擅离上海切结，由俄国领事加印送上海道台；（3）艇舰停靠浦东东清码头；（4）兵弁每日准在码头左近道胜银行空地体操，并在浦滩散步，不得再往别处闲游，即偶至租界地方，亦应限定人数、时刻，另委派妥当之人巡察。② 尽管如此，还是没有能够完全避免因俄国兵弁置留上海而发生的事端。

# 三、周生有案交涉

周生有案的案情并不复杂。1904 年 12 月 15 日下午 4 时左右，俄国巡洋舰"阿斯科"号水兵亚其夫和地亚夫二人乘坐东洋车，擅自至南京路外滩码头，拒付车钱，与车夫发生争执，便拾起路旁做工木匠的铁斧，追砍车夫，车夫逃避，致将适逢路过此地在上海做工的宁波人周生有的头部砍伤，周生有在送至仁济医院后，即气绝身亡。凶手亚其夫和帮凶地亚夫则被赶到的租界华捕拘走，当日即由捕房解至俄国总领事署。对于这样一桩严重的人命案，俄国领事居然不对凶手进行鞫讯，而是当即转送至所隶军舰了事。租界当局和俄国领事的这一做法激起了在沪宁波人的极大愤慨，他们集会要求将凶手交中方审判、严惩。

袁树勋在对案情进行了解后，亦义愤填膺，要求俄国领事将凶手交上海地方官审讯，认为受中国保护的俄国败兵，不守纪律，残害保护国人民，实与寻常命案交涉不同，不能享受领事裁判权的保护。于是，他一面电禀江督和外务部与俄国公使交涉，一面于 18、26、28 日

---

① 参见《收江海关道致外务部电》（七月三十日），见《清光绪朝中日交涉史料》卷七九，47 页。

② 参见《江督周馥咨外部据沪道禀拟约束俄兵七条请照会俄使饬遵文》（十二月十一日），见王彦威辑：《清季外交史料》卷一八六，9 页。

三次照会俄国领事，要求"应将该肇事酿命之凶犯二人交出，送道收禁，听候发县讯明，按照军律惩办，以昭炯戒"①，指出"贵国艇舰员弁兵人等既已归我保护平安，而在船兵丁转将我华民砍伤毙命，以怨报德，试问中外有此情理乎？寻常人命交涉，尚须照章会审，而此凶犯，乃容留在沪，应由我中立国约束之兵丁，贵总领事竟不饬令交出，听其逍遥法外，视人命如儿戏，置公法于弁髦，沪上商民同深公愤，并闻日本人之经商在沪者，尤有戒心。设因此而有意外之虞，我国不能曲全中立之责，应由贵总领事担其责任"②。

经沪道一再催促，俄国领事于 29 日才做出回复，拒绝交出凶犯，声称"此案按照俄华两国现行条约，凡俄人在中国地方犯罪，应将该犯送交本国官员治罪……来文所请送由中国官员审讯一节，置两国约章于不顾，断难照办"③。对于俄国领事所持理由，袁树勋当日即复照，予以驳斥，指出俄舰兵弁既归中国保护，如有违犯，自然应交中国审办，而不能交俄水师军官审理。并且，即使根据《天津条约》第 7 款和续增各条第 8 款的规定，俄人有犯，亦须会同办理，贵总领事"何以早不计及？所谓置两国约章于不顾者，究竟应何人担其责任？"④

与此同时，旅沪绅商也奋起抗争，公禀袁树勋、两江总督及外务部，要求将罪犯交出，归上海公堂会同审判。⑤ 旅沪的宁波绅商还以此案系发生在租界内，特于 12 月 27 日公函领袖领事美国总领事古纳，请其出面主持公议。由于古纳当时正交卸领袖领事职务，未及赶办，29 日由接任领袖领事的德国总领事克纳贝通知甬商于次日在领事总署内面谈。12 月 30 日午后 3 时，沪上甬绅严信厚、沈敦和、周晋镳、朱佩珍和虞和德等 5 人同往，提交节略，要求将周案交会审公堂审判，理由如下：(1)此案系发生在公共租界内，实犯及租界治安，各处共知

---

① 《照录苏松太兵备道袁观察照会俄领事阔雷明稿》，载《申报》，1904-12-21。
② 《俄水手杀人案往还公牍汇登》，载《申报》，1905-01-02。
③ 《俄水手杀人案往还公牍汇登》。
④ 《俄水手杀人案往还公牍汇登》。
⑤ 参见《寓沪宁波众绅商公禀苏松太兵备道袁观察函稿》，载《申报》，1904-12-21。

共闻。(2)此案若不在上海讯办,则华人不能亲往,不能信其公道;且一经他往,中国政府即失管辖之权,何以对日本?(3)俄国领事不讯此案,无条约根据;根据条约规定,俄人在中国犯事,必须由俄国领事与华官会同审办。(4)除和约所载而外,洋人在中国即应归中国治辖;今此案既非和约所载,此案人犯自然应归华官询问。(5)俄水手特准逗留此间,与寻常居民不同,更应归中国管辖。(6)俄人既要中国保护,是非归中国管辖不可;若逗留间出事,中国实任其责。(7)现在公议,只求华俄会审,已是格外通融。① 领袖领事克纳贝虽然认为将犯事外人归华官审办的要求没有条约根据,但在听完甬商的陈述和解释后,也认为他们所说不无道理,为维护租界治安起见,答应就此事与俄国领事商量。② 在中外的共同压力之下,12 月 31 日俄国领事将凶手从"阿斯科"号巡洋舰解送至俄国总领事署暂行禁押,以待中俄双方商定审讯办法。③

在如何审讯案犯问题上,袁树勋主张设特别公堂,由南洋大臣派员在上海县署内与俄国总领事共同审讯。但俄国总领事不但反对设特别公堂,只允许在俄领署内审讯,而且也不同意会审,只请县官员观审。为此,袁树勋分别于 1904 年 1 月 4、9、11 日三次照会俄国总领事,迭催俄国总领事同意设特别公堂会审,确定会审日期,并阐述其理由。12 日,俄国总领事复照表示,中俄续约中并无设特别公堂的内容,周案定于次日上午 10 时在本署内开堂审讯,"请委上海县或他员届时到堂观审"。对俄国总领事的无理要求,袁树勋当日即照会予以驳斥,指出"查中俄天津和约第 7 条明明有会同办理字样,所谓会同办理,即会讯也,何得谓并无明文乎?"宣布俄国总领事若一意孤行,由此所引发的不测,"应由贵总领事担其责任",并将"电请外务部普告各

---

① 参见《译四明绅商与租界领袖领事面谈俄水手杀人案节略》,载《申报》,1905-01-01。

② 参见《宁波侨沪绅商与租界领袖德国总领事问答记》,载《申报》,1905-01-02。

③ 参见《订讯俄囚》,载《申报》,1905-01-01。

国，令奥斯科、'满洲'巡洋舰及格鲁苏福意鱼雷艇离开上海口岸，不能再为保护，以保治安，而谢众口"①；声明"所请派员观审一节，断难照允！即使贵总领事及贵国带兵官遽行讯办，独断独行，未能满众人之心，则本道万不能承认！此案仍不得视为了结！惟有仍请照本道所议特别公堂会同讯办，始足以服大众之心，而伸死者之冤！"②同时，袁树勋致函甬绅采取一致行动，不要派人到俄领署听审。③

对袁树勋在周案中所持的严正立场，外务部起初也持支持态度。在接到有关周案的禀告后，外务部先照会俄国公使雷萨尔，要求将凶犯交出，由华官审判。④ 在该要求遭俄国公使拒绝后，外务部又于1905年1月3日致电驻俄国公使胡惟德，指示与俄国政府直接交涉，要求俄国政府命令俄国领事交出凶犯，进行会审，从严治罪。⑤ 1月13日，再次致电胡惟德，声明俄国总领事仅允华员听审的提议不能接受，"希向俄外部切实声明，径由海部饬知俄领遵照沪拟办法，切勿含糊！"⑥

然而，俄国总领事不顾中方的一再抗议，13日在中方没有派人会审的情况下单方面开审，并根据俄律第1058条和海军律第134条的规定，以凶手亚其夫所犯罪案系出无意，判处4年苦工；水手地亚夫所犯仅为违背巡捕命令，罚15卢布或监禁5天。⑦

对于俄方单方面所做的这一判决，袁树勋于次日亲赴俄国总领事

① 《补录苏松太兵备道袁海观观察照会俄总领事文三》，载《申报》，1905-01-15。

② 《苏松太道袁观察致俄总领事照会》，载《申报》，1905-01-14。

③ 参见《苏松太兵备道袁海观观察致俄寓沪宁绅函》，载《申报》，1905-01-04。

④ 参见《俄使雷萨尔致外（务）部沪俄兵砍毙周生有案请按俄律惩治罪人照会》（十一月二十五日），见王彦威辑：《清季外交史料》卷一八六，6～7页。

⑤ 参见《外部致胡惟德俄兵砍毙周生有案希告俄廷交凶电》（十一月二十七日），见王彦威辑：《清季外交史料》卷一八六，7页。

⑥ 《外部致胡惟德周案拟设特别公堂会审希商俄廷电》（十二月初八日），见王彦威辑：《清季外交史料》卷一八六，8页。

⑦ 参见《俄官自开特别公堂审问详情》，载《申报》，1905-01-15。

署，表示强烈抗议，声明此案关系重大，如不与华官会审，上海各帮华商将与俄国在沪商家停止贸易。同时，袁树勋又电禀江督和外务部，强调"此案非办到特设公堂，不能会讯；非办到会讯，不能服众"①。沪上甬人也奋起抗争，15日上午数千人在法租界四明公所集会，经上海绅商和袁树勋派人劝说，表示此案已电禀外务部、南洋大臣，将与俄方谈判解决，众人才陆续离去。② 上海各帮绅商则做出在此案解决之前"暂时停用俄国道胜银行钞票"的决定③，以示对俄国总领事单方面审判的抗议。

然而，就在俄国总领事对周案做出判决的同时，俄国政府通告各国，指责清政府违背中立，暗中援助日本，扬言俄国也将"不守战界之约"，威胁要把战火扩大到东三省之外地区。④ 在此背景之下，外务部对周案的态度发生明显转变，为避免周案问题复杂化，引发暴动，为俄国指责中国没有履行中立义务找到新的借口，不再支持袁树勋的主张，希望速将此案妥协了结。14日，外务部致电两江总督和袁树勋，强调"俄方寻衅，意在坏我中立，务饬寓沪甬绅，切实开导商民，慎勿暴动，授人以隙。大局所关，该绅等必能体察也"⑤。15日，外务部便电派商约大臣盛宣怀督同袁树勋办理此案。⑥ 而盛宣怀秉承清政府"速了"的旨意，抱定"以息事宁人，不生枝节为主"，认为以俄舰归我

① 《收沪道致外务部电》（十二月初十日），见《清光绪朝中日交涉史料》卷八二，9～10页。
② 参见《甬人聚众》，载《申报》，1905-01-16。
③ 参见《收沪道致外务部电》（十二月初十日），见《清光绪朝中日交涉史料》卷八二，10～11页。
④ 参见《照译驻美俄使喀希尼致美外部说帖》（1905年1月13日）、《照译驻美俄使喀希尼致美外部》（1905年1月18日），见"中央研究院"近代史研究所编：《清季中日韩关系史料》第9卷，6105～6106、6107～6108页。
⑤ 《外（务）部周馥袁树勋周案已电胡使力争拟归公断电》（十二月初九日），见王彦威辑：《清季外交史料》卷一八六，8页。
⑥ 参见《发盛大臣电》（十二月初十日），见《清光绪朝中日交涉史料》卷八七，54页。

保护，案犯即归华办理缺乏条约根据，难以办到①，因此在与俄方交涉中不再坚持会讯，将争论的问题转到审判是否适当和监禁年限问题上，为周案的解决寻找退路。17日在与俄国总领事会谈中，盛宣怀提出犯者虽系误犯，但杀者实是故杀，判讯监禁4年，未便照准，应将全案录送复核；另案犯的监禁日期也应自押到俄国之日为始，在沪监禁日期无论久暂，均不计算在内。②

2月3日，盛宣怀督同袁树勋与俄国总领事再度会议，提出以下4条要求：（1）应将案卷检送驻俄胡惟德公使照讯俄外部转咨俄海部复核，按俄律第1458款，将案犯判禁8年；（2）监禁应自押到俄国之日起算，在沪监禁无论久暂不在限内；（3）应给抚恤银两，可听死者家属自做善举；（4）俄船兵民，来者日众，应援引威海卫等处章程，圈禁保护，不得听任游荡，酗酒滋事。对于第一、二两条，由于其实际的处理和决定权仍在俄方，俄国总领事表示照允，后来第一条的要求也被俄国政府拒绝。至于第三条抚恤问题，俄国总领事表示恤金只能给家属，数目请示雷萨尔公使即可确定。关于第四条内容，俄国总领事表示自周案发生后，即已严禁游荡酗酒，如要订立专章，领事无权。③盛宣怀此时与俄国总领事的交涉实际上只是做表面文章，仅仅出于"稍慰人心"的考虑，已无多少实际意义。会后，盛宣怀即请在座甬绅传谕息争，并电告外务部，宣布了结周案。④

---

① 参见《收盛大臣致外务部电》（十二月二十一日），见《清光绪朝中日交涉史料》卷八二，29页。
② 参见《收盛大臣致外务部电》（十二月十三日），见《清光绪朝中日交涉史料》卷八二，16页。
③ 参见《收盛大臣致外务部电》（十二月二十九日），见《清光绪朝中日交涉史料》卷八二，34～35页。
④ 参见《收盛大臣致外务部电》（十二月二十九日），见《清光绪朝中日交涉史料》卷八二，35页。

# 四、续来俄船弁兵的安置、管理与遣返

就在中俄双方因周生有案进行交涉的前后，随着俄国在战事中的一再败北，不断有俄国弁兵逃至上海躲避，给上海的安置和管理带来了沉重的压力。

鉴于烟台发生俄舰被尾随而至的日舰强行拖走的事情，应俄方的要求，滞留烟台的俄兵 40 余人于 11 月初乘德船"阜利"号移至上海安置。① 11 月 26 日，北洋舰队"海容"号又将烟台俄舰兵弁 49 人运至上海，安置在俄巡洋舰"满洲"号上。② 至此，在上海安置的俄舰兵弁将近千人。为防止俄舰兵弁逃逸，加入正在东来的俄国波罗的海舰队，重新投入战争，日方一再要求中方切实履行中立国义务，加强对上海俄舰兵弁的管理，严防逃逸，否则，"中国应担暗助之责"③。为此，袁树勋与俄国总领事交涉，要求开送新到俄舰兵弁的衔名、籍贯、年岁清册，或具结申明非中国允准，不得擅离上海。同时，为防止再次发生俄舰兵弁上岸伤人事件，袁树勋还建议加强对俄兵弁的管理，由中方派人管束，不准俄舰兵弁再赴租界，电禀江督和外务部与俄国公使交涉。④ 外务部也照会俄国公使，敦促饬令俄国总领事将最近两次由烟台抵沪的俄舰人员具结签印，送上海道台备案，并允袁树勋可以

---

① 参见《发沪道电》（九月二十五日），见《清光绪朝中日交涉史料》卷八七，42 页。

② 参见《收北洋大臣致外务部电》（十月二十一日）、《收上海道致外务部电》（十月二十三日），见《清光绪朝中日交涉史料》卷八一，14、17 页。

③ 《收沪道致外务部电》（十一月十五日）、《收署南洋大臣致外务部电》（十一月十六日），见《清光绪朝中日交涉史料》卷八一，27～28 页；《外务部收日本松井署使函》（光绪三十年十一月初七日、十一月十四日、十一月十七日），见"中央研究院"近代史研究所编：《清季中日韩关系史料》第 9 卷，5990、5993、5994 页。

④ 参见《收沪道致外务部电》（十一月十五日）、《收署南洋大臣致外务部电》（十一月十七日），见《清光绪朝中日交涉史料》卷八一，26～27、28 页。

随时派人上船点检人数。①

由于俄国总领事以种种理由拒绝沪道的要求，1905 年 1 月 3 日袁树勋又拟定约束俄舰兵弁办法 7 条：（1）俄国兵弁水手等既为军事犯，应恪守江海关道与俄国总领事订定之章程行事。（2）俄国兵弁水手等只准在关道指定之地即浦东东清码头体操散步，不准他往。（3）若俄国兵弁水手等有潜逃偷渡出口或往指定地界之外，准中国地方官随时捉拿；一经捉拿，即作为有意败坏中立条款，经由地方官审判定罪，无庸会同俄官办理。（4）关道应向俄国领事坚索停泊浦江各艇舰船主员弁水手等衔名送道，随时派员按册清查。（5）关道应与俄国领事订明准中国官员暨海关税务司或海军或陆路官兵上船查察有无装配器械、汽机、军火、煤斤等物，及船主员弁水手人等是否在船。（6）关道应分别照会领袖领事及法总领事，分别一体转饬工部局洋包探严查界内有无俄国兵弁水手等。（7）关道应禀请南洋大臣咨调北京同文馆俄文翻译一员来沪，派充关道翻译官。②

袁树勋的意见得到两江总督和外务部的支持，1 月 11 日外务部就与俄方有关的前 5 条内容照会俄国公使雷萨尔，表示袁树勋所拟 5 条办法符合国际公法，"系为彼此相安，免再滋事起见"，请转行驻沪总领事饬知俄船员弁水手人等一律遵守。③ 2 月 9 日、13 日，外务部又因袁树勋的催促，电令驻俄大臣胡惟德就袁树勋所拟 5 条约束章程与俄外部切商，径饬俄领执行。④ 在外务部的一再催促下，俄国驻华公使雷萨尔于 2 月 21 日照会外务部，虽然认为沪道所拟章程系受日本人

---

① 参见《外务部发俄雷使照会》（光绪三十年十一月十七日），见"中央研究院"近代史研究所编：《清季中日韩关系史料》第 9 卷，5995 页。

② 参见《江督周馥咨外部据沪道禀拟约束俄兵弁七条请照会俄使饬遵文》（十二月十一日），见王彦威辑：《清季外交史料》卷一八六，10 页。

③ 《外务部发俄雷使照会》（光绪三十年十二月初六日），见"中央研究院"近代史研究所编：《清季中日韩关系史料》第 9 卷，6021～6022 页。

④ 参见《外务部发驻俄大臣胡惟德电》（光绪三十一年正月初六日、正月初十日），见"中央研究院"近代史研究所编：《清季中日韩关系史料》第 9 卷，6044、6046 页。

指使，文字表述多不友好，与中立条例不符，但同意就这一问题由沪道与俄国总领事另订"和睦章程"。①

经沪道袁树勋与俄国总领事一再晤商，对袁道所拟 5 条约束章程的内容和文字加以修改，于 3 月 18 日订定约束办法 4 条，并附订添装煤斤规章一条，规定：(1)俄船员弁水手人等既入中立国口岸，应恪守关道与俄国总领事订定章程行事。(2)俄船员弁水手人等只准在关道指定浦东东清码头圈定之地体操散步，不准他往；如偶尔因公往来租界，应由船主另给护照，以示区别。(3)关道指定东清码头地段，如俄船员弁水手人多，不敷散步，由关道另择地段，亦用竹篱围好，准予散步，以示格外体恤；惟俄船员弁水手人等出入必得由船主派员随同监视，按照军律行走，免与乡民滋事；除指定地段之外，不得闲游，并由关道保护；倘不遵守定章，任意闯越，即由中国官拿送船主严惩；如乡民生事，亦由中国官员自行严办。(4)俄船停泊浦东之东清码头，战争未毕，不得离开该码头，所有员弁水手人等前已出具切结，非中国官允准，不得离开上海口岸在案，今再申明：若俄船离开东清码头及员弁水手人等或有私自离开口岸者，惟俄总领事是问。(5)俄艇舰上煤，每次以足敷一月为准。②

除此之外，袁树勋还采取其他措施，确保章程的落实。为防止俄舰潜逃，令镜清、南琛两轮管带不分昼夜，严密监视，并电禀南洋大臣分拨北洋舰队海圻、海筹两兵轮停泊吴淞口，派海容停泊杨树浦，作严密的警备。同时，为防一些商人出于图利，为俄舰接济煤斤，袁道一面致函税务司，拟嗣后各轮装运煤斤出口，须由各领事出具切结，声明并非接济战舰，始准放行。一面与英美德等各领事磋商，约定照运米规章，"由各该国领事饬令商人具结，注明于四十日内缴还进口海

---

① 参见《外务部收俄国公使雷萨尔照会》(光绪三十一年正月十八日)，见"中央研究院"近代史研究所编：《清季中日韩关系史料》第 9 卷，6061~6062 页。

② 参见《上海道与俄总领事晤商后改拟约束俄兵办法五条》，载《申报》，1905-03-18。

关验收凭据，如有逾限，当从重处罚"①。

5月底，由俄国原波罗的海舰队组成的第二太平洋舰队在对马海峡遭日本海军的重创，受此战局的影响，又有各类俄船相继来沪避难。5月26日，有俄运煤船"古洛尼亚"号、"列伏尼亚"号、"米梯亚"号、"伐洛尼"号、"佛拉迪密尔"号、"耶洛斯拉夫"号驶抵吴淞口停泊。沪道袁树勋在得知这一情况后，立即禀告南洋大臣和外务部，并按中立条规，照会俄国总领事，限6艘船只于24小时内离开上海，如逾限不出口，即照"阿斯科"号成案，立卸军火机器，船员等具结声明，战事未毕，非奉华官允准，不得离沪；同时，袁树勋还致函税务司查禁违章装载煤斤、粮食、军火，并咨会南北洋海军统领叶祖圭饬令各舰严防。② 但在24小时过后，俄国领事和俄国政府以6艘运输船系一般商船为由，既不照限出口，也拒绝拆卸，要求与别国商船一样对待。袁树勋和南北洋海军统领叶祖圭则以该6艘运输船既然为俄波罗的海舰队的运输船，参与战事，便不能与寻常商船一律相待，坚持或照限出口，或按"满洲"号办法处理。③ 后经海圻号管带萨镇冰与各运输船船主直接交涉，俄运输船同意于29日下旗，按中立条规办理。④ 俄国总领事对此仍持抵制态度，声言运输船下旗系因下雨，非彼饬令，拒绝拆卸军械。⑤

就在袁树勋与俄国总领事相持不下之际，又有两艘俄运输船"高丽"号和"西非尔"号驶入吴淞口避难。日本总领事见此情形，即警告袁树勋：若不对俄船按中立办法采取措施，日舰将来沪实行拘捕，由此

---

① 《上海道袁复日总领事文》，载《申报》，1905-04-26。《收南洋大臣致外务部电》(四月初七日、四月十六日、四月二十二日)，见《清光绪朝中日交涉史料》卷八四，20～21页，卷八五，1、3页。

② 参见《收上海道致外务部电》(四月二十三日)，见《清光绪朝中日交涉史料》卷八五，3～4页。

③ 参见《收沪道致外务部电》(四月二十四日)、《收上海道致外务部电》(四月二十五日)，见《清光绪朝中日交涉史料》卷八五，6、7页。

④ 参见《收北洋大臣致外务部电》(四月二十七日)，见《清光绪朝中日交涉史料》卷八五，11～12页。

⑤ 参见《收江海关道致外务部电》(四月二十七日)，见《清光绪朝中日交涉史料》卷八五，12页。

所造成的后果，概由中方负责。袁树勋在得知两艘俄船到沪的消息后，也立即照会俄国总领事，限俄船于 24 小时内出口，并安排由海圻号管带萨镇冰与俄船直接交涉，按"阿斯科"号成例处理，同时电禀外务部照会俄国公使，饬令俄国总领事遵照执行。①

慑于形势的压力，5 月 31 日俄国总领事最后同意照例约束，由海关指地停泊，同时扬言"如俄政府以此办法为不合法，则责任及赔偿损失，由中国承当"②。6 月 2 日，袁树勋即通知管带萨镇冰派兵轮将俄运船押进张华浜耶松船厂码头，听候处理。③ 6 月 4 日驶入吴淞口避难的俄鱼雷艇"鲍特雷"号也由萨镇冰直接交涉，在船主弁兵愿出具听候中国处置的具结后，于次日拖至东清码头，与"阿斯科"号一同停泊。④

俄船艇的相继到来，给上海的安置工作带来沉重负担。为缓解上海的压力，两江总督周馥于 6 月 4 日电商外务部，援引日皇遣返发誓不再参与战事的俄降将的敕令，建议将拘押在上海的俄将校、水手等在发誓后遣归，船仍扣留，并饬沪道就此与上海日本总领事磋商。⑤ 但两江总督的这一建议遭到日方的反对，要求清政府继续履行中立义务，日使声称："日皇遣回俄将，自有用心，非他国所能借口。上海俄兵虽多，约束自在中国，何能因恐其滋事，概予遣回？况俄人诡计多端，稍纵即逝，虽具切结，难保不复预战事，中国何不思之甚耶？现在胶湾等处亦有俄兵拘留，德法两国，均严加防范，善自保全，务望

① 参见《收沪道致外务部电》（四月二十八日），见《清光绪朝中日交涉史料》卷八五，13～14 页。

② 《收上海道致外务部电》（四月二十八日），见《清光绪朝中日交涉史料》卷八五，14～15 页。

③ 参见《收江海关道致外务部电》（四月三十日），见《清光绪朝中日交涉史料》卷八五，16 页。

④ 参见《俄鱼雷船拖至东清码头停泊》《俄雷艇弁兵愿签字听中国处置》，载《申报》，1905-06-06。该鱼雷艇有俄士兵 150 人。

⑤ 参见《收南洋大臣致外务部电》（五月初二日），见《清光绪朝中日交涉史料》卷八五，16 页。

中国妥为自筹，勿坏中立为幸。"①甚至在 9 月 5 日日俄两国《朴次茅斯和约》签订之后，日方也反对中方将军火器械等归还俄国，坚持在和约批准互换之前，"一切仍当照战时办理"②。这样，一直到 10 月 17 日日俄驻东北司令部代表签订撤军协定、外务部宣布自即日起解除中立条规及禁令之后③，留沪俄舰的遣返工作才正式启动，至 11 月 19 日，俄兵船运船雷艇共 12 艘全行出口，收存军火等项数千件也一律交还，上海的中立使命遂告完成。④

## 五、上海外交评价

对于日俄战争时期的上海外交，当时舆论和后来的研究者多有批评，责备清政府和上海地方官员对俄国兵船的处置过于软弱，没有严格执行中立，认为应采取更为强硬的措施，派水师动用武力，维护上海的中立地位。⑤ 著名中外关系史学者马士在《中华帝国对外关系史》第三卷中亦持批评态度，写道："就履行关于交战国船只问题的中立地位而论，中国作了一个很坏的开端，因为它没有认清它的责任基本上是行政警察性质的，而不是一个适宜于外交商谈的题目。"⑥笔者以为，上述对日俄战争时期上海外交的评论是有待商榷的。

---

① 《日使不允遣俄舰败将回国》，载《申报》，1905-06-22（光绪三十一年五月二十日）。

② 《发南洋大臣电》（八月十六日），见《清光绪朝中日交涉史料》卷八八，24 页。

③ 外务部宣布解除中立条规的电令，系在日俄驻"满洲司令部"代表签订撤军协定后第三天，也即 10 月 19 日发布，参见《发东三省将军、各督抚电》（九月二十一日），见《帝国主义侵略类·日俄战争》，中国第一历史档案馆藏。

④ 参见《收南洋大臣致外务部电》（十月二十八日），见《清光绪朝中日交涉史料》卷八六，23 页。

⑤ 参见《论中国南方宜用水师保守中立》，载《东方杂志》，第 1 卷，第 7 期，1904；《追论中国办理俄舰之得失》，载《东方杂志》，第 1 卷，第 8 期，1904。

⑥ ［美］马士：《中华帝国对外关系史》第三卷，张汇文、姚曾廙、杨志信等译，456 页，上海，上海书店出版社，2000。

首先，马士认为处置俄舰属于行政警察性质而不宜于外交解决的观点难以成立。虽然根据国际公法，中立国对交战国破坏其中立的行为采取武力行动，并不构成敌对行为，应被视作履行中立之义务。但战时中立既然属于国际法范畴，其性质也必然在外交解决范围之内，而不能如对待国内问题一样，以纯行政警察的方式加以解决。倘若清政府果真如马士所说，或如当时舆论所建议的那样，对驶入中国领海的日、俄船只，不论其性质如何，贸然采取行政警察手段，势必引起中国与俄国或日本的军事冲突。这样，中国势必难以继续维持中立的局面，上海也必将陷入战火之中，难以维持"局外境"的地位，更遑论中国当时并无如此军力，以与俄国或日本舰队对抗。并且，出现这样的局面，其结果亦必然是损害中国的自身利益，或为战争中的某一方火中取栗，或得罪交战双方，使自己处于两面受敌的窘地。

其次，从外交的角度来看，上海俄舰的外交谈判虽然产生延宕，生出许多周折，并常受制于日俄两国的要求和恫吓，但正如我们所看到的，它们最后还是都接受了清政府中立条规的约束，依照中国的命令解除武装。换言之，清政府通过外交途径而非武力手段达到了维护中立地位的目的，这不能不说是日俄战争期间上海外交的一大成功。固然，在周生有案的交涉中，清政府过于虎头蛇尾，没有达到交涉的目的，但在清政府一面也是另有隐情的。当时，在俄国向各国提出清政府破坏中立的通告之后，清政府和有关列强如美国等都怀疑和担心俄国有可能破坏中国中立，或占领中国沿海港口，为正在前来的俄波罗的海舰队寻找一个海军基地，或挑衅西北边疆，或出兵辽西。清政府当时在周案问题上妥协、让步，便是不希望因周生有的人命案为俄国提供这样一个借口，让俄国的这一计划得逞。最后办理此案的盛宣怀表示"办此等事，只能先顾大局，不复能顾毁谤"，确是当时清政府的苦衷和实情。并且，由于上海地方政府的严密防范，在整个日俄战争期间，上海地区除了发生个别俄国船员违背纪律的事件之外，既没有发生拘押在上海的俄舰潜逃的事件，也没有发生烟台港日舰强行拖走俄降船的事件。事实上，正是因为上海地方政府尽其所能地履行了中立义务，当俄国向美国等提出中国破坏中立的指控后，美国即"引俄舰入沪一案，为中国能守中立之确据"①。

  总之，透过日俄战争时期的上海外交，我们能够看到当时清朝中央政府和上海地方当局都严格执行了中立政策。而上海在这场国际冲突中能够避免战火，维持相对的和平与安定，固然与当时的国际背景及列强的利益有关，同时与清政府和上海地方当局执行的中立政策不无关系。战时上海的因应之道，也应是近代上海史研究中的一个重要内容。

原载《史林》2005 年第 2 期

---

  ① 《外务部收驻美大臣梁诚函》(光绪三十一年二月十三日)、《照译美外部致俄公使喀希尼》(1905 年 1 月 23 日)，见"中央研究院"近代史研究所编：《清季中日韩关系史料》第 9 卷，6105、6108～6109 页。

# 谈定海在第一次鸦片战争中的地位

在第一次鸦片战争中，闽、浙、粤三省的沿海地区和长江下游地区曾是中英双方交战的主要战场。但是，这些战场在战争中的地位和影响是各不相同的。本文试就定海在第一次鸦片战争中的地位问题谈一些看法。

## 一、定海：英国侵略者占据的第一目标

定海在第一次鸦片战争中的地位和重要性，突出表现在它是当时英国侵略者占据的第一目标，是英国侵略者在中国境内设立的一个总司令部。

定海位于浙江省东部沿海舟山群岛的西部，居我国海岸线的中部，地处长江口以南、杭州湾以东的海面上，不仅是浙东重要城市宁波的藩篱，而且也是南北航道的要冲，战略位置十分重要。此外，该岛地处北纬 29°56′—30°15′和东经 120°15′—121°40′之间，属亚热带海洋性季风气候，温暖、湿润，适宜于多种农作物的生长，物产丰富，自然条件优越。定海的战略位置和优越的自然环境，一开始就使该岛成为西方殖民者的觊觎之地。

早在 16 世纪末，最先来中国的西方殖民者葡萄牙人就曾在宁波、舟山一带兼做商人和海盗，"剽劫行旅""掠买良民"，并一度窃据舟山的双屿港。① 1685 年，清政府下令开放海禁，开辟云台山、宁波、厦

---

① 参见张廷玉：《明史·外国传六·佛郎机》，8430～8434 页，北京，中华书局，1974。

门、广州四处为通商口岸。从此，作为宁波门户的定海成了洋商来浙江贸易的驻地。洋商来浙江后即将货船停泊在定海一带。定海设立县城后，监督张圣诏还在城外修筑红毛馆，为洋商提供居住之所。1757年，在清政府为保护封建经济和防范外人活动关闭宁波等三处通商口岸之后，洋商仍然十分重视宁波、舟山一带的贸易地位。就在清政府关闭宁波的当年，英商华苗殊就驾船来定海，要求互市。① 1793年，英国政府派马戛尔尼使团来中国，向清政府提出开辟浙江宁波、舟山为通商口岸和割让舟山岛屿一处的要求，并在舟山一带进行长时间的停留，重新绘制舟山群岛的航线图，考察当地的物产人情、军事设施，认为"在欧洲城市中，定海非常近似威尼斯，不过较小一点"②。这次，英国侵略者的要求并没有得逞，他们的无理要求遭到了清朝政府理所当然的拒绝。③

19 世纪 30 年代，随着英国资本主义的发展和鸦片贸易的扩大，英国侵略者占领中国沿海岛屿的野心也愈来愈强烈。1830 年，47 名主要与鸦片贸易有关的英商联合上书英国议会，呼吁英国政府"采取与国家相称的决定，在靠近中国的沿海地区取得岛屿一处"，以保护英国的对华贸易。④ 但在随后的一段时间里，英国侵略者对占领哪一岛屿的问题意见不一，有主张占领舟山或厦门的，也有主张占领香港或台湾的。1839 年，英国侵略者在正式发动侵略战争的前夕对这一问题进行了认真的讨论。最后，英国政府倾向先占领舟山。11 月 4 日，英国首相巴麦尊在致义律的训令中指示英国军队在中国行动的第一步是封锁珠江，第二步即占领舟山群岛，拦截沿海商船。巴麦尊在给海军部下达的命令中进一步做了明确的说明，指出："这支远征军之进入中国

---

① 参见梁廷枏：《夷氛闻记》卷一，邵循正点校，2 页，北京，中华书局，1959。

② ［英］斯当东：《英使谒见乾隆纪实》，叶笃义译，216 页，北京，商务印书馆，1963。

③ 参见［英］斯当东：《英使谒见乾隆纪实》，叶笃义译，560～561 页。

④ 参见［英］格林堡：《鸦片战争前中英通商史》，康成译，178 页，北京，商务印书馆，1961。

海，意在占领中国沿海的某处岛屿，以之作为供应与行动基地。指挥
远征军的海军司令必须有权便宜行事，按照他就地取得的情报，选择
所要占领的岛屿。不过他应该选择这样的岛屿：它要有良好而安全的
停泊港；它要便于防御中国方面任何攻击；如果情况需要永久占领，
它要便于永久占有。陛下政府倾向于相信舟山群岛中的一岛很合乎这
样的要求；该岛当广州、北京之间的中途，接近可航大江的三角洲，
从许多方面考虑，适于做总司令部。"①

　　英国政府将定海作为占据的第一个目标，他们看中的首先就是定
海的战略位置和优越的自然环境。1840 年 6 月 22 日《澳门新闻纸》上
的一篇文章对英军为什么首先要占领舟山进行了解释，它指出"论及兵
丁驻扎之处，众人之意见不同，大抵舟山岛，乃系现在兵丁驻扎之处。
因见此岛乃系在中国之中，邻近之处皆系富厚省分，又与产茶叶、丝
发之省分相近，即在其内地之港口，亦系甚好，可为外国贸易之大市
镇。我等若由中国人手内夺得此岛，即定必令此岛比广东省城更为紧
要，其路程虽系略远，而经过台湾之港口，大半年虽系有暴风之险，
惟舟山天气甚好，土地肥美，而居民亦甚稠密。在此岛上有定海城，
即在于〔如〕今亦系大贸易之处。此岛之样子，正与新奇〔加〕坡相同，
大抵比新奇〔加〕坡更宽大"②。

　　后来随军来华作战的英国士兵宾汉在其所著的《英军在华作战记》
一书中对占领舟山的意义也进行了充分估计。他说："舟山岛的资源蕴
藏丰富，假如有一个好政府，抽适当的商税，很快就能支付本岛一切
费用而尚有余。该岛位于中国海岸线中部的外边，成为南北间的商业
枢纽，又因地近扬子江和黄河，如要设立一支军队，迫使中国遵守最
后所可能订立的条约条款，这里是最合适的地点了。"③

---

　　①　严中平辑译：《英国鸦片贩子策划鸦片战争的幕后活动》，载《近代史资
料》，1958(4)。

　　②　中国史学会主编：《鸦片战争》(二)，484～485 页，上海，上海人民出版
社，1957。笔者订正。

　　③　中国史学会主编：《鸦片战争》(五)，126 页。

因此，英军在 1840 年 7 月攻陷定海后即在那里安营扎寨，添设炮台，加强军事设施，并设立伪知县，张贴告示："示谕定民，令其接济"①，对当地人民实行殖民统治。

1841 年 2 月，英军撤出定海，这是义律个人做出的决定。1841 年 1 月，英军在广州攻占大角、沙角炮台，义律与琦善擅自签订《穿鼻草约》，双方规定香港割让给英国，英军退出沙角和定海。虽然英国政府决定首先占据舟山，并有长期占领的打算，巴麦尊曾明确表示"陛下政府是有意于要永久占有这样地方的"②。但同时他在训令中又表示侵华英军司令"有权便宜行事，按照他就地取得的情报，选择所要占领的岛屿"③。因此，义律个人认为自己有权做这样的决定。当然，义律放弃占领定海的主要原因在于他认为定海的贸易地位远不如香港。鸦片贩子马地臣④、查顿⑤、马士⑥对此做过分析。

义律放弃定海的另一重要原因是因为英军在舟山遇到原先没有想象到的困难。英军占领定海后，定海人民实行坚壁清野，断绝英军的一切物资供应，一位英国侵略者这样描述他们当时所处的处境："街上难得看见一个中国人，没有可能得到新鲜食物。城的附近看不见公鸡和母鸡，就是听到一只鸟叫，也难得再叫了。从军的非战斗人员整天在沟渠里垂钓，四周围着仆役，专等收买第一条鱼。就连蔬菜的可怜的供给都停止了。"⑦随之而来的是英军遭受疫病的严重威胁。在 7 月到 12 月的短短 5 个多月里，在一支不超过 4000 人的军队里，仅住院

---

① 齐思和等整理：《筹办夷务始末（道光朝）》（二），582 页，北京，中华书局，1964。

② 严中平辑译：《英国鸦片贩子策划鸦片战争的幕后活动》。

③ 严中平辑译：《英国鸦片贩子策划鸦片战争的幕后活动》。

④ 参见［英］格林堡：《鸦片战争前中英通商史》，康成译，194 页。

⑤ 严中平辑译：《英国鸦片贩子策划鸦片战争的幕后活动》。

⑥ 参见［美］马士：《中华帝国对外关系史》第一卷，张汇文、姚曾廙、杨志信等译，340～341 页。

⑦ 中国史学会主编：《鸦片战争》（五），123～124 页。

人次就达 5329 次之多，死亡有 418 人。① 这样，英军撤出定海也就成了"必要的行动"。

此外，义律要想从清政府手中要回拿布夫人、安突德等被俘人员，唯一的办法就是将军队撤出定海。伊里布来浙江后，一直将英军撤出定海作为释放俘虏的先决条件。英军在几次争取清政府释放俘虏的努力失败后认识到"假如不放弃舟山，那么安突德陆军上尉、的吉利士海军少校、拿布夫人，以及其他在宁波的俘虏是不会得到释放的"②。因此，他们认为暂时放弃定海是明智之举。

但是，1841 年 2 月英军撤出定海并不意味着英国政府此时已放弃了占领定海的打算。4 月 30 日，英国政府召开内阁会议，决定召回义律，改派璞鼎查为全权大臣，重新占领舟山，务期完全达到侵略目的。9 月，英军在攻陷定海后再次将舟山作为英军的总司令部。他们在定海"派兵把守城门，搜查进出之人，城内居民之未及迁避者，按户散给钱文……铺面不准关闭，日用重价购买，要结人心。并在岭港、沈家门、三江等处，安设帐房。逆船分绕各岙，停泊游奕，阻我大兵去路"③。同时，他们还在岛内发布文告，宣布"英军将在区内设立军政府，以便保护善良，惩治奸顽……凡能在本政府管治下谨守秩序，服从命令之良民，本政府保证给予扶助及保护。为使居民在遭受冤屈虐待时得到一切伸雪的便利，以及使他们能向军政府诉愿，兹特任命丹尼斯陆军上尉为本政府军政长官"④。1842 年 2 月，璞鼎查还公然宣布"香港与定海将要作为自由港，对于任何国家的任何船只，不收任何种的关税、港口税和其他捐税"⑤。一直到中英签订《南京条约》，英国在达到全部侵略目标后才最后决定放弃对定海的永久占领。

---

① 参见［美］马士：《中华帝国对外关系史》第一卷，张汇文、姚曾廙、杨志信等译，307 页。

② 中国史学会主编：《鸦片战争》（五），135 页。笔者订正。

③ 齐思和等整理：《筹办夷务始末（道光朝）》（三），1264 页。

④ 中国史学会主编：《鸦片战争》（五），334 页。

⑤ ［美］马士：《中华帝国对外关系史》第一卷，张汇文、姚曾廙、杨志信等译，329 页。

## 二、定海之战：清政府对外政策的一个转折点

英国侵略者虽然最后并没有永久占据定海，但定海作为他们占据的第一个目标，在第一次鸦片战争中始终作为英军在华设立的一个总司令部。因此，两次定海之战对鸦片战争的进程产生的影响也是十分重大的。

1840 年 7 月的第一次定海之战，是中英开战以来中国封建统治阶级第一次丧师失地的战争，它直接导致了清朝最高统治者道光皇帝对外政策的转变。在此之前，道光皇帝一意主剿，曾在林则徐的奏折中诛批道："朕不虑卿等孟浪，但诚卿等不可畏葸，先威后德，控制之良法也。"①但在定海失守之后，道光皇帝自己首先吓破了胆，转而起用琦善、伊里布等主和派人物，8 月 9 日谕军机处著直隶总督琦善命令所属"如该夷船驶至海口，果无桀骜情形，不必遽行开枪开炮。傥有报递禀贴情事，无论夷字汉字，即将原禀进呈"②。斥责林则徐"外而断绝通商，并未断绝；内而查拿犯法，亦不能净。无非空言搪塞，不但终无实济，反生出许多波澜"③。9 月，道光皇帝以林则徐、邓廷桢"办理终无实济，转致别生事端，误国病民"④的罪名，正式下令将他们二人革职查办。总之，定海的第一次失守是清政府在鸦片战争中对外政策的一个转折点。从此，以林则徐为代表的抵抗派开始失势，主和派逐渐占了上风。

1841 年 10 月 1 日定海的再次失陷，则为浙东和长江下游地区全面遭受英军进攻的前奏，它导致了清政府投降政策的最终确立。英军在攻占定海后，相继攻陷镇海、宁波、余姚、奉化诸城，使清政府大为震动。1842 年 3 月，收复浙东失地的战斗失败后道光皇帝完全放弃抵抗政策，决意向英军妥协投降，再次起用主和派人物耆英和已被革职的伊里布，授意他们赴浙江向英军乞和。与此同时，道光皇帝进一

---

① 齐思和等整理：《筹办夷务始末（道光朝）》（一），226 页。
② 齐思和等整理：《筹办夷务始末（道光朝）》（一），359 页。
③ 齐思和等整理：《筹办夷务始末（道光朝）》（一），393 页。
④ 齐思和等整理：《筹办夷务始末（道光朝）》（一），483 页。

步打击抵抗派，将抵抗派的领袖人物林则徐充军伊犁。从此，清廷上
下"人人以为指日可罢兵，遂不复议进战"①。1842 年 8 月战争虽已结
束，但英国侵略者仍将定海作为迫使清政府完全履行不平等条约内容
的一个筹码，规定："惟有定海县之舟山海岛、厦门厅之古〔鼓〕浪屿，
仍归英兵暂为驻守，迨及所议洋银全数交清，而前议各海口均已开关，
俾英人通商后，即将驻守二处军士退出，不复占据。"②一直到 1846 年
7 月 25 日，英军才全部撤出定海；而在此一年之前英军即已撤出鼓浪
屿。定海在第一次鸦片战争中的地位和影响，由此亦可见一斑。

## 三、结　语

最后，根据定海在第一次鸦片战争中的地位和作用，我们有必要
对下面两个问题做出说明。其一，1840 年 7 月英军攻占定海，这是他
们预定的战略目标，中国史书将英军这一行动全然看成英军因广州、
福建防守严密，无机可乘，才转而进范浙江，如魏源在《夷艘入寇记》
中说："夷船至粤旬余，无隙可乘，遂乘风窜赴各省。"③梁廷枏在《夷
氛闻记》中也认为英军来广州后，"知要口无隙可乘，坐待非计，遽驶
三十一艘赴浙江"④。这种说法显然只知其一，不知其二。其二，一般
史著都认为英军第一次撤出定海后，裕谦在定海设防，这是战略上的
一个失误，其理由是林则徐所说的定海孤悬海外，"先朝弃地，重兵良
将，守此绝岛非策，请移三镇于内地，用固门户"⑤。我们认为从定海
的战略地位来看，这一看法是不恰当的。无论是从必要性和可行性来
看，都不能说在定海设防是战略上的错误。

原载《浙江学刊》1996 年第 2 期

①　中国史学会主编：《鸦片战争》(三)，209 页。
②　齐思和等整理：《筹办夷务始末(道光朝)》(五)，2317 页。笔者订正。
③　中国史学会主编：《鸦片战争》(六)，111 页。
④　梁廷枏：《夷氛闻记》卷二，42 页。
⑤　中国史学会主编：《鸦片战争》(四)，642 页。

# 晚清史研究百年回眸与反思

在国内学术界，晚清史的研究对象为 1840 年鸦片战争前后到 1912 年 2 月 12 日清帝退位这段 70 多年的中国历史，这已是大家的一个共识。晚清史的独特性在于，它既是断代史清史研究的一个自然组成部分，同时也是中国近代史研究的一个基本组成部分。从学科史角度，对清朝灭亡以来的国内晚清史研究做一个比较扼要宏观的回顾，对于我们今天更好地认识晚清史学科的独特性，建立一个与断代史清史和中国近代史两个学科既有联系又有区别的独立的晚清史学科体系，或许不无启发。

## 一、新中国成立之前的晚清史研究

国内通论性的晚清史学术研究始于 1912 年清亡之后，并分别被纳入两个不同的学科之下：一是作为断代史清史研究的一个组成部分；二是作为中国近代史研究的一个组成部分。

在断代史清史研究学科体系之下，这一时期的晚清史研究，大致又可分三个流派。一派为清朝遗老派，以《清史稿》为代表。他们站在逊清的立场上，于 1914 年开始编纂，借修史报答先朝皇恩，在内容选择和措辞上多方为清朝歌功颂德，如在撰修过程中，对于清朝统治者的残暴行径，以及有损清室帝王尊严、后妃名誉的事件，或避而不谈，或轻描淡写；而在忠义、列女等传的安排上，则不惜篇幅，褒扬铺张；在撰修帝纪中，对清朝皇帝也多溢美之辞，"至勤""至明""至仁"等词处处可见，并不惜违背传统断代史修史体例，为许多生于清而死于民国的忠于清朝的遗民立传。另一方面,《清史稿》对清代的反清革命活动则尽量少写,甚至不写,如对兴中会、同盟会的建立、民报的出版以及孙中山领导的许多次武装起义,《清史稿》全都没有记载;孙中山作为推翻清朝统治的领袖,《清史稿》仅在光绪三十年五月慈禧太后下旨赦免戊戌党人时一见其名,将他与康、梁二人一道被列入大逆不赦之人。同样,对于存在14年之久的太平天国政权,《清史稿》也不按传统修史惯例,设《载记》以记其事,仅设《洪秀全传》,草率应付。并且,凡是记载反清活动,《清史稿》都以"倡乱""谋乱""谋逆"等词称之,等等。《清史稿》这种"内清而外民国"的修纂立场,直接反映逊清遗民对民国正统地位的拒斥心理,结果于1929年12月遭南京国民政府封禁。

另一派为民族革命派,以许国英、汪荣宝合撰和合编的《清史讲义》和《清鉴易知录》,刘法曾的《清史纂要》,黄鸿寿编的《清史纪事本末》,陈怀的《清史要略》,萧一山的《清代通史》等为代表。这一派的学者与清朝遗老派相对立,他们秉承民族革命史观,奉民国为正统,将清朝统治看作异族统治,多加抨击和批判,认为清朝的历史,是清朝入主中原统治中国的历史,同时也是以汉族为主的中国民族革命的历史,清朝的灭亡都是由民族压迫和专制统治所致,他们对清代的反清革命活动都做正面论述和评价。

第三派为学术派,以孟森的《清史讲义》为代表。这一派学者主张清史研究应秉持客观的学术态度,既痛斥清朝遗老编纂《清史稿》存在隐讳涂饰之病,表示"此非学人治历史者之本怀"①,也严厉批评民族革命史观"承革命时期之态度,对清或作仇敌之词","乃军旅之事,非学问之事",是"浅学之士"之所为,不符合修史任务,表示"史学上之清史,自当占中国累朝史中较盛之一朝,不应故为贬抑,自失学者态度","若已认为应代修史,即认为现代所继承之前代。尊重现代,必并不厌薄于所继承之前代,而后觉承统之有自。清一代武功文治,幅员人材,皆有可观。明初代元,以胡俗为厌,天下既定,即表章元世祖之治,惜其子孙不能遵守。后代于前代,评量政治之得失以为法戒,

---

① 孟森:《清朝前纪》,"叙言",1页,北京,中华书局,2008。

乃所以为史学"。① 主张清史研究以传信存真、"列清史为学科之意"为宗旨。此一学派的学术研究，后来多被国内清史学界所继承。

在近代史学界，晚清史的研究要稍晚于清史学界，虽然始于 20 世纪 20 年代，但主要盛行于 20 世纪三四十年代，并形成两个影响深远的学派。一派为资产阶级学者，以陈恭禄的《中国近代史》和蒋廷黻的《中国近代史》为代表，构建起晚清史研究的现代化叙事模式。他们认为 1840 年鸦片战争之后中国历史的主题是近代化，即中国如何借鉴西方现代思想、技术和制度，走出封建社会，建立近代国家，实现近代化的过程。并且，他们接受西方资产阶级学者的"挑战—回应"模式，认为中国近代化的最大障碍是中国的各种"民族惰性"和落后的传统。因此，他们在看待晚清中国与列强关系问题上，强调帝国主义列强对中国冲击所产生的积极作用，将帝国主义列强与中国的关系看作是进步与落后的关系，看作是两种不同文化、不同制度、不同文明的冲突，因而对中国人民的反侵略斗争持消极或否定评价。对于晚清时期的中国内政，他们认为改良道路比较符合推进中国近代化和建立民族国家的目标，因此，对晚清洋务运动和洋务派、戊戌变法和维新派、清末新政和清廷改革派、立宪运动和立宪派，大体做正面论述。同时，站在资产阶级和民国的立场上，他们也肯定辛亥革命的积极意义。但另一方面，他们认为农民起义不符合近代化和民族建国目标，因此，对晚清历史上的太平天国农民起义和义和团运动，多加否定。

另一派是马克思主义学者，以李鼎声的《中国近代史》、范文澜的《中国近代史》和胡绳的《帝国主义与中国政治》为代表，构建起晚清史研究的革命叙事模式。这一派学者认为，1840 年鸦片战争之后的近代中国历史是"帝国主义和中国封建主义相结合，把中国变为半殖民地和殖民地的过程，也就是中国人民反抗帝国主义及其走狗的过程"②。因此，反帝反封建才是中国近代历史的主题。根据这一认识，他们在看

① 吴俊编校：《孟森学术论著》，4 页，杭州，浙江人民出版社，1998。
② 《中国革命和中国共产党》，见《毛泽东选集》第 2 卷，632 页，北京，人民出版社，1991。

待晚清中国与列强的关系上，着重揭露列强对中国的侵略和给中国社会带来的深重灾难，对中国人民的各种反侵略斗争给予充分肯定。对于晚清中国内政，他们推崇革命，不但批判清朝统治阶级阻碍历史进步，也批判晚清各种改良主义道路不符合历史发展方向。

需要指出的是，在民国时期，虽然清史学界和近代史学界都将晚清历史纳入研究对象，但晚清史研究在这两个学科中的地位还是有所不同的。比较而言，近代史学科对晚清史的重视和研究深度及影响要高于清史学界。对于近代史学界而言，民国时期的历史只有二三十年，因此，晚清70年历史自然就成了近代史的主体，他们撰写的中国近代史著作，无不以晚清70年为主要内容，民国部分只是最后附带论述。而对于清史学界而言，晚清70年只占清代历史的四分之一，并且，受资料条件和学术积累及政治等各种因素的影响，清史学界的研究重心和学术贡献主要集中在清前期和中期史，对晚清史的研究则显薄弱。这种情况也影响了后来中国学界的清史和晚清史的研究。

## 二、20世纪50—80年代的晚清史研究

1949年之后，根据马克思主义对中国社会性质的分析，晚清历史进一步被归入中国近代史学科范畴。并且，革命叙事成为晚清史研究的唯一模式，并进一步完善和细化，代表性著作如林增平的《中国近代史》、戴逸的《中国近代史稿》、郭沫若主编的《中国史稿》第4册、翦伯赞主编的《中国史纲要》第4册、刘大年主编的《中国近代史稿》、胡绳的《从鸦片战争到五四运动》和苑书义、陈振江、胡思庸、邱远猷等编著的《中国近代史新编》等。

这些中国近代史著作构建的晚清史叙事体系的共同特点是，根据毛泽东阐述的"两个过程"理论，以阶级斗争为主线，揭示晚清中国半殖民地化和半封建化过程，突出人民群众在反帝反封建斗争中的历史地位和作用，并以"三次革命高潮"和"八大事件"为具体内容。所谓"三次革命高潮"，即太平天国运动、义和团运动、辛亥革命。所谓"八大事件"，即两次鸦片战争、太平天国运动、洋务运动、中法战争、中日

战争、戊戌变法、义和团运动、辛亥革命。在这一体系之下，有关"八大事件"尤其是"三次革命高潮"的研究受到学界超乎寻常的重视，成为中国历史研究中的显学，并取得了丰硕成果，相关论著汗牛充栋，数不胜数。

另外，清史学界则根据新中国成立之后历史学科的设置，进一步主动将晚清史排除在清史之外，只研究鸦片战争之前的清前期和中期史。如 20 世纪 60 年代初，郑天挺先生给中央党校讲授清朝历史，就只讲鸦片战争之前清朝的政治、经济和文化，明确指出鸦片战争之后的清朝历史属于近代史范畴，不在清史讲授范围之内，他说："清朝的统治一直继续到一八四〇年以后，直到一九一一年才被推翻。但是从一八四〇年中英第一次鸦片战争之后，中国一步一步变成了半殖民地半封建社会，社会性质发生了变化，所以在通史里清朝的历史结束于一八四〇年。一八四〇年以后的七十多年的历史则放在近代史部分去讲，我们讲清代历史的就不谈了。"①20 世纪 80 年代伊始，戴逸先生主编的《简明清史》考虑到鸦片战争以后的晚清历史属于近代史研究范畴，也只写到 1840 年鸦片战争之前，指出"鸦片战争以后，中国进入了近代历史时期，社会性质和革命性质开始发生巨大的变化，根本不同于清代的前期和中期。目前已出版了各种比较详细的中国近代史著作，在基本内容上，本书结束之后，可以和这些近代史著作相衔接"②。直至 20 世纪 90 年代初，陈生玺、杜家骥先生所著的《清史研究概说》在对清史研究进行学术史回顾时，重点也是介绍清前期和中期史的研究，几乎未将近代史学界的晚清史研究列入其中，这正是反映了新中国成立以来清史学界普遍将晚清史划归中国近代史学科范畴的现实。

需要指出的是，晚清史与清史研究相分裂的状况是不利于推进学术的，造成了清史与中国近代史两个学科之间的巨大隔阂：研究晚清中国近代史的不问清史学界的研究；研究清史的不知近代史学界的晚清史研究。一个明显的例子是，20 世纪 70 年代末，清史学界酝酿启

---

① 郑天挺：《清史简述》，1~2 页，北京，中华书局，1980。
② 戴逸主编：《简明清史》第 1 册，2 页，北京，人民出版社，1980。

动清史编纂工程时，虽然有意将晚清历史重新纳入清史范畴，计划以鸦片战争为界，分上下编撰写，但由于不了解国内近代史学界在晚清史方面所取得的成绩和研究队伍，或出于学科壁垒，认为"国内研究鸦片战争以前清代历史的人员较多，机构也比较充实，目前先搞出上编的规划，待取得一定经验之后，另行组织力量，制定下编的规划"①。这显然没有将近代史学界的晚清史研究和学者看成是清史研究的一个组成部分。

清史学界与中国近代史学界存在的这种学科壁垒，甚至在 21 世纪初国家清史编纂工程刚启动之际仍影响着清史编纂工作。原中国史学会会长、中国近代史研究专家张海鹏先生曾在一篇文章中回忆道："国家清史编纂工程即将启动之际，我参加一个座谈会，一个研究清史的著名学者开出一个清史著作书目，竟都是嘉庆以前的，我问道光以后的算不算清史，那位先生无以应对。还是在那个时候，一位今天在清史编纂工程中担任重要任务的学者，说自己并不适合在清史工程中担任职务，基本理由是自己的专业是研究中国近代史。可见，在那个时候，中国近代史与清史之间是存在壁垒的，在研究者的心目中，是划有界限的。"②

同样，中国近代史学科构建的晚清史革命叙事体系存在的欠缺也是显而易见的。在中国近代史学科底下，一部晚清史被浓缩为一部反帝反封建的政治事件史，不但严重忽视了对晚清经济、军事、外交、制度和社会及思想文化的研究，而且也严重忽视了对清朝及相关重要人物和制度的研究，在不同程度上割断了与鸦片战争之前清朝历史的联系。进入 80 年代之后，尽管学界试图对这一革命叙事体系加以修正，有的提出"四个阶梯说"，有的提出"双线说"，有的提出"民族运动

① 清史编纂规划起草小组：《清史编纂规划（草案）》（1978 年 11 月初稿、1979 年 2 月修改），见国家清史编纂委员会体裁体例工作小组编：《清史编纂体裁体例讨论集》下册，1188～1189 页，北京，中国人民大学出版社，2004。
② 张海鹏：《晚清政治史研究的理论和方法问题》，见中国社会科学院近代史研究所政治史研究室编：《晚清政治史研究的检讨：问题与前瞻》，1 页，北京，社会科学文献出版社，2014。

说"，但它们基本上只是在"两个过程""三个高潮"的架构下进行一些修修补补的工作。在革命叙事体系之下，晚清史研究不可能出现重大的根本性改变。

## 三、20世纪90年代之后的晚清史研究

进入20世纪90年代，中国近代史学科虽然继续保留革命叙事模式，但在学术研究领域，受改革开放进一步扩大和西方学术思潮的影响，国内的晚清史研究开始明显突破中国近代史学科的革命叙事体系。

首先，就近代史学界来说，受20世纪80年代以来中国改革开放及西方现代化理论的影响，现代化范式重新受到重视，90年代以后国内出版了多本研究中国现代化史的著作，如章开源、罗福惠主编的《比较中的审视：中国早期现代化研究》，胡福明主编的《中国现代化的历史进程》，许纪霖、陈达凯主编的《中国现代化史》，虞和平主编的《中国现代化历程》第一卷等。笔者也曾撰文指出，中国近代史研究应以近代化为主题，以工业化、民主化、国家独立化和人的近代化为四条基本发展线索。① 与此同时，主张革命范式的学者，也部分修正自己的观点和主张，如胡绳、刘大年等学者认同近代化和民族独立也是中国近代历史的主题，认为这些历史主题与他们构建的革命叙事模式及他们所使用的阶级分析观点和方法并不矛盾，对晚清历史上有利于近代化和民族独立的历史和人物，不再单一用革命的标准，一概否定。②

其次，受西方新社会史、新文化史、后现代主义史学和中国中心观等影响，国内学界还明显加强了对晚清社会史、经济史、文化史和地方史的研究，开拓了许多新的研究领域，诸如妇女史研究、贱民和

---

① 参见拙文：《关于中国近代史主题和线索的再思考》，载《学术研究》，1992(5)。

② 参见胡绳：《〈从鸦片战争到五四运动〉再版序言》，载《近代史研究》，1996(2)；胡绳：《社会主义和资本主义的关系：世纪之交的回顾与前瞻》，载《中共党史研究》，1998(6)；胡绳：《毛泽东的新民主主义论再评价》，载《中共党史研究》，1999(3)；刘大年：《中国近代历史运动的主题》，载《近代史研究》，1996(6)。

戏子研究、日常社会生活史研究、家族史研究、宗族社会研究、秘密社会研究、宗教与民间信仰研究、灾荒史研究、医疗卫生史研究、城市史研究、报刊史研究、出版史研究、广告史研究，等等。即使在晚清政治史研究领域，革命史也不再是学界的主要研究对象，进入 90 年代之后，研究革命对立面论著的数量远远超出研究革命史论著的数量，学界明显加强了对晚清制度史、晚清边政史、晚清中外关系史、晚清改革史、晚清满汉关系史、晚清军事史、晚清人物与政局和"后事件史"等的研究。总之，近代史学界对晚清史的研究不再局限于"八大事件"，而是进行全方位研究，晚清史的研究趋于多元化。

再次，伴随国家清史编纂工程的启动和推进，从事近代史研究的学者积极参与其中，加强对清史的学习与研究。如为配合国家清史编纂工程，作为国内近代史研究重镇的中国社会科学院近代史研究所，于 2003 年将晚清史研究列入中国社会科学院"重点学科建设工程"，具体由政治史研究室负责落实，实现由近代史研究向晚清史研究的转向。为推动晚清史研究，政治史研究室除每年举行小型学术会议外，还于 2006、2007、2009、2010、2012、2014、2016 年先后组织举办七届"晚清史研究国际学术研讨会"。会议主题依次为"晚清国家与社会""晚清改革与社会变迁""湘淮人物与晚清社会""清代满汉关系研究""政治精英与近代中国""清末新政、边疆新政及清末民族关系研究""晚清制度、思想与人物研究"，并在国际学术研讨会的基础上，出版系列会议论文集《晚清史论丛》。可以说，近代史所政治史室的研究转型，只是近年国内近代史学界的一个缩影。事实上，近年近代史学界积极参与清史学界有关"新清史"问题的讨论，也从侧面反映了两个学科之间的交汇。

最后，在清史学界，进入 20 世纪 90 年代之后，也开始改变以往不谈晚清史的消极态度，主动将晚清史纳入清史研究领域，强调晚清史是清史研究的一个有机组成部分，不可割裂，"要研究清代的全史"。如由王戎笙先生主持的 10 卷本《清代全史》的最后四卷讲的就是晚清历史，内容涉及晚清政治、经济、思想和文化。著名清史研究专家李文海先生则在 1999 年撰文，批评清史学界将鸦片战争之后的晚清史排除在清史研究之外的做法，"极大地阻碍了清史学科的建设"，大力疾呼清史研究"应该全面地、完整地对从清朝开国到王朝覆亡的历史做出系统的认识和说明"，指出"研究近代社会，如果不了解清前期历史，就会对很多问题弄不清来龙去脉。研究清史，如果不把后期清史包括在内，就犹如鲁迅所说的'断尾巴蜻蜓'，说不清事物的发展变化。所以，使清史从清前期历史的狭隘领域内走出来，成为真正意义上的贯通前后的清代通史，应该是一件刻不容缓的任务"。①

2002 年国家清史编纂工程启动之后，由著名清史专家戴逸教授领衔的国家清史编委会，从一开始就打破清史学界与中国近代史学界存在多年的学科壁垒，吸纳大量研究近代史的专家和学者参与其中，将晚清史列为清史编纂工程的一个重要组成部分。同时，国内学界出版的无论是中国通史著作还是断代史的清史著作，都将 1840 年鸦片战争之后的晚清历史纳入其中。中国通史著作如蔡美彪主编的《中国通史》第 11～12 册，白寿彝主编的《中国通史》第 11 卷；断代史清史著作如李文海主编的《清史编年》第 8～12 卷，戴逸、李文海主编的《清通鉴》第 14～20 卷，朱诚如主编的《清朝通史》第 11～14 分卷，郑天挺主编的《清史》下编等，无不如此。

总之，进入 20 世纪 90 年代之后，中国近代史与清史两个学科之间的隔阂虽然依然存在，但开始逐渐消解，并呈现出互相融合的趋势。当然，在晚清史研究中要彻底消除清史和中国近代史两个学科数十年间形成的隔阂，并非一日之功，仍然任重道远。

## 四、对晚清史研究的几点期待

过去的一百多年里，晚清史研究在清史学科与中国近代史学科的共同推动下，业已取得令人瞩目的成果。然而，从学科史角度如何进一步推动晚清史研究，使之成为一门独立学科，仍有待学界做进一步的思考和探索。

---

① 李文海：《清史研究八十年》，载《清史研究》，1999(1)。

　　首先，有必要进一步探索中国近代史和清史两个学科在内容和形式上的有机融合。在晚清史研究中，中国近代史与清史两个学科之间的学科藩篱虽然逐渐拆除，出现了相互融合的趋向。但同时我们必须清醒地认识到，作为断代史清史学科底下的晚清史与中国近代史学科体系底下的晚清史，虽然有重合之处，但它们研究的出发点和重心还是有很大区别的。清史的研究任务和目标是要阐明清朝从崛起到发展、鼎盛，再到衰败和灭亡的过程，同时展现清朝政治、经济、军事、思想、文化和社会生活等各方面的演变，始终是以清朝为主线。而中国近代史的主要任务和目标，用李鼎声的话说："就是要说明国际资本主义侵入中国以来，中国社会、经济、政治所引起的重大变化，中国民族的殖民地化的过程，以及在此过程中所发生的社会阶级之分化与革命斗争的发展起落。"①其主线是近代化和反帝反封建。因此，李鼎声在其所著《中国近代史》的前言中就明确反对在晚清史研究中以清朝为主线，提出不但"那种以帝王、圣贤、英雄为中心，专门记载朝代兴亡治乱的历史体系，要从新历史学的领域中排除出去，即是那种偏重于人类文化生活的记载，而不能说明文化兴衰递嬗的全过程的历史编制，亦不能合理地存在了"②。可以说，中国近代史学科所构建的晚清史这一叙事模式一直被国内学者所继承。因此，在编著晚清史过程中，如何将清史和中国近代史这两个既有联系又有区别的学科有机地结合起来，这仍然是一个值得清史学界和中国近代史学界共同切磋的问题。

　　其次，有必要客观理性地看待百年来各研究流派和研究范式在推动晚清史研究方面所做的学术贡献及存在的问题，批判性地加以吸纳和整合。在中国史的研究中，可以说迄今没有哪个朝代的历史像晚清史那样，出现各个流派竞相争艳的局面，诸如逊清派与民族革命派、革命范式与现代化范式、挑战—回应范式与"中国中心论"、清史学派和"新清史"学派、后现代主义史学派，等等。对于这些流派和范式在推动晚清史研究中的长短得失，我们都应以一种学术的态度，客观地

────────────

　　①　李鼎声：《中国近代史》，2 页，上海，上海光明书局，1933。
　　②　李鼎声：《中国近代史》，1 页。

加以反思和总结。以逊清派与民族革命派的研究来说，前者站在清朝遗老的立场上，肯定清朝在中国历史上的独特地位及其贡献，应该说有其一定的历史依据，满族统治中国近 300 年，实现大一统，在中国历史上确有其独特地位，但他们为清朝专制统治和民族压迫辩护，无视和贬低反清革命，显然不是一种客观的学术态度；而后者持民族革命史观，揭示清朝专制统治和民族压迫，以及人民的反抗和推翻清朝统治，无疑也是清朝历史真实的一面，但因此无视清朝在中国历史上的贡献，全然否定，同样也不是一种客观的学术态度。以革命范式与现代化范式来说，前者集注于革命，固然遮蔽了历史的其他一些层面及主题，在评价上也存在偏颇，但它所叙述的历史无疑是真实的，是不容否认的，革命确乎是中国近代历史的一个主题；现代化范式固然可补革命范式之不足，但以之取代或否定革命范式，同样也是有违历史的；事实上，这两个范式在很大程度上是可以互为补充，不相排斥的。以挑战—回应范式与"中国中心观"范式来说，前者突出和强调近代西方对中国的冲击和影响，有其一定的历史根据，晚清历史与以往中国历史的不同之处就在于鸦片战争之后的中国历史被强行卷入国际资本主义体系之中，但挑战—回应范式体现出来的西方中心论偏向及传统与现代、中学与西学的二元对立观，严重忽视或遮蔽了中国历史内部的活力和影响，这是其局限所在；"中国中心观"作为挑战—回应范式之否定，提倡从中国内部和中国角度考察晚清和近代中国历史，虽然具有一定的纠偏意义，但因此忽视西方冲击对近代中国的影响，显然矫枉过正，同样也是不可取的。又如，最近被学界热议的美国"新清史"学派，一定程度上可看成"中国中心观"的一个延伸，它在清史研究中主张重视利用满文档案和其他民族的文字，主张重视满族的主体性、满族认同及满族在创建清朝中的贡献，提倡从满族视角看清朝历史，这对以往学界的研究有一定的纠偏意义及其学术价值，与国内清史和晚清史学界的研究并无本质分歧和矛盾，但"新清史"学派因此否认中华民族共同体的形成，以满族认同否认国家认同，这在方法论上显然是一种只见树木不见森林的片面观点，不是一种实事求是的科学态度。再如，后现代主义史学批评根据近代西方启蒙思想和马克思唯物史观所构建的中国近代史或晚清史宏大叙事模式，是一种线性的进化史观，严重意识形态化，只注重现代国家、社会结构和社会变迁等宏大问题，遗漏了这些主题之外的许多历史，同时忽视了历史叙事中的一些语言学问题及个人情感和历史审美问题，呼吁和提倡加强对非主流社会群体和一些地方性历史的考察和研究，强调加强对历史文本的解读，这些主张不无合理之处，对于破除历史研究中的西方中心论倾向，丰富和深化我们的历史研究，不无启示意义，但后现代主义史学由此滑向历史相对主义和历史虚无主义，否定历史发展规律和历史研究的客观性和科学性，主张以他们所提倡的微观研究取代历史研究的宏观叙事，甚至混淆历史学与文学的界限，将历史编纂看成一种诗化行为，这只能降低我们对历史的认识，导致历史研究的随意化、娱乐化和碎片化。总之，这些学派和研究范式对晚清史的研究和解读，各有其可取和真实的一面，但同时也各有不足和局限，有待我们站在马克思历史唯物主义和历史辩证法的高度，批判地加以吸收。

最后，我们尚须努力寻求政治与学术的有机统一。清朝作为中国封建统治的最后一个王朝，它经历了由古代国家向近代国家的转变，特别是 1840 年鸦片战争之后的晚清历史，蕴含极为丰富的历史内容，与我们今天的历史在许多方面有着密切的联系，因此受到后人的特别重视，但同时有关这段历史的研究也深受政治的困扰：既受国内国际局势的影响，也受研究者政治立场的影响。可以说，百年来晚清史研究中产生如此之多的学术流派和歧见，多多少少都与政治因素有关。历史研究作为一门社会科学，要做到学术与政治完全分离，既不现实，也不可取。但只要我们在晚清史研究中坚持马克思唯物史观，是可以做到学术与政治的有机统一的。在这方面，马克思和恩格斯已为我们树立了很好的榜样。他们在分析人类社会的发展过程时，并没有因为阶级分析观点，站在无产阶级立场上，对历史上的奴隶社会、欧洲中世纪社会和近代资本主义进行简单的痛斥和否定，而是以历史辩证法的观点，在揭示其必然让位于更高历史发展阶段的同时，充分肯定其历史合理性和进步性，指出"一切依次更替的历史状态都只是人类社会由低级到高级的无穷发展进程中的暂时阶段。每一个阶段都是必然的，因此，对它所发生的那个时代和那些条件说来，都有它存在的理由；但是对它自己内部逐渐发展起来的新的、更高的条件来说，它就变成过时的和没有存在的理由了；它不得不让位于更高的阶段，而这个更高的阶段也要走向衰落和灭亡"①。

马克思历史唯物主义的一个基本观点是，人类社会历史是一个自我发展、自我完善的有规律的客观过程，因此必须要从联系、变化和发展的观点去考察历史现象和社会问题，必须把历史事件、历史人物放到当时具体的历史条件和具体历史背景去分析、去评价。根据马克思历史唯物主义的这一基本原理，我们在晚清史研究中既要反对用现代的标准去衡量历史是非，也不能以清朝统治者或革命者的观点看待和评价晚清历史，而只能从联系、变化和发展的观点看待晚清历史，把晚清历史事件和人物放到当时具体的历史条件和具体历史背景下加以考察和评价。只有这样，我们的晚清史研究才有可能走出学术与政治二元对立的怪圈，不再为政治所困扰，真正做到实事求是，使晚清史研究成为一门科学，践行恩格斯的那句名言："科学越是毫无顾忌和大公无私，它就越符合工人的利益和愿望。"②

总之，在晚清史研究走过百余年历程之后，如何在前辈研究的基础上，吸收各派之长，聚学界集体之力，以马克思唯物史观的方法论为指导，创造性地撰写一部代表学界最新研究成果，与清史和近代史两个学科既有联系又有区别的通论性的晚清史著作，这应是未来学界的一个期待和任务。

原载《史学月刊》2017 年第 8 期

---

① 《马克思恩格斯选集》第 4 卷，217 页，北京，人民出版社，1995。
② 《马克思恩格斯选集》第 4 卷，258 页。

# 关于中国近代史主题和线索的再思考

## 一、摆脱陈旧的思维定势

前几年，学术界就中国近代史的主题和线索问题展开了一场热烈的讨论。这场讨论的确起到了开阔视野、启迪思想的作用，但同时我们又不能不遗憾地说，这个问题并没有取得多少实质性的进展。无论是"四个阶梯说"，还是"双线说"，抑或"民族运动说"，它们基本上只是在"二个过程""三个高潮"的架构下进行了一些修修补补的工作，尚未从根本上摆脱"以点代面""以点代线"的陈旧思维定势。

按理说，中国近代史的主题即是中国近代史的中心，它只能是一个，因为每个时代都有其主题或中心，主题或中心变了，历史也就进入了另一时代。至于中国近代史的基本发展线索，则是中国近代史主题的具体展开，它往往不只一条，而是数条并存，每一条线索都是对中国近代史主题下某一方面运动变化的概括。

寻找中国近代史的主题和线索，在方法论上应该是一个归纳和演绎、分析和综合、抽象和具体相结合的辩证逻辑思维过程，即从个别到一般，再从一般到个别的过程。中国近代史的主题和线索只能是经过这种辩证逻辑思维过程之后得出的一个具体概念。这个概念就主题来说，是对中国近代历史最一般、最基本的本质抽象，代表中国近代社会历史发展的根本方向。就发展线索来说也是如此，每一概念都是对某一历史发展方面的最一般、最基本的本质抽象，反映某一方面历史发展的根本方向。

在这个问题上，"以点代面"，将某一方面的具体内容作为中国近代史的主题；或者"以点代线"，将几个重大历史事件按时间先后排列起来，作为中国近代史的基本发展线索，这都与科学的逻辑思维方法不相符合。主题和线索固然寓于具体的历史事件中，但任何一个历史事件都无法代替主题和线索，"以点代面""以点代线"的失误，就在于它们并没有对中国近代丰富多彩的历史进行科学的抽象，抓住问题的实质，对事物的认识仍停留在感性阶段，结果势必不能指导中国近代史的研究。

因此，重新审视、确立中国近代史的主题和线索，必须摆脱陈旧的思维定势，另辟蹊径。

## 二、近代化主题下的四条基本发展线索

根据上面所说的原则，我们认为中国近代史的主题应该是近代化。因为近代化一词在这里有其特定的内涵，它是学术界经科学逻辑思维之后对近代世界这一特定历史时期所做的最一般、最基本的本质抽象，是对近代社会各方面发展变化的综合概括。中国近代史既然是世界历史的一个组成部分，它就必然与这一时期的世界历史有着共同的主题——近代化。

当然，我们这样说，并不排斥中国的近代化有其自身的特点。事实上，由于国情不同，各国近代化的道路是各不相同的。但这并没有妨碍我们对近代世界各国近代化主题的认识。中国作为一个半殖民地半封建社会的东方国家，虽然在近代化过程中，其内容和表现形式都强烈地显示出与其他国家不同的历史特点，如民族资本主义缓慢发展、民族独立问题贯穿始终等，但这一切并不能成为我们否认近代化这一主题的理由，更不能以此作为中国近代史的主题或中心。

再从 1840 年至 1949 年的实际情况来看，中国历史的发展也没有偏离近代化这一世界潮流。纵观近代中国演出的一幕幕惊心动魄的历史场面，无论是经济方面的活动，还是政治舞台上的斗争，抑或思想文化领域的论战，旧风俗习惯的变迁，几乎无不围绕近代化这一主题

展开——起初是要不要近代化，接着是如何实现近代化。长期来被人们视为中国近代史主题或基本发展线索的反帝反封建运动，实际上只是实现近代化的一种手段，或者说道路。即使在中国革命史上所说的新民主主义革命时期，领导权转属于无产阶级，其前途是社会主义，但近代化的主题也仍然没有改变。因为新民主主义革命按其社会性质来说，依然是资产阶级民主革命，其任务依然是要将半殖民地半封建社会的中国改造成为一个独立的民主国家，也就是说，近代化仍然是这一时代的中心任务。因此，从近代世界历史发展和近代中国历史的实际内容两方面来看，中国近代史的主题都只能是近代化。

在近代化这一主题下，中国近代历史围绕以下四条基本发展线索具体展开：经济上的工业化、政治上的民主化、思想行为的近代化以及国家的独立化。这四条基本发展线索在近代中国各有其特定的内容。

工业化指的是以机器大生产为特征的资本主义生产方式逐渐代替以自给自足的小农经济为基础的封建生产方式的过程，民族资本与外国资本、封建官僚买办资本进行斗争的过程，以及在这一过程中所产生的社会变迁，如人口流动和城市化等。

民主化主要是指中国人民为推翻封建专制制度，建立一个以大众参与、人民自治为特征的民主制度而奋斗的历史，以及在此过程中出现的社会政治力量多元化的趋势。

思想行为的近代化则包括哲学、社会政治和经济思想，以及人们的价值观念、行为规范等由传统向近代的转变，也就是中国近代史上所谓的"新学"与"旧学"、"西学"与"中学"之争。

国家的独立化表现为中国近代各阶级、阶层和团体的人民为反对外来侵略，废除不平等条约，摆脱帝国主义的压迫和奴役，恢复国家的独立和统一所做的各种努力和斗争。

四条基本发展线索的内容不同，地位和作用也不一样。一般说来，工业化在近代化中占主导地位，起决定性作用，它是其他三条基本发展线索的物质基础和阶级基础。然而，中国不是按正常路径迈入近代，而是被西方资本主义国家强迫进入的，政治、思想文化等非经济因素一直在严重地阻碍着中国工业化的进程，工业化始终有待非经济因素问题的解决来为自身的发展开辟道路，什么时候政治、思想文化等非经济因素得到解决，什么时候工业化就得到相应的发展。因此，在1840—1949 年中国的近代化进程中，工业化虽然是最根本的，但成为矛盾主要方面的却是其他三条发展线索。大致说来，1840—1895 年思想意识的近代化成为矛盾的主要方面。

在这一时期，西方资本主义国家虽然对中国发动了一系列侵略战争，中国的国家主权和领土完整遭到损害和破坏，但当时西方资本主义的侵略并没有对中国的生存和发展构成严重威胁。相反，西方的侵略在对中国社会造成破坏的同时也促进了中国封建社会的解体，客观上为中国资本主义的发展创造了条件。但中国中心论的世界秩序观、天不变道亦不变的哲学观以及重农轻商等传统观念，严重地束缚着这一时期中国人的手脚，导致他们在西方资本主义的挑战面前不能做出积极的回应，而是深闭固拒，在要不要近代化这一关系民族存亡续绝的问题上不能及时地做出正确的抉择，致使中国的近代化坐失良机，整整耽误近半个世纪的时光。

1895—1945 年，国家独立化问题上升为矛盾的主要方面。第一次鸦片战争之后，经过近半个世纪西方资本主义的冲击，到 19 世纪末，来自传统文化的障碍逐渐破除，越来越多的中国人终于在现实面前认清世界潮流，开始为实现中国的近代化而奋斗。但这一时期帝国主义的侵略对中国的生存构成严重威胁，从根本上堵塞了中国近代化的通道。经济上帝国主义利用不平等条约向中国勒索大量赔款，输出资本，压制中国民族资本的发展，政治上扶植和支持封建地主军阀统治，破坏革命，军事上发动对中国的侵略战争，烧杀掠夺，实行惨无人道的殖民统治。在这种国亡家破的情形下，离开国家的独立，中国的近代化便无从谈起。

1945 年抗日战争胜利后，随着一系列不平等条约的废除，中国国家主权的基本恢复，国家独立化问题基本得到解决，民主化问题成为矛盾的主要方面。在这一时期，饱受战争之苦的中国人民迫切要求结束国民党的一党独裁统治，渴望建立一个自由民主的政府，以求为国家的进步和发展创造一个和平的环境。中国共产党正是抓住这一矛盾的主要方面，顺应民心，将建立一个独立、自由、民主、统一和富强的新中国作为自己的一般纲领，结果终于赢得解放战争的胜利。

上述四条发展线索的主次地位尽管不尽相同，但它们之间并不是一种单向的因果关系，而是一种复杂的耦合关系，既有区别，又相联系，彼此互相影响，互相制约，其中任何一条线索的演变都要受其他三条发展线索的限制，同时又对其他三条发展线索产生重大影响。它们在近代化的主题下相互依存，缺一不可，构成中国近代史的整体运动。

## 三、历史时期的划分

中国近代史的主题和线索是解决近代史分期问题的前提。根据近代化主题和上述四条基本发展线索，中国近代的历史分期也就自有其新的划分方法。

就中国近代的专门史来说，它们可分别纳入四条基本发展线索来加以考察，每一条发展线索都可依据自身的发展特点做出相应的划分。经济史可依据工业化的标准来划分，政治史可依据民主化的进程来划分，民族主义运动史可以以国家独立化的进程为依据。总之，各类专门史不可人为地强求划一，如有必要，甚至可以不受1840年和1949年这两个年代的限制，前后做些适当的收缩或延伸。

中国近代史分期的关键是，作为一部通史或者说以近代化为主题的中国近代史的分期该如何确定。从逻辑上来说，不言而喻，中国近代历史时期的划分应建立在四条基本发展线索划分的基础上，也就是要找到大体上能够揭示出四条基本线索的发展状况和阶段的那个共同界标。我们认为，能充当这个共同界标的是近代化过程中阶级地位和作用的变动。因为阶级地位和作用的变动不仅是工业化发展到一定历史阶段的产物，而且也是民主化、国家独立化和思想文化的近代化发展到一定历史时期的综合结果；反过来，阶级地位和作用的变动又规定了该时期中国近代四条基本发展线索的历史进程，强烈地凸显出近代化历史发展的阶段性。

例如，1895 年之后，中国资产阶级登上历史舞台，这不仅是因为中国出现了民族资本，同时也与当时民族危机严重，以及鸦片战争以来思想文化的发展为他们的出台做了思想准备有着密切的关系。而这个新兴阶级在登上历史舞台之后，便给中国的近代化带来新的气象：民族资本得到初步发展，政治民主化开始起步，西学得到广泛传播，国家独立化运动一再高涨。同样，1919 年五四运动中无产阶级以独立的姿态登上政治舞台，这也不只是 20 世纪初中国民族资本进一步发展的结果，而且与第一次世界大战后中国国内的民族危机和俄国十月社会主义革命胜利后马克思主义在中国的传播有着密切的联系。而无产阶级的崛起，反过来又为逐渐陷入困境的中国近代化注入新的生机，从而将中国的近代化推向一个新的发展阶段。

因此，根据近代化进程中阶级地位和作用的变动，1840—1949 年的中国历史可以划分为三个时期。

第一时期：1840—1895 年，由中国的旧式阶级——地主和农民这两个对立的阶级——充当历史的主角。这一时期，能担任起领导中国近代化运动的新的阶级还没有产生，农民阶级自发的反帝反封建运动和封建地主阶级中一些有识之士提出的"师夷之长技以制夷"的主张，以及 19 世纪 60 年代开始的洋务运动，不自觉地反映了中国近代化的一些要求。然而，这些运动的目的不是将中国推上近代化这一正途，它们还称不上是完全意义上的近代化运动，至多只是在当时历史条件下包含了某些有助于近代化的内容。这一时期的中国近代化尚处于没有方向的自发阶段。虽然在 19 世纪 70 年代之后中国社会出现了一些要求近代化的人物，如太平天国运动中的洪仁玕，洋务运动中的郑观应、马建忠、薛福成等人，但像洪仁玕这样的人物在农民队伍中绝无仅有（严格地说，洪仁玕不是一位完全意义上的农民），他在《资政新编》中阐述的近代化方案对当时的太平天国运动没有产生任何实际影响，只是留下一份供后人研究的思想资料。而郑观应、马建忠等这样一些洋务知识分子，包括早期改良主义知识分子，他们那些有限的近代化主张主要表现在撰述上，并没有付诸行动，他们仍然依附于封建地主阶级中的一部分当权派，没有也不敢挑起领导中国近代化的责任。

不过，这些"异己"分子的出现，的确预示着中国近代化的新阶段的到来。

第二时期：1895—1919年，民族资产阶级担负起领导中国近代化的历史使命，开始了完全意义上的中国近代化运动。在这一时期，首先是资产阶级改良派在近代化中扮演主角，领导了戊戌维新运动，接着是资产阶级改良派和革命派以不同方式共同领导和推进中国的近代化。但由于中国民族资产阶级先天不足，后天失调，因此他们并没有能力来完成中国近代化这一使命。在1911年辛亥革命胜利之后，代表上层民族资产阶级利益的改良派基本上宣告退出中国近代化的领导地位，而以孙中山为首的资产阶级革命派虽然继续领导中国人民为实现近代化这一目标而奋斗，但他们所做的一切努力却愈来愈显得软弱无力，历史在召唤着一个更先进的阶级崛起，为中国近代化重新开辟道路。

第三时期：1919—1949年，无产阶级逐渐代替民族资产阶级，成为中国近代化运动的领导者。这一时期，资产阶级革命派在1919—1927年这八年里仍然是中国近代化运动的领导者，以孙中山为首的资产阶级革命派接受共产党的建议，并在国共两党的共同领导下，建立广州国民政府，发动北伐战争，使一度陷入困顿中的中国近代化出现新的曙光。可以说，这一阶段是中国近代化由第二时期向第三时期转变的过渡阶段。1927年蒋介石发动"四一二"反革命政变，建立起代表大地主大资产阶级利益的南京国民政府之后，无产阶级就独立地担负起领导中国近代化的责任，他们所提出的新民主主义纲领为中国的近代化指明了方向，开辟了新的发展道路。

原载《学术研究》1992年第5期

下　编

# 中国近代改造国民性思想的先声
## ——论戊戌维新派对传统民族文化心理的反思

## 一、改造国民性思想产生的历史背景

改造国民性思想是中国近代启蒙思潮的一个重要组成部分，但最早提出这个问题的并不是五四新文化运动，而是早在其20年前的戊戌维新时期。

19世纪末，资产阶级维新派在变法维新的政治运动中提出"新民"的口号，认为"鼓民力、开民智、新民德"三者为立国之本，虽然还没有使用"国民性"一词，但"新民"的主张，尤其是"三民"思想中的"新民德"一项，无疑与后来鲁迅所说的"立人"思想相通，涉及对传统民族文化心理的反思。中国近代史上的所谓改造国民性思想，实质上即是对人自身的改造，尤其是对人的道德思想、价值观念和行为方式的改造，因为说到底，人是一个国家民族文化心理的载体。

戊戌维新派在这一时期提出对人的改造问题，这绝非偶然，它既有与时代息息相通的诸种原因，也有其思想渊源。

就时代背景来说，它首先是维新派对西方文化认识深化的结果。受甲午中日战争中国战败的刺激，康有为、梁启超、严复等维新派开始突破"中体西用"的思想藩篱，认识到中国不仅在科学技术、政治制度方面远远落后于西方，即使在体力、智力和道德精神上也是不如西方人的，存在诸多的弱点。他们总结30年来洋务运动失败的教训，认为失败的原因就在于洋务运动"新其政不新其民，新其法不新其学"①，在于"中国民气散而不聚，民心独而不群，此其所以百事而不一效者也"②。因此，他们指出，引进西方的科学技术和政治制度，首先需要中国人具有相应的知识水平、精神状态和心理素质，"盖政如草木焉，置之其地而发生滋大者，必其地肥硗燥湿寒暑，与其种族最宜者而后可。否则，萎悴而已，再甚则僵槁而已"③。这样，维新派便在学习和引进西方物质文明和政治制度的主张中引发出对人的改造问题。

再者，传统习惯势力的强大也促使维新派去担负改造民族文化心理的重任。在这方面，谭嗣同思想的转变是一个突出的例子。1895 年变法运动刚开始时，谭嗣同在"正人心"和变法两者之间的关系上认为后者为当务之急，指出"欲正天下之人心，又岂空言所能正之乎？……无法又从何处正起，则亦寓于变法之中已耳"④。然而，1896 年当他北游京城，亲身感受到传统势力的压迫后，谭嗣同便一改不久前的看法，转而强调改造国民精神的紧迫性和必要性，在给欧阳中鹄的信中表示"自此猛悟，所学皆虚，了无实际，惟一心是实"，认为"缘劫既由心造，亦可以心解之"。⑤ 谭嗣同在这里所说的"以心解劫"，实际上就是主张通过对中国传统国民精神的改造来为变法维新的政治运动开辟道路。

此外，维新派对传统民族文化心理的反思与外国人有关中国民族性问题的研究有着密切的联系。鸦片战争后，外国的商人、传教士、学者、外交官等纷纷涌入中国。随着与中国接触的增多，他们逐渐感受到中西民族文化心理上的一些差异；而中国国势的衰败，又使外国人更多地看到中国民族性中的缺陷与不足。1866 年威妥玛在《新议论略》里就批评中国人"好古恶新"，谓政治"以尧舜之时为最，外国人考

---

① 唐才常：《尊新》，见湖南省哲学社会科学研究所编：《唐才常集》，32 页，北京，中华书局，1980。

② 麦孟华：《总论：民义第一》，载《时务报》，第 28 期，1897。

③ 唐才常：《原强》，见王栻主编：《严复集》第 1 册，26 页，北京，中华书局，1986。

④ 蔡尚思、方行编：《谭嗣同全集》上册，208 页，北京，中华书局，1981。

⑤ 蔡尚思、方行编：《谭嗣同全集》下册，460、467 页。

内外不同之事，惟以此件为独奇"①。1875年，林乐知在《中西关系论略》中还以中西民族在古今观念上的不同来解释中国贫弱的原因，指出"外国视古昔如孩提，视今时如成人；中国以古初为无加，以今时为不及。故西国有盛而无衰，中国每颓而不振，西国万事争先，不敢落后，中国墨守成规，不知善变。此弱与病所由来也"②。1894年，林乐知在《中美关系续论》中进一步道出中西民族在主静和主动上存在的差异，并认为"动静相交之际，则所干碍者大矣"③。外国人关于中国民族性的这些评论对维新派的自我反思起到了直接的推动作用，引起了维新派对这个问题的关注。一方面，他们对于外国人对中国的蔑视表示强烈的愤慨和不满，指责他们"讪我、垢我、病夫我，曰顽钝无耻，曰痿痹不仁，曰无教之国，何其悍然不顾平等之义至斯极也？"④并揭露外国人诋毁中国人，目的是为他们侵略和灭亡中国制造借口，以便将自己打扮成"仁义之师"⑤。另一方面，维新派也引用外国人的评论，作为批判和改造中国传统民族文化心理的依据，并以此号召人们反躬自警，发扬中国"先治己后治人""躬自厚而薄责于人"⑥的传统，努力克服自身存在的弱点。由此可见，维新派探讨国民性问题很大程度是由外国人的研究引起的。

从思想渊源来说，维新派的"新民"思想与借道德人心治理国家和社会这一传统的儒家思想模式一脉相承。我们看到，这一时期维新派在呼吁道德革新和"正人心"时，便是以"人存政举""徒法不能以自行"的儒家修齐治平的传统教义作为其主张的理论依据，他们所说的"新

①　《万国公报》，第361卷，1875-11-06。

②　《万国公报》，第356卷，1875-10-02。

③　《万国公报》，第64卷，1897年5月。

④　唐才常：《论热力》（上），见湖南省哲学社会科学研究所编：《唐才常集》，140页。

⑤　梁启超：《论中国之将强》，见《饮冰室合集》文集之二，12页，北京，中华书局，1989。

⑥　唐才常：《论热力》（上），见湖南省哲学社会科学研究所编：《唐才常集》，141页。

民"一词也是直接取于儒家经典《大学》中所说的"大学之道，在明明德，在新民，在止于至善"这一思想。事实上，当时的维新派不同程度地存在着精神决定论的主观唯心主义倾向，他们普遍夸大心力的作用，将心看作是万事万物之本源，认为"心之力量虽天地不能比拟，虽天地之大可以由心成之、毁之、改造之、无不如意"①；认为中国之亡，不亡于贫，不亡于弱，而实亡于"心力"②。因此，他们在文章中一再敲响"哀莫大于心死"的警钟，其组织的保国会也以增进国民的"心力"为宗旨，宣称"今日之会，欲救亡无他法，但激厉其心力，增长其心力，念兹在兹，则爝火之微，自足以争光日月"③。正是从这种道德人心决定论的思想出发，维新派及后来的中国启蒙思想家们才一直强调道德革命。

"新民"主张的另一思想渊源则是西方的进化论和社会有机体论，这在严复《原强》一文的论述中表现得最清楚。他认为，物竞天择、优胜劣败不只是生物界的规律，而且也是人类社会发展的普遍规律。人类社会从一开始便处于种与种争、群与群争的状态之中，只有那些适应生存竞争的智者、强者才得以自存和发展，因此民族要生存，就必须不断提高自身的素质。再者，他认为"一群之成，其体用功能无异生物之一体"④。也就是说，国家为一生物体，个人为一细胞，生物体的强弱优劣取决于各个细胞的强弱优劣。从这一社会有机体论的思想出发，严复便得出了民族强弱兴亡系于民力、民智、民德的结论，指出"未有三者备而民生不优，亦未有三者备而国威不奋者也"⑤。

综上所述，维新派对传统民族文化心理的反思，绝非一般文人骚客发思古之幽情，也不是一个单纯的学术问题，而是 19 世纪末期进步的中国人为寻求民族出路提出的一个方案，目的是要在中国建立一个与时代发展相适应的新的民族文化心理，实现国民的近代化。

---

① 蔡尚思、方行编：《谭嗣同全集》下册，460 页。
② 梁启超：《保国会演说词》，见《饮冰室合集》文集之三，27 页。
③ 康有为：《京师保国会第一集演说》，见汤志钧编：《康有为政论集》上册，241 页。
④ 周振甫选注：《严复诗文选》，16 页，北京，人民文学出版社，1959。
⑤ 王栻主编：《严复集》第 1 册，18 页。

## 二、维新派思想家对中国国民性的反思

资产阶级维新派提出改造民族素质问题，主要是因为出现了西方这样一个新的文化参照系。因此，这一时期对传统民族文化心理的反思也是通过中西的比较来展开的。

维新派认为，中西民族文化心理的差异着重表现在动与静、奢与俭、今与古的不同取向上。就主动和主静来说，他们断言中国人为一"静"字所亡，而西方人则以喜动而"霸五大洲"①。康有为曾这样总结说："夫治一统之世以静，镇止民心，使少知寡欲而不乱；治竞争之世以动，务使民心发扬，争新竞智，而后百事举，故国强。"②

在尚奢和尚俭上，他们指出中西方也截然相反，西方人以尚奢为美德，并且"愈奢而国愈富，货之弃于地者愈少"；中国人举国尚俭，结果却民穷财尽，"举国之地利日堙月塞，驯至穷蹙不可终日"。③

在古今观念上，他们指出中西方亦大相异趣，"中国旧论每崇古而贱今，西人则不然，以谓愈上古则愈野蛮，愈晚近则愈文明"④。并点出这一差别直接影响到一个民族的兴亡盛衰，"欧、美二洲，以好新而兴；日本效之，至变其衣食嗜好。亚、非、澳三洲，以好古而亡"⑤。

在维新派中，对中西民族文化心理进行系统比较的是独具思想特色的严复。他在《论世变之亟》一文中，以其扎实的中学根底和广博的西学知识，对中西民族在思想意识、价值观念和行为方式上的差异做了全面的比较。他指出，在历史观上中国人好古而恶今，以治乱盛衰为天行人事之循环；西方人则力今而胜古，以日进无疆为学术政化之极则。在政治生活中，中国人讲絜矩、重三纲、亲亲、尊主、贵一而

① 蔡尚思、方行编：《谭嗣同全集》下册，321 页。

② 康有为：《杰士上书汇录》，故宫博物院藏清光绪二十四年内府抄本。

③ 梁启超：《史记货殖列传今义》，见《饮冰室合集》文集之二，37 页。

④ 梁启超：《史记货殖列传今义》，见《饮冰室合集》文集之二，36 页。

⑤ 蔡尚思、方行编：《谭嗣同全集》下册，319 页。

同风，多忌讳；西方人则重自由，明平等、尚贤、隆民，喜分党派，好评论。在经济生活中，中国人重节流、追淳朴，西方人则重开源、求欢娱。在待人接物上，中国人美谦屈、尚节文，西方人则务发舒、乐简易。对于祸灾，中国人委天数，西方人则恃人力。

维新派所做的这些比较，虽然缺乏具体的分析，但从文字的表述上，人们自然不难领会他们的倾向性以及中西方两种民族文化心理之间的优劣。况且，维新派的反思也不全停留在一般的中西对比上，而且还运用了批判的武器。在当时，对传统民族文化心理批判最犀利的是激进分子谭嗣同。他在《仁学》一书中，对传统民族文化心理的鞭笞可谓是愤世嫉俗，振聋发聩。

他揭露中国人以"机心"相尚，对一切在才能、名誉、地位方面比自己好的人不择手段地加以攻击和破坏，平日无所事事，专以伺机整人为务，谈人之恶则大乐，闻人之善厌而怒，以骂人为高节，为奇士，无好恶是非之分。谭嗣同痛心地指出这种卑鄙龌龊的文化心态给中华民族带来了浩劫，致使中国人在外表上也显出一副劫相，与西方人相比，每每"见其委靡，见其猥鄙，见其粗俗，见其野悍，或瘠而黄，或肥而弛，或萎而伛偻，其光明秀伟有威仪者，千万不得一二"。谭嗣同说这固然与中国经济落后、生活贫困，不讲卫生有关，但"机心"是一个更重要的因素，"然使既以遭遇攻其外，不更以疑忌巧诈自蠡其中，彼外来之患害，犹可祛也。岂非机心之益其疾耶"①。不难看出，谭嗣同在这里抨击的"机心"，实际上即是后来思想启蒙者所说的"窝里斗""内耗""中国式的嫉妒心理"。

谭嗣同还将几千年来备受中国人称道的"静德"和"俭德"斥之为断送民族生机的"鬼道"和"禽道"。他指出主静的民族文化心理在不同的阶级有着不同的表现，在一般的百姓是只图安逸的生活，"给擅馈粥，察鸡豚，而长养子孙，以之自遁而苟视息焉"；而在统治阶级则表现为处事不计是非，而首禁更张，对富于进取和有创造性的人，不是斥之"躁妄喜事""少年意气"，便是说他"露才扬己""沽名市誉""力制四万万

---

① 蔡尚思、方行编：《谭嗣同全集》下册，356 页。

人之动，执其手足，涂塞其耳目，尽驱以入契乎一定不移之乡愿格式"，以致当西方帝国主义侵来之时，中国人仍"冥然而罔觉，悍然而不顾，自初至终未尝一动"。①

对于尚俭的民族文化心理，谭嗣同批评它阻碍中国社会生产力的发展，夺民之生机，"家累巨万，无异穷人。坐视赢瘠盈沟壑，饿莩蔽道路，一无所动于中，而独室家子孙之为计"。因此，他警告人们，如果再以民俗醇厚自诩，以工作之廉，用度之俭而自鸣得意，那么不出数十年，"将有食槁壤，饮黄泉，人皆饿莩，而人类灭亡之一日"②。他指出尚奢固然有其不足之处，但利多弊少，功大于过，奢之为害，"止于一身家，而利十百矣"③。

此外，对于中国社会各阶层中存在的自私、缺乏公德、无耻之心等落后的心理和行为，维新派也多加揭露。汪康年在《以爱力转国运说》一文中，批评中国人各怀私念，不知合群，不知有国，惟一利是图，"无视强族之逼处，国势之危险，利权之丧失，而未有共谋一事，特创一业，以开维新之景象者"④。

梁启超在《知耻学会叙》一文中则批评中国人麻木不仁，无耻之徒何其多，为官的不学无术，年逾耋颐，犹恋官位，在洋人面前唯唯诺诺，听言如闻雷，睹颜若谈虎，不然则饱食终日，浑浑噩噩，有如行尸走肉；为士的不求真知，惟科举是务，以受收检；为商的不讲制造，不务转运，惟攘窃于室内，转利于渔人，其甚者则充当买办，狐假虎威，欺凌同胞；为兵的，力不能胜匹雏，耳未闻谈战事，以养兵十年之蓄，饮酒看花，距敌千里之遥，则望风弃甲，上上下下，"安于城下之辱，陵寝之蹂躏，宗佑之震恐，边民之涂炭，而不思一雪，乃反托虎穴以自庇，求为小朝廷以乞旦夕之命"⑤。梁启超的这篇文章实际上

---

① 蔡尚思、方行编：《谭嗣同全集》下册，320～321页。
② 蔡尚思、方行编：《谭嗣同全集》下册，321、325页。
③ 蔡尚思、方行编：《谭嗣同全集》下册，321～323页。
④ 汪康年：《以爱力转国运说》，载《时务报》，第12期，1896。
⑤ 梁启超：《饮冰室合集》文集之二，67页。

是对自鸦片战争以来在一部分中国人身上滋长起来的洋奴心理的批判。

最后值得一提的是，维新派在反思过程中还对产生这些国民精神弱点的根源进行剖析，认为封建专制制度是制造国民劣根性的罪恶渊薮。严复指出，中国人之所以自私，不知爱国，原因就在于两千年来的封建专制制度剥夺人民的参政权，将人民看成是奴隶，"夫上既以奴虏待民，则民亦以奴虏自待"①。汪康年在《中国自强策》中也严厉抨击封建专制制度对国民品性的摧残，指出封建君主为了确保至高无上的君权，实行弱民愚民的反动政策，"其治多禁防遏抑之制，而少开拓扩充之意"，对官僚是"牵掣之使不得行其志，锢蔽之使不得极其聪，以天命怵之，以鬼神惧之"；对百姓则"但以压制欺吓为事，无复有诚意以相孚"。在封建君主的淫威下，久而久之，国民品格日趋卑下，不出以下四事："徇私""恶直""崇虚""耽逸"。②

从维新派对国民劣根性根源的探讨，我们可以看出他们不是抽象地、孤立地谈论民族文化心理问题，而是将文化心理的改造同废除封建专制制度，建立资产阶级民主制度密切结合起来。在分析产生民族劣根性的根源之后，严复便提出要想增进民德只有实行西方民主制度，"设议院于京师，而令天下郡县各举其守宰"③。汪康年也强烈呼吁，要改变几千年的恶习，"以求与西人相角，亦惟曰复民权，崇公理而已"④。梁启超在《说动》一文中也指出，要使中国人改变"无动"的民族文化心理，具有西方人的进取冒险精神，首先必须在制度上废除对人民的种种束缚，"废愚民柔民之科目，首奖多事喜事之豪杰，尽网岩穴勇敢任侠之志士仁人"⑤。维新派的这些主张无疑是深刻的，在一定程度上为医治国民精神上的痼疾找到了途径。

---

① 严复：《原强》，见王栻主编：《严复集》第 1 册，31 页。
② 汪康年：《中国自强策》，载《时务报》，第 4 期，1896。
③ 严复：《原强》，见王栻主编：《严复集》第 1 册，31～32 页。
④ 汪康年：《中国自强策》。
⑤ 梁启超：《饮冰室合集》文集之三，40 页。

## 三、维新派改造国民性思想之意义与局限

作为中国近代改造国民性思想的先声，维新派对传统民族文化心理的反思在中国近代史上占有重要地位。

首先，它在中国近代启蒙思想中开辟了新的领域。资产阶级维新派在19世纪90年代就放下昔日老大的架子，提出重新认识自己，改造民族自身素质这样一个新的课题，这对于一个在历史上向来以灿烂文明同化外来民族的古老中国来说，确乎是石破天惊、前无古人的壮举。它不仅标志着中国古老民族的觉醒，而且也表明中华民族是一个善于自我反思的民族。从此之后，对传统民族文化心理的反思一再拨动每个关心祖国命运的中国人的心弦，成为一个常新的课题。维新派对中西民族文化心理在动与静、奢与俭、今与古等观念上所做的区别，也被后来的思想启蒙者所继承，成为他们探讨中国民族性问题的一份宝贵思想遗产。

其次，维新派对传统民族文化心理的反思也是戊戌启蒙思潮的一个重要组成部分，与变法维新的爱国政治运动息息相通。维新派对好古、夷夏之防等传统观念的鞭策，目的是希望人们以开放的心灵，消除中西（新旧）隔阂，顺应时代潮流，迎接现代文明对中国传统文明的挑战，迎接西方文明对中国文明的冲击，为他们变革社会，向西方学习扫除心理障碍。他们对主静民族文化心理的抨击，则是要求人们富有进取精神、敢作敢为、勇于改革，打破几千年来中国社会停滞不前、死气沉沉的局面，使古老的中华民族枯木逢春，重新跻身于世界先进民族之林。他们对尚奢民族文化心理的肯定，更表达了他们要求发展资本主义经济的愿望。

事实上，正因为维新派对传统民族文化心理的反思在思想观念上反映了他们要求发展资本主义的政治愿望，因此它同样遭到了封建卫道士们的反击。1897年，梁启超的《知耻学会叙》一文在《时务报》第40期上发表后，张之洞即大为反感，惊恐万状，认为梁启超的这篇文章"太悖谬"，致电陈宝箴、黄遵宪等人，要他们"速告湘省送报之人，此

册千万勿送"①。1898 年，皮嘉佑在《湘报》第 27 号上发表《醒世歌》，以通俗的笔调批评中国世界中心论的自大心理的荒谬，说："若把地图来参详，中国并不在中央，地球本是浑圆物，谁是中央谁四旁。西洋英俄德法美，欧洲各国争雄起。纵然种族有不同，何必骂他是鬼子"。这些话亦立即遭到守旧分子的围攻，他们将它斥之为"邪说煽惑"。顽固派叶德辉写信给皮嘉佑的父亲皮锡瑞，竭力为那种无稽自大的心理辩护，说："地球圆物不能指一地以为中，但合东西南北考之，南北极不相通，则论中外当视东西矣。亚洲居地球之东南，中国适居东南之中，无中外独无东西乎？……五色黄属土，土居中央，西人辨中人为黄种，是天地开辟之初，隐与中人以中位，西人笑中国自大，何不以此理晓之"②。由此可见，那些封建卫道士们是不愿看到他们赖以生存的一切落后的民族文化心理受到触动的。

当然，维新派对传统民族文化心理的反思只是一个开端。就戊戌时期来说，主流是变法维新思想。因此，维新派在力智德三者上，重点放在与变法运动关系更为密切的开民智上，认为开民智是变法维新能否顺利进行、民主制度能否在中国确立的一个前提，是国家富强的保证，"夫才智之民多则国强，才智之士少则弱"③，"议院者，民智以开之后之事也"④。相比之下，要求改变传统思想意识、价值观念、风俗习惯的新民德的呼声还显得非常微弱。虽然严复认识到在力、智、德三者之间，新民德"为三者之最难"⑤，但在最早发表在《直报》上的《原强》一文中，他也认为三者之中"以民智为最急"⑥。由于维新派将重点放在变法上，这就影响到他们在新民上无暇倾注更多的精力。梁启超在写了鼓吹变法的《变法通议》之后，就曾想作有关新民方面的文

---

① 张之洞：《张文襄公全集》卷一五三，电牍三二，32 页。
② 中国史学会主编：《戊戌变法》（二），650 页。
③ 康有为：《上清帝第二书》，见汤志钧编：《康有为政论集》上册，131 页。
④ 《湘报》，第 15 号，1898-03-23。
⑤ 王栻主编：《严复集》第 1 册，30 页。
⑥ 王栻主编：《严复集》第 1 册，14 页。

章，但终因忙于变法，"未之作也"①，直至 1902 年创办《新民丛报》才付诸实践。

但更重要的是，这一时期维新派自身在理论上的修养，包括他们所受的传统教育以及对西方资本主义国家肤浅的了解和认识，决定了他们不可能在新民德上提出更多新的内容，有太大的作为。他们对传统民族文化心理的反思，尚不能像 20 世纪进步思想界那样，对传统民族文化心理做更全面更深刻的检讨，明确提出要将中国封建专制制度下的臣民，改造成为一代西方的资产阶级国民，而仍试图用儒墨佛等传统文化来塑造一个新的民族文化心理，即儒家所说的"不忍之心""仁"，墨家的"兼爱"，佛教的"慈悲"，以致他们的新民主张有时与封建卫道士鼓吹的明教化、正人心很难区别。如在沅州府南学会分会的一次讲演中，一位主张变法维新的士绅就曾误认为西方的强盛是西方人"得吾教之分数""其心朴厚""重信义""贵廉耻""上下一心"。因此，"欲救中国之敝，必自正人心始，欲正人心，必自明教化始，此自然之理也"②。康有为的弟子欧榘甲在《论中国变法必自发明经学始》一文中，竟然也将中国封建社会的六经作为正人心的良药，说："中国之坏，自人心始，人心之芜，自学术始，学术之谬，自六经不明始……故谓今日欲救中国，宜大明孔子六经之义于天下。"③

显然，作为几千年来民族文化心理的负载者，要否定自己赖以安身立命的精神乐园，殊非易事，这将是一个长期的、痛苦的反思过程。

原载《史学月刊》1994 年第 4 期

---

① 梁启超：《经世文新编序》，见《饮冰室合集》文集之二，47 页。

② 《向味秋院长上文在沅州府南学会分会讲义》，载《湘报》，第 97 号，1898-06-28。

③ 中国史学会主编：《戊戌变法》(三)，149 页。

# 梁启超《新民说》的再认识

《新民说》是梁启超浩瀚著述中较为重要的一部著作，在近代思想界产生过广泛影响。自发表之日起，人们对它的评价就仁智互见。直至今日，仍莫衷一是。本文在前人研究的基础上，谈些个人的看法，就教于史学界同行。

## 一、《新民说》的思想渊源

在19世纪末的戊戌启蒙思潮中，康有为、梁启超、严复等维新派，就曾根据进化论、社会有机体论等西方资产阶级学说以及中国儒学经典《大学》里的传统思想，提出了"新民"主张。梁启超在《经世文新编序》一文里讲到，撰毕《变法通议》后，准备"集天下通人宏著，有当于新民之义者为一编"，批评社会上一般的通人魁儒对于《大学》的新民之道"熟视无睹，有若可删"。① 然而，绝不能把20世纪初梁启超的《新民说》看成19世纪末新民主张的简单重复，它已注入了新的内容，其思想高度超然时人。

19世纪末新民主张的核心内容是开民智。维新派在他们的文章、演说、奏折中一再呼吁开民智，将开民智看成是关系国家兴亡的大事，是变法能否顺利进行、民主制度能否在中国实现的前提。这也是梁启超当时的思想状况。他曾大声疾呼"权者生于智者也，有一分之智，即有一分之权，有六七分之智，即有六七分之权……今日欲伸民权，必

---

① 梁启超：《经世文编新序》，见《饮冰室合集》文集之二，47页。

以广民智为第一义"①。相比之下，要求改变传统思想意识、道德观念、风俗习惯的新民德的呼声还非常微弱，尚未引起人们的重视。然而，戊戌以后，尤其到了20世纪初，梁启超的新民主张就不再只是开民智了。1900—1901年，梁启超在《清议报》上发表了一系列文章，表达了他的这一愿望。梁启超敏锐地觉察到，20世纪不仅是中国社会往何处去的过渡年代，而且也是新旧道德更替的年代，认为学习西方先进的物质文明应当以精神文明入手，"精神不存，则形质无附"②。指出在这个新的时代里，独立与合群、自由与制裁、自信与虚心、利己与爱他、破坏与成立等十种德性，都为中国人所不可缺；而"奴性""愚昧""为我""好伪""怯懦""无动"等民族劣根性，则是近代中国轭于被压迫被奴役的精神枷锁，是积弱之源，必须根除。到1902年创办《新民丛报》的时候，梁启超便以"中国之新民"的姿态挑起重建民族文化心理的重任。在《新民说》中，梁启超突出强调的主题就是道德革命，力图"发明一种新道德，以求所以固吾群善吾群进吾群之道"，坚信"新道德出焉，而新民出焉"。③

梁启超在启蒙思想宣传上的这一变化意义深远。开民智和新民德虽然都具有启蒙意义，是新民中的应有之义。两者有着极为密切的联系，新民德离不开开民智，也有助于开民智，但它们又属于两个不同的文化层次。开民智要求提高人们的文化水平，掌握西方资产阶级政治、经济及自然科学方面等知识，它们与西方的物质、制度等有形文明一起构成文化的表层和中层，优劣易察，也较易为人所接受。而新民德则不同，它涉及的是文化的深层结构，是对几千年来人们习以为常的价值观念、道德意识、行为规范的改造。这样，新民德就远比开民智来得深刻、艰难。这不仅因为它的优劣好坏不易比较，还在于它是对千百万人的习惯势力的一种挑战，可能导致对民族传统的否定。而民族自尊心却决定了人们在这个问题上往往表现得特别保守、顽固。

①　梁启超：《论湖南应办之事》，见《饮冰室合集》文集之三，41页。
②　梁启超：《国民十大元气论》，见《饮冰室合集》文集之三，61页。
③　梁启超：《新民说·论公德》，见《饮冰室合集》专集之四，15页。

人们可以坦然地承认本国物质制度文明的落后，但没有勇气否定自己赖以安身立命的精神乐园，总以为本国的道德文明天下第一。因此，重建新的民族文化心理的呼声，一再拨动不同时代的进步中国人的心弦，成为历久弥新的课题。由戊戌维新时期的开民智到强调道德革命的《新民说》，不能不说是中国近代启蒙思想的发展，是梁启超在思想上的一大进步。

梁启超《新民说》的思想进步性还表现在启蒙对象的改变上。戊戌维新时期，维新派在政治上只要求自上而下的改良，他们所说的新民，主要是指封建官僚和士大夫，并不是广大人民群众。梁启超曾直言不讳地表白他要写的新民之义，只不过"以冀天子大吏有所择焉"①。他们所说的开民智，只是"开绅智""开官智"。在 20 世纪初的《新民说》里，梁启超则将新民的对象转向了广大国民："国也者，积民而成"，"未有其民愚陋怯弱涣散混浊而国犹能立者"，因此，"欲其国之安富尊荣，则新民之道不可不讲"。② 又说："为中国今日计，必非恃一时之贤君相而可以弭乱，亦非望草野一二英雄崛起而可以图成，必其使吾四万万之民德民智民力皆可与彼相埒，则外自不能为患。"③

由 19 世纪末的开绅智、开官智到《新民说》主张以广大国民为启蒙对象，认为国家兴亡取决于广大国民，这是梁启超对戊戌维新时期自上而下的改良主义政治主张及戊戌变法失败后"尊皇"的改良主义宣传的修正和背离。在这里，梁启超将民主制度的确立、国家的富强不再寄托在少数圣君贤相上，而是寄托在提高广大国民的素质上，寄托在提高国民的觉悟上。这是梁启超历史观的一大飞跃。

对于《新民说》的评价，我们只有将它与中国近代启蒙思想的演变以及梁启超个人前后思想的发展联系起来思索，庶几近乎公允。

---

① 梁启超：《经世文新编序》，见《饮冰室合集》文集之二，47 页。
② 梁启超：《新民说·叙论》，见《饮冰室合集》专集之四，1 页。
③ 梁启超：《新民说·论新民为今日中国第一急务》，见《饮冰室合集》专集之四，5 页。

## 二、《新民说》的思想意义

20 世纪初，梁启超在自己创办的《新民丛报》上发表了《新民说》，当他致力于中国国民性改造的时候，整个进步思想界都在进行这一工作，创办的刊物大都以"牖启民智，阐扬公理"①，"开通风气，剪除敝俗，灌输最新学说，发挥固有文明，以鼓舞国民精神"②为宗旨。但在改造国民性问题上，没有一篇文章可与《新民说》相颉颃。

在《新民说》里，梁启超对几千年来封建文化积淀在民族灵魂深处的劣根性大胆抨击。他抨击的焦点是，中国人以束身寡过主义"为德育之中心点"，不讲公德；只顾一身一家的荣华富贵，不顾国家的兴亡盛衰；只知有天下，不知有国家，只知忠于君，不知忠于国，甘为一姓之家奴走狗；主柔好静，不尚竞争；依赖成性，缺乏毅力；自暴自弃，自贬自损；搪塞责任，缺乏独立人格。

在《新民说》里，梁启超对民族劣根性产生的根源做了多方面的探求。他深刻地揭露了封建大一统专制制度对人民的钳制和摧残，抨击封建专制制度使人不成其为人，以致人民自居于奴隶的地位。在高度集权的封建专制社会里，人性受到极大扭曲，只有自私虚伪、人格卑下的小人，才能在这个是非颠倒的社会里左右逢源，"而其稍缺乏者，则以劣败而渐灭，不复能传其种与来裔者也"③。此外，梁启超还具体地剖析了地理环境、战争频仍、经济落后以及封建传统学术思想对国民品性的影响，对中国的历史和文化做了全面检讨。

对国民劣根性的针砭及病根的探源，目的都是促进符合时代需要的理想国民性的诞生。因此，梁启超带着理想化的色彩，在《新民说》

① 《简章》，载《河南》，第 1 期，1907，转引自丁守和主编：《辛亥革命时期期刊介绍》第二集，588 页，北京，人民出版社，1982。
② 《本社简章》，载《夏声》，第 1 期，转引自丁守和主编：《辛亥革命时期期刊介绍》第三集，416 页，北京，人民出版社，1983。
③ 梁启超：《新民说·论私德》，见《饮冰室合集》专集之四，120 页。

中塑造了一代栩栩如生、处在进步和上升时期的资产阶级国民形象。应该指出的是，梁启超塑造的理想国民性不全是17、18世纪欧洲资产阶级国民形象的翻版，而是深深烙上了时代和民族的特点。他提倡自由平等、独立自尊、权利思想，不完全是要确立西方意义上的一切以个人为中心，万事万物以个人为尺度的观念，而是将它们作为挽救民族危机的手段。他提倡权利思想，目的是维护国家的主权，说"欲使吾国之国权与他国之国权平等，必先使吾国中人人固有之权皆平等，必先使吾国民在我国所享之权利与他国民在彼国所享之权利相平等。若是者国庶有瘳"[1]。他提倡自尊，也是因为"为国民者而不自尊其一人之资格，则断未有能自尊其一国之资格焉者也，一国不自尊，而国未有能立焉者也"[2]。因此，梁启超同时非常强调公德、义务观念、自治思想、合群思想、国家思想，强调个体的依附性和个体对国家、对社会的从属性，指出个人不可能孤立独行，个人只有在我与他人不可分割的体系中才能使自己得到实现，"盖无群无国，则吾性命财产无所托，智慧能力无所附，而此身将不可以一日立于天地，故报群报国之义务，有血气者所同具也"[3]。此外，梁启超还大力提倡进取冒险和勇敢尚武的精神，指出"立国者苟无尚武之国民，铁血之主义，则虽有文明，虽有智识，虽有众民，虽有广土，必无以自立于竞争剧烈之舞台"[4]。显然，梁启超塑造的新民形象既深刻地反映了资本主义进入帝国主义阶段以及中国作为被压迫民族的时代特征，也带上了中国传统文化的非个人主义色彩——个人始终不是目的，而是一种手段，是若干不同义务范围的总和：对国家的义务、对社会的义务、对家庭的义务，对恩人的义务。

《新民说》上述这些内容具体回答了思想界探讨的改造国民性三个相关的问题，即"一、怎样才能是最理想的人性？二、中国国民性中最

---

① 梁启超：《新民说·论权利思想》，见《饮冰室合集》专集之四，40页。
② 梁启超：《新民说·论自尊》，见《饮冰室合集》专集之四，69页。
③ 梁启超：《新民说·论公德》，见《饮冰室合集》专集之四，14页。
④ 梁启超：《新民说·论尚武》，见《饮冰室合集》专集之四，108页。

缺乏的是什么？三、它的病根何在?"①在不同程度上影响了鲁迅、胡适、郭沫若、毛泽东等同时代或稍后一些人的思想。尽管如有些论者所说，我们不能只看到《新民说》在思想界所产生的影响，还要注意其他刊物在思想启蒙中所起的作用。但有一点仍不容否认，即当时思想界有关改造国民性问题的论述，基本上没有超出梁启超思考的范围，在内容上与《新民说》存在着强烈的共鸣。例如，进步思想界在陶铸国魂中，似乎对《新民说》颇有微词，认为它忽视了中国民族固有的特质，它所提倡的合群公德，不仅无效，"且有内溃者"②。因此，他们提出要以鼓吹国魂来救中国。然而，他们陶铸的国魂，除了言词上表现出更为高昂的民主主义革命激情外，就改造国民性问题本身来说，并不见得比《新民说》更为深刻。他们提倡的山海魂、武士魂、游侠魂、平民魂，与《新民说》中所说的进取冒险、勇敢尚武、平等自由，也无二致。即使他们自以为与《新民说》不同的地方，如强调发挥中国民族固有特性的主张，也恰恰是梁启超一贯提倡的。在《新民说·释新民之义》中，梁启超明确提出他所说的新民"非如心醉西风者流，蔑弃吾数千年之道德学术风俗，以求伍于他人"。指出新民包含两层意思："一曰淬厉其所本有而新之，二曰采补其本无而新之，二者缺一，时乃无功。"③而这与鼓吹国魂的作者们提出陶铸国魂应做到"其一曰察世界之大势；其二曰察世界今日之关系中国者奚若；其三曰察中国今日内部

---

① 许寿裳：《亡友鲁迅印象记》，北京，人民文学出版社，1953。许寿裳回忆鲁迅留学日本时与他经常谈论的这三个问题，实际上也是当时许多进步中国人共同思考的问题。

② 《国魂篇》，载《浙江潮》，第1期，1903。陶铸国魂问题是20世纪初的中国社会思潮之一，具体情况请参见章开沅的《论辛亥国魂之陶铸》《时代、祖国、乡里》等文章。但章开沅先生强调革命派陶铸国魂与梁启超新民思想存在差别，似与本文观点略有不同。

③ 梁启超在《新民说》中对中国传统民族文化心理的确侧重于批判，而没有任何赞美之词。但在与此同时或以后发表的《论中国人之将来》《中国学术思想变迁之大势》《张博望班定远合传》《中国殖民八大伟人传》《中国之武士道》《中国前途之希望与国民责任》等文章中，梁启超则拔潜阐幽，热情地讴歌中国传统民族文化心理中蕴涵着的精华，贯彻了他在《释新民之义》中的这一主张。

之大势"①，不惜上九天下九渊，"旁求泰东西国民之粹，囊之以归，化分吾旧质而更铸吾新质"②的倡议，也是完全一致的。革命派陶铸国魂只是以另一种方式表述了梁启超这一时期的新民思想。更有甚者，有些文章在文字表述上也流露出受梁启超影响的一些痕迹。在邹容《革命军》一书中，不仅《奴才好》这首诗系《清议报》第 86 期署名"因明子"（蒋观云）的一个作品，而且文中一段刻画奴隶性格特征的文字，竟然与梁启超所著的《中国积弱溯源论》的一段文字完全一样。③ 此外，《竞业旬报》第 29 期《国民的奴性》一文，在揭露中国人的主奴根性上，文字的表述与梁上面这篇文章也十分相似。

改造国民性问题作为 20 世纪初的一股社会思潮，我们的确很难确切地指出梁启超在这个问题上是怎样影响了当时的思想界以及影响的程度。因为，一种思想一旦成"潮"，它就不再是个别人的思想，而为社会上各阶层的人所关注。拿梁启超的话来说，思潮是"国民于一时期中，因环境之变迁，与夫心理之感召，不期而思想之进路，同趋于一方向，于是相与呼应，汹涌如潮流"④。这样，人们也就很难具体说清在思潮中到底是谁影响了谁。但梁启超是这一社会思潮中的代表人物，这却是有目共睹的。

《新民说》的意义不止于此，它还在客观上推动了当时资产阶级民族民主革命的发展。《新民说》对国民劣根性的揭露确是鞭辟入里，为唤醒广大人民起来革除精神疾病，激励他们走上革命道路起了振聋发聩的思想启蒙作用。《新民说》所提倡的道德意识、价值观念和行为方式，为长期生活在封建专制之下的中国人开辟了新的精神世界，"彻底相信中国之外还有很高等的民族，很高等的文化"⑤。就像"欧洲的思

① 《国魂篇》，载《浙江潮》，第 1 期，1903。
② 壮游：《国民新灵魂》，见张枬、王忍之编：《辛亥革命前十年间时论选集》第 1 卷下册，572 页，北京，生活·读书·新知三联书店，1960。
③ 张枬、王忍之编：《辛亥革命前十年间时论选集》第 1 卷下册，671 页；梁启超：《饮冰室合集》文集之五，20 页。
④ 梁启超：《清代学术概论》，见《饮冰室合集》专集之三十四，1 页。
⑤ 胡适：《四十自述》，105 页，上海，亚东图书馆，1933。

想和情感方式，对于顺利使用机器，是和蒸汽、煤炭和技术同样必需的"①道理一样，近代中国要推翻封建专制制度，挽救民族危机，建立一个独立富强的资本主义国家，也必须要求广大国民具有这样一种新的精神风貌。

再者，《新民说》对国民劣根性的病根的挖掘，不仅驳斥了帝国主义者散布的反动的种族优劣论，而且也直接将国民性的改造同资产阶级革命密切地联系起来。既然封建的政治、经济、文化是产生国民劣根性的渊薮，那么，梁启超在《新民说》中也就坚定地提出，要实现国民性改造，只有对中国封建社会文明来一次破坏，"必取数千年横暴混浊之政体，破碎而蒲粉之，使数千年如虎、如狼、如蝗、如蝻、如蜮、如蛆之官吏，失其社鼠城狐之凭借，然后能涤荡肠胃以上于进步之途也；必取数千年腐败柔媚之学说，廓清而辞辟之，使数百万如蠹鱼、如鹦鹉、如水母、如畜犬之学子，毋得摇笔弄舌舞文嚼字为民贼之后援，然后能一新耳目以行进步之实也"②。这样，梁启超的《新民说》也就违背了改良主义的主观愿望，"为广大青年知识分子安排了一根由不满清政府、由欲作'新民'而走向革命的思想跳板"③。正如他的同党所指责的那样，梁启超"未革满清之命，而先革草堂之命，且不独革草堂之命，而卓如已为弟子所革矣"④。

显然，那种认为《新民说》是一部阻碍革命发展的反动之作的观点是有欠公允的。《新民说》固然有其缺点，但其进步意义却是主要的。《新民说》的实质是要求建立一个与发展资本主义政治、经济相适应的新的民族文化心理，实现国民的近代化，从而为中国由封建社会向资本主义社会转变开辟道路。

---

① 《列宁选集》第 1 卷，155 页，北京，人民出版社，1972。

② 梁启超：《新民说·论进步》，见《饮冰室合集》专集之四，64～65 页。

③ 李泽厚：《康有为谭嗣同思想研究》，58 页，上海，上海人民出版社，1958。

④ 上海市文物保管委员会编：《康有为与保皇会》，231 页，上海，上海人民出版社，1982。

# 三、《新民说》的局限性

《新民说》存在着当时的思想界在改造国民性问题上带有的普遍性缺点，也有梁启超作为改良主义者在《新民说》中表现出来的局限。

《新民说》缺乏明确的阶级分析观点，这是当时思想界存在的共同缺点。梁启超虽然在文章里对人民群众及统治阶级中存在的劣根性的表现形式及其危害有所区别，并对产生这些劣根性的根源做了探讨，但由于缺乏明确的阶级观点，他并没有进一步分清哪些劣根性是人民群众作为小生产者自身所固有的，哪些劣根性主要是统治阶级的思想意识。这样，他对中国民族性就不可能有一个全面的正确的评价，在国民性的评骘中陷入自相矛盾。例如，当他在《新民说》中将怕死、懒惰、虚伪、缺乏毅力等主要存在于统治阶级身上的那些劣根性，不加分析地说成所有中国人共有的性格的时候，他就无法解释他在其他文章中称赞的普遍存在在广大劳动人民中的那些优良传统——刻苦耐劳、诚实悫厚，以及不畏强暴的反抗精神。因此，在改造国民性问题上只讲民族性不提阶级性的做法是不可取的，这在阶级社会里尤其如此。

《新民说》另一个具有普遍性的缺点是在宣传上片面夸大精神的作用，将中国的衰败、封建专制制度的存在全然归咎于国民精神上的弱点，认为"以若是之民，得若是之政府官吏，正所谓种瓜得瓜，种豆得豆"[1]。这种看法正如当时有人批评的那样，犯了"倒果为因"的错误。但有此错误偏向者绝非梁启超一人，而是当时强调思想启蒙作用的人所共有的特点。邹容在《革命军》中就曾说中国人遭受的奴隶般的待遇是"中国人自乐为奴隶"。陈独秀甚至说中国的衰败"不是皇帝不好，也不是做官的不好，也不是兵不强，也不是财不足，也不是外国欺负中国……我们中国人，天生的有几种不好的性质，便是亡国的原因了"[2]。这种错

---

[1] 梁启超：《新民说·论新民为今日中国第一急务》，见《饮冰室合集》专集之四，2页。

[2] 生活·读书·新知三联书店编：《陈独秀文章选编》上册，53页，北京，生活·读书·新知三联书店，1984。

误偏向主要出于他们对劣根性的愤慨，希望以此来激发人们发奋图强，起来革除自身弱点。因此，将《新民说》看成梁启超"将奴役中国人民的心理和身体的专制统治以及其统治基础的各种制度的罪恶轻轻地开脱掉"①。这样的观点难以令人信服。事实上，每个不带感情偏见的读者都会看到，《新民说》自始至终没有放弃对封建专制制度的批判。

《新民说》的局限不在于梁启超所认为的国民程度不够，广大人民缺乏建立资产阶级民主国家的素质，似乎也不在于《新民说》大量介绍西欧和日本的政治思想和道德学术时总是根据改良派的需要加以取舍和选择。②《新民说》对西方资产阶级道德意识的介绍比之其他文章要准确得多。正是在《新民说》里，梁启超条分缕析，道出了中国传统的忠君、自我、放恣散漫、规行矩步与近代西方资产阶级的国家思想、权利思想、自由思想、自治思想的本质区别。革命派除了一些意气之词外，并没有对《新民说》提倡的那些内容有过实质性批评。相反，他们感到遗憾的是，梁启超不惜"以今日之我与昔日之我战"，错误地攻击起他曾热烈宣传过的自由、平等、博爱等西方资产阶级的道德观念，以致他过去这方面的文章"概不可引以为证"。③《新民说》塑造的一代资产阶级国民形象，很难说它一定是贯彻了改良主义的政治主张，它更多地反映了两派在阶级要求上的一致性。

《新民说》的致命弱点是将思想启蒙与革命对立起来，在如何实现国民性改造这一关键问题上陷入泥沼，结果半途而废。

这里要澄清的一个问题是，在《新民说》和梁启超改良主义思想两者的关系上，不是新民思想导致梁启超主张改良反对革命，或者说《新民说》"发展了康有为的改良政治主张"④。《新民说》主张"维新吾国，当先维新吾民"，片面夸大思想启蒙作用，试图沿着对人的思想的改造

---

① 胡绳武、金冲及：《关于梁启超的评价问题》，载《学术月刊》，1960(2)。

② 参见陈匡时：《略论梁启超的〈新民说〉》，见蔡尚思等：《论清末民初中国社会》，70～82页，上海，复旦大学出版社，1983。

③ 枝头抱香者：《新民丛报之怪状》，载《民报》，第6号，1906。

④ 陈匡时：《略论梁启超的〈新民说〉》，见蔡尚思等：《论清末民初中国社会》，70页。

去实现对社会的改造，虽然颠倒了社会存在与社会意识两者之间的关系，但它本身与改良主义并没有必然的联系。也就是说，新民强调思想改造，它既可为革命服务，也可为改良主义服务。新民思想本身不是一种改良主义思想。

考察新民思想内在逻辑系统的发展和梁启超20世纪最初几年的思想和行动轨迹，我们看到梁启超极力宣传新民之际，也正是他言行最为激进之时。虽然造成梁启超这一时期态度激进的原因是多方面的——戊戌变法和自立军事件失败后对慈禧太后为首的清政府的失望和愤怒，革命派的联络和鼓动，西方思想的影响，乃至他个人审时度势的易变性格，但新民思想无疑是一个重要因素。梁启超礼赞革命，鼓吹破坏，高唱自由民权，很大程度上就是从新民思想出发的。正是在分析了产生国民劣根性的各种根源之后，梁启超在《论进步》一文中提出，要实现国民性的改造，只有对中国封建社会文明来一次全面的破坏。同样，他提倡的革命也服务于他的新民主张，他将史学革命、学术革命、宗教革命等作为实现新民主张的一种途径。例如，他曾明确指出小说革命是实现新民主张的一个前提，说"今日欲改良群治，必自小说界革命始，欲新民，必自新小说始"①。他不顾其师康有为的责骂，呼吁自由民权，也是因为有感于"中国数千年之腐败，其祸极于今日，推其大原，皆必自奴隶性来，不除此性，中国万不能立于世界万国之间"②。总之，在当时，梁启超为鼓吹新民而作的文章令人耳目一新、激情昂扬。梁启超这一时期表现出了较强的革命色彩。

遗憾的是，梁启超并没有沿着新民思想内在逻辑系统的发展走下去，而是被他政治上的改良主义思想所限制，始终没有冲破改良主义的樊篱，而成为一个真正的革命者。他礼赞革命和破坏，但他对革命派提倡的流血破坏总是持保留态度，他总处于"保守性和进取性常交战于胸中"的矛盾境地。因此，他在新民思想中表现出的那点革命热情必然是十分脆弱的。果然，在1903年年底，梁启超自美洲返回日本后，

<hr/>

① 梁启超：《小说与群治之关系》，见《饮冰室合集》文集之十，10页。
② 丁文江、赵丰田编：《梁启超年谱长编》，235页。

随着他的改良主义思想重新抬头，他也就一反前态，在 1904 年年初发表的《论私德》一文中，匆匆收起两年前以西方新道德来自新民的主张，竟然将西方的新道德、新理想看成贼人子而毒天下的东西。他虽然正确地认识到对人的改造不是光靠宣传西方资产阶级思想文化就能实现的，离开社会性质的变革谈新民，这只能是磨砖为镜，炊沙作饭。然而，由于他坚持改良，强调不能躐等，不敢像革命派那样提出通过暴力革命改变中国社会性质来实现民族文化心理的改造，因此，他的"新民说"也就成了空中楼阁，无法实现。梁启超本人也只好在中国传统民族文化心理中重新找到安身立命之处，认为能维持中国社会的仍在于"吾祖宗遗传固有之旧道德而已"①。这样，具有进步意义的《新民说》终为梁启超的改良主义思想所扼杀。这便是《新民说》的悲剧所在，也是梁启超一生思想的悲剧所在。

原载《近代史研究》1989 年第 4 期

---

① 梁启超：《新民说·论私德》，见《饮冰室合集》专集之四，132 页。

# 论汪康年与《时务报》

## ——兼谈汪梁之争的性质

《时务报》是戊戌维新时期最有影响的一份刊物。由于梁启超、黄遵宪是当时著名的变法维新活动家，在近代享有很高的知名度，因此，学术界将《时务报》的成功，往往归诸他们两人的作用，有意无意地贬低该报总理汪康年的地位，对汪康年多有一些有欠公允的评论。① 本文就此提出一些不同看法，以求商榷。

## 一、名副其实的总理

《时务报》创刊于 1896 年 8 月 9 日，列入创办人的有黄遵宪、汪康年、梁启超、邹凌瀚、吴德潇五人，而实以黄遵宪、汪康年、梁启超三人为核心。但从《时务报》创办的经过来看，笔者认为，汪康年的作用要在黄遵宪、梁启超两人之上，他是《时务报》的一位名副其实的总理。

首先，汪康年当时之所以能出任《时务报》总理一职，这是由他与上海强学会的关系决定的。正如所有论者指出的，《时务报》系在上海强学会的基础上创办。1896 年 1 月，上海强学会被勒令停办后，汪康年与黄遵宪均有办报思想，于是汪康年便将强学会的 1200 元余款立在

---

① 参见汤志钧：《论时务报的汪梁之争》，载《历史学》，1979（2）；汤志钧：《戊戌变法史》，179～196 页，北京，人民出版社，1984；王栻：《维新运动》，145～148 页，上海，上海人民出版社，1986；郑海麟：《黄遵宪与近代中国》，386～393 页，北京，生活·读书·新知三联书店，1988。

自己名下，作为《时务报》的开办费。对于汪康年的这一做法，梁启超在《创办时务报源委》中将它看成是汪康年"欲没康有为先生之旧迹"①。后来，学者也大多沿袭此说，认为这是汪康年有意掩盖《时务报》与强学会的关系，以窃取权力。但笔者认为，汪康年的这一做法在当时并没有什么不对，须知汪康年当时是上海强学会的主持人。1895 年 11月，康有为来沪创办强学会时，因母寿须回广东，在与时任两江总督张之洞商量后，决定将上海强学会交由汪康年负责。为此，康有为于11 月 16 日亲自去函，要汪康年速从湖北来沪，提出"南皮顷已许办上海、广东两会，知所乐闻，故先驰报。仆急须还粤，沪上事待之穰卿矣"②。因此，上海强学会解散后，该会的所有余款及书籍、木器物件等，都点交汪康年"收存"，汪康年成为强学会的实际法人代表。而作为法人代表，汪康年将学会余款立在自己名下作为《时务报》的开办费，这是名正言顺的事情，不但不存在所谓的掩盖《时务报》与强学会的关系问题，而且恰恰相反，正是这层关系，才使得汪康年有资格担任《时务报》总理的职务。

当然，汪康年能担任《时务报》的总理，主要还是因为他在创办过程中的确起到了总理的作用。黄遵宪虽然与他一道最早议创《时务报》，并在捐钱募款、物色人才、确定体例等方面多有贡献，但黄遵宪当时由于身在官场，人事牵掣，并没有把精力主要放在办报上。他先于1895 年的下半年受命办理苏浙赣湘鄂五省教案，1896 年年初又就苏杭租界问题与日方谈判交涉，奔走苏杭沪宁之间，不但不能常驻上海处理报务问题，而且常常连与汪康年约谈的时间都不能保证，屡屡爽约。③ 而《时务报》出版后的第二个月，他便匆匆奉旨北上入觐，拟任出使英国大臣或出使德国大臣，后因英德两国抵制，其事不果，一直

---

① 中国史学会主编：《戊戌变法》（四），524 页。

② 上海图书馆编：《汪康年师友书札》（二），1664 页，上海，上海古籍出版社，1986。

③ 参见上海图书馆编：《汪康年师友书札》（三），2331～2339 页，上海，上海古籍出版社，1987。

闲居北京，至 1897 年 6 月离开北京，出任湖南长宝盐法道。黄遵宪始终没有驻沪具体主持报馆工作。尽管他在北京期间仍关心报务，与汪康年函札往还，但毕竟有"遥控"之嫌，实际作用十分有限。至于梁启超，他至迟于 1896 年 4 月还在北京，尚未南旋，而此时报社的各项筹备工作基本完成，报事处在"将成"阶段。① 因此，梁启超对于《时务报》的创办并没有起到多大作用。而《时务报》创刊后，梁启超也只任主笔，馆务仍由汪康年全面负责。

事实很清楚，在黄遵宪、汪康年、梁启超三个主要创办人中，只有汪康年自始至终都是《时务报》的具体经办人，贡献最大，这只要翻阅一下《汪康年师友书札》中有关这一时期各方人士与汪康年的数百封书信，便可得出这一结论——举凡报馆的财务用人、出版发行与外界应酬等，无不由汪康年一手负责处理。对汪康年在办报中的贡献，就是黄遵宪、梁启超本人也不能不予承认。1897 年年初，梁启超虽然赞成设立董事，但对黄遵宪要汪康年辞去总理职务则不以为然，私下对康有为说，黄遵宪这样做"可谓卤莽不通人情，反使超极下不去"，指出"馆中此职非穰亦不能任也"。② 在写给汪诒年的信中，梁启超也提到"馆为穰兄艰难创之"③。而黄遵宪此时对汪康年的管理方式虽多有不满，但在北京与人谈到《时务报》时，仍表示"实非君（指汪康年）不能成功"，称"大江南北知好多矣，弟独以公堪任此事，其卓识坚力实足以度越时流"。④

此外，汪康年在文字宣传方面也做出过贡献。他先后在《时务报》发表过 14 篇文章，其作用和影响虽与梁启超不能相比，但却在麦孟华、章太炎、徐勤、欧榘甲（他们都曾任过《时务报》的撰述人）等人之上。特别是他在《时务报》创办初期梁启超返粤省亲期间发表的 9 篇文章，曾与《变法通议》一道，在社会上引起反响。夏曾佑用"精透质实，言简而意备"⑤评价他的文章。梁启超在广东读了汪康年的文章后，也

---

① 参见上海图书馆编：《汪康年师友书札》（二），1832 页。
② 丁文江、赵丰田编：《梁启超年谱长编》，95 页。
③ 上海图书馆编：《汪康年师友书札》（二），1846 页。
④ 上海图书馆编：《汪康年师友书札》（三），2347～2348 页。
⑤ 上海图书馆编：《汪康年师友书札》（二），1321 页。

"为之大喜"，写信对汪康年分担他的主笔工作表示万分感激，称"阿弥陀佛曰偏劳偏劳矣"。① 而汪康年以前的同僚则指责他言论出格，要他谨慎从事，"多译实事，少抒伟论"②，或干脆劝他此后只做总理，不要作文，"万万不可动笔"③。至于汪康年后来的 5 篇文章，思想深度虽然不及当初，但他结合德国强租胶州湾之后的国际国内形势，力陈民族危机的严重，唤起人们变法图强意识，在社会上也不能说毫无影响。

总之，汪康年为创办《时务报》做了大量的工作，付出了艰辛的劳动，其出任《时务报》总理，可谓顺理成章，名副其实，所谓投间伺隙、窃取权力云云，实属一面之辞，不足为凭。

## 二、戊戌维新派的一员

戊戌维新期间，汪康年到底是洋务派人物，还是维新派的一员，这是确定汪康年与《时务报》之间关系的一个关键问题。笔者认为，汪康年虽然是张之洞的幕僚，做过张之洞孙子的"业师"，在办报期间与洋务派仍保持着各种关系，但就他这一时期的思想行为来看，汪康年应是维新派的一员，他与洋务派在一些重大的社会政治问题上存在根本分歧和矛盾。

首先，在要不要变革封建专制制度，要不要提倡民权的问题上，汪康年与洋务派张之洞等势不两立。在这个问题上，洋务派与封建顽固派的看法完全一致，极力维护封建专制制度，攻击"民权之说，无一益而有百害"，"使民权之说一倡，愚民必喜，乱民必作，纪纲不行，大乱四起"。④ 而汪康年却第一个在《时务报》上倡导民权学说，在《中国自强策》一文中，批判封建专制制度"其治多禁防遏抑之制，而少开

① 上海图书馆编：《汪康年师友书札》（二），1846 页。查《时务报》第 11~14 期论说均由汪康年撰写。

② 上海图书馆编：《汪康年师友书札》（三），2547 页。

③ 上海图书馆编：《汪康年师友书札》（二），1297 页。

④ 张之洞：《劝学篇·正权第六》，见范书义、孙华峰、李秉新主编：《张之洞全集》第 12 册，9721~9722 页，石家庄，河北人民出版社，1998。

拓扩充之意"，害得全国之人都沾染上"徇私""恶直""崇虚""耽逸"的恶习；明确指出："至今日而欲力反数千年之积弊，以求与西人相角，亦惟曰复民权、崇公理而已"。其具体办法是仿照西方资本主义国家的政治制度，立法与行政分离，既立上下议院，又设相臣，下辖户部、刑部、商部、农部、外部、兵部、工部、民部、海部、教部、邮政等十一部，取代军机处行使政府职权，各部大臣及各省督抚的任免，均由议院投票裁决，做到职责分明，"在事之人，有治事之权；事外之人，有监察之权"，彻底治愈封建制度下的"官邪"习气。① 其文一出，立即招来洋务派同僚的督责。但汪康年并不为所动，在《时务报》第9期发表《论中国参用民权之利益》，大谈实行民权有三大好处：一有助于行君权，二有助于激发人们的爱国思想，三可以民权抵御西方列强的要挟，论证实行君民共治，符合中国传统政治思想，不存在洋务派和顽固派所说的"患权之下移""豪强横行，乱且未已"的问题，断言"天下之权势，出于一则弱，出于亿兆人则强，此理断断然者"。

其次，在要不要发展民族资本以及如何发展民族资本的问题上，汪康年的主张也与洋务派对立。洋务派引进西方先进技术，目的是维护封建统治，因此他们并不鼓励民族资本的发展，对近代企业多实行封建性的官办和官督商办政策。而汪康年则站在民族资产阶级立场上，猛烈抨击清朝政府对民族资本的种种束缚和限制，揭露洋务派的官督商办政策摧残民族资本的发展，是"以中国之官权，行西国之商法，官本则昂物价以抵除，而莫或过问也；商本则暂以微利羁縻，而莫敢与闻也。遂以倾诈阴险之才，行笼络捭阖之术，尽取天下之利权，而归之一己。"呼吁清朝政府改弦易辙，在提高货物质量、降低成本、方便交通、扩大销路等四方面，给民族工商业者创造条件，提供便利。②

再者，汪康年对变法维新的态度也与张之洞迥然不同。张之洞参与维新派的变法活动，目的是利用和操纵维新派的活动，而汪康年与康梁维新派的接近，则是出于政治立场的一致。他主持《时务报》期间，

---

① 汪康年：《中国自强策》。
② 汪康年：《商战论》，载《时务报》，第14期，1896-12-15。

虽然与黄遵宪、梁启超存在矛盾，但在政治立场上始终站在维新派一边，在梁启超脱离报馆之前，汪康年因发表梁启超宣传康有为"三世"改制理论和抨击当权洋务派和顽固派官僚的文章，一再遭到张之洞幕僚的严厉督责。如梁鼎芬责问汪康年"自云不附康，何以至是？"①张之洞的另一幕僚缪荃孙则因此拒收《时务报》，责备汪康年"意欲何为耶？"指责汪康年既以总理不能管主笔之事推卸责任，那么就"不能名曰总理矣"。② 至于张之洞本人，除下达"停发"饬令外，对汪康年的所作所为十分失望，只好另组《鄂学报》《经世报》《实学报》等，与《时务报》对抗，"专驳《时务报》之言论"，汪康年因此承受了巨大的内外压力。③ 在此期间，汪康年还积极参与各项维新活动，与维新派一道发起蒙学会，发行《蒙学报》，资助创刊《农学报》，设立上海女学堂，倡设"东文学社"，招生肄习日文，组织人员编译出版英、法文书籍，等等，俨然一位活跃的社会维新活动家。汪康年以往的同僚指责他"处华夷纷杂之区，耳目已淆，品类尤夥"，要他"坚守初心，常存君国之念，勿惑于邪说，勿误于迷途"。④ 1898 年年初，在梁启超辞去《时务报》主笔、汪梁二人矛盾激化之后，汪康年也没有因此改变对维新变法运动的态度。他不但在《时务报》上继续发表文章，宣传变法图强，指出"今日之患，不在外侮，而在内治；不在草野，而在政府"⑤并且还于 5 月 1 日创办《时务日报》，开拓又一维新宣传阵地。该报除采译西报，报道国际时事外，还报道国内新闻，刊登时论，呼吁光绪皇帝乾纲独断，变革人事制度，彻底清除军机六部中"颟顸畏葸伴食之人"，擢用新人，否则，"虽仓公复生，不能奏其功"。⑥ 百日维新开始后，汪康年又在两大刊物上热烈欢呼新政的每一成果。如在读了光绪帝废科举的上谕后，汪

① 上海图书馆编：《汪康年师友书札》（二），1901 页。
② 上海图书馆编：《汪康年师友书札》（三），3056～3057 页。
③ 上海图书馆编：《汪康年师友书札》（三），2748～2749 页。另参见上海图书馆编：《汪康年师友书札》（二），1704、1706、1713～1714 页。
④ 上海图书馆编：《汪康年师友书札》（二），1899 页。
⑤ 汪康年：《论胶州被占事》，载《时务报》，第 52 期，1898。
⑥ 《书胡文忠公全集后》，载《时务日报》，1898-05-13。

康年"喜极而涕"，当即在《时务日报》上发表《强国兆》一文，将光绪帝的这一改革看成是强国之兆，"以告普天下之儒生"。① 接着，他又在《时务日报》上连续五日刊载《科举私议》一文，揭露那些敌视科举改革的人，只是为了保住个人的官位和私利，"系恋爵者万不得已之苦衷"，宣传只有彻底废除科举制，设立学堂，才能克服科举制带来的种种弊端，做到人才辈出，不但"庠序之风，期年可以丕变"，而且"剥极则复之喜，岂特人才独蒙其福"。② 戊戌变法失败后，张之洞一反前一时期利用和拉拢的态度，大力镇压康有为、梁启超等维新党人。而汪康年却因政治立场的一致，不计前嫌，与流亡海外的梁启超重新接近，参与1900年康有为、梁启超发动的勤王事件。后虽因此事几受株连，但汪康年仍不听同僚劝说，表示不愿就此"养晦"③，他在自己主办的《中外日报》(由《时务日报》改名)上继续针砭时弊，致使张之洞不悦，"颇以《日报》为不然"，汪康年以前的同僚也指责他"有损于己，无益于人，甚无谓也"。④ 而梁启超则在海外对汪康年的敢作敢为十分钦佩，对《中外日报》的"婞直"，写信表示"惊服"，称"前者清议论说，尚当退避三舍也"。⑤

纵观汪康年戊戌期间及此后的政治态度和政治表现，他无疑是维新派的一员。因此，说汪康年是张之洞在《时务报》的代理人，于张之洞来说，确有这层意图，但对汪康年本人来说，则不尽为然，他与张之洞之间有明显的政治界限，不可相提并论。

## 三、汪梁之争的性质

对《时务报》时代总理汪康年与主笔梁启超之间的矛盾，学术界从汪康年是张之洞在上海的代理人这一前提出发，将这一矛盾的性质看

① 汪康年：《强国兆》，载《时务日报》，1898-06-28。
② 汪康年：《科举私议》，载《时务日报》，1898-07-12。
③ 上海图书馆编：《汪康年师友书札》(三)，2811页。
④ 上海图书馆编：《汪康年师友书札》(三)，2791页。
⑤ 上海图书馆编：《汪康年师友书札》(二)，1870页。

成是以张之洞为代表的洋务派与资产阶级改良派的一场政治博斗。但笔者认为，汪梁之争仍然属于维新派内部之间的矛盾，这不仅因为汪康年是维新派的一员，而且是基于对他们争论内容所做的客观分析。

汪康年与梁启超的矛盾首先体现在报馆的管理上。梁启超从参与筹备报馆工作开始，在报馆的管理问题上，便与黄遵宪意见一致，主张模仿西方国家政体、立法与行政分离的原则，设立董事会，由总董拟定办事规章，然后交馆中人员执行。但汪康年不愿接受这一意见，以总理身份独揽报馆大权，事无巨细，必自躬问。黄遵宪、梁启超对汪康年的管理方式极为不满，与汪康年一起工作的梁启超尤其感到压抑，"当其愤愤之时，则辄自言：'人既不与我商量，则我亦不愿干预'"①，对馆务采取消极态度。1897 年年初，梁启超省亲归来后，听同门弟子梁启勋和韩云台说汪康年对他们两人多有薄待，心里极不高兴，在写给黄遵宪的信中因而"不免多说几句"②。而生性耿直的黄遵宪接信后，便立刻致函汪康年，再次提出设立董事问题，并要汪康年辞去总理一职，只任总董，由吴铁樵或康有为门人龙泽厚担任总理。这就导致了汪康年与梁启超的矛盾进一步激化，社会上一度出现各种猜测，纷传"时务报馆将尽逐浙人而用粤人之说"③。许多关心《时务报》的维新派人士，如谭嗣同、张元济、夏曾佑、吴德潇等纷纷来函询问，多劝他们俩不要因为正常的意见分歧"贻误大局"，为守旧之徒"所笑"。④ 在众人的调和之下，汪康年与梁启超之间的冲突很快和解，梁启超主动与汪康年相约，"所以起意见之由，既已言明"，"乃弟自今日起誓灭意见"，共同办好《时务报》。⑤ 然而，报馆的管理问题并没有解决，因此，梁启超与汪康年之间的"介石"也没有就此冰消全释。是年8 月，黄遵宪路过上海，因讨论总董问题，与汪康年再起冲突，梁启

---

① 上海图书馆编：《汪康年师友书札》（二），1858 页。
② 丁文江、赵丰田编：《梁启超年谱长编》，95 页。
③ 上海图书馆编：《汪康年师友书札》（二），1855 页。
④ 上海图书馆编：《汪康年师友书札》（二），1903～1904 页。
⑤ 上海图书馆编：《汪康年师友书札》（二），1855～1856 页。

超自然站在黄遵宪一边，要汪康年无论或依或否，都应就此事当面向黄遵宪"解释妥当为是"，指出《时务报》非公度不有今日，草创时一切皆与共之，彼亦极以此事自鸣得意，今骤然置之不问，亦殊非人情，万一有他举动，则贻天下笑矣"。① 两个月后，梁启超本人也为了避免与汪康年产生正面冲突，应黄遵宪等人之邀，离开报馆，前往长沙主讲时务学堂，同时兼任报馆主笔。但梁启超到湖南后，又对汪康年未经商量便延用报馆人员有意见，认为汪康年如此做法是将报馆当作"汪氏一人一家所开之生意"，置自己于"雇用工人"地位，不愿再为《时务报》撰写文章，"屡愆期无以应命"。1898 年 3 月 3 日，梁启超致函汪康年，与他摊牌，提出要汪康年辞去总理，由他接办，不然，"弟即告辞"。② 由于汪康年不同意让出总理职务，梁启超也就此辞去主笔一职，与《时务报》彻底脱离关系。

从汪康年与梁启超的这一矛盾来看，这只是他们之间个人意气和权力之争。这当中看不出是封建洋务派与资产阶级改良派的一场政治搏斗。事实上，当时维新派人士也将这一矛盾只看成是他们内部的一件不幸的事情。当梁启超在湖南与谭嗣同、熊希龄、黄遵宪等维新派人士提出要辞去主笔时，他们"咸以为此究竟是大局之事，非一人一家之事，宁少安毋躁"③，不主张因为报馆管理和权力问题损害维新事业。而张元济当时还批评梁启超这种不顾大局的做法，"亦其师承然也"④。

导致梁启超与汪康年产生矛盾、最后辞去主笔的另一原因是言论的分歧。梁启超不同意汪康年禁止他在《时务报》上发表与康有为改制理论有关的文章，责备汪康年在上海歌筵舞座中，"日日以排挤、侮弄、谣诼、挖酷南海先生为事"，表示在这种情况下，若自己"犹靦然为君家生意出死力，是亦狗彘之不如矣"。⑤

---

① 上海图书馆编：《汪康年师友书札》(二)，1858 页。
② 上海图书馆编：《汪康年师友书札》(二)，1853～1854 页。
③ 上海图书馆编：《汪康年师友书札》(二)，1853 页。
④ 上海图书馆编：《汪康年师友书札》(二)，1733 页。
⑤ 上海图书馆编：《汪康年师友书札》(二)，1853 页。

对于汪康年与梁启超言论上的矛盾，笔者以为应做具体分析。就汪康年来说，他与洋务派和封建顽固派不同，他阻止梁启超在《时务报》上发表与康有为托古改制理论有关的文章，但并不反对梁启超在报上宣传资产阶级变法维新思想；他排斥康有为，不是政治上敌视维新运动，很大程度上是因为学术观点的对立。关于此点，汪康年在与梁启超的矛盾公开之后，说得十分清楚，明确指出，他们之间是"以学术不同，加以构间，渐致乖异"①。其实，除康门弟子外，当时不少主张变法维新的进步人士，对康有为其人和他的那套托古改制理论都颇无好感。严复就曾对梁启超文章中的托古改制和保教倾向，提出过严肃的批评。② 1897年春，章太炎与梁启超及其他康门弟子也因"论及学派，辄如冰炭"，在时务报馆大起冲突。③ 若从学术的观点来看，康有为的《新学伪经考》和《孔子改制考》的确不是什么严肃的学术著作，不但从材料到见解多抄袭前人成果，而且常常断章取义，牵强附会。对此，即便是梁启超也难违师意。后来，梁启超在《清代学术概论》里就批评其师言论过于"武断"，往往不惜抹杀论据或曲解论据，以犯科学家之大忌。④ 因此，我们不能将学术上的争吵都当作政治问题看待，将凡是与康有为和梁启超有不同意见的，都看作顽固守旧之人。汪康年与梁启超之间的言论分歧，实质上是康有为的今文经学与崇尚考据训诂之学的江浙士人之间的学术观点的冲突。

当然，汪康年阻止梁启超在《时务报》宣传康有为的改制说，部分原因也是因为张之洞的压力。但从策略角度考虑，汪康年这样做是有其道理的。因为当初上海强学会遭解散的一个重要原因，便是康有为的改制说不为张之洞等一批当权官僚所容。为了避免《时务报》重蹈强学会覆辙，汪康年从一开始就主张报馆的言论要谨慎，一度甚至还有

---

① 汪诒年：《汪穰卿先生传记》卷三，9页，杭州汪氏铸版，1938。
② 梁启超：《与严幼陵先生书》，见《饮冰室合集》文集之一，108～109页。
③ 丁文江、赵丰田编：《梁启超年谱长编》，81～82页。
④ 梁启超：《饮冰室合集》专集之三十四，56～57页。

"依傍洋人"的想法。① 在这个问题上，黄遵宪当时也持谨慎态度，劝梁启超言论不要过于激进，指出"上年强学会太过恢张，弟虽厕名，而意所不欲，然一蹶即不复振，弟实引以为耻"，告诫"为守旧党计，为言官计"，本报论说必须做到"绝无讥刺"。② 而梁启超在开始时也答应不在《时务报》上宣传容易招来非议的康有为的改制说，表示"弟之学派，不为人言所动者已将十年。……弟必不以所学入之报中，请彼不必过虑"③。但自1897年2月省亲回沪之后，梁启超便改变态度，以"启超之学，实无一字不出于南海"为由，坚持要在报中宣传康有为的思想，提出"前者变法之议，未能征引，已极不安。日为掠美之事，弟其何以为人？弟之为南海门人，天下所共闻矣。若以为一见康字，则随手丢去也，则见一梁字，其恶之亦当如是矣"。去年之所以未引康有为的名字，"以报之未销耳"。现在《时务报》销路既然大开，绝不会出现因引康之说"而阅读者即至裹足"的事情发生。④ 由此看来，梁启超之所以要在报上宣传康有为，并不是从宣传维新变法运动的需要出发，而主要是为了显扬师承关系。他的这一做法，在当时显然不是明智之举，不但人为地激化内部矛盾，而且还给《时务报》的发行带来不必要的阻力。

最后，百日维新期间，康有为上奏朝廷，将《时务报》收归官办，也不是因为汪康年阻碍维新变法运动，而是出于门户之见，为门人谋求利益，让梁启超接管《时务报》，以遂梁启超之心愿。这从康有为草折、交由御史宋伯鲁呈送的《奏改时务报为官报折》中可以看得十分清楚。该折将《时务报》说成是由梁启超创办，后因梁启超到湖南讲学之后，"未遑兼顾，局中办事人办理不善，致经费不继，主笔告退，将就废歇"，因此吁请"明降谕旨，将上海《时务报》改为《时务官报》，责成该举人督同向来主笔人等实力办理"。⑤ 对于康有为、梁启超的这一做

① 上海图书馆编：《汪康年师友书札》（三），2648 页。
② 上海图书馆编：《汪康年师友书札》（三），2335 页。
③ 上海图书馆编：《汪康年师友书札》（二），1843 页。
④ 上海图书馆编：《汪康年师友书札》（二），1863 页。
⑤ 中国史学会主编：《戊戌变法》（二），350 页。

法，当时舆论普遍不以为然，"南北诸报，纷纷评议，皆右汪而左康"①，甚至连《国闻报》也指责康有为、梁启超"一旦志得，遂挟天子之诏，以令钱唐一布衣"②。至于汪康年在这场斗争中，虽然求助张之洞等洋务官僚，将《时务报》改为《昌言报》，并在报刊上声明《时务报》由他一人创办，但他对梁启超并没有采取敌意态度，仍不愿因此伤了同志和气，损害维新事业。在读了梁启超《创办时务报原委》一文后，汪康年在各报发表《创办时务报原委记书后》，强调他在办报中与梁启超的合作，表示不愿看到因此酿成朋党之祸。他说：

> 康年既不欲毛举细故，以滋笔舌之烦，尤不敢力争大端，以酿朋党之祸。盖恐贻外人之诮，兼懼寒来者之心。良以同志无多，要在善相勉，而失相宥。外患方棘，必须恶相避，而好相援，此则窃愿与卓如共相劝勉者也。窃意卓如素讲合群之谊，其所撰文字于中国之自相胡越，自相鱼肉者，皆疾首蹙额而道之，似不至以一时不合，遽尔形诸笔墨，见诸报章。……庶于我两人平日相待之交情，相许之志愿，不致乖违。③

综上所述，汪梁之争只是维新派内部因地域和学术门户之见的权力之争。对于《时务报》内的这场冲突，汪康年固然有不对的地方，但梁启超也要负重大责任。梁启超的门户之见太深，不能正确对待门户之外的同志，党同伐异，将党派集团利益置于维新事业之上，这也是他后来不能与革命党人合作、屡犯错误的原因之一。对于中国近代历史人物的评价，我们不能囿于党派之见，肯定一方，否定另一方，谁是谁非，应由历史说话。

原载《广东社会科学》1993年第3期

---

① 中国史学会主编：《戊戌变法》（二），573页。

② 转引自汤志钧：《戊戌变法人物传稿》上册，87页，北京，中华书局，1982。

③ 汪诒年：《汪穰卿先生传记》卷三，9页。

# 论戊戌前后梁启超保教思想的肯定与否定

梁启超一生以善变、多变著称，曾自谓："吾生平最惯与舆论挑战，且不惮以今日之我与昔日之我挑战者也。"①从戊戌维新期间的提倡保教到 1902 年放弃保教，便是梁启超早年思想的一个重大转变。对梁启超思想的这一转变，以往的研究虽有涉及，但都未将之放在一个重要的位置加以专门讨论，而更重视这一时期梁启超政治思想层面的转变。然而，从思想史的角度来看，梁启超在保教问题上的转变，较诸政治思想的转变更为重要，它隐含丰富的思想内涵。有鉴于此，本文专门就此做一个论述，以达抛砖引玉之目的。

## 一、梁启超与保教之关系

保教，也即奉孔子为"教主""圣人"，立孔学为国教，是戊戌期间康有为倡导变法的一个重要理论根据和社会哲学基础。对于梁启超与保教的关系，有的学者认为梁启超对立孔学为国教从一开始就持怀疑态度，甚至公开反对。② 或说梁启超对把孔子奉为宗教的先知和把儒教作为国教没有热情，宗教体系全然不在这一时期梁启超的关怀之列。③ 揆诸事

---

① 梁启超：《政治学大家伯伦知理之学说》，见《饮冰室合集》文集之十三，86 页。

② 参见王有为：《论一九〇〇年前后康梁思想的分歧》，载《学术月刊》，1984(3)。

③ 参见［法］巴斯蒂：《梁启超与宗教问题》，见［日］狭间直树编：《梁启超·明治日本·西方：日本京都大学人文科学研究所共同研究报告》，410 页，北京，社会科学文献出版社，2001。

实，这些说法与梁启超的实际思想不相符合。

1890年秋，梁启超经陈千秋引见，拜康有为为师的时候，正是康有为构建他的今文经学，阐发孔子教义的时期。在师从康有为之后，梁启超起初虽由于阅世过浅，对康有为所授佛学"不能多受"，但对康有为的今文经学理论和其所阐发的孔子教义则从一开始就大为折服，"决然舍去旧学"。①在接下来的日子里，梁启超不但参与康有为创立孔教的奠基之作——《新学伪经考》《孔子改制考》和《春秋董氏学》等书的编写工作，而且与陈千秋最早得闻康有为当时还秘不示人的《大同书》，不顾老师的反对，便在同门弟子中广为宣传，致使"万木草堂学徒多言大同"②。1894年他手写《读书分月课程》，向同门弟子介绍万木草堂的读书方法，并建议从今文经著作《公羊》和《春秋繁露》两书读起。

1895年维新运动开始之后，梁启超的言行更表明他是保教主张的积极支持者和提倡者。在他发表的著名的《变法通议》一文中，梁启超便将"保教"与"保国""保种"一道看作变法所要实现的目标，指出："变之权操诸己，可以保国，可以保种，可以保教"③。在《西学书目表后序》一文中，梁启超则阐发康有为《新学伪经考》和《孔子改制考》中的观点，明确要求将孔子奉为教主，强调通过读经，"当知孔子之为教主"，"当知六经皆孔子所作"，"当知孔子之前有旧教，如佛之前有婆罗门"，"当知六经皆孔子改定制度以治百世之书"，"当知七十子后学，皆以传教为事"，"当知秦汉以后，皆行荀卿之学，为孔教之孽派"，"当知孔子口说，皆在传记，汉儒治经，皆以经世"，"当知东汉古文经，刘歆所伪造"，"当知伪经多摭拾旧教遗文"，"当知伪经既出，儒者始不以教主待孔子"，"当知训诂名物，为二千年经学之大蠹，其源皆出于刘歆"，"当知宋学末流，束身自好，有乖孔子兼善天下之义"；通过阅读诸子之书，"当知周秦诸子有二派：曰孔教，曰非孔教"，"当知非孔教

---

① 梁启超：《饮冰室合集》文集之十一，17页。
② 梁启超：《饮冰室合集》专集之三十四，60页。
③ 梁启超：《饮冰室合集》文集之一，8页。

之诸子，皆欲改制创教"，"当知非孔教之诸子，其学派实皆本于六经"；通过读史，"当知太史公为孔教嫡派"，"当知二千年政治沿革何者为行孔子之制，何者为非孔子之制"，"当知历代制度，皆为保王者一家而设，非为保天下而设，与孔孟之义大悖"；宣称"孔教之至善，六经之致用，固非吾自祖其教之言也"。[①] 在写给老师康有为的信中，梁启超甚至认为钻研和传播孔教比维新运动更为重要，建议"或一切不问，专以讲学授徒为事，俟吾党俱有成就之后，乃始出而传教，是亦一道也。弟子自思所学未足，大有入山数年之志"[②]。

　　进入 1897 年，康有为的保教主张不但招致顽固派的攻击，而且也引起许多主张变法维新人士的非议。在要不要保教问题上，梁启超虽然因黄遵宪等人的劝说，对康有为的保教主张一度"依违未定"[③]。是年春，他在写给严复的一封信中甚至对严复提出的"教不可保，而亦不必保"观点表示苟同，指出"不意数千年闷葫芦，被此老一言揭破"，并认为保教主张阻碍学术和思想自由，但这并不意味着梁启超此时已对保教持怀疑和反对的态度。就在写给严复的同一封信中，梁启超仍为保教主张辩解，认为保教在当时中国仍有其必要性，指出："中国今日民智极塞，民情极涣，将欲通之，必先合之。合之之术，必择众人目光心力所最趋注者而举之以为的则可合。既合之矣，然后因而旁及于所举之的之外以渐而大，则人易信而事易成。……彼言教者，其意亦若是而已。"[④]在其他场合，梁启超更是不遗余力地捍卫师说，公开宣传保教。就在写信与严复讨论保教问题前后，梁启超便在时务报馆因倡言保教、奉康有为为教皇而与章太炎发生严重冲突，致使后者离开

---

　　① 梁启超：《饮冰室合集》文集之一，128 页。对于梁启超这番奉孔子为教主的言论，当时同情维新运动的蔡元培就批评他"窜入本师康有为悖谬之言，为可恨也"（中国蔡元培研究会编：《蔡元培全集》第 15 卷，99 页，杭州，浙江教育出版社，1998）。守旧派士绅叶德辉则撰文逐条反驳，骂梁为"士类之文妖"，见苏舆编：《翼教丛编》卷四，64～71 页，光绪二十四年八月武昌重刻本。

　　② 中国史学会主编：《戊戌变法》（二），544 页。

　　③ 丁文江、赵丰田编：《梁启超年谱长编》，280 页。

　　④ 梁启超：《饮冰室合集》文集之一，110 页。

报馆。① 在与另一位友人讨论保教问题时，梁启超也一改矜持态度，大谈《春秋》三世之义，极言保教的重要性和必要性，声称"居今日而不以保国保教为事者，必其人于危亡之故讲之未莹、念之未熟也"，呼吁仿照西方保国公会，成立"保教公会"。② 更有甚者，为宣传保教主张，梁启超还不顾大局，违背一年前初入时务报馆时许下的不在报上宣传老师康有为今文经学的承诺，坚持要在报上宣传师说，在办报宗旨上与《时务报》总理发生公开冲突，扬言"启超之学，实无一字不出于南海。前者变法之议，未能征引，已极不安。日为掠美之事，弟其何以为人？弟子为南海门人，天下所共闻矣。若以为见一康字，则随手丢去也，则见一梁字，其恶之亦当如是矣"③，对《时务报》采取杯葛行动，于 10 月辞去《时务报》总笔之职离开时务报馆，前往长沙主讲时务学堂。

在任长沙时务学堂中文总教习期间，梁启超继续大力宣传保教，重印康有为的《长兴学记》，并加序文，提出"爱同类及异类，推孔教以仁万国"④。另撰《春秋界说》和《孟子界说》两文，宣传"《春秋》为孔子改定制度以教万世之书"⑤，推崇孟子为孔教传人，声称"孟子于六经之中，其所得力在《春秋》"，"孟子于《春秋》之中，其所传为大同之义"，"保民为孟子经世宗旨"，井田为"大同之纲领"，性善为"大同之极致"，尧、舜、文王是"大同之名号"，王霸是"大同、小康之辨"，孟子所说，即"孔子之言"。⑥ 在梁启超手订的《万木草堂小学学记》和《湖南时务学堂学约》中，他都将"传教"作为其教学的一项主要内容，强调"今设学之意，以宗法孔子为主义"，"堂中所课，一切皆以昌明圣教为

---

① 参见汤志钧编：《章太炎政论选集》上册，14～15 页，北京，中华书局，1977。

② 梁启超：《饮冰室合集》文集之三，10～11 页。

③ 上海图书馆编：《汪康年师友书札》（二），1862 页。有关梁启超在时务报馆与汪康年的矛盾和冲突请参见拙文《论汪康年与〈时务报〉——兼谈汪梁之争的性质》，载《广东社会科学》，1993(3)。

④ 苏舆编：《翼教丛编》卷四，35 页。

⑤ 梁启超：《饮冰室合集》文集之三，14 页。

⑥ 梁启超：《饮冰室合集》文集之三，17～21 页。

主义，则皆传教之课也"，"传孔子太平大同之教于万国，斯则学之究竟也"。① 结果，他的保教宣传招来保守士绅的猛烈抨击。湘中士绅叶德辉甚至认为梁启超的保教言论较诸他宣传自由平等之说更为有害，指出："人之攻康、梁者，大都攻其民权平等改制耳，鄙人以为康梁之谬尤在于合种通教诸说。梁所著《孟子界说》有进种改良之语，《春秋界说》九论世界之迁变，隐援耶稣创世纪之词，反复推衍。此等异端邪说，实有害于风俗人心，苟非博观彼新旧之书，不知康、梁用心之所在。"②

从保教立场出发，梁启超对在民间设立孔庙、举行祭孔活动也持赞同态度。1896 年年底，他在写给清朝驻美公使伍廷芳的信中即建议仿照西方宗教仪式，在美洲的海外华人中劝设孔庙，举行礼拜活动，指出："西国之人，各奉一教，则莫不尊事其教主，崇丽其教堂，七日休沐，则咸聚其堂而顶礼，而听讲。……今中国之人，号称奉圣教，而农工商贾，终身未登夫子庙堂，不知圣教为何物。故西人谓我为半教之国，良不诬也。今宜倡义劝捐，凡华市繁盛之地，皆设建孔庙，立主陈器，使华工每值西人礼拜日，咸诣堂瞻仰拜谒，并听讲圣经大义，然后安息，则观感有资，薰陶自易，民日迁善而不自知。"③对于德国兵毁坏山东即墨县文庙内的孔孟塑像，梁启超认为这是"灭我圣教"之举，事关"吾教之盛衰，国之存亡"，于 1898 年 4 月 29 日与麦孟华、林旭等 12 人发布公启，呼吁士人联名上书，查办毁像之人，声言"凡我同人，读孔子书，受孔子教，苟忍坐视圣教沦亡，则是自外衣冠之种族"④。经过多日的联络，5 月 6 日梁启超又与麦孟华一道领衔，动员 830 名举人，署名上书都察院，谴责德国兵的行为"蔑我圣教，视我无人"，认为其危害较诸割让胶州半岛有过之而无不及，"割胶不过失一方之土地，毁像则失天下之人心，失天下之圣教，事之重大，未

---

① 梁启超：《饮冰室合集》文集之二，28～29 页。
② 苏舆编：《翼教丛编》卷六，33 页。
③ 梁启超：《饮冰室合集》文集之三，5 页。
④ 《国闻报》，1898-04-29。

有过此"，要求清政府必须就此向德国政府提出严正交涉，责令德方查办毁像之人，并勒令赔偿，只有如此，"庶可绝祸萌而保大教，存国体而系人心"。① 梁启超当时之所以在这件事上大做文章，危言耸听，应该说不只是如有些学者所说的那样出于"为变法制造舆论"②，而是与梁启超这一时期的保教思想有着直接的关系。换言之，梁启超之所以在这件事上大做文章，并非偶然，正是保教思想使然。

并且，需要指出的是，即使在流亡日本之后，梁启超也没有立刻放弃保教思想。1899 年 5 月在日本哲学会作题为《论支那宗教改革》的演讲中，梁启超仍奉孔教为中国人的宗教，并对孔教做了更为现代的解释，宣扬孔教之本旨为"进化主义非保守主义""平等主义非专制主义""兼善主义非独善主义""强立主义非文弱主义""博包主义（亦谓之相容无碍主义）非单狭主义""重魄主义非爱身主义"。③ 同年，梁启超还在《清议报》上重新发表他在戊戌年所作的《春秋界说》和《孟子界说》两文，并发表《纪年公理》一文，建议以孔子生卒年为中国纪年，指出"要之中国之种，使从此灭绝为奴、不自立则已耳；苟犹自立，则纪年必归于一。一者何？必一于教主也"④。直至 1902 年 2 月发表《保教非所以尊孔论》一文，梁启超才公开宣布放弃保教主张，提出教不必保，也不可保，"自今以往所当努力者，惟保国而已"⑤。同时，在写给老师康有为的信中梁启超也明确反对劝设孔庙，认为此举"徒为虚文浪费金钱而已"，"若以投之他种公共事业，无论何事，皆胜多矣"。⑥ 其看法与几年前劝设孔庙判若两人。

事实上，对于戊戌前后自己提倡保教思想，梁启超一直公认不讳。

① 《广东举人梁启超等称圣像被毁，圣教可忧，乞饬驻使责问德廷，严办以保圣教呈》，中国第一历史档案馆藏。

② 孔祥吉：《康有为变法奏议研究》，202 页，沈阳，辽宁教育出版社，1988。

③ 梁启超：《饮冰室合集》文集之三，55～56 页。

④ 梁启超：《饮冰室合集》文集之三，36 页。

⑤ 梁启超：《饮冰室合集》文集之九，50 页。

⑥ 丁文江、赵丰田编：《梁启超年谱长编》，227 页。

在 1902 年发表《保教非所以尊孔论》一文时，梁启超就承认自己也曾是
力主保教的人物之一，称"若不佞者，亦此旗下之一小卒徒也"。并在
该文的附识中写道："此篇与著者数年前之论相反对，我操我矛以伐我
者也。"①后来在《清代学术概论》中，梁启超对其戊戌时期与老师康有
为的思想分歧虽然不无夸大之处，但并不否认他本人曾是今文学派的
"猛烈的宣传运动者"，只是到三十岁以后"才绝口不谈'伪经'，亦不甚
谈'改制'"。② 总之，那种认为梁启超从一开始就对保教持怀疑或否定
态度的观点与梁启超思想是不相符合的。

## 二、梁启超保教思想之动机

对于自己为什么支持传教和保教，梁启超本人做过许多解释。如
在 1897 年写给严复的信中，他解释之所以宣传孔教，目的在于固结人
心、统一士人思想，"择众人目光心力所最趋注者而举之以为的则可
合"，从而达到"人易信而事易成"。③ 1899 年在《论支那宗教改革》一
文中梁启超提出立孔教为国教，是为了达到改造国民思想的目的，声
称："欲国家之独立，不可不谋增进国民之识力；欲增进国民之识力，
不可不谋转变国民之思想；而欲转变国民之思想，不可不于其所习惯
所信仰者，为之除其旧而布其新。此天下之公言也。泰西所以有今日
之文明者，由于宗教革命，而古学复兴也。……故欲振兴东方，不可
不发明孔子之真教旨。"④就此来说，梁启超宣传保教目的是要为当时
的维新变法运动提供理论根据。

然而，必须指出的是，梁启超当时支持保教除了政治动机之外，
其实还有更为深刻的文化动机。具体言之，有以下三个动机。

第一，抵制西方基督教的侵蚀与冲击。梁启超曾明确指出"保教之

---

① 梁启超：《饮冰室合集》文集之九，50 页。
② 梁启超：《饮冰室合集》专集之三十四，61、63 页。
③ 梁启超：《饮冰室合集》文集之一，110 页。
④ 梁启超：《饮冰室合集》文集之三，55 页。

论何自起乎？惧耶教之侵入，而思所以抵制之也"①。他在宣传保教主张时，就对西方基督教之兴盛与儒教之式微深感忧虑，强调"彼教之挟国力以相陵，非所畏也，在吾之能自立而已"②，认为"佛教耶教之所以行于东土者，有传教之人也；吾教之微，无传教之人也"③。在为老师康有为的《新学伪经考》所做的辩解中，梁启超更坦言并非要与考据家争一日之长短，而是因为"今景教流行，挟以国力，其事益悍，其机益危，先生以为孔教之不立，由于孔学之不明，锄去非种，嘉穀必茂，荡涤雾雾，天日乃见，故首为是书以清芜秽"④。正是出于对基督教侵入的抵制，梁启超虽然宣传汲取西方文化，但对基督教与传教士的评价则甚低，多有贬词，认为西学与西方宗教无关，指出"近日士夫多有因言西学，并祖西教者，慑于富强之威，而尽弃其所据，亦由前此于中国书，未经读有心得也。亡友陈君通父著有《耶稣教平说》一书，未成而卒。其第四篇曰泰西政事原于罗马与耶稣无关考。其第五篇曰泰西艺学原于希腊与耶稣无关考，可谓持平之论矣"⑤。主张在学习西学的过程中不宜以传教士为师，断言旅华传教士"不学无术，亦乌足以为人师也？即或能之，而言语不通，情意不达，乌在其能传授也？"⑥同时，梁启超对他本人与传教士的关系也讳莫如深。尽管他在1895年年底与1896年年初与传教士李提摩太有过共事的经历，担任李提摩太的中文秘书⑦，但梁启超在文章中尽量避免提及，只是在应传教士李佳白之请而作的《记尚贤堂》一文中被迫提到自己与李提摩太有过交往，"昔在强学会，习与余想见"。而有意思的是，在这篇唯一反映他与传教士关系的文章中，梁启超写得十分矜持与冷淡，不但惜墨如金，通

① 梁启超：《饮冰室合集》文集之九，53页。
② 梁启超：《饮冰室合集》文集之三，10页。
③ 梁启超：《饮冰室合集》文集之二，35页。
④ 梁启超：《饮冰室合集》文集之二，62页。
⑤ 梁启超：《西学书目表》（节录），见中国史学会主编：《戊戌变法》（一），456页。
⑥ 梁启超：《饮冰室合集》文集之三，13页。
⑦ Timothy Richard, *Forty-Five Years in China*, London, 1916, p. 255.

篇只有 175 个字(为《饮冰室合集》所收最短的一篇文章),并且一开头就言明此篇系应李佳白的乞请而作,与李佳白保持距离。对于李佳白筹设尚贤堂,举办藏书楼、博物院等计划,梁启超也没有表现出像对其他一些维新活动那样大的热情,反而表示伤感,认为此事不由中国人自办,反而由旅居中国的西方人越俎代庖,"抑亦中国之羞也"①。

第二,维护对固有文化的认同。对自小接受传统文化教育并有着举人功名的梁启超来说,他虽然受民族危机的刺激,意识到中国要生存,必须学习西方先进文化,但作为一名传统文化的传承者,他在学习西方文化过程中,尤其是在接受西方文化的初期,必然产生文化认同问题,遇到如何维护文化自信心和自尊心的问题。梁启超在宣传保教过程中曾一再表露出这种内在需求,反复强调在学习西学过程中切不可妄自菲薄,轻视或抛弃中学,沦为"洋行买办"或"通事之西奴","彝其语,彝其服,彝其举动,彝其议论,动曰:中国之弱,由于教之不善,经之无用也。推其意,直欲举中国之文字,悉附之一炬";宣称"今日非西学不兴之为患,而中学将亡之为患",呼吁广大士人必须承担起复兴儒学赓续传统文化的责任,指出"方今四彝交侵,中国微矣。数万万之种族,有为奴之恫,三千年之宗教有坠地之惧,存亡绝续,在此数年,学者不以此自任,则颠覆惨毒,宁有幸乎!"②出于同一需求,梁启超对西方舆论将中国说成是一个劣等民族也极为反感,撰文予以反驳,指出"西方其毋尔,中国非印度、土耳其之比也"③。他认为中国现在虽然落后于西方,但这仅仅是发展先后的差别,并无"低昂"之别,"其实西人之治亦犹未也",因此"匪直黄种当求进也,即白种亦当求进也"。④ 他在《论中国之将强》一文中大谈中国土地之肥沃,物产之丰盛,人种之聪慧,宗教之开明与人道,人民之勤俭以及富于

①　梁启超:《饮冰室集》文集之二,32 页。
②　梁启超:《饮冰室合集》文集之一,129 页。梁启超在《学校余论》《上南皮张尚书书》《复刘古愚山长书》等文中,也对国人在学习西方文化过程中表现出来的丧失文化自信心的现象有所批判。
③　梁启超:《饮冰室合集》文集之二,12 页。
④　梁启超:《饮冰室合集》文集之一,109 页。

殖民精神，号召中国人不必丧失自尊心和自信心，坚信"中国无可亡之理，而有必强之道"①。梁启超的保教主张，即是维护这种文化认同感和文化自信心的一个外在体现。

第三，梁启超提倡保教和传教，一部分也是出于实现天下大同的文化理想。戊戌维新期间，梁启超虽然致力于"保国""保种"的救亡运动，但他同时仍保留传统的天下主义思想，对老师康有为仍秘不示人的大同思想也是津津乐道。在梁启超发表的《春秋中国夷狄辨序》和《说群序》等文中，他大谈《春秋》"三世"理论和治天下思想，提倡"天下群"，宣称"孔子之作《春秋》，治天下也，非治一国也；治万世也，非治一时也"，指出所谓大同，即《易经》所说"见群龙无首吉"，《春秋》所说"太平之世，天下远近若一"，《礼记》所说"大道之行也，天下为公，选贤与能，不独亲其亲，不独子其子；货恶其弃于地也，不必藏于己；力恶其不出于身也，不必为己"，批评欧美等国"各私其国，各私其种，各私其土，各私其物，各私其工，各私其商，各私其财，度支之额，半充养兵，举国之民，悉隶行伍，眈眈相视，龁龁相仇，龙蛇起陆，杀机方长，螳雀互寻，冤亲谁问"②，认为"泰西之治，其以施之国群则至矣，其以施之天下群则犹未也"③，明确主张应破除"国界"，指出"彼天下亦一大国也，妄生分别，自生蟊贼，故国与国之界限不破，则财政终莫得而理，天下终莫得而平"④。针对当时康门内部对于传教和救亡的关系存在不同看法，梁启超明确表示"传教"较诸救国更为重要，建议应暂且放弃政治活动，专门从事学问，然后再出来传教，指出"我辈以教为主，国之存亡于教无与，或一切不问，专以讲学授徒为事，俟吾党俱有成就之后，乃始出而传教，是亦一道也"，批评反对这一主张的同志失误在于"不知我辈宗旨乃在传教也，非为政也；乃救地球及

---

① 梁启超：《饮冰室合集》文集之二，13 页。
② 梁启超：《饮冰室合集》文集之二，11 页。
③ 梁启超：《饮冰室合集》文集之二，4 页。
④ 梁启超：《饮冰室合集》文集之二，46 页。

无量世界众生也，非救一国也"。① 在为湖南时务学堂所订的教学大纲有关传教部分的内容中，梁启超也强调实现治天下为传教之最终目的，宣称"孔子之教，非治一国，乃以治天下。……他日诸生学成，尚当共矢志愿，传孔子太平大同之教于万国，斯则为学之究竟也"②。

暂且撇开保教思想存在的诸多局限，就梁启超主张保教的上述三个文化动机来说，如果不是站在西方中心论立场上，则不能完全说是保守的，而毋宁说有很大的合理性。对于中国这样一个有着数千年文化传统的国家来说，在学习和引进一种完全不同的文化的过程中，如何维护固有的文化认同，保持文化自信心和自尊心，这不能不说是一种合理的思考，而不应简单地斥之为有悖理智的感情冲动。事实上，即使在今天的经济全球化时代，每一个国家和民族也依然面临着如何在经济全球化的冲击下维护各个国家和民族文化认同的问题。至于梁启超保教主张所提倡的天下大同理想，固然有悖近代中国救亡御侮的时代主题，但就文化角度来说，它无疑超越了近代西方的现代国家观念，体现了对人类的关怀，具有永恒的价值。再者，梁启超的保教主张虽有抵制西方基督教侵蚀的动机，但在宣传将孔教尊奉为国教的过程中，梁启超并没有对其他宗教采取完全排拒的态度，而是主张汲取各教之精华，创一新教，明确指出"非通群教，不能通一教，故外教之书，亦不可不读"③。梁启超保教思想所表现出来的这种雍容大度、海纳百川的气度，是其他宗教不可同日而语的。

## 三、梁启超放弃保教思想之意义

1902年，梁启超发表《保教非所以尊孔论》，公开放弃保教，这在梁启超早期思想发展中具有多重意义。

首先，它标志着梁启超宗教观念的重大转变和发展。在保教主张

---

① 中国史学会主编：《戊戌变法》（二），544～545 页。
② 梁启超：《饮冰室合集》文集之二，29 页。
③ 梁启超：《饮冰室合集》文集之二，35 页。

中，梁启超所理解的宗教与一般的思想和学说并没有什么本质的差别，而与佛教典籍中所说的"宗教"二字的含义十分接近①，即崇奉佛陀及其弟子的教诲，"教"指佛陀所说，"宗"指佛陀弟子所传，"宗"乃"教"之分派，二者合为佛教教理。这在梁启超的保教宣传中表现得十分清楚。在谈到有关宗教问题的时候，梁启超有时提到佛教、景教、耶教、回教等这样一些具体的宗教派别，但丝毫没有意识到他所要创立的孔教与世界上几大宗教的本质区别。在需要使用"宗教"二字的地方，梁启超更多使用"教""教宗"等字眼来加以表达。在梁启超当时发表的文章中，"教"一字除了"教育""教学"等意思之外，凡是用来表达宗教意思的，其含义都是指孔子学说，所谓"保教""传教"云云，即是要传播、弘扬和崇奉孔子学说；"宗"则指孔子弟子所传思想。可以说，梁启超当时使用的"教宗"一词，与佛教所说的"宗教"一词的含义完全一样，唯一不同的是根据中国的文化传统，将"教"置于"宗"之前。在《西学书目表后序》一文中，梁启超虽然使用了"宗教"一词②，但其意思也与他当时所用"教宗"和佛教典籍中所说的"宗教"二字的含义一致，而与西方"religion"一词毫无关系。总之，戊戌时期梁启超的保教思想，就其宗教意义来说，既不涉及对超人间、超自然力量的信仰和崇拜，以及对来世的关怀，也没有经历过一些宗教家——包括中国近代的洪秀全和康有为都有过的那种与神灵直接感通的宗教体验，它仅仅是将经康有为改造的孔子学说或思想奉为教理，作为信仰的对象，赋予孔子教

---

① 根据中国宗教学界的说法，中国古代虽有与近代西方宗教概念含义相近的"埋于六宗"以及"圣人以神道设教，而天下服矣"和"合鬼与神，教之至也"的说法，但中国古代典籍中并无"宗教"一词。"宗教"一词最早系来源于印度佛教，如《景德传灯录》十三有"（佛）灭度后，委付迦叶，展转相承一人者，此亦盖论当代为宗教主，如土无二王，非得度者唯尔数也"之说。《续灯传录》七亦有"老宿号神立者，察公倦行役，谓曰：'吾位山久，无补宗教，敢以院事累君'"之句。见吕大吉：《宗教学通论新编》上册，53 页，北京，中国社会科学出版社，2002。

② 参见梁启超：《饮冰室合集》文集之一，129 页。这是《饮冰室合集》中所收梁启超流亡日本之前文章中唯一使用"宗教"一词的地方。另，梁启超在 1899 年 5 月发表的《论支那宗教改革》一文中所说的"宗教"，也还没有将宗教与一般的思想学说区分开，其含义仍与"教宗"一词相近。

主的地位，是一种无神的宗教。① 而在 1902 年否定保教思想中，梁启超的宗教观念则产生了一个根本性的变化，对宗教的本质有了全新的认识，开始接受西方"religion"一词的含义，明确将宗教与一般的思想和学说区别开来，将宗教仅仅局限在对神道的信仰上，指出："西人所谓宗教者，专指迷信宗仰而言，其权力范围，乃在躯壳界之外，以灵魂为根据，以礼拜为仪式，以脱离尘世为目的，以涅槃天国为究竟，以来世祸福为法门。诸教虽有精粗大小之不同，而其概则一也。"②换言之，宗教离不开对神灵等超自然力量的信仰和崇拜、对来世的关怀和相应的宗教仪式与组织等三个要素。正是从西方"religion"这一概念出发，梁启超对保教主张做了自我否定，指出孔子与教主不同，他是"哲学家、经世家、教育家，而非宗教家也"；孔子既没有"如耶稣之自号化身帝子"，也没有"如佛之自称统属天龙"，"孔子人也，先圣也，先师也，非天也，非鬼也，非神也"，批评保教的根本失误在于"不知宗教之为何物"，"误解宗教之界说"。③ 由此，梁启超在宗教观念上实现了从无神宗教到有神宗教的转变，或者说实现了从佛教典籍中所说的"宗教"观念到近代西方"religion"观念的转变。

其次，放弃保教也是梁启超价值取向的一次重大转变。如前所述，保教主张显然是以文化主义为价值取向的。而在《保教非所以尊孔论》一文中，梁启超则完全站在国家主义的立场上。他在文章的一开头，就从近代国家观念出发，将"保国"当作唯一目标，对戊戌时期提出的"保国""保种"和"保教"口号重新检讨，认为"保种"和"保教"都不是目前所提倡的，今日所当努力者，"惟保国而已"。在国与教的关系上，

---

① 对于"儒教"，或者说"孔教"，能否称为宗教，学术界一直存在不同意见，这不是本文所要探讨的问题。对于本文来说，不管学术界目前对宗教的概念如何理解，重要的是梁启超的保教主张实实在在地代表了他当时的一种宗教观。康有为就曾明确地将他所要创立的孔教称为不同于"神道教"的"人道教"，指出："人之生世，不能无教，教有二：有人道教，有神道教。耶、佛、回诸教皆言神，惟孔子之教为人道教。"见汤志钧编：《康有为政论集》下册，1107 页。

② 梁启超：《饮冰室合集》文集之九，52 页。

③ 梁启超：《饮冰室合集》文集之九，52 页。

梁启超一改先前保教重于保国的主张，强调保国重于保教，指出国家是由人民组成的，因此国家必须恃人力加以保护，而教则不然，它作为一种文化，应听其优胜劣败，优则生存，劣则消亡，不应被人保护，而应保护人。他指出今日中国之所以不宜提倡保教，这是因为保教主张不但不足以抵制西方国家利用宗教侵犯中国主权，并且还在许多方面为害中国的国家利益。其一，保教主张束缚国民思想，不利于国家的强盛；其二，保教主张有违信教自由，易引起中国国内的纷争，"为国民分裂之厉阶"；其三，保教主张必然助长民教之争，威胁国家安全，"万一以我之叫嚣，引来他人之叫嚣，他日更有如天津之案，以一教堂而索知府知县之头；如胶州之案，以两教士而失百里之地丧一省之权；如义和之案，以数十西人之命，而动十一国之兵，偿五万万之币者，则为国家忧"。① 可以说，梁启超当时否定保教主张，除了基于他对宗教问题的认识有所加深外，主要还是出于对国家理性的关注；从先前的强调保教到 1902 年否定保教，充分体现了梁启超从文化主义到国家主义价值取向的转变。

再者，放弃保教也是梁启超思想趋于成熟、由追随康有为到走上独立发展道路的一个标志。众所周知，戊戌时期康有为创立孔教，不但是他的社会哲学基础和变法的理论根据，同时也是康门学派的一个根本性标志。在发表《保教非所以尊孔论》一文之后，梁启超即认识到这是背叛师门之举，事关重大，为避免因自己的言论导致外界对康门学派的误解，他就此专门写信给康有为，建议在《新民丛报》上专门安排发表一些阐发先生之宗旨的文章，以释"外人之疑"，"知先生非如行辈者流，好为急激之言矣"。② 同时，放弃保教主张也预示梁启超在流亡日本三年之后所学到的西学知识，已足以使他有能力摆脱"好依傍"古人的思想痼疾。梁启超于戊戌时期之所以提倡保教，除了前面所说的这些动机之外，更主要的还是因为他当时西学知识有限，缺乏思想独创性，只能从传统的思想文化中挖掘资源，只能唯老师康有为马首

① 梁启超：《饮冰室合集》文集之九，57 页。
② 丁文江、赵丰田编：《梁启超年谱长编》，278 页。

是瞻。1901 年年底梁启超在《南海先生传》中即表示正是流亡日本之后西学知识的长进，促使他对老师康有为的立孔教为国教的主张产生疑问，指出："吾自从学以来，悉受斯义，及今既阅十余年，骛心末学，久缺研究，而浏览泰西学说以后，所受者颇繁杂，自有所别择，于先生前者考案各义，盖不能无异同。"[①]后来，梁启超在其所著《清代学术概论》中也强调 1902 年放弃保教主张是他个人思想学术发展过程中的一个重大转折，指出："此诸论者，我虽专为一问题而发，然启超对于我国旧思想之总批判及其所认为今后新思想发展应遵之途径，皆略见焉。中国思想之痼疾，确在'好依傍'与'名实混淆'。若援佛入儒也，若好造伪书也，皆原本于此等精神。以清儒论，颜元几于墨矣，而必自谓出孔子；戴震全属西洋思想，而必自谓出孔子；康有为之大同，空前创获，而必自谓出孔子，及至孔子之改制，何为必托古……此病根不拔，则思想终无独立自由之望，启超盖于此三致意焉。然持论既屡与其师不合，康、梁学派遂分。"[②]总之，通过放弃保教思想，梁启超既摆脱了老师康有为的思想窠臼，也跳出了好依傍古人的思想痼疾，从而实现了他早期思想发展过程中的一个根本性转变。

原载《史林》2003 年第 6 期

---

① 梁启超：《饮冰室合集》文集之六，69 页。
② 梁启超：《饮冰室合集》专集之三十四，65 页。

# 辛亥时期满汉关系问题论争的再考察

　　满汉关系是辛亥革命时期一个十分重要的话题。围绕这个问题，以孙中山为首的革命党人曾与以梁启超为首的立宪派展开过激烈的论战。对此，以往国内学者长期局限于单方面论证革命派反满宣传的合理性、必要性，论证反满宣传不是种族主义，而是从属近代资本主义范畴的民族运动，始终未对两派的观点加以具体和系统的梳理。事实上，就满汉关系问题来说，当时革命和立宪两派的观点都有值得肯定和批判之处。本文就革命派的机关报《民报》与梁启超主办的《新民丛报》围绕这一问题而进行的论战做一个还原，具体揭示革命派和立宪派的政治立场如何影响了他们对满汉关系问题的认识，并为我们正确看待近代民族与国家问题提供一些有益的历史启示。

## 一、关于满族是否为中华民族共同体一员问题

　　在满汉关系问题上，革命党人与梁启超争论的焦点是：满族与汉族为同族还是异族？满族是否为汉族所同化？

　　革命党人为达到宣传革命排满的目的，强调满汉为两个完全不同民族，不承认满族为中华民族共同体中的一员，坚称满族为异族。汪精卫在《民报》第 1 号发表《民族的国民》一文中写到，从构成民族要素的血缘、语言文字、住所、习俗、宗教、精神和体质等方面加以论证，指出"满洲与我，族类不同，此我民族所咸知者也，即彼满人，亦不觍然自附。观其开国方略云：'长白山之东，有布库里山，山下有池，曰布勒瑚里，相传有天女三，浴于池，有神鹊衔朱果置季女衣，取而吞之，遂

有身。生一男，及长，命以爱新觉罗为姓，名曰布库哩雍顺'云云。是
则满族与我，真若风马牛之不相及，无他之问题可以发生。……以云土
地，彼所据者长白山麓之片壤，而我则神州；以云人口，彼所拥者蕞
尔之麤裘，而我则神明之胄；以云文化，彼所享者，鹿豕之生活，而
我则四千年之文教，相去天壤，不待言也"①。

对于满族入关后的满汉关系，汪精卫虽然承认存在满汉同化现象，
但他认为满汉同化是以满族少数征服者、以非常势力吸收汉族多数被
征服者而使之同化的形式出现。为此，他对顺治、雍正、康熙、乾隆
等皇帝推行的维护满族旧习、扩大满汉差别、强化满族统治政策，进
行了猛烈的抨击和揭露，指出满族统治者为达到避免汉化的目的，首
严满汉通婚之禁，割断满汉血缘关系，说道："夫满之于我，不同血
族，复绝婚姻，故二百年来精神体质未尝少淆，彼族所恃以自存者在
此。不然，以五百万之民族与四万万之民族相伴合，在我民族固蒙其
恶质，而不及百年彼族将一无存者，可决言也。"②同时，满族统治者
还认识到习惯为民族重要要素，习惯存则民族精神存，因此，在满人
中厉行"胡服骑射"，学习国语，"以之自别于我民族，而使其族人毋忘
固有之观念"，并且，满族统治者保持骑射习惯"不独有以自异于我民
族，且足以凌制驯伏我民族而有余也。故其兵制，则重驻防，重禁旅，
而不重绿营"。③ 另一方面，满族统治者又用威逼手段，强迫汉族人民
接受满族习惯和思想，使之归化于满族：于物质方面，"其最重要者，
莫如剃发易服一事，而剃发尤切肤之痛也。夫民族表见于外者，为特
有之徽识，图腾社会视此最重，至于今世，亦莫能废。民族之徽识，
常与民族之精神相维系，望之而民族观念油然而生。彼满族之与我民
族徽识大殊，使各仍其旧俗欤，则民族观念永无能合也；使其悉效我
民族之所为欤，是使人灭绝满洲民族之观念也；使其强我民族悉效彼

---

① 精卫：《民族的国民》，载《民报》，第 1 号，1905。
② 精卫：《民族的国民》。
③ 精卫：《民族的国民》。

之所为欤，是使人灭绝我民族之观念也。故彼旁皇久之，卒厉行此政策"①。于精神方面，满族统治者则大兴文字狱，清除汉人的种族思想，"以君臣之大义，破种族之思想，以为既成君臣，不当复问种族也"②。

汪精卫虽然承认自嘉庆、道光之后，满汉关系出现了一些新变化，满汉畛域有所缩小，不乏存在满人汉化现象，指出："以云保有习惯，则贱胡忘本已自失其故吾，迄今日关内满人能为满洲语言文字者已无多人，他可知矣。以云专擅武事，则八旗窳朽，自嘉庆川湖陕之役，已情见势绌。……逮乎今日，各省练兵以防家贼，不复恃禁旅驻防。虽近者练兵处侧重满人，已有显象，要之其不能回复已失之势力可决也。是其昔之所汲汲自保，不欲同化于我者，已无复存。而庚子之役，俄军借口以占奉天，彼曹失其首邱，益有孤立之惧，屈意交欢于我，下满汉通婚之诏，以冀同化。凡此皆与嘉、道以前成一反比例者也。"③但汪精卫认为这些并没有改变满族以少数征服者吸收汉族多数被征服者而使之同化的关系，指出"大抵民族不同而同为国民者，其所争者，莫大于政治上之势力。政治上之势力优，则其民族之势力亦独优。满洲自入关以来，一切程度悉劣于我万倍而能久荣者，以独占政治上之势力故也"④。因此，"满洲虽一切同化于我，而政治上之势力，尚为所独占，则终立于被征服者之地位，终能为我患，终能使我民族被同化于彼"⑤。

对于满族统治者通过政治上所享有的特权使自己处于征服者地位，汪精卫在《民报》第 2 号发表的《民族的国民》中进行了具体的揭露。他指出，满族入关建立政权后，不但沿袭了中国固有的君主专制制度，而且实行贵族政治和种族歧视政策，首严旗人、汉人之别，满人和汉

① 精卫：《民族的国民》。
② 精卫：《民族的国民》。
③ 精卫：《民族的国民》。
④ 精卫：《民族的国民》。
⑤ 精卫：《希望满洲立宪者盍听诸(续第三号)(附驳新民丛报)》，载《民报》，第 5 号，1906。

人在政治上完全处于不平等地位。清朝的官制首分满缺、汉缺、满汉并缺，满族人数只有汉族人数的八十分之一，而官缺却占三分之二，"嘉庆以降，权虽渐移，然所移者，主眷而已，官制如故也"。至于亲民之官，亦贯彻满汉有别原则，满人可为汉族的亲民官，但汉人不能任满族的亲民官；各省驻防旗民，专门设理事厅以听民事，不受府县管辖；规定理事厅同知为满缺，而府县缺则满汉并用。满汉在兵权上也不平等，满人自入关以来，兵权完全由满人掌握，军事组织重八旗，轻绿营；八旗将弁，可任绿营之缺，而绿营将弁则不能补八旗之缺。再者，在爵赏、刑威方面满汉也不平等，清政府对有军功的旗人褒奖有加，而对有军功的绿营和汉人则吝于嘉奖，以致湘军将弁遭解散后部分加入哥老会；在刑罚方面，满汉更是不平等，清律中凡酷刑苛律多用来对付汉人，"五刑"之中，笞刑、杖刑、徒刑、流刑均不适用于满人，只有死刑为满汉同为适用，但又多设条例，于满人特为宽假。此外，满人在私权领域亦享有许多特权，其中最大者为强占土地所有权，自王以下及官员兵丁，皆授以土地，以为恒产，"要而论之，彼于旗人之私权，独优予之，以为所以肥之也，不悟其流极因坐食而致贫乏，至今日尚为一难解决之问题"。①

汪精卫认为，太平天国战争之后，虽然出现政权和兵权皆重用汉族官员的情况，但并不意味着改变了满汉在政治上的不平等关系，这只是满族统治者采取的以汉制汉的策略，指出："满洲不能不用汉人者，势也。为治汉土之故，而不能不用汉人。为用汉人之故，而不能不驾驭汉人。故以本民族居最上级、握最大权，而汉人不过为其奴仆、供役使耳。故彼之政策，乃在以汉人治汉人。"②并且，满族统治者事实上也没有放弃排汉政策，诸如在近日的改革中满族统治者重视旗人的教育权，重视训练八旗军队，着力培养满人将领，"但求将才悉出于彼族，则虽借四万万人以为兵，于彼族兵权无丝毫之损失也。英人之

① 精卫：《民族的国民（续）》，载《民报》，第 2 号，1906。

② 精卫：《希望满洲立宪者盍听诸（续第三号）（附驳新民丛报）》，载《民报》，第 5 号，1906。

于印度，即用此政策。满人从而效之。汉人充行伍，满人总师干，率汉人以杀汉人，犹是煮豆燃豆萁之之法。杀人亿兆，流血成河，皆汉人自相屠戮而已。满人安坐而指挥，泰然不知兵革之苦也"①。

与革命党人强调满汉畛域不同，梁启超根据民族构成的六个要素，突出满族与汉族的同一性，强调满族已被汉族所同化，认为满族并非纯粹异族。首先，从语言、文字方面来说，梁启超认为满族"虽有其本来之语言文字，然今殆久废不用，成为一种之僵石，凡满人皆诵汉文操汉语，其能满文满语者，百不得一。谓其非与我同语言文字不得也。""夫凡异族之相灭，恒蹂躏其国语，如俄灭波兰，则禁波人用波语；奥大利之于匈牙利，初则官署及议会皆不得用匈语，直至去年，匈人所求于奥者，仍为军队上用匈语之一问题也。故如匈之与奥，斯可谓之异族。何也？其语言文字，划然不同。而匈人凡属政治方面，其国语皆受压迫也。若满洲则何有焉？其固有之语言文字，已不适用于其本族，而政治各方面，我国文国语，立于绝对的优胜之地位，更无论也。"②

就构成民族要素的住所来说，梁启超认为满汉已实现混居，指出："满洲之本土，汉人入居者十而八九，而满人亦散居于北京及内地十八省，至今不能为绝对的区别，确指某地为满人所居也。"③

就构成民族要素的风俗习惯来说，梁启超认为满汉之间虽然还存在一些差异，但就主要方面来说，已被北方的汉族所同化，或被满人居住的省份的汉人所同化，满汉风俗习惯的差异就像中国南北方风俗的差异一样，"满人大率皆同化于北省之人，其杂居外省者，亦大略同化于其省，事实之不可诬者也"④。

就构成民族要素的宗教来说，梁启超也认为满汉相近或近似相同，指出："现在汉人中大多数迷信'似（是）而非的佛教'，满人亦然。现在

---

① 精卫：《希望满洲立宪者盍听诸（续第三号）（附驳新民丛报）》。

② 饮冰：《申论种族革命与政治革命之得失》，载《新民丛报》，第 4 卷，第 4 期，1906。

③ 饮冰：《申论种族革命与政治革命之得失》。

④ 饮冰：《申论种族革命与政治革命之得失》。

汉人中少数利用'似(是)而非的孔教',满人亦然。是其极相腹合,更不待言。"①

就构成民族要素的精神和体质来说,梁启超认为"满汉两者果同果异,此属于人种学者专门的研究,吾舆论者皆不应奋下武断。但以外形论之,则满洲与我,实不见其有极相异之点,即有之,亦其细已甚,以之与日本人与我之异点相较,其多寡之比例,较然可见而欧美更无论矣。然则即云异族,亦极近系之异族,而同化之甚易易者也"②。

就构成民族要素的血缘来说,梁启超认为,满汉两者果同果异"又属于历史学者专门的研究,吾舆论者又皆不能奋下武断。爱新觉罗氏一家,其自有史以来,与我族殆无血系之相属,吾亦承认之。若其最初果有关系与否,则今未得证明,不能确断。就令此一家者,自始与我无丝毫之血系相属,然亦限于彼一家耳,不能以概论满洲全族。其他之满洲人则自春秋时齐燕与山戎之交涉,秦时王莽时三国时,人民避难徙居辽沈者,其数至伙,历史上斑斑可考。然则谓凡一切满洲人,皆与我毫无血统之关系,吾断不能为绝对的承认也。一切之满洲人,既与我或有血统之关系,则爱新觉罗氏或有或无,是终在未定之数也"③。

根据以上构成民族六要素,梁启超断言:"依社会学者所下民族之定义以衡之,彼满洲人实已同化于汉人,而有构成一混同民族之资格者也。"④

对于革命党人汪精卫所说的满汉同化属于以满族少数征服者、以非常势力吸收汉族多数被征服者而使之同化,梁启超认为这一观点"是不免枉事实而就臆见也"⑤,满汉同化应属于满族少数征服者被汉族多数被征服者所同化。他指出,革命党人所列举的那些证据都是百余年

---

① 饮冰:《申论种族革命与政治革命之得失》。
② 饮冰:《申论种族革命与政治革命之得失》。
③ 饮冰:《申论种族革命与政治革命之得失》。
④ 饮冰:《申论种族革命与政治革命之得失》。
⑤ 饮冰:《申论种族革命与政治革命之得失》。

前之事，最近百余年的情况已大变，"彼所云保守其习惯者，虽三令五申，而诲谆谆而听藐藐，今则并其固有之语言文字，莫或能解，而他更无论矣。若夫兵权，则自洪杨一役以后，全移于湘淮人之手，而近今则一切实权，皆在第二政府之天津，又事实上予人以共见者也"①。对革命党引为重要证据的剃发一事，梁启超承认这的确为满族强迫汉族同化于满族的一个标志性事件，但他认为这种现象也将很快发生变化，指出："此事抉去之甚易易，且晚近其机已大动，一旦效西风倡断发，则一纸之劳耳。故此事虽为我同化于彼之一徽识，而亦决不能久也。"②在满汉同化问题上，梁启超主张应用历史的眼光加以对待，不能一概而论，应将顺治、雍正、康熙、乾隆百余年的历史与此后百余年历史区别开来，指出："夫满洲自二百余年前，不能认之为我同族，此公言也。其顺康雍乾诸雄主，不欲彼族之同化于我，亦其本心也。无奈循社会现象之公例，彼受同化作用之刺戟淘汰，遂终不得不被同化于我。虽彼不欲之，而固无如何。"③

## 二、关于清朝取代明朝是否为亡国问题

革命党人主办的《民报》与梁启超主办的《新民丛报》围绕满汉关系争论的第二个问题是，如何看待满族入关、清朝取代明朝的历史。

革命党人宣传清朝推翻明朝，入主中原，系为亡国，声称："彼满洲者，对于明朝则为易姓；而对于中国，则为亡国之寇仇。"他们反对梁启超以国家构成三要素——国民、领土和统一之主权，将清朝取代明朝仅仅看作中国传统的改朝换代，看作统揽统治权者之更迭，指出此一说法适用于继嗣、禅让之时，适用于殷之代夏，周之代殷，汉之代秦，唐之代隋，宋之代周，而不适用于蒙古之灭宋，满洲之灭明，"以其非中国之臣民故。其人民既非中国之臣民，则其权力亦非中国之

①　饮冰：《申论种族革命与政治革命之得失》。
②　饮冰：《申论种族革命与政治革命之得失》。
③　饮冰：《申论种族革命与政治革命之得失》。

权力。非中国之权力，而竟行之于中国之领土，被之于中国之臣民，则其权力之所及，即破坏中国之权力，而自树植其权力也。故于此时，凡处于彼权力之下者，即为亡国之民"①。他们批评梁启超将满族当成中国臣民犯了五个历史错误：（1）以"满洲"侵入之历史，等诸储贰继嗣之历史；（2）以"满洲"侵入之历史，等诸权臣篡窃之历史；（3）以"满洲"侵入之历史，等诸国民革命之历史；（4）以"满洲"侵入之历史，等诸挪威迎君之历史；（5）以"满洲"侵入之历史，等诸丰沛承宠之历史。②

革命派虽然也承认满族居住地建州卫为明朝的羁縻州，向明朝称臣，接受明朝的敕封，但他们认为"满洲之称臣于中国，乃以殊方异类之资格，而非以中国臣民之资格"，因此仍不能算作中国之臣民，指出："满洲自努尔哈赤称帝以前，受天朝羁縻，弱则戢服，强则盗边，未尝以齐民自居，而明之待之亦以其为殊方异类，第绥靖之，使不为边患而已。其域既非内地，其人复异齐氓，此如匈奴呼韩邪单于尝称臣于汉，不得谓匈奴族类，遂为中国之臣民也。"③再者，"中国自明以前，包孕异类，亦至繁矣。然必同化者，乃真为中国人。满洲语言文字风俗皆不同中国，不得谓为中国人也"④。此外，革命派还根据近代国籍法理论，认为由于满人在明代未尝编入中国国籍，因此不得列为中国人，指出"称臣者，不过偶然为名义上之屈服，而未曾稍有永续的从属关系，不得执此以为臣民之资格已定也"⑤。并且，满人也拒绝承认自己为中国人，读乾隆四十二年八月十九日上谕，"始终未尝以明之臣民自居。其言满本大金，金本靺鞨，相继代兴，与中国汉唐宋明无异，是未尝以清继明，乃以清继大金，金继靺鞨耳"。因此，满人在入关前和入关后与中国的关系，位置虽不同，但皆非中国之人民，入关前为国外之人民，入关后为战胜之民族；"满洲"建国以前为中国之羁

---

① 精卫：《杂驳新民丛报（第十二号）》，载《民报》，第 10 号，1906。
② 参见精卫：《杂驳新民丛报（续）》，载《民报》，第 11 号，1907。
③ 精卫：《杂驳新民丛报（第十二号）》。
④ 精卫：《杂驳新民丛报（第十二号）》。
⑤ 精卫：《斥为满州辨护者之无耻》，载《民报》，第 12 号，1907。

麋州，之后为中国之敌国。①

围绕清灭明是否为亡国的争论，革命党人也不赞成梁启超的"满洲决不可谓之国家"的论点，批评道："此为不成论据。盖满洲自努尔哈赤建国以来，久已以国家资格与中国抗。"②"满洲自努尔哈赤称帝以来，久已建国号曰清，其后据有中国，即以此为有天下之号（汉唐宋明，皆朝号，惟清则于中国之外自成一国，其后以清国灭中国取而代之。故清国为国号，非朝号）。然则自万历四十四年以来已有清国，及其灭中国之后，乃清国权力行使范围之扩张而已。而论者乃谓'世界中自古及今未尝有满洲国'，何其言之傎也?"③

由于革命派不认满族在明代为中国臣民，并将清灭明看作亡国，因此，他们也不认清朝政府为中国政府，称"今之政府，乃满洲政府，非中国政府"，指出中国既为清朝政府所灭，"则中国之政府已随中国而俱亡，继起之政府，非复中国之政府，而满洲之政府，亦明甚也"④。对于梁启超批评革命派将清朝政府看作"满洲政府"是放弃国民监督和改良政府的不负责任行为，革命派反击说："入关以前之满洲政府，以我国民视之，诚如日本政府、俄罗斯政府，其良与否，非所宜问。至于入关以后，覆我政府而代之，则寇仇耳。奚可视同邻国? 我国民当无论其良与否，惟扑灭之为务。盖亡国之民，以光复为唯一之责任故也。且即以政治上言之，一为征服者，二为被征服者，利害相反。满洲政府安能有所利于汉人，此亦至明了者。而论者乃欲导亡国之民，以监督满洲政府。晋惠帝语侍臣曰：凶年何不食肉糜。是之谓也。"⑤

梁启超则从国家构成的三个要素，即国民、领土、统一之主权三

① 参见精卫：《斥为满洲辩护者之无耻》。关于满人非中国臣民问题，《民报》还在第14、15、18号上发表书裔的《辨满人非中国之臣民》的长文，第20号发表笔名思古的《论满洲当明末时代于中国为敌国》，加以论证。
② 精卫：《杂驳新民丛报（第十二号）》。
③ 精卫：《杂驳新民丛报（续）》。
④ 精卫：《杂驳新民丛报（续）》。
⑤ 精卫：《杂驳新民丛报（续）》。

个方面，论证清灭明并非亡国。他指出，国家之定义，曰有国民，有领土，有统一之主权；具此三要素，谓之国家；此三要素缺一而国家消灭。我中国现在之领土，则黄帝以来继长增高之领土也；其国民，则黄帝以来继续吸纳之国民也；其主权，则黄帝以来更迭体嬗之主权也。历代帝王只是总揽统治权，仅为国家一机关而已，非国家也。因此，"中国自有史以来，皆可谓之有易姓而无亡国。若以总揽统治权者之统系之交代而指为亡国，则中国之亡不帝二十余次矣。虽明之朱氏，今之爱新觉罗氏，吾亦认为总揽统治权者之更迭，司机关者之易人，而于我国家之存亡，丝毫无与者也"。强调"清之代明，则是本国臣民对于旧王统倡内乱谋篡夺而获成功也，决不可谓以一国家蹄一国家也"①。只是"安徽人之君位，见夺于建州卫人耳"②。

梁启超持这一观点的一个重要理由是，满族在明代为中国的臣民。他指出，清朝兴起于建州卫，而建州卫系为明朝的羁縻州，为明朝的臣民，说道："国家事实上之三要素：曰领土，曰国民、曰主权。三者缺一，不得谓之国家。小野塚博士曰：'逐水草迁徙之游牧人民，仅有土地而无有领土，故仅有社会而无有国家。'而前此之满洲，正其例也。故满洲决不可谓之国家。既非国家，则其非以彼国家蹄我国家，抑明甚也。且满洲岂惟非一国家而已，今之皇室，本起于建州卫。建州卫则自明以来，我国之羁縻州也，其酋长时受策命以统其部，如云南、四川、广西之土司然。今西南土司之人民，不能不认为中国之人民；则明时建州卫之人民，亦不能不认为中国之人民。爱新觉罗氏亦我固有人民之一分子而已。然犹可曰：当时国籍法未定，羁縻之州不能与内地同视也。然清太祖努尔哈赤，在明曾受龙虎将军之职，此明见于史册者，史阁部复睿亲王书所谓贵国昔在本朝曾膺封号者是也。是清室之先代，确为明之臣民，亦即为中国之臣民，铁案如山，不能移动矣。"③

---

① 饮冰：《杂答某报》，载《新民丛报》，第 4 卷，第 12 期，1906。

② 饮冰：《杂答某报》。

③ 饮冰：《杂答某报》。

稍后，梁启超又在《新民丛报》第 86 号发表《中国不亡论》一文，强调不能以革命党人所说的满族在明朝"未尝以齐民自居"和"其域既非内地"而不认满人为中国人，说道："若以受天朝羁縻弱则戢服强则盗边，而指为非臣民之据也，则中唐淮、蔡诸镇，何一非受羁縻弱则服而强则寇者，然则亦得以此之故，而指诸镇非唐之臣民乎？必不然矣。若以其域非内地而指为非臣民之据也，则英国除英伦、苏格兰、爱尔兰之外，其余各地之人，皆非英之臣民……若以其人异齐氓而指为非臣民之据也，吾不知所谓齐氓者以何为标准，推其意殆必以种族也。然则在美国之黑人，不能谓之美国人民；在日本之蝦夷，不能谓之日本臣民也。此其语语悖谬于法理，不待智者而辨矣。故满洲之本为中国臣民，虽百口不能动此铁案。"①同时，梁启超也不赞同革命派以满人未与汉族同化而将他们排除在中国人之外，指出"要之自国家观念发达以来，由血统的政治变为领土的政治。凡领土内之人民，苟非带有他国之国籍自他国而来旅居者，则自其出生伊始，直为其国之臣民。此种观念，在欧洲发达甚近，而在我国则发达已甚古。论者徒以欲难吾所持满洲人本中国臣民之说，乃尽弃其所学而不辞"②。

另一方面，梁启超又批评革命党人以满族在明朝未入户部和布政司之户籍而断言满人为非中国臣民，是犯了一个低级的历史知识错误，指出明代户部户籍制度并不是近代西方国家的一种国籍制度，其目的只是用来课赋役，故称赋役黄册，以防逃避，在不抽丁税之地，则不编入黄册。明代行政制度在其境内实行军政和行政并用：行政系统共置十三布政司，分领境内府州县及羁縻诸司，上隶属于户部；军政系统则置十五带指挥使司，分领卫所番汉诸军，并在边境和海疆等处设行都指挥使司，而上隶于京师之五军都督府，以属于兵部。如果根据革命党人的说法，以满人所居住的建州卫没有纳入明朝户部户籍，便将建州之地排除在明朝版图之外，将满人排除在中国臣民之外，那么，明朝在各行省设置的五百卫所的居民也都会被排除在中国臣民之外，

① 饮冰：《中国不亡论》，载《新民丛报》，第 4 卷，第 14 期，1906。
② 饮冰：《中国不亡论》。

甚至包括明太祖朱元璋的发祥地凤阳卫、滁州卫、泗州卫、邳州卫、皇陵卫等地的人民都就被排除在中国臣民之外。梁启超最后指出满人所居住的建州卫在明代"既为中国主权所及之领土，则建州卫之住民，即当然为中国之臣民。虽有苏张之舌而不能难者也。以中国臣民而篡中国前代君主之地位，此历史上数见不鲜者，而亡国问题，安有发生耶？"①

此外，在清朝政府的称谓上，梁启超也不赞同革命党人将清朝政府称为"满洲政府"，而不称其为中国政府。他指出，若今之政府为"满洲政府"，则今之国家不可不谓之"满洲国家"；若今之国家为中国国家，则今之政府不得谓之"满洲政府"。若称"满洲政府"，则必须认中国为已亡，必须谓现今世界中只有"满洲国"而无所谓中国。但中国自古至今未尝有什么"满洲国"，中国国内除了万历四十四年至崇祯十七年间的沈阳政府可称为"满洲政府"外，并不存在"满洲政府"。因此，他断言："今之政府，实中国政府，而非满洲政府也。"②梁启超批评革命党人以中国国民将清朝政府看作"满洲政府"，就好比将中国政府看作日本政府、俄罗斯政府，放弃监督和改良政府的责任，是一种放弃国民固有权利和责任的不爱国行为。他指出："满洲政府四字，实不成名词也。今之政府，则我四万万人组成之国家所有机关也。其今后之能改良与否，则视我国民之认为我政府欤？抑认为日本政府俄罗斯政府之类欤？孟子曰：吾弟则爱之，秦人之弟则不爱也。孔子曰：爱之能勿劳乎？忠焉能勿诲乎？今之持排满论者，认国家为非我之国家，认政府为非我国家之政府，无惑乎其不劳不诲，坐视其腐敝覆亡以终古也。而犹自命为爱国，吾抑不知其爱之何属矣。"③

---

① 饮冰：《附驳某报之中国已亡论》，载《新民丛报》，第 4 卷，第 19 期，1906。

② 饮冰：《杂答某报》。

③ 饮冰：《杂答某报》。

## 三、关于满汉关系与立宪政治关系问题

革命派主办的《民报》与梁启超主办的《新民丛报》论战的第三个问题是，满汉关系与立宪政治的关系问题。

革命党人认为，满汉矛盾是政治改革或者说中国实行立宪政治的最大障碍，故必须实行种族革命，"满洲民族与我民族利害相反，欲其行正当之立宪，无异授人以刀而使之自杀"。他们指出："世界各国，有以一民族构成一国家者；有以数民族构成一国家者。以一民族成一国家，其民族之观念与国家之观念能相融洽，故于政治之运用无所窒碍。使以数民族成一国家，则当察其能相安同化与否。果其相安同化，则亦能式好无尤。如其否也，则各民族位置不同等，势力不均，利害相反，各顾其本族而不顾国家。如是，则惟一民族优胜，独占势力，而他族悉处于劣败之地位，专以压制为治，犹足苟求一日之安，欲以自由博爱平等之精神，施之政治，必将格格而不能入矣。"①革命派不赞同梁启超所说的满族和汉族在维护国家利益上已出现趋同的局面，强调满汉所处地位不同，决定了满汉利益不可调和，他们揭露说："满洲自入关以来，其以中国为囊中物，已二百六十余年矣，彼之处心积虑，不外保其子孙帝王万世之业，设有覆而取之者，则彼将丧失其所固有。故有'汉人疲，满洲肥；汉人强，满洲亡'之语。盗憎主人地位使然也。近数十年来，汉人之外，复有列国以环伺其旁。然自满洲人观之，汉人之光复，列国之蚕食，其丧失囊中物均耳。于是决然曰'与其还之家奴，不如赠之朋友'；又曰'量中华之物力，结友邦之欢心'。彼其心果有所爱于中国哉？"②

再者，革命派也不赞同梁启超认为少数满人反对立宪只是出于维

---

① 精卫：《驳新民丛报最近之非革命论》，载《民报》，第 4 号，1906。围绕这一论点，汪精卫还在《民报》第 3、5 号上专门发表《希望满洲立宪者盍听诸》长文，做了详细论述。

② 精卫：《杂驳新民丛报(续第拾壹号)》，载《民报》，第 12 号，1907。

护个人富贵和权力，而与种族问题无关的观点。革命派认为，少数满人反对立宪，并非梁启超所说的那样简单，仅是出于个人私利，而是代表满族整体利益，有种族问题横亘其间，说道："其个人之富贵权力，由其全族占特别之地位，故得以泰然享之。是以二百六十余年来，满人之持排汉主义，有如一日。而论者乃以为个人主义，是未尝一察及其个人所托足之团体也。"①并且，革命派还揭露满族统治者为维护满人特权，决不会真正行立宪政治，贯彻满汉平等政策，指出"今果欲立宪，则不得不言满汉平等。然则使满洲人下跻于汉人耶，则前此特殊之利益，一旦尽失之，此满洲人之所大不利也；然则使汉人上跻于满洲人耶，则满洲人所享利益一旦与汉人均分之，终至于无特殊之可言，此亦满洲人所大不利也。满洲人虽愚，肯自弃其利益耶？"②不但如此，如果满族的伪立宪得逞，只能帮助满族永立于征服者、汉族永立于被征服者的地位，"盖曩者犹有专制之嫌，人心未宁也。今则居然为立宪君主国，袭文明之徽号，外以夸示于邻国，内以鼓舞其民心。皞皞熙熙，歌颂太平，汉人之心，由是而死；满人之策，由是而售。排汉之政策，假大权之命令以出之，名正言顺，谁敢腹诽者。然则主权未从满人之手而移转于汉人，而复任令满人秉大权以立宪，则真欲使满人永立于征服者之地位者也"③。因此，他们断言"满洲之扬言立宪，不过欲巩固其政治上之势力而已，不过排汉政策之妙用而已"④，"今日中国而欲立宪也，必汉族之驱并满洲而后能为之"⑤，"非解决种族问题，必不能解决政治问题"⑥。

与革命派观点相反，梁启超认为种族问题与立宪政治之间没有必然联系，"非异族为政使之然也"；立宪政治能否成立，关键在国民的觉悟，声称："立宪之机，恒不在君主而在人民。但使其人民有立宪之

---

① 精卫：《杂驳新民丛报（续第拾壹号）》。
② 精卫：《希望满洲立宪者盍听诸（续第二号）（附驳新民丛报）》。
③ 精卫：《希望满洲立宪者盍听诸（续第三号）（附驳新民丛报）》。
④ 精卫：《希望满洲立宪者盍听诸（续第三号）（附驳新民丛报）》。
⑤ 蛰伸：《论满洲虽欲立宪而不能》，载《民报》，第1号，1905。
⑥ 精卫：《杂驳新民丛报（第十二号）》，载《民报》，第10号，1906。

知识，有立宪之能力，而发表其立宪之志愿，则无论为如何之君主，而遂必归于立宪"。革命派所说的政治改革，"岂惟难得诸异族之君主，即欲得诸同族者，夫亦岂易易也？不然，试观古今中外历史，其绝无他动力而自发心以行开明专制者曾有几何人？而不由人民要求而钦定宪法者曾有几何国也？"①

对于革命派以满汉两族利益相反为由，认定清政府不可能行立宪政治，梁启超虽然也承认满汉存在利害冲突，但不赞同革命党人将种族问题作为解决国内政治问题的前提，他指出"无论何国，凡政治上大小诸问题，其所以恒有论争者，殆皆可谓之缘国内各方面人民有利害冲突之点而起，而其冲突之发动力，或自种族上生，或自宗教上生，或自阶级上生，或自地方上生，或自经济上生，种种不同，而无国无之。谓解决种族问题即能解决政治问题者谬也；谓不能解决种族问题即不能解决政治问题者亦谬也"。梁启超断言"以国民利害有冲突之说，而强牵入种族问题于政治问题者，其言皆无当也"②。并且，梁启超认为满族与汉族之间并非只有利害冲突，他们之间也有着共同利益，存在着行立宪政治的基础，说道："彼所言满汉利害相反之点，诚或有之。然其间独无利害相同者乎？相同者何？则中国亡而无汉无满而皆无所丽是也。而满汉相睨，其结果必至于召亡也。吾以为彼满人者，不计及其全族之利害则已耳；苟计及其全族之利害，则必能断然掷弃排汉之政策，而取同化于汉族之政策。盖非是决无以自存也。"③一些满族官员如铁良、荣庆等反对立宪，并非从满族利益考虑，而是为了维护自身的富贵和权力，立宪的障碍来自个人利己主义，而不在于满汉利益相反。如果真正为种族利益出发，必会将国家利益置于种族利益之上，"若夫以二以上之种族组成一国家者，苟其各族之人诚能有自

① 饮冰：《申论种族革命与政治革命之得失》，载《新民丛报》，第 4 卷，第 4 期，1906。

② 饮冰：《中国不亡论》。

③ 饮冰：《杂答某报（续第八十四号）》，载《新民丛报》，第 4 卷，第 13 期，1906。

爱其族之心也，则当本族利害与他族利害相反时，固不免先其族而后他族；若当本族利害与国家利害相反时，则自必能先国家而后其族。此无他焉，善推其所为而已"。"故吾谓满汉利害相反，非立宪政体不能确立之原因；而现在有权力者之抱持其个人主义，乃立宪政体不能确立之原因也。"①

梁启超认为立宪政治与种族问题无关的另一个论据是，反对立宪政治的既有满族官僚，也有汉族官员，由此可见立宪政治问题与满汉关系无关。他写道："夫阻之者，固非无人也。然其人岂必为满洲人，吾见夫今日汉人之阻立宪者，且多于满人，而其阻力亦大于满人也。由此观之，谓君主以其为君主之地位，而认立宪为不利于其身及其子孙，而因以不肯立宪焉，则深文之言，非笃论也。即君主以外而有阻立宪之人，亦不过其人各自为其私人之地位，恐缘立宪而损其权力，是以阻之，而决非由种族之意见梗其间也。使其出于种族之意见也，则必凡汉人尽赞焉，凡满人尽梗焉然后可。然今者汉人中或赞或梗，满人中亦或赞或梗，吾是以知其赞也梗也，皆于种族上毫无关系者也。"②

对于革命党人认为由清政府实行君主立宪，必将使汉族处于被满族强迫同化的境地，使满族永立于征服者地位，梁启超批评革命派的这一观点不能成立，其失误在于"误认皇位与政治上势力为同一物"③。梁启超指出，在非立宪国家，皇位确与政治上之势力为同一物，但在立宪国家，两者绝非同物，如英国皇位全超然于政治势力之外，即使在日本和德国的普鲁士，皇位也只有一部分政治权力，均不得不依于宪法条规以行统治权，"一切法律，皆须经议会协赞，即紧急敕令独立命令，亦有一定之限制"；这些国家的政务亦系在国法之下运作，而非在君主意志下运作，如在用人权方面，国务大臣的任免虽然不是完全由议会决定，但不能违背舆论，国务大臣之下所有官员的任用、惩戒，都根据一定的法规进行，不特长官不能上下其手，即便君主也不能以

---

① 饮冰：《杂答某报（续第八十四号）》。
② 饮冰：《申论种族革命与政治革命之得失》。
③ 饮冰：《申论种族革命与政治革命之得失》。

个人喜怒任意黜陟；在司法方面，实行司法权独立，君主更是不得任意蹂躏。总之，在君主立宪国家，国民仍拥有很大的政治权力，因此不会出现满族在政治上占优势的情况，断言"一旦立宪而行自由竞争，则惟有国民个人之竞争，而决无复两民族之竞争。论者所谓某族占优势者，其实不足以成问题也"。①

## 四、结　语

综观《民报》和《新民丛报》论战的内容，应该说两派各有正确的一面，同时又各有谬误之处。就革命派方面而言，他们揭露满汉之间存在不平等关系，揭露满族统治者实行种族歧视和种族压迫政策，认为种族问题与晚清政治改革之间存在密切关系，不解决种族问题就不可能建立真正的立宪政治，这些都基本符合历史事实，即使梁启超也不能对其一概否认，在论战中不得不承认"满洲人于公权私权上间有与汉人异者"，承认"其论亦含一面的真理，而驳解之颇不易易者也"，或曰"吾也承认之""亦吾所承认也"。但革命派为达到宣传革命排满的目的，夸大满汉畛域，将满人排除在中国人之外，将满洲排除在中国之外，集中暴露了狭隘的种族主义和大汉族主义偏见，这是极端错误的。它既忽视了中国自古以来为多民族国家这样一个历史事实，也背离了中国的国家利益。

就梁启超一边来说，他为达到抵制排满革命的目的，淡化或否认满汉之间存在的不平等关系，否认当时中国存在种族问题，这都是有悖事实的，致使他在论战中处于被动地位，不得不主动退出与革命派的论战。但梁启超从他的"大民族主义"思想出发，坚持满族是中华民族的一个组成部分，坚持清朝政府为中国政府，不但克服了大汉族主义偏向，而且也摈弃了近代西方一族一国的狭隘民族主义理论，体现了一种理性的国家主义思想。他的这一论点虽然当时因有悖革命潮流而遭革命派的抨击，但最终还是被革命党人所接受；革命派在推翻清

---

① 饮冰：《申论种族革命与政治革命之得失》。

朝统治后提出的"五族共和"的主张，显然接受了梁启超的观点。不但如此，梁启超的许多观点事实上也被我们所继承和发展。因此，对于近代中国发生的有关种族、民族和国家问题的争论，必须理性看待，方为妥当。

原载《史林》2011 年第 4 期

# 梁启超与五四运动

　　五四运动是中国近代史上具有多方面历史意义的一件大事，它在许多方面奠定了现代中国的发展方向。迄止今日，对于这场运动的态度，仍然是我们评判那一时代历史人物进步与否的一块试金石。

　　梁启超虽然不是五四运动的主角，但与许多生活在同时代的知识分子一样，五四运动也是梁启超晚年在政治和思想文化中遇到的一场最为严峻的考验。他对这场运动所做的反应，在很大程度上也是我们认识晚年梁启超的基础。有鉴于此，本文就梁启超与五四运动各个不同层面的关系做一个剖析。

## 一、梁启超与巴黎和会

　　五四运动的直接导火线是巴黎和会把德国在我国山东的权益让予日本。而梁启超自第一次世界大战爆发后，就十分关心我国山东的命运。1914 年 9 月，日本借口对德宣战，出兵我国山东，并侵击"战区之外"的潍县车站。10 月 2 日，梁启超在参政院第十五次会议上率先就此提出"紧急动议"，揭露日军在山东的军事行动，破坏我国的"中立"立场，目的绝非占领胶州一地，而是要把山东全省变为"第二之东三省"。他强烈要求袁世凯政府必须就山东最新形势的发展与日本进行交涉，切实保护山东人民的生命和财产安全，维护中国主权。① 在梁启超的倡议下，会议最后通过了由梁启超和陈国祥、熊希龄、王家襄、

---

　　①　参见丁文江、赵丰田编：《梁启超年谱长编》，692～695 页。

宝熙五人起草的质问书，警告袁世凯政府"如不能以国权切实之保障明示吾民，则疑愤所集，万一激成度外之举动，将何求以善其后？"①

1915年年初，日本军国主义者进一步向袁世凯政府提出灭亡中国的二十一条，梁启超又不顾日方的利诱威逼和造谣中伤，在杂志上接连发表《中日最近交涉平议》《中日时局与鄙人之言论》《交涉乎？命令乎？》等文，揭露日本政府所谓的"维护东亚之和平"，出兵中国，无非是乘欧美无暇东顾之际，独占中国，"谋毙我于死地"。他奉劝日本政府放弃侵略中国的野心，履行战前宣言，归还青岛和胶济铁路，指出夺人国者到头来必然以失败告终。同时，梁启超也告诫袁世凯政府勿为国家罪人，承诺日本的侵略要求，指出："吾以为我政府若承诺日本此次之要求，则当承诺之日，即为我国际上地位动摇之时。"②

1917年年初，围绕参战问题，梁启超坚决主张中国加入协约国一方，对德绝交、宣战，以便中国战后能够收回德国在山东的权益。他指出，参战是中国跻身国际社会、增强国际地位的一个大好机会；第一次世界大战结束后，各国将来的命运，大半取决于在和平会议上的席位，我国将来列席和平会议，能多大程度保全中国主权虽不能确定，但如不参战，则战后中国必被排除在和平会议之外，完全由他国处置决定，后果不堪设想。③ 为此，梁启超不顾反对党的攻击，再度卷入政治，与当时执政的段祺瑞政府合作，力促中国参战，为段祺瑞起草对德宣战书，并在1917年8月14日的宣战书上署名。

需要指出的是，在参战问题上，由于以孙中山为首的国民党人当时极力反对，后来一般论者对梁启超主张参战大多也持否定态度。④事实上，就参战问题本身来说，梁启超主张参战，主要出于国家利益的考虑，并非如反对党派指责的那样，是要投靠日本帝国主义，趁机

---

① 《参政院质问政府日本在山东侵犯中立文件》，载《时事汇报》，1915年1月。

② 梁启超：《饮冰室合集》文集之三十二，106页。

③ 参见梁启超：《外交方针质言》，见《饮冰室合集》文集之三十五，7～8页。

④ 参见李新、李宗一主编：《中华民国史》第二卷下，57页，北京，中华书局，1987；李喜所、元青：《梁启超传》，410～414页，北京，人民出版社，1993。

发展势力，消灭异己。在当时，社会上不少民主人士如蔡元培、陈独秀、李大钊等也都主张与德绝交、对德宣战，他们认为"日攻青岛以来，吾国已非中立，今仍欲骑墙，祸更不可测"①。就参战的动机而言，梁启超与北洋军阀段祺瑞和交通系官僚是有本质区别的。对此，当时任美国驻华公使的芮恩施在其书中就曾指出：尽管以曹汝霖、梁士诒为首的交通系和以梁启超为首的研究系在参战问题上都支持段祺瑞，但他们"彼此又是对立的"，"梁启超先生是一个文人，又是一个理论家，虽然日本人长期对他以朋友的态度相待，但他无疑相信自己是一个爱国的中国人，他准备利用日本人的援助，但决不愿放弃国家的一切基本权利"。② 而后来的事实也证明，梁启超对战后国际形势的分析是正确的，参战的确为中国代表在巴黎和会上要求收回德国在山东的权益提供了有力的依据。

1918 年第一次世界大战结束后，梁启超虽已退出政坛，但仍不忘爱国。经活动，他由北京政府提供 6 万元公款，另自筹 4 万元，以中国出席巴黎和会代表团会外顾问的资格，于 12 月 28 日前往欧洲，作为巴黎和会中国代表的外交后援。行前，他一面为北京政府在和会上所提各项要求献计献策，提出中国在这次和会上要达到两个目的：第一，打破势力范围，"不使中国为日后战争之媒"；第二，"中国应有自由发展之权利"。③ 梁启超还建议国内报界在宣传上也要紧密配合，统一意见，突出重点，"惟一条件既经提出，全国舆论务须一致，以贯彻其主张"④。同时，他遍访英、美、法、日公使，劝说各国放弃在华特权，修改中外不平等条约。在与日本代理公使宫泽的谈话中，梁启超直率地提出日本应将德国在山东的权益归还中国，他说："我们自对德

① 陈独秀：《答李亨嘉》，见生活·读书·新知三联书店编：《陈独秀文章选编》上册，213 页。
② ［美］保罗·S. 芮恩施：《一个美国外交官使华记》，李抱宏、盛震溯译，222～223 页，北京，商务印书馆，1982。
③ 梁启超：《莅国际税法平等会演说》，见《梁任公演说集》，57 页，上海，上海国民书局，1925。
④ 《梁任公与上海新闻记者》，载《晨报》，1918-12-03。

宣战后，中德条约废止，日本在山东继承德国权利之说，当然没有了根据。"①

在巴黎和会上，梁启超作为民间代表，在争回山东权益问题上也确实起到了中国外交代表不能起的作用。1919 年 2 月，他甫抵巴黎，即将途中所作的《世界和平与中国》一文译成英、法文，广为散布，阐述中国的基本要求是：(1)胶州湾及青岛应与山东路矿一并由德国交回中国；(2)1915 年 5 月及 1918 年 9 月中日两国的密约应归无效；(3)修正关税；(4)取消庚子赔款；(5)渐次撤废各国租界；(6)统一铁路外资；(7)各国放弃在华特权。他指出，以上所提条件，"非皆与此次议和有直接关系，然于中国民族之自由发展，实有莫大之影响，即世界永久平和之局系焉"②。此后，围绕山东问题，梁启超在许多场合重申中方立场，争取欧美等国的同情和支持。针对日本在和会上以对德作战有所牺牲为借口占据山东，梁启超 3 月 9 日在巴黎《时报》发表文章，批驳日本的这一理由是站不住脚的，他说："胶州湾德国夺自中国，当然须直接交回中国，日本不能借口有所牺牲有所要求，试问英美助法夺回土地，曾要求报偿耶？"③梁启超再次呼吁西方国家应公正地解决中国问题，给中国以正当自由的生存权，只有这样，世界和平真正才有可言。在万国报界俱乐部为他举行的宴会上，梁启超又就山东问题慷慨陈词，当着世界各国记者和五位日本记者的面，宣告："若有别一国要承袭德人在山东侵略主义的遗产，就为世界第二次大战之媒，这个便是平和公敌。"④

除在巴黎申述中方的正义要求外，梁启超还与国内民间组织保持

---

① 梁启超：《饮冰室合集》专集之二十三，39 页。

② 《世界和平与中国》，载《晨报》，1919 年 6 月 10 日至 17 日。另据《晨报》报道，该文发表后，"各国讲和委员大受感动，欧美人争先购读"，称此文"为揭开远东问题黑幕最有力之著作，且以梁氏身为进步党领袖，故于所论乐为倾听"。见《晨报》，1919-04-25、1919-05-02。

③ 《梁任公在巴黎时报之言论》，载《晨报》，1919-03-30。

④ 梁启超：《饮冰室合集》专集之二十三，83～84 页。

密切联系，及时将和会情况报告国内，鼓动国内人士敦促北京政府在
争回山东主权问题上坚定立场，支持中国代表在巴黎和会上的斗争。
3月11日，梁启超将段祺瑞政府1918年9月与日本私订密约，致使中
国代表在山东主权交涉中处于不利地位的情况，致电国内外交委员汪
大燮、林长民等，要求采取补救行动，取消密约，"不然千载一时之良
会，不啻为一二订约之人所败坏，实堪惋惜"①。在梁启超的授意下，
汪大燮、林长民很快联合国民外交协会等团体，致电巴黎和会和中国
代表，强烈要求青岛一切权利须直接交还中国，取消1915年中日条约
和1918年关于山东铁道密约。② 4月5日，国民外交协会又特电梁启
超，邀他为本会代表，负责向巴黎和会的请愿活动。梁启超接到电报
后，当仁不让，毅然表示：此次欧洲之旅，虽为私人考察，"然苟可以
为国家雪耻复权者，不敢辞匹夫之责。山东问题，国命所关，痛陈疾
呼不待言矣。他若南满洲、高徐顺济诸路当如何规复，关税领事裁判
权诸大问题当如何贯彻，仆鼓吹舆论，惟力是视"。并再次指示国内同
志除要求政府废除与日密约外，另宜督促巴黎和会的中国代表同心协
力，交流意见，"对外一意鼓勇进行"。③ 4月24日，在巴黎和会正式
决定由日本承袭德国在山东权益的前6天，梁启超又将这一消息报告
国内，倡议发起拒签和约运动。他在致国民外交协会的电文中写道：
"对德国事，闻将以青岛直接交还。因日使力争，结果英、法所动。吾
若认此，不啻加绳自缚。请警告政府及国民，严责各全权万勿署名，
以示决心。"④林长民在30日接到电报后，即根据梁启超的意思，起草
了一篇题为《外交警报敬告国民》的文章，5月2日在《晨报》头条位置
以代论形式发表，敲响"胶州亡矣！山东亡矣！国不国矣"的警钟，并
特别提到"此恶耗前两日仆即闻之，今得任公电，乃证实矣"。这篇文
章对五四运动的爆发产生了很大影响，林长民本人也因此遭到日方的

---

① 《梁任公之重要来电》，载《晨报》，1919-03-21。
② 参见《国民外交协会之来往电》，载《晨报》，1919-03-25。
③ 《梁任公最近来电》，载《晨报》，1919-04-20。
④ 《山东竟如是断送耶——梁任公早来警电》，载《晨报》，1919-05-02。

抗议和指责，不久被迫辞去外交委员及事务主任职务。①

　　巴黎和会失败后，梁启超与国内许多爱国知识分子一样，也放弃和会前对美、英、法等列强所抱的幻想，谴责巴黎和会是一次分赃会议。失望之余，他还进一步探讨中国在和会上失败的原因，号召国民从中吸取教训。他认为，补救办法，只有国民"当知国际间有强权无公理之原则"，自强自立，决不自甘灭亡，"敌而谋我者，占领可也，以条约承认其权利不可也；我力不敌，宁可听敌人占领我全国，不能以条约承认尺土寸地为其所有权"。② 1920年春回到国内后，梁启超仍十分关心山东问题。针对当时国内流行与日本直接交涉山东问题的说法，他在上海下船后就对《申报》记者发表谈话，表示决不可与日本直接谈判，指出："既拒签于前，当然不能直接交涉于后，吾辈在巴黎时对于不签字一层，亦略尽力，且对于有条件签字说，亦复反对，乃有不签字之结果，今果直接交涉，不但前功尽失，并且前后矛盾，自丧信用，国际人格从此一隳千丈，不能再与他国为正义之要求矣。"③ 3月22日，梁启超又致书总统徐世昌，劝其释放仍被关押的青年学生，指出："学生运动过去之陈迹，启超越在海外，靡悉其详，要其出于爱国之愚诚，实天下所共见。至其举措，容或过当，此自血气方刚之少年所万不能免。政府若诚以父师自居，而爱之如子弟，则充其量不过收二物之威，断无取绳以三尺之法。此数十学子者，即云有咎，拘絷经岁，示惩已愈其量，前尘影事，情过景迁，春序方始，树艺维宜，正可释令宁家，驱之就傅，何必更扬汤止沸，平地掀波？"④5月4日，在五四运动一周年之际，梁启超在《晨报》上撰文纪念，对五四运动的历史意义给予高度评价，称五四运动"为国史上最有价值之一纪念日"⑤。

① 参见《日使干涉我言论之照会》《林长民辞职之呈文》，载《晨报》，1919-05-26、1919-05-27。
② 梁启超：《饮冰室合集》文集之三十五，27页。
③ 丁文江、赵丰田编：《梁启超年谱长编》，899页。
④ 《梁任公等来往电文汇录》，2页，未刊抄本，中国社会科学院近代史研究所图书馆藏。
⑤ 《五四纪念日感言》，载《晨报》，1919-05-04。

综上所述，梁启超虽然没有直接参加 1919 年 5 月 4 日青年学生的爱国行动，但实则他与五四运动爆发的每一环节都有密切关系，并自始至终站在反帝一边，与广大爱国青年息息相通。

## 二、梁启超与新文化运动

五四运动载入中国近代史册，影响深远，不只在于它是一场伟大的反帝爱国运动，而且还在于它是一场奠定现代中国文化基础的新文化运动。在这场波澜壮阔的新文化运动中，梁启超也紧跟时代潮流，做出了积极的反应。

我们看到，自 1915 年新文化运动开始以来，梁启超的进退即与之形影相随。1915 年 9 月陈独秀在上海创办《青年杂志》，标志五四新文化运动的开始，而梁启超则于是年 1 月出任由中华书局主办的学术性刊物——《大中华》杂志的主任撰述，发表《吾今后所以报国者》一文，第一次公开宣布脱离政治，致力于思想文化工作。梁启超晚年思想文化的基本主张和立场是与新文化运动的基本方向相一致的。

民主，是五四新文化运动首先揭橥的一面旗帜。梁启超晚年的民主观与五四时期激进民主主义者的民主观虽然有不合拍的地方（如他思想中残存的"贤人政治"思想），但作为一位资产阶级旧民主主义者，梁启超反对封建、拥护民主的立场始终是坚定的。在陈独秀创办《青年杂志》的半年前，梁启超就与思想界出现的尊孔复古的反动逆潮展开斗争。1915 年 1 月在《大中华》杂志创刊号上，梁启超刊载进步党人蓝公武《辟近日复古之谬》一文，抨击袁世凯政府提倡孔教、奖劝忠孝节义与时代潮流背道而驰。稍后，他本人在《大中华》杂志第 2、7 期先后发表《孔子教义实际裨益于今日国民者何？欲昌明之其道何由？》和《复古思潮平议》，反对将孔教奉为国教，断言"此种尊孔之法，无益而有害"，揭露复古主义是与政治上的反动联系在一起的，目的就是要把社会上一些不良现象全归咎新学新政，"挫新学新政之焰"，借旧道德以压新道德，借旧制度以否定民主共和制度，从而为恢复专制主义张本。① 在接着的护国战争和张勋复辟事件中，梁启超都旗帜鲜明地反对复辟，被人们誉为"再造共和"的英雄。第一次世界大战结束后，虽然梁启超对西方社会存在的弊端有所批判，但他对西方民主制度和价值观念的信仰并没有动摇。在他看来，欧洲文明出了许多毛病，但没有像古代埃及文明和古代印度文明那样就此灭绝，原因就在于"欧洲百年来物质上精神上的变化，都是由个性发展而来"的，"是全靠社会一般人，个个自觉日月创造出来"的，"是建设在大多数人心理上"的。② 欧洲游学归来后，梁启超提倡国民运动，目的也是要培养国民的民主意识和能力。他认为，民国之所以徒有虚名，原因就在于"这中华民国的建设，并非由全国民认识共和政治之价值，协同努力去建设他，不过极少数人用'催生符'的方法，勉强得这意外的结果"③。尽管国民运动走的仍是改良的道路，没能走通，但梁启超对民主政治的追求则是一以贯之的。

对于新文化运动的另一面旗帜——科学，梁启超虽然嘲笑过西方做了科学万能的梦，但他并不反对科学、菲薄科学。他所反对的只是那种以为科学能够而且应当成为新的宗教的"唯科学主义"。梁启超在《欧游心影录》中那段著名的嘲笑西方科学破产的话，仔细读来，并不是对科学本身抱有什么偏见，实际上批评的是西方把科学用歪了，将科学的各种发明"大半专供杀人之用"，"使人类不惟没有得到幸福，反带来许多灾难"。因此，他在那段科学破灭的话之后，特意加上自注说："读者切勿误会因此菲薄科学，我绝不承认科学破产，不过也不承认科学万能罢了。"④而事实也确如梁启超本人所说，他对科学是持拥护态度的。

---

① 对于梁启超这两篇文章的主旨，有学者认为是梁启超对蓝公武的文章"感到惶恐不安""加以疏解"，是"对尊孔活动的诡辩式的维护"。(参见李龙牧：《五四时期思想史稿》，26～27 页，上海，复旦大学出版社，1990)笔者认为这一理解是不确切的。

② 梁启超：《饮冰室合集》专集之二十三，16 页。

③ 梁启超：《外交欤内政欤》，见《饮冰室合集》文集之三十七，49 页。

④ 梁启超：《饮冰室合集》专集之二十三，12 页。

1922 年 8 月，梁启超在南通中国科学社年会上作题为《科学精神与东西方文化》的演讲，就大力呼吁吸收西方的科学精神，发展中国的科学事业。梁启超批评中国人科学落后，首先在于对科学的态度不对：其一是把科学看得太低太粗，将科学看作形而下的东西，"懂得不算稀奇，不懂得不算耻辱"；其二是把科学看得太呆太窄，只有数学、几何学、物理学等概念，而没有科学的概念。① 1923 年在科学与人生观的论战中，梁启超一方面反对科学万能，但同时申言"人生问题，大部分是可以而且必要用科学方法来解决的"②。尤其值得一提的是，1926 年年初当协和医院的大夫为他做错了手术，社会上对协和多有责言的时候，梁启超却担心因此损害协和的名声，影响其他人对现代医学和其他科学生出不良的反应，特意在 1926 年 6 月 4 日《晨报》副刊上发表《我的病和协和医院》一文，详述自己此次手术的经过，替协和医院辩解，肯定协和的医疗是有效的，称自己的病"比未受手术以前的确好了许多"，以实际行动维护科学的威信。

在五四新文化运动中，梁启超还支持新文学运动。新文学运动的一个重要内容是提倡白话文，反对文言文。在这场文体革命中，梁启超早年所创的新文体，实开中国近代文体革命的先河，他本人也因此被五四新文学的倡导人之一钱玄同称作"近来创造新文学之一人"③。1917 年文学革命兴起后，梁启超又积极响应。是年初，他在教育部的演说中，即批评文言文妨碍科学进步，阻碍教育发展，提出"鄙人以为及早造成一种国语，用以编纂教科书，以利教育，诚目前非常重要之事"④。1920 年胡适的中国现代第一部白话诗集《尝试集》出版，梁启超又极表欢迎。他在读了《尝试集》后，写信对胡适说："《尝试集》读竟，欢喜赞叹得未曾有。吾为公成功祝矣。"⑤同年，在为晚清两大家

---

① 梁启超：《饮冰室合集》文集之三十九，1～8 页。

② 梁启超：《饮冰室合集》文集之四十，23 页。

③ 钱玄同：《寄陈独秀》，见《中国新文学大系·建设理论集》，52 页，上海，上海文艺出版社，1987。

④ 梁启超：《教育部演说》，见《梁任公演说集》，10 页。

⑤ 转引自新会市梁启超研究会编：《梁启超研究》，第 1 期，16 页，1986。

诗抄所写的《题辞》中，梁启超也明确表示"我并不反对白话诗……其实白话诗在中国并不算什么稀奇"，批评"那些老先生忽然把它当洪水猛兽看待起来，只好算少见多怪"，指出白话诗的创作虽有不够成熟的地方，但"将来总有大成功的希望"。① 梁启超对白话文的这一态度，气得当时主张文言文的章士钊公开发表文章，讽刺他追随白话文是爱虚荣，赶时髦，甘附骥尾。②

在文学思想方面，梁启超的主张也与五四新文学运动并行不悖。与早期带有强烈爱国主义色彩的"文学救国论"不同，晚年梁启超则是一方面将情感作为文学创作的核心和灵魂，强调文学的审美价值和文学的感情净化力量，将文学看作"表情之具"，认为"艺术是情感的表现"③，只要"把自己真情表现在里头，就算不朽之作"④。但另一方面，梁启超也强调艺术的社会功能，指出"情感教育的目的，不外将情感善的美的方面尽量发挥，把那恶的丑的方面，渐渐压伏淘汰下去，这种工夫做得一分，便是人类一分的进步"；他要求艺术家必须明确自己的责任重大，"为功为罪，间不容发"，注意自身高洁情操和美好情感的培养，只有"自己腔子里那一团优美的情感养足了，再用美妙的技术把他表现出来，这才不辱没了艺术的价值"。⑤ 梁启超认为，文学既有自身的审美功能，也有其社会教育功能，既是为艺术而艺术，也是为人生而艺术。他说："依我之见，人生目的不是单调的，美也不是单调的，为爱美而爱美，也可以说为的是人生目的。因为爱美本来就是人生目的的一部分。诉人生苦痛，写人生黑暗，也不能不说是美，因为美的作用，不外令自己或别人起快感。痛楚的刺激，也是快感之一。"⑥因此，梁启超在文学创作中反对叹老嗟卑和无聊的应酬之作，

---

① 梁启超：《晚清两大家诗钞题辞》，见《饮冰室合集》文集之四十三，73、75 页。

② 参见梁启超：《评新文学运动》，载《甲寅》周刊，第 1 卷，第 14 号，1925。

③ 梁启超：《饮冰室合集》文集之三十八，37 页。

④ 梁启超：《饮冰室合集》文集之四十三，79 页。

⑤ 梁启超：《饮冰室合集》文集之三十七，71～72 页。

⑥ 梁启超：《情圣杜甫》，见《饮冰室合集》文集之三十八，50 页。

提倡创作"专玩味自然之美"和"专描写社会实状"的作品；指出往后的新诗家，"专从自然之美和社会实相两方面着力，而以新理想为之主干，自然会有一种新境界出现"①。梁启超的上述文艺主张，与"五四"浪漫主义和现实主义的文学观无疑是一致的。

对于五四新文学运动取法西方文学，引进域外文学，梁启超也深表赞成。在这场"拿来主义"运动中，梁启超本人虽不如早年，没有译介过一本外国作品，但他曾明确表态："文学是无国界的。研究文学，自然不当限于本国，何况近代以来，欧洲文化，好像万流齐奔，万花齐苗，我们侥幸生在今日，正应该多预备'敬领谢'的帖子，将世界各派的文学尽量输入。就这点看来，研究外国文学，实在是比研究本国的趣味更大，益处更多。"②他建议，输入外国文学，一是要把他们的好著作，用本国语言翻译出来；二是要吸收外国文学的精神，造出本国的新文学。对于他本人晚年研究中国古代文学，梁启超解释说，这是因为文学不同于别的学问，要想学习外国文学，务必要对本国的文学有相当的修养，因为文学是一种"技术"，语言文字是一种"工具"，只有善用语言这一工具，才能有精良的技术，而有精良的技术，才能将高尚的情感和理想传达出来，创造出好作品。③ 在《中国韵文里头所表现的情感》的导言中，梁启超也表示，他研究这一题目，是为了知己知彼，通过和西洋文学做一比较，"看看我们的情感，比人家谁丰富，谁寒俭，谁浓挚，谁浅薄，谁高远，谁卑近。我们文学家表示情感的方法，缺乏的是哪几种。先要知道自己民族的短处去补救他，才配说发挥民族的长处，这是我演讲的深意。"④总之，梁启超晚年研究中国古代文学，是为更好地引进域外文学服务的。

在中西文化观这个带有全局性的问题上，梁启超也有其独特的见解和立场。一方面，他既不属于全盘西化论者，也不属于东方文化派，

① 梁启超：《晚清两大家诗钞题辞》，见《饮冰室合集》文集之四十三，79 页。
② 梁启超：《饮冰室合集》文集之四十三，70 页。
③ 参见梁启超：《饮冰室合集》文集之四十三，70～71 页。
④ 梁启超：《饮冰室合集》文集之三十七，72～73 页。

他始终坚持的是中西文化的融会和贯通。用梁启超本人的话来说，就是要"拿西洋的文明来扩充我的文明，又拿我的文明去补助西洋的文明，叫他化合起来成一种新文明"①。从这一宏远的中西文化观出发，梁启超晚年既致力于整理国故，弘扬传统文化，同时又热心介绍和引进西方文化。1920年欧洲游学归来后，梁启超即与张东荪、蔡元培等人一起组织共学社，编译新书，资助留学生，兴办图书馆，以"培养新人才，宣传新文化，开拓新政治"为宗旨。② 同时又成立讲学社，邀请国外名哲来华讲学。"五四"时期几份宣传新文化的刊物，如《解放与改造》、《晨报》及副刊、《时事新报》和副刊《学灯》等，都与梁启超关系密切。

另一方面，梁启超在整理国故时，对旧学也始终持一种进取的批判精神。他曾多次表示，他研究旧学，无论是先秦思想，还是清代学术；无论是中国古代文学，还是印度佛学，都是为了使国人了解自己的长处和短处，使之更好地学习和引进西方文化，促进传统文化向现代的转变。他在《先秦政治思想史》序论中这样说道："欲革去一旧思想，必须有一新思想焉足以餍人心者以代之。否则全社会陷于怀疑与虚无，结果仍让彼有传统的惰力之旧思想占优势耳。而新思想建设之大业——据吾所确信者，万不能将他社会之思想全部移植，最少亦要从本社会遗传共业上为自然的浚发与合理的箴砭洗炼。信如是也，则我国过去政治思想，虽其中一部分对于世界甚无价值者，就吾国人立脚点言之，其价值不可蔑视明矣。"③这就是说，他研究中国传统思想，是为移植新思想服务的。正因此，梁启超的旧学研究，并不被当时的文化保守派引为同道，反而遭他们的排斥，如学衡派人物胡先骕、吴宓等就曾毫不客气地讽刺梁启超所讲的老子思想，"讲的不是老子，而是'咱老子'"，攻击梁启超的《先秦政治思想史》一书抄袭日本学者的研

---

① 梁启超：《饮冰室合集》专集之二十三，37页。

② 梁启超：《致伯强亮俦等诸兄书》（1920年5月12日），见丁文江、赵丰田编：《梁启超年谱长编》，908页。

③ 梁启超：《饮冰室合集》专集之五十，7页。

究，"完全背离客观的学者态度"，说他"治学术感情有余而理智不足"等，不一而足。①

总之，就各个方面来说，在五四新文化运动中，梁启超并不是一个过时人物，而是一位有广泛影响、紧跟时代潮流的"壮汉"。

## 三、梁启超与主义之争

五四运动的另一重大意义是促进了马克思主义——科学社会主义在中国的广泛传播。在这个问题上，梁启超虽然与中国早期马克思主义者保持一段距离，有些不同的看法和主张，但很难据此就说梁启超是一个对抗马克思主义思潮的反动分子。

首先，对于马克思主义和社会主义本身，梁启超并无恶意。欧洲游学期间，梁启超不但对欧美出现的社会主义思潮表现出极大的兴趣，而且多有肯定的评论。如他根据对战后欧洲各种社会矛盾的分析，断言"社会革命恐怕是二十世纪史唯一的特色，没有一国能免，不过争早晚罢了"②。并认为社会革命对欧洲国家来说未尝不是好事，或许能开辟新的前途。他说："劳工问题，我想不出数年，这个问题定要告一段落，或是社会党柄政，实行了社会主义几个根本大原则，气象自然一新；或是有些国家，竟自继俄国之后，做一番社会革命，虽一时大伤元气，过后反赢得意外发达，也未可定。"③而难能可贵的是，在西方资本主义国家百般谩骂诋毁十月革命和新生的苏维埃政权时，梁启超却将俄国十月社会主义革命看成是人类历史的一个"转折"，认为不管将来苏维埃政权的结局如何，"假定万一推翻，他那精神毕竟不能磨灭。从前多数人嘲笑的空想，却已结结实实成为一种制度，将来历史

---

① 黄伯易：《忆东南大学讲学时期的梁启超》，见中国人民政治协商会议全国委员会文史资料研究委员会编：《文史资料选辑》第94辑，92～93页，北京，文史资料出版社，1984。

② 梁启超：《饮冰室合集》专集之二十三，8页。

③ 梁启超：《饮冰室合集》专集之二十三，19页。

价值，最少也不在法国大革命之下，影响自然是及于别国"①。由此，
梁启超对俄国十月革命的领袖列宁也十分崇敬，称"以人格论，在现代
以列宁为最，其刻苦之精神，其忠于主义之精神，最足以感化人，完
全以人格感化全俄，故其主义能见实行"②。把梁启超在 20 世纪 20 年
代初这些同情社会主义的言论看作是一种"伪装"，这显然是不能令人
折服的。

其次，在关于社会主义的论战中，梁启超也并非完全否定社会主
义在中国实行的必要性。在中国要不要走社会主义道路这一问题上，
梁启超所持的态度即是他在《欧游心影录》中所说：对于社会主义的精
神是"绝对要采用的"，至于实行方法，以及采用的程度，则要根据各
国国情而定，"顺应本国现时社会的情况"。③ 这就是说，他对中国走
社会主义道路最终是赞成的。也正因为如此，他对在中国发展资本主
义始终也是有条件的。1921 年在《复张东荪书论社会主义运动》一文
中，梁启超尽管坚持目前中国应将发展生产力的任务委诸国内的资本
家，但同时明确指出："资本主义必非国家终局之目的明矣，不过借以
为过渡。"④1927 年，梁启超在写给孩子们的信中也再次表示："你们
别要以为我反对共产，便是赞成资本主义。我反对资本主义比共产党
还利害。我所论断现代的经济病态和共产同一的'脉论'，但我确信这
个病非共产那剂药所能医的。"⑤

从梁启超当时反对社会主义的理由来看，他否定中国存在有产阶
级和无产阶级的冲突，认为中国不存在西方意义上的产业工人，中国
社会只有有业阶级和无业阶级的区分，这一判断显然是错误的，是不
符合历史实际的。实际情况是，中国社会当时已出现了一支新兴的工
人阶级队伍，这是一个不争的事实。梁启超本人后来反对工农运动，

---

① 梁启超：《饮冰室合集》专集之二十三，20 页。
② 丁文江、赵丰田编：《梁启超年谱长编》，902 页。
③ 梁启超：《饮冰室合集》专集之二十三，32～33 页。
④ 梁启超：《饮冰室合集》文集之三十六，9 页。
⑤ 丁文江、赵丰田编：《梁启超年谱长编》，1130～1131 页。

一个重要理由就是使中产阶级不能生存。这也就是说，他承认中国存在有产阶级和无产阶级的冲突。因此，梁启超以中国未经工业革命，产业不发达，在新式企业里劳动的工人阶级还没有形成为理由，反对中国实行社会主义，是站不住脚的。但同时我们也应看到，梁启超认为当前中国社会最根本的矛盾，是中国四万万人民与外国资本家之间的矛盾，中国的当务之急，是发展生产以与外国资本家竞争，因而中国在很长一段历史时期应对本国资本家实行保护，"虽取偿较优，亦可容许"，指出若实行社会主义，将民族资产阶级作为革命对象，"必妨害本国生产，徒使外国资本家得意而匿笑，且因此阻碍劳动阶级之发生"。① 他的这一认识是有一定的合理成分的，是符合当时中国国情的。保护和发展民族资本，正是中国共产党人在新民主主义革命时期执行的一项政策。对此，毛泽东曾做过多次论述，指出："对于任何一个共产党人及其同情者……如果看不起这个资产阶级民主革命而对它稍许放松，稍许怠工，稍许表现不忠诚、不热情，不准备付出自己的鲜血和生命，而空谈什么社会主义和共产主义，那就是有意无意地、或多或少地背叛了社会主义和共产主义，就不是一个自觉的和忠诚的共产主义者。只有经过民主主义，才能到达社会主义，这是马克思主义的天经地义。"②他还说："有些人不了解共产党人为什么不但不怕资本主义，反而在一定的条件下提倡它的发展。我们的回答是这样的简单：拿资本主义的某种发展去代替外国帝国主义和本国封建主义压迫，不但是一个进步，而且是一个不可避免的过程。"③因此，梁启超在 20 世纪 20 年代初主张保护发展民族资木，就更不能说是反动的。

此外，梁启超认为中国目前缺乏实行社会主义的政治条件，宣称在中国现在的政治条件下实行国有化，必然导致腐败，"为蠹国之徒资利用"，破坏生产力的发展；生产资料的国有化，"当先以政治上有完

---

① 梁启超：《饮冰室合集》文集之三十六，8 页。
② 《毛泽东选集》第 3 卷，1059～1060 页。
③ 《毛泽东选集》第 3 卷，1060 页。

善可信任之组织为前提"①。梁启超的这一观点，也不是毫无道理和事实根据的。生产资料的国有化与政治民主化两者之间的关系，确实是国际共产主义运动中遇到的一个重大的理论和实践问题。但在革命年代，这个问题被中国早期马克思主义者忽视了。因此，这就要求我们对中国近代以来的有关社会主义的争论，不能再作简单的肯定或否定，而应予以认真的总结。事实上，中国人民对于社会主义道路的认识，也正是在不断地探讨和争论中深化的。

再者，细加研究，我们不难发现，梁启超对工农运动也不是一概敌视的。对于西方资本主义国家发生的工人运动，他始终承认其历史必然性和进步性，认为"欧美社会截然分为有产无产两阶级，其无产阶级都是天天在工场商场做工有正当职业的人，他们拥护职业上勤劳所得或救济失业起而斗争，所以斗争是正当的，有意义的"。梁启超称五一国际劳动日的意义就在于"代表无产阶级——即劳动阶级的利益，来和那些剥夺他们利益的阶级斗争"②。对于国内共产党领导的工农运动，梁启超当时虽持敌视态度，但主要是抱怨它破坏社会生产力。在梁启超看来，中国社会并不存在有产阶级和无产阶级的对立，只有有业阶级和无业阶级的区别；所谓工农运动，实则多是一些无业的流氓无产者，社会恶劣分子；他们的活动不但使中产阶级不能生存，而且也使真正的工人、农民失业，从而破坏生产力。此外，当时新闻界对工农运动所做的各种歪曲报道，如说某地因工农运动饿死多少人，某地农民运动拿地主家属进行裸体游行等，也加深了梁启超对共产党领导的工农运动的误解。③ 对工人、农民本身，梁启超并无特别的阶级偏见，在发表的文章中，他公开称工人、农民是世界上最高贵的人，讽刺那些不劳而获的封建军阀、官僚政客以及他们的太太、奶奶和小姐们，自以为高贵，实际上是世界上最下贱的人，是一群"全靠人养

---

① 梁启超：《饮冰室合集》文集之三十六，4 页。
② 梁启超：《无产阶级与无业阶级》，见《饮冰室合集》文集之四十二，1 页。
③ 参见丁文江、赵丰田编：《梁启超年谱长编》，1110、1126～1127 页。

活"的"骗子"和"强盗"。① 因此,对于工人、农民起来打倒封建军阀,梁启超始终持拥护态度。1927 年年初,他在写给儿子的信中谈到国内形势时表示:"打倒万恶的军阀,不能不算他们的功劳,我们想做而做不到,人家做了当然赞成。"②在另一封信中,梁启超也提到"现在军阀游魂尚在,我们殊不愿对党人宣战"③。由此可见,梁启超当时反对共产党领导的工农运动,主要是出于他对中国国情的认识和对中国共产党缺乏真切的了解,这与当时反共的封建军阀、买办资产阶级是有本质区别的。

综上所述,在中国要走哪一条道路的问题上,梁启超既反对社会主义,又不完全赞成走资本主义道路。他的态度如同他在文化上主张融合中西文化之长一样,在政治上他试图在综合资本主义和社会主义两者之长的基础上,找到一条适合中国生存和发展的道路。

原载《近代史研究》1997 年第 1 期

① 梁启超:《无业游民与有业平民》,见《饮冰室合集》文集之四十三,19~20 页。

② 丁文江、赵丰田编:《梁启超年谱长编》,1110 页。

③ 丁文江、赵丰田编:《梁启超年谱长编》,1107 页。

# 梁启超日本观的演变与反思

梁启超是中国近代历史上一位产生过广泛影响的百科全书式的人物，集政治家、启蒙思想家和学者于一身。同时，梁启超也是近代中日文化交流史上一位重要人物，他曾流亡日本 14 年，与日本有着密切的关系。对于梁启超旅日期间的活动及其学术思想与日本的关系，近年学术界已做了大量的研究，发表了几本有影响的著作和论文集①，本文则在前人研究的基础上对梁启超日本观的演变做一个比较系统的梳理和勾勒，从中反映梁启超与日本关系的另一面相。

## 一、戊戌时期，以日为师

作为中国近代著名启蒙思想家，梁启超接触到有关日本的知识，是在 1891 年师从康有为就读于广州长兴里万木草堂期间。据梁启超所说，他在万木草堂学习期间，康有为就向他讲解过日本著名维新思想家吉田松阴的《幽室文稿》。但梁启超真正开始关注和研究日本还是在 1894—1895 年中日甲午战争之后。

在中国近代历史上，甲午战争是一件具有划时代意义的事件。此

---

① 有关这方面的研究成果，可参见［日］狭间直树编《梁启超·明治日本·西方：日本京都大学人文学科研究所共同报告》（社会科学文献出版社 2001 年版）、郑匡民《梁启超启蒙思想的东学背景》（上海书店出版社 2003 年版）和石云艳《梁启超与日本》（天津人民出版社 2005 年版）；另可参见拙文《梁启超与日本——评郑匡民〈梁启超启蒙思想的东学背景〉》（《近代史研究》2004 年第 4 期）。

前，中国在与西方国家的交手中虽然已屡战屡败，但在亚洲国家中还抱有一些优越感，对 19 世纪 60 年代以来的"同光中兴"仍寄予很大希望。而甲午一役，中国被同属东方文明的邻国日本打败，彻底击碎了中国人残存的一丝优越心理和"同光中兴"的梦幻，将中国的虚弱暴露无遗。因此，甲午战争给当时中国人造成了前所未有的心理冲击，迫使中国朝野上下对中国的富强之道进行全面反思，诚如梁启超所说："吾国四千年大梦之唤醒，实自甲午战败割台湾偿二百兆以后始也。"①这样一场对当时中国人造成巨大心理震撼的战争，自然也促使包括梁启超在内的中国人对战胜国日本进行重新认识。

在战败之初，梁启超与当时中国国内许多爱国人士一样，对日本在和约谈判中向中国提出割地、赔款的要求义愤填膺，在北京动员应试举人联名上奏朝廷，反对清政府与日本签订《马关条约》，提出"拒和、迁都、变法"的主张。但在中日互换和约、尘埃落定之后，梁启超对日本并无恶感，在此后投身变法运动过程中并没有继续进行反日宣传。相反，对日本充满敬意，称赞日本为"今之雄国""豪杰之国"。②他甚至将日本与美国相提并论，称赞日本是东方的新兴国家，认为"西方全盛之国，莫美国若；东方新兴之国，莫日本若"③。

在称赞日本的同时，梁启超还强调日本与中国文化、语言相近，明确提出中国要以日本为师，他在《读日本书目志书后》一文中这样写道："日本之步武泰西至速也，故自维新至今三十年，而治艺已成。大地之中，变法而骤强者，惟俄与日也，俄远而治效不著，文字不同也。吾今取之至近之日本，察其变法之条理先后，则吾之治效，可三年而成，尤为捷疾也。"④而在《变法通议·论译书》一文中，梁启超说得更加具体，指出："日本与我为同文之国，自昔行用汉文，自和文肇兴，而平假名片假名等，始与汉文相杂厕，然汉文犹居十六七。日本自维

①　梁启超：《戊戌政变记》，见《饮冰室合集》专集之一，1 页。
②　梁启超：《记东侠》，见《饮冰室合集》文集之二，31 页。
③　梁启超：《变法通议·论女学》，见《饮冰室合集》文集之一，43 页。
④　梁启超：《读日本书目志书后》，见《饮冰室合集》文集之二，53 页。

新以后，锐意西学，所翻彼中之书，要者略备，其本国新著之书，亦多可观。今诚能习日文以译日书，用力甚鲜，而获益甚钜。计日文之易成，约有数端，音少一也。音皆中之所有，无棘刺扞格之音，二也。文法疏阔，三也。名物象事，多与中土相同，四也。汉文居十六七，五也。故黄君公度：谓可不学而能，苟能强记，半岁无不尽通者。以此视西文，抑又事半功倍也。"①

在经过中日甲午战争的奇耻大辱之后，梁启超对日本有如此心态，化干戈为玉帛，其原因是多方面的。

其一，与日本方面在中日甲午战争后有意改善与清政府的关系，与中国朝野联络，改变日本在中国的形象有直接关系。张之洞便是一个很好的例子。中日甲午战争时期，张之洞是一个主战派，主张联俄制日，但在日本方面与他联络之后，他便转向联日制俄。同样，在日本方面的"示好"之下，康有为、谭嗣同、唐才常等维新志士也在中日甲午战争之后捐弃前嫌，化"敌"为"友"，在外交上转向亲日，主张"联日""联英"以"御俄"。

其二，与梁启超当时文化主义和天下主义思想有直接关系。戊戌时期，梁启超尽管已有近代国家观念、主权意识，但他当时依然是一个传统文化主义者。传统文化主义的一个显著特点不是从近代国家观念看待国际关系，而是从政俗和行事方式等文化方面寻找认同，并以文化认同取代国家认同。根据传统文化主义的观点，儒家的政治理想是治天下，天下为公，区分中国与夷狄的标准不是民族和地域，而是政俗和行事方式，也就是文化。凡是文化符合儒家标准的即为中国，即使是夷狄，也是君子，应向他们好好学习；凡是文化不合儒家标准者，虽中国而仍然为夷狄。中国与夷狄，本无定名。梁启超当时所撰《春秋中国夷狄辨序》就持这一观点。

其三，与当时中国和日本思想界出现的"大亚洲主义"思想有密切关系。"大亚洲主义"思想认为，中日两国，乃至亚洲其他弱小国家，同为黄色人种，应该联合起来，共同抵制西方白种人的侵略。19世纪末

---

① 梁启超：《饮冰室合集》文集之一，76页。

20 世纪初不少中国人都有这种思想，梁启超也多次表达过这种思想。

其四，与梁启超秉持当时思想界反求诸己的思维方式及社会达尔文主义思想有关。从反求诸己的思维方式和"物竞天择、适者生存"的社会达尔文主义思想出发，中国在甲午战争中战败，以及此前遭受欧美国家的欺侮，责任在于自己，不在别国。因此，对于中国的落后挨打，他们并不迁怒日本及欧美等国家，而是号召中国奋发图强，推行改革，鼓民力，开民智，新民德，提出要改造中国的国民性，以与各国展开生存竞争。①

## 二、流亡时期，以日为第二故乡

1898 年 9 月 21 日，以慈禧太后为首的保守派发动宫廷政变，将支持变法维新的光绪皇帝囚禁瀛台，大肆通缉和拘捕变法维新人士。梁启超作为变法维新的重要领导人，在政变爆发当日即逃入位于东交民巷的日本使馆，寻求避难。9 月 26 日，在日本公使馆的安排下，梁启超化装潜往天津，登上停泊在塘沽的日本军舰"大岛"号。10 月 11 日启程前往日本，20 日抵达东京。

在获得日本政府的营救和庇护之后，梁启超进一步产生亲日和依赖日本的心理，将日本看成是中国的唇齿相依之国，希望日本帮助中国改革，实现中国的独立与富强。在逃往日本途中，他就曾写了一首《去国行》的长诗，很不恰当地把他此次东渡日本与中国战国时期楚国贵族申包胥说动秦国发兵救楚的故事相提并论，称日本政府决不会像春秋时宋国那样，不明事理，对中国的事情袖手旁观，见死不救，祸及自身；指出日本是"种族文教咸我同"的"君子国"，在抵制沙俄势力东侵上，中日两国患难相通，有着共同的利害关系。② 10 月 26、27 两日，在与日本外务大臣大隈重信的代表志贺重昂的笔谈中，梁启超正

---

① 有关戊戌时期思想界这方面的思想，可参见拙文《中国近代改造国民性思想的先声——论戊戌维新派对传统民族文化心理的反思》(《史学月刊》1994 年第 4 期)。

② 参见梁启超：《饮冰室合集》文集之四十五下，2 页。

式建议日本政府出兵营救光绪皇帝复政，推行改革，使中国走上富强之道，说道："敝邦此次政变，非徒敝邦之忧，实牵动地球全局，而贵邦唇齿相依，所关尤为重大。盖东方之安危，全系乎敝邦之能自主与否，敝邦立则日本之边防、商务、工艺皆受其利，敝邦危则皆受其害，此情事之最易见者，无待仆言也。……故仆等之意，深望贵邦助我皇上复权也。"①

在公开发表的文章中，梁启超也大谈中日"同文同种"，极力宣传中日提携，提倡"大亚洲主义"，宣称中国是"亚洲之中坚也，亚洲之境壤，当亚洲自治之，非他种人之所得攘也"。呼吁日本实行"保亚洲独立主义"，劝导清政府，"使其实行改革，以振起国势，杜欧势之东渐"。② 1899年创办《清议报》，梁启超就把"交通支那日本两国之声气，联其情谊"和"发明东亚学术以保存亚粹"作为该报的两个宗旨。③

为实现中日提携，梁启超极力提倡中国人学习日语，为将来中日合邦之局奠定基础，指出："日本与我唇齿兄弟之国，必互泯畛域，协同提携，然后可以保黄种之独立，杜欧势之东渐，他日支那日本两国殆将成合邦之局，而言语之互通，实为联合第一义。"④在经济上，他还建议在日本的中国商会"与日本通人志士联络，以保东方之大局"，指出"日本人知东方之危，故与中国提携之心甚盛，朝野上下多持此论，而于商务尤拳拳留意焉"。⑤ 同时，他也呼吁日本有识之士"念同种之义，一视同仁"，给予中国商人与西方国家同等待遇，实行"与支那商人为切实亲密联络"主义，"如此则无损贵邦之商界，无害两国之感情，无损大国国民之器量，无坏黄种全部之资格"。⑥

---

① 丁文江、赵丰田编：《梁启超年谱长编》，159页。

② 梁启超：《论支那独立之实力与日本东方政策》，见《饮冰室合集》文集之四，67~70页。

③ 梁启超：《〈清议报〉叙例》，见《饮冰室合集》文集之三，31页。

④ 梁启超：《论学日本文之益》，见《饮冰室合集》文集之四，82页。

⑤ 梁启超：《论商业会议所之益》，见《饮冰室合集》文集之四，10页。

⑥ 梁启超：《论内地杂居与商务关系》，见《饮冰室合集》文集之四，14~18页。

在接下来旅居日本的 12 年里，梁启超希望日本帮助光绪皇帝复政和中日提携的愿望虽然完全落空，但对他所称的"东方古称君子国，种族文教咸我同"和亚洲"创行立宪政体之第一先进国"的日本始终充满认同感，直将日本看作第二故乡。他在到日本 440 天后所写的一篇文章中这样说道："吾居于日本，真有第二故乡之感。盖故乡云者，不必其生长之地为然耳。生长之地，所以为故乡者何？以其于己身有密切之关系，有许多之习惯印于脑中，欲忘而不能忘者也。然则凡地之于己身有密切之关系，有许多之习惯印于脑中，欲忘而不能忘者，皆可作故乡观也。"他表示自己来日本之后，"每日阅日本报纸，于日本政界学界之事，相习相忘，几于如己国然。盖吾之于日本，真所谓有密切之关系，有许多习惯印于脑中，欲忘而不能忘者在也"。① 梁启超还给自己取了一个"吉田晋"的日本名字，给在日本读书的长女也取名"吉田静子"，表达他对日本明治维新思想家吉田松阴的敬仰之情。对于梁启超将日本当作他的第二故乡，当时中国国内一些报纸指责他数典忘祖，背叛祖国，"不知曾念及先人庐墓否"②。

从亲日立场和"大亚洲主义"思想出发，梁启超这一时期在看待东亚国际政治问题时对日本也多加偏袒。例如，对于 20 世纪初日本侵略朝鲜，梁启超虽然曾写过一系列文章，具体叙述日本吞并朝鲜的过程，以观"日本谋人家国之术"，但对日本的行为并未加谴责，相反，对日本多有崇敬之情，认为朝鲜的灭亡是咎由自取。如在《日本吞并朝鲜记》一文中，梁启超对日本最终从中国和俄国两个大国手中吞并朝鲜多表钦佩之情，指出日本成功的秘籍在于：(1)朝鲜政策数十年一以贯之；(2)具有忍辱负重，百折不回的精神；(3)见机至敏；(4)敢于冒险；(5)对朝鲜的渗透如水银泻地，无孔不入，一切为其所用；(6)注意培植和利用民众舆论势力；(7)注意政治势力和经济势力并进；(8)国内人民上下一致，齐心协力。最后评论说："夫国必自伐然后人

---

① 梁启超：《夏威夷游记》，见《饮冰室合集》专集之二十二，186 页。
② 丁文江、赵丰田编：《梁启超年谱长编》，170 页。

伐。朝鲜苟非自亡，则无人能亡之者。理固然也。"① 当时，国内报纸批评他在朝鲜问题上"专责韩人，而不及日人"。但梁启超依然从弱肉强食理论为日本吞并朝鲜辩护，坚持日本无可指责，责在朝鲜自身，声称："生存竞争之世，则安有人道者？虎狼食人，而人将与之评理乎？人食鸡鸭，而鸡鸭亦将与人评理乎？强食弱而弱见食于强，即今世界上所谓最高之德义也。谓日本可责，日本则有何可责者？人之爱国，谁不如我？"②

同样，对日本在中国东三省的渗透和侵略，梁启超也不加谴责，反而采取默认态度，对清政府方面为抵制日、俄两国的侵略而采取的外交活动都予以否定。如清政府为反制日、俄的侵略而有意与美国、德国结盟，梁启超就撰文斥责"中美同盟论中德同盟论，皆亡国之言也"，认为中国作为弱国，在列强的竞争中，以不加入任何一方为上策，国家"非恃同盟以图存"，中国与美、德结盟并不能达到目的，反而于中国有害，"同盟之结果，除敬赠同盟国以种种特权，且附赠同盟以外诸国以种种特权外，更何所得也存在？"指出"彼日俄两国牺牲数百兆金钱，数十万民命所得之权利，我且历历以条约承认之者，而谓以第三国之抗议，能使其放弃乎？"③ 他还批评清政府与美国签订锦瑷铁路借款合同及接受美国提出的诺克斯东北铁路"中立化"计划是"徒为此独坐穷山引虎自卫之计"，比日俄控制为害更大，将造成各国"共同一致以制我死命也"。④ 梁启超甚至建议中国放弃维护东三省主权，指出："满洲已成难收之覆水，已碎之坠瓯，欲策满洲外交，宜在十年以前，今则晚矣。今日如有良外交家，惟当殚诚竭虑，沈几善变，求使

---

① 梁启超：《饮冰室合集》专集之二十一，20～21 页。

② 梁启超：《与上海某某等报馆主笔书》，见《饮冰室合集》文集之二十七，53～54 页。

③ 梁启超：《中国外交方针私议》，见《饮冰室合集》文集之二十三上，80～100 页。

④ 梁启超：《满洲铁路中立问题》，见《饮冰室合集》文集之二十五上，85～88 页。

无复有第二满洲出现，则我国民受赐多矣。"①

尽管梁启超本人在发表这些言论时一再声称他的这些主张并非因为自己受日本保护而讨好日本，出卖中国利益，谓："读者慎勿疑吾之为日俄国左袒也，城下之盟，会稽之耻，苟有血气，曷云能忘。吾独非赤县之氓耶？"②但鉴于他的这些观点十分迎合当时日本方面的愿望，以及梁启超归国后对日本侵略政策所持的激烈批评态度，他在日本期间发表的这些祖日言论，不能不说与他当时受到日本政府的庇护有关。

对于流亡海外时期他对日本的感受，梁启超晚年与学生谈到这段历史时，仍感情奔放，不能自己，他说："戊戌亡命日本时，亲见一新邦之兴起，如呼吸凌晨之晓风，脑清身爽。亲见彼邦朝野卿士大夫以至百工，人人乐观活跃，勤奋励进之朝气，居然使千古无闻之小国，献身于新世纪文明之舞台。回视祖国满清政府之老大腐朽，疲癃残疾，肮脏蹒跚，相形之下，愈觉日人之可爱、可敬。"③

## 三、民国初年，走上反日、憎日道路

1912 年 10 月，梁启超结束他的海外流亡生涯，回到中国，他对日本第二故乡的感情很快烟消云散，并走向反日、憎日道路。

1914 年 9 月，日本利用第一次世界大战爆发、宣布对德宣战，出兵占领山东青岛和胶济铁路。对此，梁启超在 10 月 2 日参政院第十五次会议上就提出"紧急动议"，要求袁世凯就山东问题答复。1915 年年初，在日本向袁世凯政府提出"二十一条"后，梁启超公开宣传反日。他在杂志上接连发表《中日最近交涉平议》《中日时局与鄙人之言论》《解决悬案耶？新要求耶？》等文，揭露日本政府所谓的"维护东亚全局之和平"，出兵中国，无非是乘欧美无暇东顾之时，独占中国，"谋蹙我于

---

① 梁启超：《锦爱铁路问题》，见《饮冰室合集》文集之二十五上，84~85 页。
② 梁启超：《锦爱铁路问题》，见《饮冰室合集》文集之二十五上，84 页。
③ 吴其昌：《梁任公先生别录拾遗》，见夏晓虹编：《追忆梁启超》，142~143 页，北京，中国广播电视出版社，1997。

死地"①，警告袁世凯政府不要承诺日本的要求，指出："今日若以此
许日本，将来他国提出同等之要求，何辞以拒。试问我中国有几个南
满，有几个山东，有几个福建，有几个警察权，有几个顾问席，指顾
之间，全躯糜碎耳。夫此岂惟亡我祖国，亦且祸延世界。愿我外交当
局慎思之，勿为祖国罪人，且为全世界罪人也。"②这与他几年前默认
日本对东三省的侵略，判若两人。

梁启超回国后的反日言论很快就引来日本方面的不满，日本许多
报纸指责他"忘恩负义"，说他为德国人金钱收买而作"祖德"之论。但
梁启超却理直气壮地宣称，自己决不会因受日本政府十多年的庇护而
背叛祖国，放弃对于国家之责任，指出当初日本保护他，因为他是一
名爱国政治犯，根据国际法惯例加以保护；现在，他因爱国而反日，
也是日本无可指责的。他反问说："若谓吾曾受日本保护十余年，即当
放弃其对于国家之责任耶？试问日本保护鄙人之初心，岂非以鄙人为
一爱国者，循国际法上保护国事犯之大义耶？使鄙人而非爱国者，则
日本昔时保护之不当也。使鄙人为爱国者，则日本今日之责备不当
也。"③对于日本报纸的造谣、中伤，梁启超则反击日本的这些做法乃
"妾妇之道"，不值一辩，泰然表示"小鬼含沙之射，吾固不能禁其不
射，彼亦终不能禁吾不言也"。④ 他流亡日本时期的那种亲日感情已荡
然无存。

在接下来发动的讨袁护国战争中，梁启超虽然又寻求日本的帮助，
1916 年 1 月写信给犬养毅，请求日本方面予以支持。同时，在上海还
与日本驻沪武官青木中将数度晤谈接触。此外，他本人得以安全潜离
天津、南下上海，以及从上海潜往广西南宁，在南方发动护国战争，
也都得益于日本方面一路暗中严密保护。但是，日本方面的帮助，不

① 梁启超：《中日最近交涉平议》，见《饮冰室合集》文集之三十二，90 页。
② 梁启超：《中国地位之动摇与外交当局之责任》，见《饮冰室合集》文集之三十二，108 页。
③ 梁启超：《中日时局与鄙人之言论》，见《饮冰室合集》文集之三十二，95 页。
④ 丁文江、赵丰田编：《梁启超年谱长编》，710 页。

但没有增进他对日本的感情，相反，日本势力深入中国各地的情况，更让梁启超感到日本的可怕，令他"毛骨俱悚，不寒而战。遂转觉每个日人，皆阴森可怖！吾乃知拟日人以猛虎贪狼，犹未尽也，乃神秘之魔鬼也"，得出"他日欲亡我国，灭我种者，恐不为白色鬼，或竟为倭人也"。① 因此，护国战争之后，梁启超继续持反日立场。

1918 年第一次世界大战结束后，梁启超便以中国出席巴黎和会代表团会外顾问的资格前往巴黎，反对日本继承德国在山东的权益，撰文批评日本的无理，指出："胶州湾德国夺自中国，当然须直接交还中国，日本不能借口牺牲，有所要求。试问英、美助法夺回土地，曾要求报偿耶？"②在应邀参加万国报界俱乐部举行的一次宴会上，梁启超还当着 5 名日本记者的面宣告，"若有别一国要承袭德人在山东侵略主义的遗产，就为世界第二次大战之媒，这个便是平和公敌"③。

1925 年五卅惨案发生后，梁启超又发表文章，谴责"日本工厂殴毙华工，实为此次事变原因之一"，要求将租界内的日本工厂置于中国的法律管理之下，指出"各国工厂既不受各该本国法律之拘束，又不受中国法律之拘束，以致厂主虐待工人，屡惹事变"④。1927 年夏，济南惨案发生前夕，有不少日本官员和新闻记者到他家拜访，争取他的言论支持，但梁启超多不愿接待。每次通报有日本客人来访，他都冠带相迎，以示冷淡，并与家人说"讨厌讨厌，又来保卫我了；可怕可怕"⑤。

随着走上反日道路，梁启超这一时期也放弃了戊戌以来以日为师的主张，重新看待日本明治维新之后的强国道路，并对它做了否定评价。他在《辛亥革命之意义与十年双十节之乐观》一文的最后对比中日两国的道路时这样说道："你看近五十年来的日本，不是跑得飞快吗？可惜走歪了路，恐怕跑得越发远，越发回不过头来。我们现在所走的，

---

①　吴其昌：《梁任公先生别录拾遗》，见夏晓红编：《追忆梁启超》，143 页。

②　《梁任公在巴黎时报之言论》，载《晨报》，1919-03-30。

③　梁启超：《欧游心影录节录》，见《饮冰室合集》专集之二十三，83～84 页。

④　梁启超：《我们该怎么样应付上海惨杀事件》，见《饮冰室合集》文集之四十二，21 页。

⑤　吴其昌：《梁任公先生别录拾遗》，见夏晓红编：《追忆梁启超》，144 页。

却是往后新世界平平坦坦的一条大路。"①

对于他本人回国后对日本感情的变化，梁启超晚年说过这样一段话："余在护国之役略前，脑海中绝无反日之种子，不但不反日而已，但觉日人之可爱可钦。护国一役以后，始惊讶发现日人之可畏可怖而可恨：'憎日''恶日'与'戒备日'之念，由微末种子培长滋大而布满全脑。"②

综上所述，梁启超日本观的演变大致经历了由中日甲午战争之后以日为师，称赞日本为可爱可钦之国，以及辛亥时期认日本为第二故乡，到民初反日、憎日、惧日的转变过程。并且，值得指出的是，与梁启超同时代的其他一些中国仁人志士，如孙中山、章太炎等，也都曾有过相近的认知经历。它深刻揭示了伴随日本对中国侵略的加深，19世纪的"大亚洲主义"愿景至20世纪一二十年代之交趋于破灭的现实。梁启超日本观的演变并不是一个孤立的现象，而是时代的一个缩影，是很值得令人深思的。

原载《江海学刊》2011年第5期

---

① 梁启超：《饮冰室合集》文集之三十七，10页。
② 吴其昌：《梁任公先生别录拾遗》，见夏晓红编：《追忆梁启超》，142页。

# 评三部梁启超思想研究专著

在近代中国历史上，梁启超是一位产生过广泛影响的人物，也是海内外学术界研究较多的人物之一。比较而言，海外学者比国内学者更加重视梁启超的思想层面。就笔者所读到的海外研究梁启超思想的专著有：李文森(Joseph R. Levenson)的《梁启超与中国近代思想》(*Liang Ch'i-Ch'ao and the Mind of Modern China*)、张灏(Hao Chang)的《梁启超与中国思想的过渡（1890—1907）》(*Liang Ch'i-Ch'ao and Intellectual Transition in China*，1890-1907)、黄宗智（Philip C. Huang)的《梁启超与中国近代自由主义》(*Liang Ch'i-Ch'ao and Modern Chinese Liberalism*)、张朋园的《梁启超与清季革命》《梁启超与民国政治》以及黄克武的《一个被放弃的选择：梁启超调适思想之研究》。本文拟就李文森、张灏、黄克武三人的著作做一个述评。

## 一、《梁启超与中国近代思想》平议

海外研究梁启超思想最早的一本著作，无疑当推李文森的《梁启超与中国近代思想》。李文森系 20 世纪五六十年代美国著名汉学家，是美国战后数十年研究中国历史最有影响的史家之一。他的《梁启超与中国近代思想》一书于 1953 年由哈佛大学出版社出版，1959 年再版。①

---

① 该书的中译本已由四川人民出版社于 1986 年出版。但遗憾的是，这是一本很糟糕的译本，特别是本书最关键部分的内容，如导言，二、四、六章的译文存在不少错译，或文句不通、辞不达意，令人难以卒读。

该书除导言外，共分三编六章，将梁启超一生的活动和思想分为三个历史时期，一、三、五三章叙述梁启超在各个时期的经历及活动；二、四、六三章则专门分析梁在每一时期的思想。

在一、三、五三章里，李文森运用编年史方法，以客观叙述的方式历数梁启超在历史上的贡献。笔者以为，李文森在这一方面所做的工作是出色和成功的。虽然在叙述过程中存在某些史实错误，如将《清议报》1901 年年底遭火停刊说成是 1900 年冬①，将 1909 年上海立宪派创办的《小说时报》改名为《新小说报》，误认为是梁启超创办的，并将梁启超 1902 年在《新小说》杂志上发表的《新中国未来记》说成是在该刊物上发表的一部小说。② 此外，在史料的证引上，也有不够精审之处。③ 然而，在当时尚无一本现成的梁启超传记问世，尤其是丁文江的《梁任公先生年谱长编》尚未印行的情况下，李文森利用他当时所能看到的中、英、日文资料，用不多的篇幅，比较系统地勾勒出梁启超在各个时期的重要活动及贡献，简明扼要，可以说是海外学者为梁启超所作的最早一本英文传记。

不过，该书的重点并不在此，而是在二、四、六三章。在这三章里，李文森着重探讨了在中西文化碰撞过程中梁启超的中西文化观及其所经历的心路历程。认为自 19 世纪 90 年代梁启超登上历史舞台，他始终遇到这样一个问题，即"一个中国人面对他的文化解体的事实，如何才能心安理得？或者说中国在积极西化过程中，如何才能保有与西方对等之感"④？为解决这一问题，梁启超陷入了历史与价值、感情

---

① Joseph R. Levenson，*Liang Ch'i-Ch'ao and the Mind of Modern China*，Cambridge，Harvard University Press，1959，p. 62.

② Joseph R. Levenson，*Liang Chi-Ch'ao and the Mind of Modern China*，p. 79.

③ 有关这方面的评论，可参见王德昭：《评黎文生著〈梁启超与近代中国思想〉》，见李国祁等：《近代中国思想人物论——民族主义》，181～189 页，台北，时报文化出版事业有限公司，1980。

④ Joseph R. Levenson，*Liang Ch'i-Ch'ao and the Mind of Modern China*，p. 5.

与理智的巨大冲突之中：他一方面看到西方文化的价值，理智上疏远了本国的文化传统，认同西方；但另一方面，由于受历史的制约，感情上仍依恋传统文化。对梁启超在中西文化碰撞过程中所经历的这一心路历程，李文森分三个时期进行具体考察。

第一时期为19世纪90年代，即戊戌维新时期。在此时期，梁启超为避免西方文化的袭击，他对中西文化持综合主义的态度，既信仰西学，也信仰儒学，认为中国文化不应就此枯萎，简单地被西方文化所取代，主张在中西文化的比较中，选择一切有价值的成分构成一种新文化。在文化融合过程中，梁启超缓和"历史"与"价值"冲突的办法突出表现在公羊"三世"理论中，一方面利用"文化发展形式的类比"（analogy of patterns of culture growth），将引进的西方价值观说成是儒家所期望的中国未来新文化的重要组成部分，中西的政治、社会理想实际上是相同的，指出中国历史虽循着儒家经典所示的本民族所独有的道路发展，但它所要达到的目标则与西方是一致的。另一方面，梁启超又利用"文化价值的类比"（analogy of culture value）为中国文化辩护，将引进的西方事物说成中国古而有之，将西方价值偷运进中国历史。

第二时期为1899年至1912年，即梁启超自戊戌政变至辛亥革命爆发流亡海外那段岁月。① 在这一时期，由于西学知识的增加，梁启超以一种新的国家主义而非文化主义的观点看待中西差异，将国家而非文化作为忠诚的对象，为了国家的强盛，他放弃了前一时期的文化综合主义，不再给他的西化主张"裹以儒家的糖衣"，终于彻底抛弃传统，认识到"中国的灾难并非来自对中国文化精华的背叛，也非来自儒家经典权威的抵制，而正是由于坚持这种权威"。② 然而，在此过程中，梁启超为调和历史与价值的冲突，继续努力维护中国与西方的对

---

① 李文森认为这一阶段是梁启超思想的一段黄金时代，因此他对这一时期梁启超思想的探讨就占了全书的一半篇幅。

② Joseph R. Levenson，*Liang Ch'i-Ch'ao and the Mind of Modern China*，p. 92.

等，他宣称新儒学与中国新思想之间的联系与欧洲文艺复兴时期古希腊文化的复兴与现代欧洲思想之间的联系在形式上是一致的，以此证明中国历史与西方历史走的是相同的道路。他将西方的耶稣与中国的孔子做比较，以使后者处于有利地位。他通过以政体为标准的国家与国家之间的比较代替中西文化的比较，消除自己对文化忠诚的责任。①并且，梁启超还强调个人在历史上的作用，将西方文明说成是伟人努力的结果，以此削弱西方及其文化的声望。此外，梁启超还在抽象的潜能方面坚持中西平等，声称任何一件西方能做的事，我们也能做，有时会做得更早、更好。②

　　基于以上分析，李文森认为这一时期梁启超虽然从文化主义转变为国家主义，但他并没有真正消解他对文化忠诚的需求；他拒绝将中国文化作为忠诚的对象，反而表明中国文化是他最担心和关怀的。梁启超的国家主义思想存在着内在的逻辑矛盾，他既为历史感到自豪又要抛弃历史，既要赞美西方又要嫉恨西方。李文森指出，正是梁启超思想中存在这一内在逻辑矛盾，注定他一旦认为西方文明不可靠的时候，便会转到一个新的立场上，即将文化的对等和国家的对等看作是中国对西方的基本要求，而第一次世界大战终于给了他这样的机会；梁启超在第一次世界大战后极力反对以西方文明取代中国文化，最后流露出维护中西文化平等始终是他的一种内心需求。③

　　第三时期自1912年至1929年梁启超逝世。这一时期实际上又分为1919年之前和之后两个阶段。在1919年之前的7年里，梁启超关心的是国家问题，在文化问题上大体沿袭前期的思想，仍汲汲于引进国家主义取代往日的文化主义，他心中旧有的萦绕不去的困惑仍在于"历史"与"价值"应该珍惜哪一个：身为国家主义者，他急于使自己的

　　① Joseph R. Levenson, *Liang Ch'i-Ch'ao and the Mind of Modern China*, pp. 105-108.

　　② Joseph R. Levenson, *Liang Ch'i-Ch'ao and the Mind of Modern China*, pp. 124-126.

　　③ Joseph R. Levenson, *Liang Ch'i-Ch'ao and the Mind of Modern China*, pp. 3, 149-150.

国家变得强大，勇于指出自己国家的错误，赞成采用国外曾被证明的正确方法来补救；但同样身为国家主义者，他又必须信仰并保存中国的民族精神。当他强调保存国家的民族精神时，"历史"的观念超过了"价值"的观念，当他重视国家民族的生存和发展时，"价值"的观念又超过"历史"的观念。为缓和他在西化主张中"历史"与"价值"的冲突，梁启超将中西文化的差别说成是"新"与"旧"的差别，指出西方所拥有的东西，并不是西方文化中所固有的，而是进化和适应的结果，西方只有近代化，并无所谓西方化，以此说明中国取法西方也不过是为了实现自己的近代化，不必对西方存受惠之心，从而把中国从文化的自卑心理中解救出来。[1]

在 1919 年梁启超欧洲游学归来至 1929 年他逝世的最后十年里，由于对第一次世界大战后欧洲的反思，梁启超重新评价西方，不再信仰进化论，不再恋慕西方，认为西方文明破产，在价值上回归中国传统，将中西文化纳入"精神"与"物质"的二分法中，以此达到"历史"与"价值"的调和。同时李文森又指出，在梁启超的"精神"与"物质"的二分法中，他并不完全排斥物质、排斥西方的科学，完全漠视西方，这是一种与早期不同的新的文化综合主义。在早期，梁启超对西方文明充满景仰之情，认为西方的贡献层次极高，中国必须接受。而在梁启超的晚年，他认为，西方带给中国的，与中国继承的传统相比较，只是较低层次的；中国需要欧洲，不只为使自己的文化更完整，更主要的是使自己在与其他文化的比较中更显伟大；中国接受西方，是屈尊纡贵，是对自己文化充满信心的一个显示。[2]

如果撇开历史的真实性，李文森的上述分析的确新颖鲜明，合乎逻辑，富有吸引力。但遗憾的是，李文森书中表现出来的明显的"西方中心论"倾向，严重地妨碍了他对梁启超思想的研究。

---

[1]　Joseph R. Levenson，*Liang Ch'i-Ch'ao and the Mind of Modern China*，pp. 194-198.

[2]　Joseph R. Levenson，*Liang Ch'i-Ch'ao and the Mind of Modern China*，pp. 204-208.

在探讨梁启超的中西文化观过程中,李文森运用"历史"与"价值"、"感情"与"理智"两组对应的概念,实际上预设了这样一个在本书中未曾言明的前提,即中国的传统文化(在李文森主要是指儒家文化)代表"历史",它与近代文明(西方文明)是格格不入的,完全缺乏自我更新的活力,因此,凡是拒绝接受西方价值观,维护中国传统文化的,都是不合"理智"的"感情"行为。而近代西方文明则代表"价值"一端,是非西方国家的楷模,只有西方文明的冲击,才能把古老的中国从沉睡中惊醒,推动中国社会的进步,因此,凡是拥护接受西方文明和价值观的,都属"理智"行为。李文森的这一观点将中国传统与西方文明完全看作是对立的两极,不但忽视了中国传统文化的多样性、复杂性和内在的活力,同时也忽视了西方文化的变异性和差异性,这是一种典型的"传统—近代"二分法的思维模式。[1] 由于受这一思维模式的束缚,李文森虽然颇有见地地指出梁启超的文化思想具有综合主义的特点,但始终只将它看作是梁启超逃避"历史"与"价值"冲突的一种努力,根本无意深究梁启超文化综合主义的内涵,具体考察梁启超所要塑造的新文化多大程度来自西方,多大程度来自传统,多大程度出自梁启超的创造,以及它在中国近代思想史的地位和意义,反而置梁启超一贯坚持的文化综合主义的事实于不顾,虚构梁启超经历了一个由离异传统到回归传统的过程。

再者,为了把梁启超的思想纳入自己预设的框架里,李文森的论证常常牵强附会。例如,就戊戌维新时期的梁启超来说,他在中西文化对比中运用"文化发展形式的类比"和"文化价值的类比",并非如李文森所说,全然是为了弥缝历史与价值、感情与理智的冲突,更主要的是为了便于引进西学,以此消除人们对西学知识的顾虑和排拒。关于此点,梁启超在当时就说得很清楚。1897年他在回复严复的一封信中说道:"启超生平,最恶人引中国古事以证西政,谓彼之所长,皆我

---

[1] 有关这一思维模式在中国近代史研究中存在的问题,参见[美]柯文:《在中国发现历史——中国中心观在美国的兴起》,林同奇译,北京,中华书局,1989。

所有，此实吾国虚骄之结习。初不欲蹈之，然在报中为中等人说法，又往往自不免。"①至于李文森将戊戌变法失败后梁启超对中国与欧洲国家政体演变的探讨和比较，梁启超对欧洲中世纪黑暗历史的揭露，以及他对霍布士、边沁、孟德斯鸠、卢梭等西方历史人物及其学说在促进西方近代化过程中所起的积极作用的论述，他对中国古代一些历史人物和思想的宣传，说成是梁启超在中国近代西化过程中为维护中西对等所做的一种努力，这更是捕风捉影。检读李文森在这个问题上所证引的资料，诸如《新民说》《中国之武士道》《法理学大家孟德斯鸠之学说》《新英国巨人克林威尔传》《各国宪法异同论》《论中国学术思想变迁之大势》《论学术之势力左右世界》《近世文明初祖二大家之学说》《子墨子学说》等，人们很难感受到梁启超的文章中有李文森所说的那层意思。同样，梁启超晚年主张以中国文化补西方文化之短，不但不表明他回归中国传统，并且也非李文森所说，是梁启超对"历史"与"价值"冲突的一种调和，它完全是战后世界文化思潮在梁启超思想中的一个反映。梁启超对战后欧洲社会主义革命的同情，同样也非如李文森所说，以此恢复中国文化的声望，证明西方文明处于崩溃之中②，而仅仅是对欧洲社会的一种客观的观察，为中国社会未来政治寻找方向，而无意于以此贬低西方文化。在此，李文森所犯的一个失误是将梁启超的政治观与文化观混为一谈。

与此相关的是，由于李文森将梁启超看作一位完全被动维护遭受伤害的文化自信心的思想家，他便草率地将梁启超文章中存在的矛盾，如有时认为民主思想在古代不存在，有时又认为民主思想古而有之；有时说战争是文明之母，有时又说战争为文明之贼；有时强调个人在历史上的作用，倾向英雄造时势，有时又倾向时势造英雄；有时信仰唯意志论，有时又信仰宿命论；等等，都说成是梁启超在协调"历史"与"价值"冲突中所表现出来的矛盾，从而将梁启超看成是一个不合逻

① 梁启超：《饮冰室合集》文集之一，108页。

② Joseph R. Levenson，*Liang Ch'i-Ch'ao and the Mind of Modern China*，p. 213.

辑、矛盾百出的思想家。其实，李文森所云梁启超文章中的一些矛盾，并不一定反映了梁启超真实的思想，更与调和"历史"与"价值"的冲突无关。作为宣传家的梁启超来说，他在不同时期，或在同一时期，为达到宣传的目的，同时也由于他学问欲极炽，生性爱博无恒，所发言论存在自相矛盾，乃是极自然之事，诚若他本人所说，他的文章，立志"自求为陈胜吴广，无自求为汉高"，立意在"为椎论，为土阶，为天下驱除难，以俟继起者之发挥光大之"。因此，"启超于学，本未尝有所颛心肆力，但凭耳食，稍有积累，性喜议论，信口辄谈，每或操觚，已多窒阂。……非不自知其不可，而潦草塞责，亦几不免，又常自恕，以为此不过报章信口之谈，并非著述，虽复有失，靡关本原"①，"及其自发现而自谋矫正，则已前后矛盾矣"②。总之，作为宣传家的梁启超，他的大量文章并不是一位思想家的深思熟虑之作，这是我们在研究梁启超思想时必须加以注意的。

然而，尽管李文森书中存在这样的弱点，但李文森作为研究中国近代化和文化问题的优秀史家以及一位富有创见的思想家，对梁启超思想所做的分析和描述仍不乏独到之处。例如李文森指出梁启超在文化综合过程中曾运用了"文化发展形式的类比"和"文化价值的类比"，便是对梁启超思想和行为的一个精确概括。而他对文化主义和国家主义思想与梁启超中西文化观之间关系所做的分析，更是提出了许多真知灼见，不但有助于我们认识梁启超文化思想的变化，而且对我们研究与近代中西文化相关的问题，诸如中国近代的文化保守主义和文化激进主义，也不无启迪。并且，更为重要的是，《梁启超与中国近代思想》一书作为海外一部最早研究梁启超思想的专著，他所提出的问题不但是研究梁启超思想不能回避的，而且也是中国近代思想史上一个带有全局性的问题。面对古今中外的思想和文化，梁启超是如何选择的，他遇到了什么样的困惑，他又是怎样解决这些困惑的，梁启超是否如李文森所说毕生欲将中西拉平以图调和历史与价值的冲突，这些问题

① 梁启超：《与严幼陵先生书》，见《饮冰室合集》文集之一，107 页。
② 梁启超：《清代学术概论》，见《饮冰室合集》专集之三十四，65 页。

不但是梁启超所经历的，而且也是他同时代的人所共同面对的。也正是由于此，不管人们对李文森书中的观点是赞成还是反对，《梁启超与中国近代思想》迄今依然是人们研究梁启超思想和中国近代思想的一本必读书，人们依然不能完全绕过 40 多年前李文森所探讨的问题。

## 二、《梁启超与中国思想的过渡(1890—1907)》平议

张灏的《梁启超与中国思想的过渡（1890—1907）》（以下简称《过渡》）一书，系由博士论文改写而成。全书除前言外，共分十章，于1971 年由哈佛大学出版社出版。[①]

《过渡》一书对梁启超思想的研究，从内容来看，基本上沿着李文森在《梁启超与中国近代思想》一书中提出的问题，着重探讨 1890—1907 年梁启超的中西文化思想，但在研究方法与观点上却与李文森迥然有别。

在方法论上，《过渡》一书摈弃"冲击—回应"和"传统—近代"研究模式，主张应重视中国内部的发展，建议学者们在研究 19 世纪的中国思想时，最好采用马克斯·韦伯（Max Weber）的"设想参与"（imaginative participation）的方法，把自己放在当时儒家文人学士的地位。换言之，张灏主张采用"中国中心观"（China-Centered approach）的研究方法。他批评"冲击—回应"模式过分强调外部的影响，忽视了中国传统的复杂性和内在活力，指出在自 1840 年中西接触以来的半个多世纪里，西方对中国思想的冲击是有限的，主要局限在通商口岸中少数一些没有传统功名的士人，而像陈澧、朱次琦、朱一新和王闿运这样一些重要的思想人物，很少显示出有西方影响的痕迹。西学在中国没有像在日本那样，立刻引起知识分子的强烈反应。西学与中学产生革命性的接触，是在戊戌维新运动开始之后的事情。就晚清的中国知识分子来说，他们主要还是根据儒家传统沿袭下来的关怀和问题，来对西方

---

① 该书的中译本由笔者和另一位同志合译，于 1993 年由江苏人民出版社出版。

做出回应的。有鉴于此,张灏特意在本书第一章"思想背景"中,对汉学和宋学、古文经学和今文经学、程朱学派和陆王学派、桐城学派和经世致用学派在晚清的发展做了详尽的分析,并在第二、三章中分别指出,上述学派与西学一道,构成康有为和梁启超思想的一个重要渊源。

　　具体落实到对梁启超中西文化思想的研究,张灏将梁启超思想分为 1898 年之前和之后两个时期。对于 1898 年之前的梁启超思想,张灏从梁启超在 1896 年和 1897 年拟定的两份教学大纲《万木草堂小学学记》和《湖南时务学堂学约》入手,指出从这两份教学大纲的内容来看,梁启超的社会政治思想和人格思想已明显地受到西方思想的重大侵蚀,大纲中的修身、穷理、经世等纲目,起因和形式是儒家的,但精神却发生了蜕变,如修身不再以实现儒家的"仁"的道德思想和内圣外王的人格理想为目标;穷理摆脱了伦理学意味,而只成为一种单纯的求知活动;经世除了参与公职外,更突出改制的意义,并引进西方"群"的概念,提出政治整合、大众参与和民族国家这样一些近代内容。但张灏对李文森所说的历史与价值的冲突的观点表示不能苟同,指出梁启超这一时期并没有像李文森认为的那样,理智上疏远了本国文化传统,由于历史原因,感情上仍依恋本国文化。事实是梁启超在排斥传统的某些方面时,他在理智上仍认同其他一些方面。比如他在传统文化中找到的古代法家的富强思想和墨子的博爱思想,便与西方的一些价值观一样具有普遍价值和现实意义。并且,对儒家来说,他也不是对它所有的道德价值观失去信仰。在他看来,中国文化传统不只等同于儒家传统,即使是儒家学说,本身也有许多不同流派。因此,梁启超对传统始终抱有辨别力。然而,张灏同时也坦认,就这一时期梁启超的保教思想和传教思想,以及他对中国传统文化所做的一些过分的肯定来看,李文森对梁启超的理解是正确的,它们确实反映了文化危机时代梁启超对中国文化认同问题的关注和维护文化自信心的心理需求,多少表现出一种历史情结。①

--------

① 参见[美]张灏:《梁启超与中国思想的过渡(1890—1907)》,崔志海、葛夫平译,79~81 页,南京,江苏人民出版社,1993。

对 1898 年之后的梁启超，张灏不被他的一些激进言词所迷惑，不赞成李文森将他描写成一个文化革命论者，说他这一时期彻底摈弃了中国文化传统，只认同来自西方的价值观。张灏指出，梁启超当时所说的"道德革命"与"五四"时期所说的不是同一个东西，它既不是全盘接受西方的道德价值观，也不是全盘排斥传统的道德价值观，而是对两者的一个选择综合。梁启超对"新民"一词中的"新"字做过明确解释，提醒人们应从两方面理解：一方面指淬历其所本有而新之；另一方面是择其所本无而新之。在他撰写《新民说》，宣传西方公德思想时，梁启超对传统私德的信仰在许多方面也是确实无疑的。至少在他看来，儒家那套有关修身养性的方法，对培养新民的人格理想仍然是有用的。他反对将儒学奉为国教，并不是因为儒学毫无价值，而是出于宗教对现代国家和社会功用的实际考虑，担心它阻碍思想知识的传播和发展，挑起宗教战争，危害国家安全。总之，"梁启超决不是像他这一时期有时看来的那样，是一位激进的文化革命论者。如同中国文化传统在他看来是复杂多变的一样，他对中国文化传统的态度也是复杂多变的，有时由真实的理智判断来决定，有时出于说教的考虑，有时还不自觉地受保留文化认同需要的影响"①。

为了具体揭示 20 世纪初梁启超的中西文化思想，张灏还在第六章以"新民"为题，对梁启超在《新民说》中提出的新的公民理想的来龙去脉和内涵进行逐一考察，并将它与儒家内圣外王的人格理想和西方资本主义国家的公民理想进行比较，认为梁启超的新的公民理想与儒家的人格理想相比较，至少有以下几点不同：其一，谈论的要点不同。儒家的人格理想只适用于社会中的道德精英分子，也就是他们所说的"君子"。而梁启超的新的公民则是对国家内的每个成员而言。其二，儒家人格理想中的君子和梁启超所说的新的公民，虽然都有参政思想，但参与的方式是不同的。在公民那里，政治参与以行使选举权的形式出现；而在儒家的君子那里，政治参与是通过仕途或非正式地方领导

① ［美］张灏：《梁启超与中国思想的过渡（1890—1907）》，崔志海、葛夫平译，168 页。

的形式来实现的。其三，梁启超所说的新的公民有明确的国家主义思想，一个公民最终的忠于对象是他的国家和人民。而儒家人格理想中所要求君子忠的对象则是模棱两可的，一个儒家君子应该忠于他的国家还是他的家庭，应该对统治者尽忠，还是对儒家的道德理想尽忠，以及这两者之间是否存在冲突，所有这些都没有予以明确说明。其四，儒家的人格理想和梁启超的新的公民理想虽然都有为国家和社会奉献的内容，但在如何做出奉献上，两者的看法相差很大。对于一个儒家君子来说，只有一条途径，那就是做官。而梁启超则从广义的社会功利观出发，认为一个公民可以通过各种不同的途径为社会和国家做出他的贡献。换言之，在他的公民人格理想中，具有近代职业专业化和职业奉献思想。其五，梁启超在新的公民理想中提倡一种非道德的人格理想，如他所说的进取冒险精神、尚武精神、竞争思想，这些都与强调谦虚、平和的儒家价值观格格不入，是儒家人格理想中所不具备的。

至于梁启超的新的公民理想与近代西方资本主义国家公民的区别，张灏认为主要在于：在西方民主国家的公民那里，社会的我与个人的我之间存在着一种紧张关系，而在梁启超的新的公民理想中，这种紧张关系则是不存在的。他说，西方民主国家的公民本身虽然也是一个复杂的概念，但大体由西方遗产中的三种文化传统构成：一是来自希腊的参与思想；二是来自希伯来的奉献思想；三是来自罗马基督教的个人本位思想。这样，西方民主国家的公民就包含了一个两重性的我——社会的我和个人的我。每个公民既有为国家和社会尽义务的职责，同时也被赋予由公民自由权利制度所保护的不可侵犯的个人权利。他们被认为既是社会上的人，也是一个单个的人，既在社会之中，又在社会之外，社会的我与个人的我之间始终存在紧张关系。而这种紧张关系对西方民主国家公民的形成不但不是有害的，而且是有益的。然而，梁启超的新的公民理想则不然。在他那里，突出强调的是集体主义，社会的我几乎完全掩盖了个人的我。当谈到西方个人自由权利问题时，他经常只将它等同于克己和束性，个人的我只在有助于实现社会义务的前提下才有它的位置，与西方民主国家公民崇尚的个人主义思想无缘。总之，他的新的公民理想更接近于以集体主义取向为核心的古希腊的国民，而不接近于以个人主义为重点的近代西方民主国家的公民。①

对梁启超的新的公民思想在中国近现代史上的地位和意义，张灏予以高度评价，认为梁启超在继承晚清儒家经世致用传统基础上提出的一系列新的人格和社会理想，不但为当时对立的革命派所接受，而且被"五四"一代的新青年知识分子所继承，在中国现代新传统主义、自由主义和共产主义思想中均占有一席之地，"成为20世纪中国思想运动的一个重要的永久的成分"，"对过去半个世纪里的各个思想流派的绝大部分中国知识分子有着持久的魅力，甚至在今天，仍然是共产主义中国价值观体系的一个重要组成部分"。② 张灏甚至因此断言，在从传统到近代中国的文化的转变中，19世纪90年代中期至20世纪最初几年发生的思想变化，可看成是一个比"五四"时期更为重要的分水岭。

再者，与李文森不同的是，张灏对梁启超思想的多变和矛盾也多抱理解态度，坚持将梁启超的政治观和文化观区别对待，从梁启超多变的政治言行中揭示出他思想的连续性。对于1903年之前梁启超在政治观上表现出来的矛盾，张灏先生认为这是由于梁启超在国内参加的那场改革运动在思想意识上就不是单一的，其中既有温和的改良主义者，也有政治激进主义者，自上而下的改良思想和推翻清王朝的革命思想同时并存，这种情况直接导致了梁启超在流亡海外的头几年里在革命与改良问题上继续举棋不定。他一方面对革命排满持有保留态度，但同时认为它是必要的；他既愿与革命党人合作，但又不愿离开改良派阵营。1902年，他创作的政治小说《新中国未来记》中的两位主人公，黄克强与李去病关于革命与改良、民主共和与君主立宪的争论，就反映了他本人的这种矛盾心理。基于这种同情理解，张灏表示，不

---

① 参见［美］张灏：《梁启超与中国思想的过渡（1890—1907）》，崔志海、葛夫平译，155页。

② ［美］张灏：《梁启超与中国思想的过渡（1890—1907）》，崔志海、葛夫平译，218页。

能将梁启超的这些矛盾言行看作一种政治机会主义，它的每一方面都反映了梁启超思想的真实一面，是他政治观中固有矛盾的一个发展。①

张灏还认为，促使梁启超 1903 年政治观发生重大转变的根本原因是他对"国家理性"的日益关注，或者说是他的国家主义思想。正是从确保国家生存和安全的理性行为出发，梁启超从前一时期拥护自由主义的立场上退却下来，强调权威主义和国家主权，强调有机统一和秩序，甚至一度与"开明专制"调情。国家主义思想还促使他在"民族主义"问题上坚持反对革命排满的主张，提出革命排满的口号对中国这样一个多民族国家的统一来说是有害的，不利于"外竞"。最后，国家主义思想还导致他反对孙中山的民生主义，坚持认为处在与西方经济帝国主义竞争时代，"吾之经济政策以奖励保护资本家并力外竞为主，而其余皆为辅"②。总之，在接着的几年里，梁启超的政治态度完全由他的国家主义思想所支配。但张灏同时指出，伴随梁启超 1903 年出访美洲出现的明显的国家主义思想，并不代表一个新的起点，而是他思想中已潜伏的某些基本倾向的一个终极发展。③

同样，对于 1903 年之后梁启超对儒家道德哲学重新产生浓厚兴趣，强调传统私德的重要性，张灏也不认为这意味着梁启超放弃了前一时期宣传的公德思想而回到儒家传统上来，指出梁启超所说的私德与传统儒家的修身思想有着本质的区别。首先，儒家修身思想中用来说明人性和世界本质的一些抽象概念，诸如"理""气""性""太极"等，被彻底抛弃，由现代的物质科学和精神科学取代；梁启超只是有选择地吸收儒家修身思想中的一些方法技巧，如辩术、立志、存养、省察、克己、主静、主敬等，目的是实现一个以内心和行动主义为取向的人格，这与他提倡的新的民德和政治价值观并无冲突。再者，梁启超强调

---

① 参见［美］张灏：《梁启超与中国思想的过渡（1890—1907）》，崔志海、葛夫平译，156～158 页。

② 饮冰：《杂答某报（续第八十五号）》，载《新民丛报》，第 4 卷，第 14 期，1906。

③ 参见［美］张灏：《梁启超与中国思想的过渡（1890—1907）》，崔志海、葛夫平译，169 页。

私德，并不是以道德为取向，实现儒家的内圣外王的人格理想和仁的道德标准；他在这一时期着重宣传个人对国家、对社会的义务，强调尚武精神，这些不但与他前一时期提倡的新的公民理想没有任何的割裂，而且还是一个发展，与同一时期他对国家理性的日益关注相吻合。①

除重视梁启超前后思想的连续性外，张灏还注意到他与革命党人之间的一致性，指出梁启超与革命派同属于资产阶级内部的两个不同的派别，他们思想上的一致性远胜于他们表面上的一些分歧。比如革命派虽然强调反满为中国近代民族主义的主题，但他们最终是否会同样严肃地就梁启超的近代中国国家观进行辩论，这是很值得怀疑的。再如，他们对西方社会主义的意义彼此可以有不同的看法，并在土地国有化问题上展开辩论，但他们两者最终都接受国家社会主义思想却是一致的。又如，他们虽然在建立什么样的政治制度上存在分歧，一个提倡共和主义，一个倾向君主立宪，但他们都信仰政治参与是组建国家的办法这一基本的民主思想。张灏的结论是，梁启超与革命派在基本的社会目标方面分歧很少，而在有关人格理想上的分歧则更少；他们的分歧主要落在实现这些目标的方法上，即主张采取革命手段，还是通过改良途径。②

张灏在《过渡》一书中对梁启超思想所做的上述分析，与李文森的《梁启超与中国近代思想》一书相比，确实不如后者鲜明、动人，有些观点甚至有点调和主义的味道。但作为一部研究梁启超的思想史著，笔者以为，张灏的观点无疑比李文森的观点客观、公允，更接近一个真实的梁启超。如他对梁启超前后思想的连续性和梁启超与革命党人在思想上的一致性的分析，就深具洞悉力，既不同于李文森书中的观点，也与张朋园1964年出版的《梁启超与清季革命》一书中的看法迥异。而他对梁启超思想渊源及中西文化在梁启超的新民理想中的位置

① 参见［美］张灏：《梁启超与中国思想的过渡（1890—1907）》，崔志海、葛夫平译，198页。
② 参见［美］张灏：《梁启超与中国思想的过渡（1890—1907）》，崔志海、葛夫平译，212～213页。

和相互关系所做的梳理，则更是具体而坚实，颇具说服力，弥补了李文森在《梁启超与中国近代思想》一书中没有做的工作。总之，《过渡》是一部难得的熔思想性和求实精神于一炉的优秀思想史著作，同时也是海外研究梁启超思想的一部力作。

该书存在的不足，笔者以为有以下几点。

第一，对梁启超思想演变的分析，只是从思想到思想，完全忽视了当时的社会政治背景。固然，作为思想史研究来说，一般重视从思想背景来探讨一个人的思想转变，这是合乎常理的，但仅仅从思想到思想，又是很难解释一个人的思想演变的，这对社会和政治都处在剧烈变动中的中国近代思想人物来说尤其突出。比如张灏用国家主义思想便很难解释 1903 年梁启超思想的转变。倘若果真像张灏所分析的那样，国家主义思想是促使梁启超在 1903 年放弃革命和民主共和、转向改良和君主立宪的主要原因，那么人们不禁要问，国家主义思想为何在早些时候没有对梁启超思想的变化产生影响呢？事实上，梁启超在 1903 年的变化固然与他的国家主义思想有一定的联系，但主要还是由其他原因促成的。诸如游历美国的观感、保皇与革命两派关系的恶化、师徒关系，以及革命派内部发生的纠纷等，都曾对梁启超思想的变化产生过影响。张灏在分析梁启超思想的演变时，根本不提它与当时发生的一些重大历史事件的关系，这不能不说是一个缺陷。当然，这一缺陷并不限于张灏先生一人，而是海外思想史家研究中国近代思想史的一个通病。

第二，在注意到梁启超思想连续性的同时，忽视了他思想中存在的不连续性。张灏从梁启超复杂多变的言行中揭示出他思想的连续性，这在当时确实深具洞悉力，但张灏以梁启超国家主义思想的一贯性忽略梁启超前后思想发展中实际存在的不一致性，认为梁启超在 1903 年的思想转向与前期没有任何割裂，甚至还是一个发展，这就走向了另一个极端。事实上，无论是从政治观还是从文化观来看，梁启超在 1903 年前后表现出来的不连续性都是显而易见的。就政治观来说，梁启超在 1903 年之前倾向民主共和，在是否用暴力革命推翻清王朝问题上举棋不定，而在 1903 年之后他终于打定主意，放弃暴力革命，主张

君主立宪。就文化观来说，在 1903 年之前梁启超倾向以激烈手段打破
传统文化的束缚，引进西方资本主义国家的道德价值观来直接改造全
体国民，而在 1903 年之后则态度转趋缓和，不再直接宣传新民，转而
提倡传统私德，主张通过儒家那套修身养性学说来实现新民。对于梁
启超思想上的这一转变，不但当时的革命派指责他思想倒退，出尔反
尔，甚至连不久前抱怨他过于激进的黄遵宪也认为梁启超走过了头，
指出："公自悔功利之说、破坏之说之足以误国也，乃壹意反而守旧，
欲以讲学为救中国不二法门。公见今日之新进小生，造孽流毒，现身
说法，自陈己过，以匡救其失，维持其弊可也。谓保国粹即能固国本，
此非其时，仆未敢附和也。"并说："言屡易端，难于见信，人苟不信，
曷贵多言。"①总之，在梁启超思想的演变中，既存在连续性，同时也
存在着不连续性。

　　第三，在探讨梁启超的思想背景中，张灏对西学和传统文化的影
响做了充分的阐述，但低估和忽视了明治时代日本思想文化在其中的
分量。对于明治时代日本思想文化对梁启超的影响，张灏认为前者只
是在一些实际问题上或者说工具价值层面上对后者有些影响，如梁启
超为宣传他的道德和政治理想而写的一些人物传记和小说，都是因为
受了当时日本盛行的"政治小说"的鼓励和启发，他对立宪政府组织结
构的设想不同程度地受到小野冢喜平次、穗积八束、筧克彦、美农部
等日本思想家的影响，他对国家财政问题的一些思考部分也来自日本，
但在基本的道德和社会政治价值观方面，日本思想并没有单独对梁构
成重要的影响。② 笔者以为，张灏的这一判断是有待商榷的。出于实
际考虑的工具价值观与基本的道德和社会政治价值观固然属于两个不
同的思想层面，但两者之间又不是完全割裂的，在一些与实际考虑相
联系的工具价值观背后往往有其相应的道德和社会政治价值观。"政治
小说"作为一种写作方式，固然只有工具价值，但诸如有关政府组织结

---

　　①　丁文江、赵丰田编：《梁启超年谱长编》，340～341 页。
　　②　参见［美］张灏：《梁启超与中国思想的过渡（1890—1907）》，崔志海、葛
夫平译，102～103 页。

构、国家财政等问题，人们就很难说它们不与一定的道德和社会政治价值观相联系。因此，承认明治时代日本思想文化在工具价值层面对梁启超思想的影响，但同时又不承认它在基本的道德和社会政治价值观方面的影响，这在方法论上是存在问题的。并且，实际情况也不支持张灏的观点。检读梁启超流亡日本期间所写的文章，我们发现他在基本的道德和社会政治价值观方面受到日本思想界的影响是确凿无疑的。例如，梁启超到日本不久，就十分欣赏日本文部省颁布的中学生伦理学课程中所规定的内容，批评中国传统伦理"其范围甚狭，未足以尽此学之蕴"①。至于梁启超后来在宣传西方文化和思想中表现出来的集体主义和国家主义倾向，也与福泽谕吉、加藤弘之、德富苏峰等日本思想家的影响有关，并与当时日本政治生活中表现出来的强烈的中央集权和民族主义倾向不无关系。而梁启超在《新民说》中宣传的尚武精神，更是与日本的武士道相吻合。甚至在梁启超对中国传统文化的认同中，如他对王阳明心学和佛学的推崇，我们也可以看到日本思想界影响的痕迹。

在探讨日本思想界与梁启超思想之间的相互关系中遇到的另一个问题，是如何评价日文的西学译著对梁启超思想的影响。众所周知，20世纪初梁启超接受西学很大程度是通过日文的西学译著实现的，但当一种思想从一种语言译成另一种语言时，往往存在不同程度的篡改和失真，这对东西两种完全不同的语言和文化体系来说更是如此。正是在这一意义上，翻译实际上也是一种阐释。而由此产生的一个问题是，梁启超阅读的日文西学译著是否存在阐释，以致影响了他对西方思想的理解？其影响程度又如何？要回答这一问题，就必须对西方原著与日文译著以及梁启超的著作三者之间做仔细的比较。这虽然是一项难度很大的工作，但它无疑是我们解决这个问题的唯一正确的方法。张先生在著作中并没有尝试做这一项工作，认为"这是一个目前不能予以确定回答的问题，社会科学家和思想史家们还无法确切地知道语言和思想两者之间的复杂关系，也没有任何有关论述日本西方译著的作

---

① 梁启超：《东籍月旦》，见《饮冰室合集》文集之四，85页。

品能以确定的方式帮助我们回答这一问题"①。在此，张灏提出了问题，又在问题面前退却，这不能不说是一个遗憾。笔者以为，鉴于流亡日本的十余年是梁启超思想变化最大的一个时期，除西学和传统因素之外，明治时代日本的思想文化与梁启超思想之间的关系应成为我们今后研究 19 世纪末 20 世纪初梁启超思想的一个突破点。

第四，截取 1896—1907 年的梁启超作为研究对象，这是本书的一个最大缺陷。对张灏来说，他之所以这样做，是因为他认为这十年是中国思想文化发生转型的一个关键时期，是一个比五四新文化运动更为重要的分水岭，而梁启超刚好是这一过渡时期的代表性人物，他塑造的国民理想对半个世纪以来各个思想流派中的绝大部分中国知识分子都有着持久的吸引力，是今天的中国共产主义价值体系中的一个重要组成部分。换言之，张灏把梁启超当作他用来说明 1896—1907 年这一文化转型期的一个中心人物，他关注的似乎不是梁启超，而是那十年的转型期。但笔者以为，以梁启超这样一个代表人物来说明那十年文化转型期在中国近代思想史上的地位，总给人一种不踏实感。人们总不免要怀疑梁启超的思想是否具有这样的代表性：他的思想是否就是这十年转型期中国知识分子思考的问题？他的思想认识是否就是当时中国知识分子的一个共同看法？诸如此类的问题，笔者以为张灏是很难做出肯定的回答的。并且，张灏显然也高估了这十年转型期在中国近代思想史上的地位。诚然，19 世纪 90 年代中期开始的维新运动在思想上开启了对传统人格理想和社会道德价值观的变革，促使传统士绅阶级发生分化，但戊戌维新运动（包括 20 世纪初）作为中国近代史上的第一次思想解放运动，只是中国文化由传统向近代过渡的一个开端，而不是一个比五四新文化运动更为重要的分水岭。作为开端，那十年的转型期虽然将一些与中国近代思想文化相关的问题提了出来，但由于人们当时思想认识的局限和关注的焦点仍在于制度的变革，对许多的思想文化问题并没有做认真深入的探讨，因此在当时传统士绅

---

① ［美］张灏：《梁启超与中国思想的过渡（1890—1907）》，崔志海、葛夫平译，103～104 页。

和近代知识分子之间以及知识分子中虽然出现了思想交锋，但这种思想交锋远不如后来激烈、广泛（普遍）、影响深远。1896—1907年在中国近代思想史上的地位，与后来的五四新文化运动是不可同日而语的。至于梁启超塑造的国民理想，虽然在20世纪初对后来的"五四"知识分子如胡适、鲁迅、郭沫若，以及毛泽东有过思想上的影响，但"五四"一代宣传的人格理想和中国共产主义的价值观是否与梁启超的国民理想存在张灏所说的那种关系，这也是很令人怀疑的。

如果说张灏截取1896—1907年的梁启超作为研究对象，对探讨这十年文化转型期尚有其一定的合理性的话，那么，对研究梁启超思想来说，就很不妥当了。19世纪末20世纪初虽然是梁启超在中国近代思想上最有影响力的一个时期。但同时必须注意到的是，这一时期并不是梁启超个人思想在各方面都达到最为成熟的时期。倘若不是仅仅依据宣传产生的轰动，而是从严格意义上的思想发展来考察的话，那么梁启超晚年的一些思想，诸如学术思想、中西文化思想等，都较这一时期深刻，而且即使是在社会政治思想方面，梁启超在1907年之后也不是毫无发展变化。总之，截至1907年，梁启超的思想并没有完全定型，完成由传统到近代的过渡，他此后在历史上也没有完全失去思想的影响力，1907年在梁启超思想的发展中没有任何特殊意义。因此，张灏以1907年《新民丛报》遭火停刊作为下限终止对梁启超思想的讨论，这对研究梁启超思想来说，未免有些草率，以致张灏的研究给人留下一种不完整的感觉。

## 三、《一个被放弃的选择：梁启超调适思想之研究》平议

黄克武的《一个被放弃的选择：梁启超调适思想之研究》（以下简称《选择》）一书，系近年海外研究梁启超思想一部颇有影响的新作，于1994年由"中研院"近代史研究所出版。

《选择》一书，约十余万字，共分八章。该书试图以《新民说》为基本史料，重新诠释梁启超在清末的思想变迁及意义。据黄克武在该书

自序所云，该研究只是黄克武研究中国近代思想史整体计划的一个初步成果，他希望探索的根本问题是辛亥革命前夕中国思想界的整体状况，或者说当时思想的光谱，梁启超思想只是其中的一端。该书对梁启超思想所做的讨论，的确体现了黄克武的这一意图。

在该书第一章"导论"中，黄克武一开始就指出，在19世纪末20世纪初中国知识分子探索如何修改自身的文化传统以促进国家的现代化过程中形成了一个复杂的思想光谱，其中有两个较重要的不同倾向，在光谱的一端比较强调渐进革新，而光谱的另一端则比较强调激烈变革，清末民初之时这两者分别以改革派（或立宪派）与革命派为代表。黄先生认为，这两种不同的类型可以以美国汉学家墨子刻（Thomas A. Mortzger）所提出的"转化"（transformative approach）和"调适"（accommodative approach）的分析架构来概括。转化类型接近于西方宗教史上的"宗派型"（sect type）和钱穆所说的中国思想史上的"经术派"，他们主张以一套高远的理想彻底改造现实世界，以达到全面改革社会弊端的目的，他们多以为历史有两个阶段，一为完全成功的将来或当代的欧美社会，二为彻底失败的当代中国，而历史上成功的例子使他对理想的实现总持乐观态度，近代中国的革命派就属于此一类型。调适类型则接近于西方宗教史上的"教会型"（church type）和中国思想史上的"史学派"，他们不是只看理想而不顾现实，主张小规模的局部调整或阶段性的渐进改革，反对不切实际的全面变革，近代中国历史上的改革派就属于此一类型。

根据转化与调适这一分析架构，黄克武对以往海内外的中国近代思想史研究进行反思和总结，认为以往的研究被框在一个所谓的"革命典范"的研究取向之内，肯定转化而贬低调适，直至20世纪80年代以后这种倾向才有所转变，越来越多的学人开始肯定调适取向。黄克武称20世纪80年代以后出现的这种由"肯定革命"到"推崇改革"的转向为中国近代史研究上一种典范性的转变（paradigmatic change），它使学者可以从一个崭新的角度重新检讨许多清末以来的史事。① 而梁启超作为中国近代改革派的一位代表人物，也就合乎逻辑地成了该书的研究对象。

该书的第二章开始具体进入对梁启超思想的探讨。在这一章里，首先，黄克武着重讨论 1902—1903 年梁启超所撰《新民说》的创作背景和影响，指出梁启超的《新民说》首先是清末十年间以"开民智"和"新民德"为目的的启蒙思潮的一个组成部分，它与梁启超当时在从事政治活动中所遭遇的困难和失败有着密切的关系，戊戌变法和勤王运动的失败使梁启超深刻地认识到以宣传来启发民智的重要性。其次，它与中国传统"主知主义"（intellectualism）的思想模式，也即林毓生所说的"借思想文化以解决问题"的思想模式，有着思想渊源。再者，梁启超流亡海外后所接触到的西方和日本的观念，也对他撰写此文产生重要影响。关于《新民说》在思想界的影响，黄克武认为，对当时的中国知识分子来说，梁启超在《新民说》中所表现出来的"革命"精神以及他对中国文化缺点的批判和对西方文化优点的宣传是最吸引人的部分，而《新民说》中所蕴含着的保守和调适的主张没有受到重视。但黄克武以为，正是《新民说》体现的后一部分的思想是"深具价值而值得作详细的研究"②的。

在该书的第三、四、五、六四章中，黄克武分别从目标、知识、现实世界（包括宇宙、人性、中西历史和现实困境和希望）与达成目标的方法等方面，重新解读《新民说》。他认为，梁启超追求的目标是从历史之中引申出来的实际理想，他认识到历史是一个善恶交杂的过程，人性也有为善作恶的两种趋向，因此人类只能在不完美的世界之中力求改善，目标不能过于高远。在群己关系上，梁启超一方面重视个人尊严，另一方面又希望达到群体利益与个人利益的平衡，他心目中的理想社会是一个像英国那样的民主与法治的社会，而非集体主义和权威主义的社会。梁启超对知识的看法虽有一部分悲观的成分，但整体

---

① 参见黄克武：《一个被放弃的选择：梁启超调适思想之研究》，13 页，台北，"中央研究院"近代史研究所，1994。

② 黄克武：《一个被放弃的选择：梁启超调适思想之研究》，60 页。

来说他和绝大多数的中国思想家一样倾向"乐观主义的认识论"，他认为知识有两个主要的来源，一是个人直接取得，二是间接从中西圣哲或民间俗语处取得。就知识的分类而言，他以为可分为德与智两类，德指道德知识，智则包括历史、科学与哲学等。因此，梁启超既不是一个科学主义者，也不是一个纯粹的达尔文主义者，"在他的思想中为了达到目标，不但要吸收西方科学与其它知识以提升民智，同样重要的是必须要依靠传统学术以培养民德"①。在对现实世界的观察上，梁启超对人性的认识某种程度上有"幽暗意识"，对人性的弱点和阴暗面有深刻的体认，但同时梁启超对人性又不完全悲观，中国传统中人人可以成为圣人的观点至少有一部分在他的思想中仍然存在。在历史观上，梁启超并不限于达尔文主义，他认为影响历史演变的因素是多元的，其中包括自然因素、人为因素与历史的潮流。对于西方和日本的历史发展，梁启超虽然认为西方历史也有黑暗时代，日本在经济发展与社会道德提升两方面上没有与政治的进步相呼应，但他对西方和日本的了解，总的来说是充满理想化倾向的，从而使他强烈地感觉到中国的缺陷和中国未来应该努力的方向。对中国传统，梁启超虽然不完全只注意到缺点，也看到一些长处，但整体来说他认为中国传统是每况愈下，相对于西洋文化对人性的提升，中国文化越来越局限于人性的弱点。对于中国当前的困境和希望的渊源，梁启超认为外患并不是造成中国困境最根本的原因，最根本原因在于中国的民德、民智、民力，因此中国希望的源泉也就在民德、民智、民力三方面，也即他所说的新民。对于实现新民这一目标的方法，梁启超访美以前倾向以激烈方法彻底破坏一切阻碍，再以一套新的道德观念改造全体国民；访美之后梁启超则开始支持保守、渐进的调适主张，不再直接强调新民，转而重视儒家式的个人修身，主张透过精英分子形成的"中等社会"作为改革的先导，并反对滥用群众运动。

基于以上的诠释，黄克武最后总结说，梁启超《新民说》中的思想内涵有以下三个十分突出而又往往受到误解的特点：第一，他具有相

① 黄克武：《一个被放弃的选择：梁启超调适思想之研究》，105 页。

当强的幽暗意识，对人性的黑暗面有深刻体认。第二，他从根本上尊重个人自由，就此而言，他的思想类似于穆勒为代表的自由民主传统，而与卢梭、黑格尔、马克思的民主传统不同，并与集体主义或国家主义异趣。第三，他的观点一方面固然受到西方思想的影响，但另一方面与中国传统有密不可分的关系，梁启超对自我的尊重基本上是从儒家传统中来的。三者结合在一起，彼此联系，相互增强，构成梁启超调适思想的基本特色。

在该书的第七、八两章，黄克武将梁启超所代表的温和渐进的调适思想与谭嗣同、孙中山主张的激烈变革的转化思想进行比较，以揭示梁启超调适思想在中国近代思想史上的意义，以及梁启超当时不能与革命派合作的思想原因。黄克武认为，谭嗣同的思想取向在知识上和历史观上与梁启超有相同之处，两人都有"乐观主义的认识论"与"主知主义"的想法，相信真理是可知的，并且认为一旦掌握真理，必然可以付诸实行；两人都将历史视为一种潮流，而在此潮流之中，西方国家有"正常"的发展，中国则是"病夫"。谭嗣同、梁启超两人思想的区别主要在于：在目标方面，谭嗣同较高远并重视群体，梁启超则较平实而更侧重于个人；在知识方面，谭嗣同以科学为基础建立一完整系统，梁启超的系统性则不那么强，并以为在科学范畴之外尚有道德涵养的世界；在人性论方面，谭嗣同主性善，梁启超则有较强的幽暗意识；在对现实的态度上，谭嗣同较激烈，主张打破三纲、推翻清王朝，梁启超则较平缓，他肯定儒家传统，主张由君主立宪过渡到共和；在方法上，谭嗣同倾向流血革命，要从平天下做起，梁启超则支持和平改革，以个人的修身为齐家治国的基础。谭嗣同与梁启超两人的思想差异代表了晚清复杂思想光谱的两端。而孙中山则处于这两端的中间，他与梁启超的异同在于他们共同具有一些转化观念，但梁启超的思想后来发展为调适为主而转化为辅，孙中山的思想则以转化为主而调适为辅。具体表现在终极目标和对传统的态度上，孙中山和梁启超两人都有相同和类似之处，但孙中山对人性的看法较乐观，认为个人可以超越一己的私利而贡献于理想，可以达到"大公无私"的境界，在知识方面孙中山也是如此，认为人类可以了解公理并能建构一完整的思想体系，作为改造世界的基础。基于这样的人性论和知识论，孙中山对民主的构想很接近卢梭的"总意"式的民主，不但强调"真平等"是民主的基本立足点，甚至希望建立一个全为"良政党"的政党政治，实现"没有政客"的民主，让民意充分展现。为实现这一理想，他所采取的手段也较激烈，主张以"先知先觉"来鼓舞民气并发动群众运动，再以革命行动推翻清朝统治，建立民主共和政体。孙中山与梁启超在思想上的这些歧异是他们不能合作的一个重要因素。同时黄克武还认为，梁启超《新民说》中所表现出来的调适思想，对西方思想中的"三个市场"的认识虽然没有达到西方的标准，但较谭嗣同和孙中山所代表的转化思想，无疑更接近西方的资本主义、自由民主政治和思想上的多元主义。梁启超所代表的调适思想和辛亥革命与五四运动的思想是针锋相对的，而与反对五四运动的新儒家思想有较深厚的关系。梁启超的调适思想之所以在 20 世纪初的思想抉择关头被大多数的人所抛弃，则是由于"救亡压倒了调适"[1]。

对于黄克武所做的上述研究，笔者在此不做全面评论，只就书中的两个重要问题谈些个人的看法。

第一，关于"调适"和"转化"问题是黄克武在本书中的一个最根本的分析架构。

首先，笔者以为，用这一架构分析近代中国的改革派和革命派，貌似合理，实则完全错误。中国近代历史上固然有改良与革命两派的区别，一派主张渐进改革，另一派主张采用激烈手段，但两派的思想绝非黄先生的调适和转化分析架构所描述的那样截然对立，代表了清末思想光谱的两个极端。在清末，无论是以康有为、梁启超为代表的改良派（立宪派），还是以孙中山为代表的革命派，他们作为资产阶级内部两个不同的派别，正如张灏先生在《梁启超与中国近代思想的过渡（1896—1907）》一书中所分析的那样，他们思想上的一致性远胜于他们表面上的一些分歧。事实上，黄克武在努力揭示梁启超所代表的调适思想和谭嗣同所代表的转化思想的根本区别过程中，也不得不承认两

---

[1] 黄克武：《一个被放弃的选择：梁启超调适思想之研究》，196 页。

人思想之间的一致性，如乐观主义的认识论、主知主义、潮流的历史观，尤其是梁启超与孙中山之间的一致性；而他们中的有些差异，也只是程度有所不同罢了，如在对科学的信仰和集体主义等问题上。在笔者看来，他们之间之所以会出现这样一些一致性，根本原因就在于，无论是梁启超，还是孙中山，他们当时都以改造旧社会、追求建立一个新中国为目标，同时他们又面对同样的历史背景，这就决定了他们具有一些相同的思想模式。而被黄克武引以为转化思想代表人物的谭嗣同，恰恰也证明了这一点。众所周知，就当时的政治派别来说，谭嗣同属于维新派，并不属于主张用暴力推翻清朝统治的革命派。笔者以为，谭嗣同之所以有黄先生所说的那些本应属于革命派的"转化"思想模式，是因为变法维新运动所要变革的内容和所要达到的目标，对封建的清王朝来说，在当时实也等于革命。唯其如此，倘若我们检读同一时期康有为、梁启超的文章，肯定也能找到一些与谭嗣同相似的思想倾向。因此，对于中国近代改革派和革命派之间是否存在黄克武所说的两种截然对立的思想模式，笔者是深感怀疑的。

其次，在调适和转化的分析架构里，黄克武将两者的区别等同于中国思想史上的"史学派"与"经述派"的区别，认为前者重现实，后者偏于理想，这与实际情况是不相符合的。笔者认为，无论是改良派还是革命派，他们的选择都是基于对现实的考虑，只是由于立场的不同，对现实的观察点不同罢了。拿清末的立宪派与革命派来说，前者看到国民素质低下和外国列强干涉的威胁，因此主张保存清政府，实行君主立宪，而后者则更多地看到清政府的腐败、无能和不可救药，因此主张走革命道路。当然，笔者并不否认革命论者在从事革命活动中往往会产生一些脱离实际的思想，如孙中山主张政治革命和社会革命毕其功于一役的思想，以及后来中国共产党中出现的一些"左"倾思想等。对于革命论者在长期从事具体革命实践中所形成的一些思想定式，确实是值得认真清理和总结的。但就中国近代所走的革命道路来说，则完全是历史的选择，不是人们"理想化"的结果。一个明显的历史事实是，中国近代的革命论者并不是天生的革命派，在他们走上革命道路之前，大多都有过改良的思想和愿望，但残酷的现实并没有给他们提供这样的机会，而是无情地将他们推上革命的道路。其实，人的生命只有一次，有谁不珍惜自己的生命？又有谁愿冒生命之险去革命呢？因此，就可行性来说，恰恰是改革派过于天真理想，一厢情愿，脱离中国的历史实际，以为可以在不触动或打倒旧势力和恶势力的情况下，通过小规模的调整或阶段性的渐进革新，便可实现民富国强的目标。在这个问题上，一向善于自我解剖的梁启超，晚年(虽然继续反对革命)就认识到自己早年希望通过依靠旧势力来实现自己的政治理想，最后证明是走错了路，是一个不切实际的幻想。他在《欧游心影录节录》中说道："从前有两派爱国人士，各走了一条错路，甲派(即梁启超本人代表的改革派——引者注)走靠国中固有的势力，在较有秩序的现状之下，渐行改革，谁想这主意完全错了，结局不过被人利用。"①梁启超的调适思想中主张依靠旧势力实行渐进改革的内容，很难如黄先生所评价的，"正表现出梁启超一种令人激赏的政治智慧"②。事实上，在近代中国的改良与革命问题上，黄克武也看到革命是近代中国历史的主流，但由于对革命所怀的偏见，他不愿探寻它的历史合理性，相反却潜心思考，近代中国选择革命道路，是否是因为人们思想上出了"毛病"。

最后，在调适和转化的分析架构里，黄克武将革命说成是近代中国历史的悲剧，认为那种"打破一切再重新开始"的转化信念"酝酿了中国现代史上的许多悲剧"，"近代中国悲剧的原因之一是因为人们放弃了梁启超那种调适性的现代化取向，而采取了革命论的转化思想"③，这也是缺乏历史根据的。黄克武持这一看法，主要是接受了张朋园、李泽厚、潘英、朱宏源等人的意见，如张朋园所说："要是中国这动乱的一世纪能在安定中求改进，说不定今天我们已经摆脱了贫穷"，"中国革命几近一世纪，革命固有所得，但代价太高，尤其以革命换取贫穷最为不值……我希望大家不要再称颂革命，看看改良派如熊希龄的

---

① 梁启超：《饮冰室合集》专集之二十三，22 页。梁启超在《外交欤内政欤》一文中也做过这样的自我批评，参见梁启超：《饮冰室合集》文集之三十七，59 页。

② 黄克武：《一个被放弃的选择：梁启超调适思想之研究》，157 页。

③ 黄克武：《一个被放弃的选择：梁启超调适思想之研究》，196、13 页。

理性与稳健，革命家应该说自己错了！"如李泽厚所说："要改良不要革命"，"就本世纪来说，一味地提倡革命，肯定革命，称颂革命，的确并非好事，而且是历史上值得研究和总结的一大问题"。如潘英所说："20 世纪的历史已证明，理想型政治大革命常使生灵涂炭，缓慢渐进但稳重的改革理论才符合时代需要"等。① 笔者以为，李泽厚、张朋园、潘英等人的意见，是不足为据的，他们的推论不是基于假设，就是基于抽象的道德判断，完全不是出于历史的判断，他们有意无意地讳避革命取向在中国近代历史上的合理性和进步性。对以李泽厚为代表的否定中国近代革命的意见，国内学者近年多有批评②，笔者在此也就不再做进一步的讨论。

笔者在此要特别指出的是，黄克武和与那些和他持相同看法的学者以肯定梁启超的调适思想来否定辛亥革命，最后被证明是一个适得其反的例子。因为他们忽视了这样一个事实，即梁启超在清末虽然选择了调适取向，但同时他并没有否定孙中山革命取向的合理性和进步性。尽管他在 1903 年以后就是否用暴力革命推翻清朝与革命派展开激烈辩论，但他最终还是认为他的君主立宪的和平改革的主张与孙中山的民主共和的革命主张是平行不悖的，两种取向在当时都是可供尝试的方案。③ 辛亥革命爆发后，他只对革命的未来发展感到隐忧，而对革命本身，他认为完全是清政府咎由自取，应验了自己的预言，他在《感秋杂诗》中写道："平居所隐忧，乃今真见之"，"即此涤浍浊，为功良不诬"。④ 1912 年归国后，梁启超更加将自己与辛亥革命连在一起，梁启超坚持认为辛亥革命是以他为代表的立宪派和以孙中山为代表的同盟会两派共同努力的结果，云："现在之国势政局，为十余年来激烈温和两派人士之心力所协同构成，以云有功，则两俱有功，以云有罪，

---

① 黄克武：《一个被放弃的选择：梁启超调适思想之研究》，11～13 页。

② 参见张海鹏：《"告别革命"说错在哪里？》，见《追求集：近代中国历史进程的探索》，61～69 页，北京，社会科学文献出版社，1998。

③ 参见梁启超：《论政治能力》，见《饮冰室合集》专集之四，149～162 页；饮冰：《杂答某报(续第八十四号)》。

④ 梁启超：《饮冰室合集》文集之四十五(下)，44 页。

则两俱有罪"①。因此，当 1915 年窃国大盗袁世凯为恢复帝制，组织筹安会，制造舆论，将民国初年的社会混乱归咎辛亥革命所造成的思想混乱时，梁启超便毅然撰文辩护，反对复古②，并为维护民国的"国体"，不惜与袁世凯直面抗争。对于辛亥革命之后中国社会所表现出来的混乱和黑暗，梁启超也不将它看作历史的倒退，看作辛亥革命所造成的恶果。相反，他认为这正体现了中国社会的进步，或者说是历史进步所必须经历的一个阶段。他在《欧游心影录节录》中这样说道："若因为现在人心的堕落，丑类横行，便发生根本悲观，这也是知其一不知其二。当过渡混杂时代，罪恶总浮到面上来，各国都是如此，何独我国，一定说现在人心比从前堕落，这句话我却不能承认。从前罪恶何尝没有，或者因为观念不同，不认他是罪恶，或者因社会舆论，不管闲事，不发觉他的罪恶。即以政治论，民国政界固然混浊，难道前清政界，又算得清明吗？不过前此没有人理会他，醉生梦死的受他压制。如今虽依然没有脱了压制，却是把他的罪恶尽情暴露，所以看得来越发惊心动魄，像比从前还不如了。其他家庭上社会上罪恶都是这样。其实昨今同一罪恶，所争的只在揭破不揭破，感觉不感觉，既是罪恶质量相同，所以不能算是堕落，然而揭破和感觉，却是一种进步。"③1921 年梁启超在纪念辛亥革命十周年所做的演说中，更是高度评价辛亥革命在中国近代历史上的意义，认为辛亥革命促进了中国人民民族精神和民主精神的觉醒，"从今以后，任凭他那一种异族，野蛮咧，文明咧，日本咧，欧美咧，独占咧，共管咧，若再要来打那统治中国的坏主意，可断断乎做不到了。任凭什么人，尧舜咧，桀纣咧，刘邦李世民朱元璋咧，王莽朱温袁世凯咧，若再要想做中国皇帝，可是海枯石烂不会有这回事了。这回革命，就像经过商周之间的革命，不会退回到部落酋长的世界，就象经过秦汉之间的革命，不会退回到贵族阶级的世界，所以从历史上看来，是有空前绝后的大意义，和那红脸打倒黑脸

---

① 梁启超：《初归国演说辞》，见《饮冰室合集》文集之二十八，5 页。
② 参见梁启超：《复古思潮平议》，见《饮冰室合集》文集之三十三，68～74 页。
③ 梁启超：《饮冰室合集》专集之二十三，21～22 页。

的把戏，性质完全不同"①。指出辛亥革命后十年间中国社会取得的进步是巨大的，甚至"比理想跑得快"，这是难能可贵的。梁启超对辛亥革命的态度和评价与黄克武和一些学者将辛亥革命看作中国近代历史的悲剧相比较，两者的看法何止霄壤。而梁启超作为过来人，同时又作为一位改良派的代表人物，他的看法难道还不足以说明问题吗！

总之，笔者以为，用"革命范式"研究中国近代历史固然存在偏颇，不全面，但黄克武的调适和转化的分析架构同样无助于我们对近代中国历史的认识。这一分析架构，实际上就是要用 20 世纪 80 年代形成的"现代化范式"来取代"革命范式"。"现代化范式"的确有助于开阔视野，补"革命范式"之不足，但"现代化范式"表现出来的"西方中心论"倾向，无疑又会损害我们对近代中国历史的认识和理解。笔者感到不解的是，西方学者一方面认为中国的历史具有独特性，但落实到具体的研究上，他们往往又完全以西方的眼光来看待中国的历史。就此来说，笔者以为 20 世纪 70 年代美国一些学者提出的"中国中心观"的研究模式是值得借鉴的。

第二，关于 20 世纪初的梁启超到底是一位个人主义者还是集体主义者或国家主义者。

在这个问题上，黄克武提出与以往大多数研究中国近代思想史的学者不同的观点，认为梁启超并非人们所说的那样，是一个集体性的国家主义者，在个人与群体的关系上，梁启超从根本上尊重个人价值，接近穆勒的思想。笔者以为，黄克武对这个问题所做的论证也是有待商榷的。

首先，黄克武提出梁启超重视个人价值的一个重要证据是，在个人与集体和个人与国家的相互关系中，梁启超反复强调一个富强、文明的集体或国家，是由个人的素质所决定的，如梁启超所说的"聚群盲不能成一离娄，聚群聋不能成一师旷，聚群怯不能成一乌获"，"其民强者为之强国，其民弱者谓之弱国，其民富者谓之富国，其民贫者谓

① 梁启超：《辛亥革命之意义与十年双十节之乐观》，见《饮冰室合集》文集之三十七，5 页。

之贫国，其民有权者谓之有权国，其民无耻者谓之无耻国"①，"一部分之权利合之即为全体之权利，一私人之权利思想积之即为一国家之权利思想，故欲养成此思想必自个人始"②等。但在笔者看来，黄先生所引的这些言论并不能表明梁启超具有西方的个人主义思想，一则这些言论并没有探讨"利己"与"利群"何者为重，二则这些言论表面看来强调个人人格的重要性，实际上它看重的并不是个人的人格，而是群体和国家，它们所表达的只是这样一个思想：中国的富强、独立和自由，必须以人的近代化为前提。就此来说，《新民说》只是梁启超当时提出的一个救国方案。他所说的"苟有新民，何患无新制度、无新政府、无新国家"③的名言，不但没有包含有西方的个人主义思想，反而恰恰表现了梁启超的国家主义情愫。

其次，黄克武所征引的用来说明梁启超具有个人主义思想的资料，并不符合梁启超的思想本意，存在严重误读。黄克武用来证明梁强调利己重于利群的一段最重要的证据是：

> 人之所以贵于他物者，以其能群耳。使以一身孑然孤立于大地，则飞不如禽，走不如兽，人类翦灭亦既久矣。故自其内界言之，则太平之时通功易事，分业相助，必非能以一身而备百工也，自其外界言之，则急难之际，群策群力，捍城御侮，尤非能以一身而保七尺也，于是乎国家起焉。国家之立由于不得已也，即人人自知仅恃一身之不可，而别求彼我相团结相补助相捍救相利益之道也。而欲使其团结永不散，补助永不亏，捍救永不误，利益永不穷，则必人人焉知吾一身之上，更有大而要者存。每发一虑，出一言，治一事，必常注意于其所谓一身之上者，此兼爱主义也，虽然谓之为我主义亦无不可。④

---

① 黄克武：《一个被放弃的选择：梁启超调适思想之研究》，66 页。
② 黄克武：《一个被放弃的选择：梁启超调适思想之研究》，88 页。
③ 梁启超：《新民说》，见《饮冰室合集》专集之四，2 页。
④ 梁启超：《饮冰室合集》专集之四，16 页。

黄克武认为，这段话充分显示了梁启超对个人价值的重视，表明梁启超认为"群体或国家成立的根本原因是为了保障个人，是'不得已'的，并非因为国家有超越个人的一种绝对价值；换言之，团结只是一种手段，而保障个人才是终极目的"①。倘若孤立地读这段引文，黄克武的分析似无不妥。但检读这段引文的全文，就很难说梁启超有黄克武所说的这层意思了。这段引文系梁启超《论国家思想》一文中的一段话，从全文来看，梁启超说这段话的本意是批评国人只知有己不知有国家，试图将利己与利国统一起来，说服人们树立国家思想，抛弃只顾一身一家的利己主义，根本无意宣传"为我主义"，宣传"团结只是一种手段，保障个人才是终极目的"。而黄克武在《选择》一书中的其他引文，也存在类似的误读。笔者以为，倘若不是断章取义地摘引《新民说》中的个别言论或段落，不带先入之见地阅读《新民说》全文，是很难得出梁启超信仰个人主义结论的。《新民说》中谈到有关权利、自由、自尊等西方自由主义思想时，并不是着眼于个人的权利、个人的自由、个人的独立和个人的自尊，而是始终着眼于国家，将这些西方自由主义的价值观当作是"新民""新国家"的手段。

再次，黄克武以梁启超肯定儒家以个人之"尊德性"与"道问学"为"为人之本"，以及他接受王阳明的"良知"观念，作为梁启超信仰西方个人主义的一个证据，这也是难以令人信服的。从表面看来，新儒家重视"良知"，强调个人是道德行为的主宰，主张自我通过格物、穷理与其他的来源来认识真理，与西方的自由主义思想似有相通之处，但究其实质，却是貌合神离。这种"神离"不啻表现为缺乏西方个人主义传统中所特有的隐私观念（privacy）、悲观主义的认识论以及酒神（Dionysius）传统的浪漫精神，而且是格格不入的。新儒家道德哲学中所表现出来的自我，是与"外王"紧密联系在一起的，是为"外王"服务的，是为了经世，个人并不是目的；将新儒家道德哲学中有关修身的内容，诸如梁启超所提倡的"致良知""克己""慎独""谨小""主静""主敬"等，推至极致，结果很可能是完全丧失自我。因此，梁启超重视王

---

① 黄克武：《一个被放弃的选择：梁启超调适思想之研究》，85～86 页。

阳明的良知观念，并非如黄先生所说，是"与集体主义不可以混为一谈"①的。并且，退一步来说，即使新儒家道德哲学里具有自我意识，也无多少实际意义。因为新儒家那套修身养性之学并不具普遍意义，它的对象只是少数圣人君子，历史上能达到新儒家道德哲学所说的那种自我境界的犹如凤毛麟角，实在是少而又少。在当时，一生风谊兼师友的黄遵宪即向梁启超指出这一点，他说："如近日《私德篇》之胪陈阳明学说，遂能感人，亦不过二三上等士夫耳。"②

此外，从梁启超本人宣传儒家道德哲学的本意来看，也不支持黄克武的观点。梁启超宣传新儒家道德哲学主要是在 1903 年游美归来之后，在此之前他着力提倡以西方资本主义国家的公德来塑造新民。而梁启超在 1903 年之后转向提倡新儒家的道德哲学，目的并不是它与西方个人主义有什么相似之处，相反是要以此匡救因西方个人主义思想传入所产生的流弊，消除西方个人主义思想对他所关怀的集体主义、国家主义思想的危害。梁启超在《论私德》一文中的一开头就指出，之所以要转向提倡中国传统私德，"乃近年以来，举国嚣嚣靡靡，所谓利国进群之事业，一二未睹，而末流所趋，反贻顽钝者以口实，而曰新理想之贼人子而毒天下"③。在文中，梁启超沉痛地抱怨西方新思想的输入败坏了人们的传统道德，说道："五年以来，海外之新思想，随列强侵略之势力以入中国，始为一二人倡之，继焉千百人和之。彼其倡之者，固非必尽蔑旧学也，以旧学之简单而不适应于时势也，而思所以补助之，且广陈众议，促思想自由之发达，以求学者之自择。而不意此久经腐败之社会，遂非文明学说所遽能移植，于是自由之说入，不以之增幸福，而以之破秩序；平等之说入，不以之荷义务，而以之蔑制裁；竞争之说入，不以之敌外界，而以之散内团；权利之说入，不以之图公益，而以之文私见；破坏之说入，不以之箴膏盲，而以之

---

① 黄克武：《一个被放弃的选择：梁启超调适思想之研究》，85 页。
② 丁文江、赵丰田编：《梁启超年谱长编》，340～341 页。
③ 梁启超：《论私德》，见《饮冰室合集》专集之四，118 页。着重号为笔者所加。

灭国粹"①。很显然，将梁启超提倡新儒家道德哲学看作他信仰西方个人主义思想的一个证据，这与梁启超本人的思想也是不相吻合的。

最后，在关于20世纪初年的梁启超到底是一位非穆勒式的个人主义者还是一个集体性的国家主义者这个问题上，黄克武仅仅依据梁启超的《新民说》来下结论，这是很成问题的。《新民说》固然是反映20世纪初年梁启超思想的一部重要的著作，但梁启超在撰写《新民说》的同时或前后还发表了许多反映他这一时期思想的论著，诸如《立宪法议》《自由书》《国家思想变迁异同论》《霍布士学案》《卢梭学案》《论政府与人民之权限》《生计学说沿革小史》《进化论革命者颉德之学说》《乐利主义泰斗边沁之学说》《天演学初祖达尔文之学说及其传略》《政治学大家伯伦知理之学说》《开明专制论》，等等。如果不对这些论著加以考察，那么即使黄先生确实能从《新民说》中找到梁启超信仰个人主义的证据，那么他所做的论证还是不充分的，缺乏说服力的。而前人（诸如张灏和黄宗智两先生）认为梁启超是一个集体性的国家主义者，正是在全面考察梁启超这一时期的文章之后才得出这样一个结论。黄克武既然要纠正前人的成果，按理也就应该对《新民说》以外的那些文章表述自己的意见。总之，在这个问题上，如果将黄克武的论证与张灏和黄宗智两位的著作做一番比较的话，黄克武是很难让读者接受他在《选择》一书中所说的观点的。在笔者看来，20世纪初的梁启超肯定不是黄克武所说的非穆勒式的个人主义者，而是一个集体性的国家主义者，但在梁启超晚年国家主义思想消退之后，确实表现出许多自由主义的思想特色。

然而，笔者虽然不赞同黄克武书中的一些观点，但同时并不否认《选择》一书有不少值得肯定的地方。比如黄克武在书中十分重视学术规范，鉴于学术界对梁启超思想已有较多研究，特意在第一章导论中就以往学者所探讨的问题及各种不同观点做一个系统梳理，并扼要介绍该书观点与以往不同之处，以及该书所采用的研究方法，不但使读者对梁启超思想的研究现状有个整体的了解，而且也便于读者对该书所探讨的问题做出正确的判断。这种学术规范既尊重前人的研究成果，

① 梁启超：《论私德》，见《饮冰室合集》专集之四，127～128页。

又有利于推动学术研究，是很值得我们学习和借鉴的。又如对于 20 世纪初梁启超思想的演变，黄克武既指出他前后思想的不一致性，同时也注意到他思想上存在的连续性，很好地纠正了以往学者在这个问题上存在的偏颇。而黄克武在《选择》一书中所提出的问题，虽然有待做进一步的考察和论证，但无疑极具创见，富有挑战性，促使人们对梁启超思想和中国近代思想进行反省和再思。就此来说，《选择》与 40 余年前李文森的《梁启超与中国近代思想》有着异曲同工之处。

## 四、结　语

以上所评三部著作，大体反映了近 50 年来海外梁启超思想研究的现状。具体说来，李文森的《梁启超与中国近代思想》是 20 世纪五六十年代"冲击—回应"和"传统—近代"研究模式的一个典型代表，而张灏的《过渡》一书代表了 20 世纪 70 年代以后海外一些学者倡导的"中国中心观"的研究模式，黄克武的《选择》则深受 20 世纪 80 年代以来学术界形成的"现代化范式"的影响。梁启超思想研究在海外学者中有着如此持久的吸引力，这是非同寻常的，它充分表明梁启超作为中国过渡时代的典型人物，他在中国近代思想史上占有独特的地位。而海外学者在梁启超思想研究中存在的歧见，又表明要理解梁启超的思想，远比弄清他的活动来得困难，同时它还表明对梁启超思想的研究远未走到尽头，尚有大量的工作可做。笔者以为，就海外的梁启超思想研究来说，以下两个问题是今后研究中应加以注意的。

第一，如何把思想家的哲学思辨与史学家的求实精神有机地统一起来，达到逻辑与历史的结合。重视研究方法，善于提出问题，富有时代感，这是海外学者一个十分突出的优点。但在研究梁启超思想中，任何一种研究方法，都必须经受史实的检验，切不可先入为主，断章取义，削足适履，六经注我，借梁启超来宣传自己的思想。作为一个思想家，他可以假设，可以大胆地进行逻辑推理，构建自己的思想体系。但作为一个思想史家，他就必须将思想家的哲学思辨与史学家的求实精神结合起来，不但要合乎逻辑，更要合乎历史，诚若美国学者柯文所说："每种理论取向都有自己的逻辑。但是，如果说数学家只需为其逻辑的本身是否严密而操心，历史学家则除此之外还得操心其取向的逻辑是否和确实发生过的往事相互吻合。如果史家不能使自己的逻辑经受与史实是否吻合的考验，而相反地把自己的逻辑强加在史实上，他就用合理性代替了真实性，人们对历史的理解就要遭殃"①。

第二，如何走出李文森的阴影，开拓梁启超思想研究的新领域。海外学者尽管撰写了多本研究梁启超思想的专著，但重点主要集中在他的中西文化思想和政治思想方面，他们的关注点不同程度地被框在李文森所探讨的问题之内，这对全面了解和认识梁启超是很不利的。事实上，除中西文化思想和政治思想之外，至少梁启超的经济思想和学术思想也是很值得研究的。在寻求国家近代化过程中，梁启超曾对中国工业化的道路、财政、货币、引进外资等问题都做过深入认真的思考，对中国古代的经济思想和近代西方资产阶级的经济学说也发表过自己的见解，并力图将自己的经济思想付诸实施。至于梁启超的学术思想，其重要性更不在政治思想之下，他一生所著的学术史论著远在政论文之上，尽管他的学术史研究相对于王国维、陈垣、汤用彤、陈寅恪、顾颉刚等专家来说，或许有务广而疏、好博而浅的缺陷，并常常将自己的政治意图掺入他的学术史研究中，但梁启超作为中国近代最早用新眼光、新方法系统整理中国旧学的重要人物之一，他的学术史研究，不管是精华还是糟粕，都是值得总结与反思的。此外，对梁启超的研究也不应停留在他的前期思想上，而应加强梁启超晚年思想的研究。在近代中国历史上，梁启超一生以善变和多变著称，自戊戌以来他始终不曾丧失在思想界的影响力，始终"是一位活泼泼的足轻力健、紧跟着时间走的壮汉"（郑振铎语），因此，只有对梁启超的一生思想做完整的研究，才有助于我们认识一个真实的梁启超。总之，海外的梁启超思想研究到了该超越李文森，撰写一部涵盖梁启超一生各个方面思想的著作的时候了。

原载《近代史研究》1999 年第 3 期

---

① ［美］柯文：《在中国发现历史——中国中心观在美国的兴起》，林同奇译，60 页。

# 梁启超与日本

——评郑匡民《梁启超启蒙思想的东学背景》

## 一、一个简单的学术回顾

任何知识或学问，都是一个累积过程。历史研究也不例外。一部史学著作，倘若不是宣传性的普及读物，作为一部学术专著，它的存在价值恐怕就在于是否在前人的基础上有所创新、增进了知识的累积。而判断一部史学著作是否具有如此的学术价值，一个可行的办法是把它放在学术史的背景之下予以考察。这对探讨一个已为学术界共同关注、并有许多相关研究成果的历史对象来说，尤为必要。梁启超研究便属于这一范畴。因此，在平议郑匡民君的《梁启超启蒙思想的东学背景》(上海书店出版社 2003 年版，以下简称《东学背景》)之前，有必要先对其所探讨的问题做一简单的学术回顾。

顾名思义，《东学背景》是一部专门探讨梁启超启蒙思想与明治日本之间关系的著作。该书系作者的博士后论文修改而成，历时七载，共七章，计 27 万字。该书第一章对戊戌时期梁启超的日本观和他流亡日本初期的处境做了扼要的考察。第二章至第六章分别探讨了日本明治思想家福泽谕吉、中村正直和日本民权思想、国家主义思想和国家有机体论对梁启超的影响。第七章系为对全书的一个总结。

对于梁启超与明治日本的关系，以往学术界虽然没有予以足够的重视，但并非毫无研究。事实上，早在 20 世纪 40 年代，一些日本学者在研究近代日本思想文化对中国的影响时便将梁启超作为一个重要案例。如日本学者中村忠行在研究日本文学对近代中国文学的影响过程中，就曾对 20 世纪初梁启超的新小说理论和政治小说的创作及其文体与明治日本的关系做过深入地分析，认为梁启超所用的"新民体"和他的政治小说《新中国未来记》有深厚的日本根源。① 此后研究梁启超政治小说和文学思想与明治日本关系的论文还有大村益夫的《梁啓超および〈佳人奇遇〉》[《人文论集》11 卷(1964)，103～133 页]、山田敬三的《汉译〈佳人奇遇〉纵横谈——中国政治小说研究札记》(赵景深编《中国古典小说戏曲论集》，393～402 页，上海古籍出版社，1985)、斋藤希史的《新国民之新小说——梁启超与明治日本文学界》(广东康梁研究会编《戊戌后康梁维新派研究论集》，238～252 页，广东人民出版社，1994)。此外，永井算已的《清末における在日康梁派の政治動静》，根据日方档案资料，对梁启超在日本的活动做了深入细致的考察②；宫村治雄的《梁啓超の西洋思想家论——その"东学"との関連において》，较为全面地论述了 20 世纪初梁启超所介绍的西方思想家与明治日本思想界的关系③，为 90 年代以来研究梁启超启蒙思想中的东学背景的学者广泛引用。

除日本学者的研究之外，一些研究梁启超思想的英文著作也在不同程度上注意到梁启超思想中的日本因素。如美籍华裔学者张灏所著

---

① 参见[日]中村忠行：《中国文藝に及ぼせる日本文藝の影响》，载《台大文学》，第 7 卷，第 4 期，1942 年 12 月；第 7 卷，第 6 期，1943 年 4 月；第 8 卷，第 2 期，1943 年 6 月；第 8 卷，第 5 期，1944 年 11 月；[日]中村忠行：《〈新中国未来记〉考说——中国文藝に及ぼせる日本文藝の影响の一例》，载(日本)《天理大学学报》，第 1 卷，第 1 期，1949 年 5 月。本文所介绍的有关研究梁启超与明治日本关系的日文论文，若未译成中文，均系从相关论著的引注中求得，未加核对和阅读原文，若有不确，请有关学者批评、纠正。

② 参见(日本)《信州大学人文科学论集》第 1 号(1967)、第 2 号(1968)。另，狭间直树教授后来也写过一篇相关的短文——《初到日本的梁启超》，见广东康梁研究会编：《戊戌后康梁维新派研究论集》，218～229 页，广州，广东人民出版社，1994。

③ 参见(日本)《中国——社会と文化》，第 5 号，1990 年 6 月。

《梁启超与中国思想的过渡》，虽然沿袭美国汉学家李文森《梁启超与中国近代思想》一书提出的问题，重点考察梁启超思想中的中国传统因素与近代西学因素及其两者之间的紧张关系，但同时也尝试对梁启超思想中的日本因素提出一个总体性的看法。他认为，虽然日本在许多方面影响了梁启超的思想，但这些影响主要局限在工具理性层面，就道德和社会价值观来说，传统的日本思想并没有单独对梁启超的思想构成重要的影响，与梁启超思想中的西学因素和传统因素相比，日本因素只是"将梁思想背景中本已存在的某些西方思想和中国传统成分结合起来，并得以加强"①。与张灏淡化梁启超思想中的日本因素不同，另一位美籍华裔学者黄宗智则将日本因素作为梁启超思想发展的一个重要来源和组成部分加以重视，在其所著《梁启超与近代中国自由主义》一书的第三章专门考察明治日本对梁启超思想的影响，认为梁启超的自由主义思想是经过梁启超重新阐释之后的传统儒家思想、明治日本思想和西方思想的一个混合体。②

在有关梁启超与明治日本思想关系研究中，由日本京都大学人文科学研究所狭间直树教授于1993至1996年主持的"梁启超研究——关于他以日本为中介接受西方近代文明的过程"的研究班，起到了重大的推动作用。③ 在该研究班的推动之下，国际学界围绕这一主题，发表了一系列论文，并先后在欧美分别举办两次相关的国际学术讨论会。

1995年，由曾经作为该研究班成员的巴斯蒂（Marianne Bastid-Bruguière）教授在法国主持举办了一次"欧洲思想与20世纪初年中国的精英文化"研讨会。此次会议虽然以1900年至1920年欧洲思想如何

① ［美］张灏：《梁启超与中国思想的过渡（1890—1907）》，崔志海、葛夫平译，102～105页。有关美国学者李文森和张灏的梁启超思想研究可参见拙文《评海外三部梁启超思想研究专著》，载《近代史研究》，1999(3)。

② Philip C. Huang, *Liang Ch'i-ch'ao and Modern Chinese Liberalism*, Seattle and London, University of Washington Press, 1972, pp.36-67.

③ 有关狭间直树教授在中国近代史研究领域中的贡献详见［日］石川祯浩著、黄自进译：《狭间直树先生》，载《近代中国史研究通讯》，第25期，1998。

进入中国人的心灵世界为主题，但由于这一时期中国人接受欧洲思想，很大部分是通过相关的日译或日文著作，因此，在提交此次会议论文中有不少学者谈到日本对梁启超接受欧洲思想的影响和作用，如日本学者佐藤慎一的《20世纪初中国对社会进化论的接受——与日本案例的比较》（*Chinese Acceptance of Social Evolutionism in the Early Twentieth Century in Comparison with Japanese Case*）、狭间直树的《梁启超来日后对西方近代认识的深化——尤其在"国家"与"国民"方面》、石川祯浩的《近代中国的"文明"与"文化"》、高柳信夫的《1900年代中国关于"科学"的言论的几个侧面》、斋藤希史的《关于近代中国文学进化观念：白话文诞生的前夜》、森时彦的《清末知识界对西欧经济学说的接纳：梁启超的经济思想》等。① 此外，巴斯蒂和狭间直树教授还先后在相关刊物发表论文，就梁启超思想中的德国政治学家伯伦知理《国家论》的日本渊源做了深入的考辨。②

1998年，由另一位曾作为梁启超研究班成员的加州大学教授傅佛果（Joshua A. Fogel）在美国主持召开了一次题为"日本在中国接受西方近代思想中的作用——梁启超个案"的研讨会。此次会议共有15位学者提交论文：日本学者8人，美国学者2人，法国学者1人，澳大利亚学者1人，中国大陆学者1人、中国台湾地区学者2人。由于这次会议的主题更为集中和明确，因此，提交此次会议的15篇论文基本上都围绕日本在梁启超接受西方近代思想中的作用这一主题展开。其中，狭间直树的论文考察了梁启超《新民说》中"公德"和"私德"观念中的日本思想背景；森时彦的论文通过对梁启超文章中所用"生计"和"经济"词汇变化的考察，揭示其背后所隐含的丰富的经济思想方面的内容；森纪子的论文探讨了梁启超流亡日本时期所受日本佛教思想界的影响；

① 有关这次学术会议和论文的简要详见黄克武：《欧洲思想与二十世纪初年中国的精英文化研讨会》，载《近代中国史研究通讯》，第21期，1996。

② 参见［法］巴斯蒂：《中国近代国家观念溯源——关于伯伦知理〈国家论〉的翻译》，载《近代史研究》，1997(4)；［日］狭间直树：《梁启超研究与"日本"》，载《近代中国史研究通讯》，第24期，1997。

石川祯浩的论文详细考察了 20 世纪初梁启超地理学著述和地理学思想与明治日本思想界的关系；黄克武的论文深入剖析了梁启超文章中康德学说的日本、西洋和中国传统等各种思想因素和相互关系，以及梁启超本人的误会、加工和会通。有关此次学术会议的缘起以及论文题目和简要，详见桑兵《日本在中国接受西方近代思想中的作用——梁启超个案国际研讨会述评》①一文，兹不赘述。

1999 年，由狭间直树主持的日本京都大学人文科学研究所共同研究报告——《梁启超：西洋近代思想受容と明治日本》，率先由东京みすず书房出版。经补充修订，2001 年又由社会科学文献出版社出版中译本，书名为《梁启超·明治日本·西方》。该书共收 14 篇论文，除了前两篇论文之外，其余基本上都围绕梁启超与明治日本思想界的关系这一主题。其中，狭间直树的文章强调日本在梁启超所著《新民说》中的作用，认为"以《新民说》为代表，梁启超的署名'中国之新民'的百余篇文章以及东渡日本后写下的其他文章，多是以日本的知识和思想积累为媒介完成的"。石川祯浩的文章研究了盛行在明治日本思想界中的文明论思潮对梁启超的影响，指出"作为带有普遍意义的'文明'的观点，在汇入明治时期日本的社会潮流后，大大地启发了梁启超，由此织就的历史观、地理决定论、帝国主义认识，使他成为近代中国的新史学、地理学、国际政治学等的开山鼻祖"。土屋英雄的文章探讨了 20 世纪初年梁启超在摄取西方"自由""权利"观念中所受日本思想界的影响以及梁启超本人的因素。末冈宏的文章考察了梁启超的经学和诸子学研究与日本的中国哲学研究之间的关系，并指出梁启超之所以在他的经学和诸子学研究中导入以井上哲次郎等官学体制派为中心的中国哲学研究，目的是"用这些人的部分理论来印证自己所想的政策或主张"。森时彦的文章揭示了梁启超的经济思想如何受到日本学界所吸收的经济学说及其所处时代的影响。森纪子的文章探讨了梁启超的佛学

① 桑兵：《日本在中国接受西方近代思想中的作用——梁启超个案国际研讨会述评》，载《历史研究》，1999(1)。

研究与日本佛学研究之间的关系。巴斯蒂的文章考察了梁启超宗教思想的演变及其日本思想的影响。山田敬三的文章详细论述了梁启超《新中国未来记》一文所受末广铁肠《二十三年未来记》的影响。斋藤希史的文章分析了梁启超对中国近代文学形成所做的贡献和梁启超所借助的塑造国民灵魂的政治小说与明治时期日本文学之间的关系。① 这些学者的论文从不同角度展示了 19 世纪末 20 世纪初梁启超所受明治日本思想影响的广度和深度及其复杂性，代表了目前国际学术界在梁启超思想与日本关系研究方面所取得的一个最新成果。

相对国际学界来说，国内对梁启超与明治日本思想关系的研究则显滞后。虽然早有学者揭露梁启超发表在《新民丛报》上的文章多系"抄袭"日文，拾日本人的"唾余"，但有关梁启超与明治日本思想关系的话题，迟至中日两国关系实现正常化和中国改革开放之后的 20 世纪 80 年代，随着学术研究的转向②，才逐渐进入有关学者的研究视野。其中，研究较多的是考察 20 世纪初年梁启超所倡导的"小说界革命"和其所创作的政治小说及新文体与明治时代日本政治小说和文体的关系。③

---

① 有关各篇论文的详细内容请见狭间直树编的《梁启超·明治日本·西方——日本京都大学人文科学研究所共同研究报告》。

② 随着 20 世纪 70 年代初中日两国实现邦交正常化和 70 年代末中国国内实行改革开放政策，国内学术界逐渐由过去的单一研究日本侵华史，转向近代中日文化交流史和中日两国的近代化比较研究，从而带动了国内学者对有关梁启超与明治日本关系的研究；而在以研究日本侵华史为取向的学术语境中，讨论有关梁启超与明治日本的话题，可以说是难以想象的。

③ 参见姜启：《梁启超的"小说界"革命与日本的明治文学》，载《聊城师院学报》，1982(4)；陈应年：《梁启超与日本政治小说在中国的传播及评价》，见杨正光主编《中日文化与交流》第一辑，110～129 页，北京，中国展望出版社，1984；夏晓虹：《梁启超与日本明治小说》，载《北京大学学报（哲学社会科学版）》，1987(5)；夏晓虹：《传世与觉世——梁启超的文学道路》，201～271 页，上海，上海人民出版社，1991；王晓平：《近代中日文学交流史稿》，217～246、264～285 页，长沙，湖南文艺出版社，1987；王中忱：《叙述者的变貌——试析日本政治小说〈经国美谈〉的中译本》，载《清华大学学报（哲学社会科学版）》，1995(4)。在这些论著中，以王晓平和夏晓虹两位学者的研究最为系统，也最有学术价值。

另外，有的尝试综合分析明治日本对梁启超政治思想层面的影响。① 有的就梁启超的启蒙思想与日本启蒙思想家福泽谕吉进行比较，揭示这两位启蒙思想家的近代化思想的异同。② 有的考察明治时代的日本思想对 20 世纪初年梁启超史学思想的影响。③ 有的考察梁启超日本观的演变。④ 还有学者探讨与日本有着密切关系的梁启超的国学研究为什么不被日本学界所看重的原因。⑤

以往国内发表的有关研究梁启超与明治日本关系的成果，有些固然不乏分析性和思想性，但其存在的缺陷更为显而易见。其一，受语言或资料条件的限制，有关学者在讨论梁启超启蒙思想与明治日本的关系时，很少阅读和利用有关日文资料和文献，大多只是根据梁启超本人的文章进行阐发，这就使他们的研究很难深入堂奥，有些分析难免流于表面，甚至与史实不符。其二，有关梁启超与明治日本关系的研究极为零碎，多为偶然之作，未能进行较为系统的考察，与国内已出版的有关梁启超的研究成果相比极不相称。据笔者不完全统计，自

① 参见王秀华：《梁启超与日本明治维新》，载《日本研究》，1986(2)；周佳荣：《梁启超与日本明治思潮》，载《清华大学学报(哲学社会科学版)》，1990(2)；夏晓虹：《传世与觉世——梁启超的文学道路》，177～200 页；谢俊美：《梁启超与日本》，载《上海师范大学学报(哲学社会科学版)》，1994(2)；沈大明：《梁启超与日本》，见华东师范大学日本研究中心日中文化研究会主编：《现代化与社会文化》，164～204 页，上海，学林出版社，1995；蒋广学：《梁启超和中国古代学术的终结》，23～37 页，南京，江苏教育出版社，2001。

② 参见高力克：《福泽谕吉与梁启超近代化思想比较》，载《历史研究》，1992(2)；徐剑梅：《福泽谕吉和梁启超的政治革新观比较》，载《北京大学学报(哲学社会科学版)》，1993(2)；郑浩澜：《福泽谕吉与梁启超国民思想之比较》，载《江西社会科学》，2000(5)。

③ 参见蒋俊：《梁启超早期史学思想与浮田和民的〈史学通论〉》，载《文史哲》，1993(5)；盛邦和：《东亚：走向近代文明的精神历程——近三百年中日史学与儒学传统》，326～339 页，杭州，浙江人民出版社，1995。

④ 参见焦润明：《梁启超的日本观》，载《近代史研究》，1996(1)。

⑤ 参见桑兵：《国学与汉学——近代中外学界交往录》，277～294 页，杭州，浙江人民出版社，1999。

1949 年以来，国内发表的与梁启超有关的论文多达千余篇，其中 80
年代之后发表的论文不下 500 余篇，但探讨梁启超与明治日本关系的
论文只有寥寥 10 余篇。再从出版的著作来看，80 年代以来国内出版
的有关研究梁启超的著作多达 30 余部①，但没有一部著作是以研究梁
启超与日本的关系为主题的，并且在所有这些已出版的著作中，也很
少有这方面的内容。因此，从学术史角度来看，匡民君的《东学背景》
可以说是国内第一部专门探讨梁启超思想与日本关系的著作，其选题
的意义不言而喻。

## 二、《东学背景》平议

作为国内第一部专门探讨梁启超与明治日本思想界关系的著作，
《东学背景》除了选题有价值外，更重要的还在于研究内容充实，有相
当深度，具有以往国内这方面研究所没有的一些新的特点。

首先，由于《东学背景》的作者曾在日本留学 10 年，取得文学博士
学位，本身就有很深的"东学背景"，因此，《东学背景》在将梁启超思
想与明治日本思想进行链接的过程中，不同于以往国内学者所采用的

---

① 其中传记性著作 17 部，较有参考价值的有孟祥才的《梁启超传》（北京
出版社 1980 年版）、李喜所、元青的《梁启超传》（人民出版社 1993 年版）、耿云
志、崔志海的《梁启超》（广东人民出版社 1994 年版）；专题研究著作 19 部，其中
探讨梁启超学术史研究的有易新鼎的《梁启超和中国学术思想史》（中州古籍出版社
1992 年版）、蒋广学的《梁启超与中国古代学术的终结》（江苏教育出版社 1998 年
版），研究梁启超文学思想的有夏晓虹的《觉世与传世——梁启超的文学道路》（上
海人民出版社 1991 年版）、连燕堂的《梁启超与晚清文学革命》（漓江出版社 1993
年版）、杨晓明的《梁启超文论的现代性阐释》（四川民族出版社 2002 年版），研究
梁启超教育思想的有宋仁主编的《梁启超教育思想研究》（辽宁教育出版社 1993 年
版），研究梁启超哲学思想的有刘邦富的《梁启超哲学思想新论》（湖北人民出版社
1994 年版），研究梁启超家族史的有吴荔明的《梁启超和他的儿女们》（上海人民出
版社 1999 年版）、罗检秋的《新会梁氏：梁启超家族的文化史》（中国人民大学出版
社 1999 年版），等等，恕不一一列举。

格义附会的平行比较研究，代之于以已有事实联系为依据的影响研究①，将梁启超的文章与日文著作进行缜密的对勘和比较，从而揭示梁启超到底在哪些方面受了明治日本思想的影响，具体又是受了哪些日本思想家和日文或日译著作的影响，以及在摄取过程中梁启超本人做了哪些选择和修改。

通过对勘和比较，作者发现梁启超当年以西方文明为终极目标的一元化近代化理论和在摄取西洋文明方式上的精神文明优先论，以及"新民"的立国主张，深受有"东方伏尔泰"之称的福泽谕吉思想的影响，梁启超的《文明三界之别》实际上只是祖述福泽谕吉的观点，同时将福泽谕吉的文明、半开化、野蛮三阶段论纳入其"三世说"的理论框架之中。反映梁启超新民思想的《新民说》和《自由书》一方面摄取了明治时期另一位著名思想家中村正直的思想和他所译《西国立志篇》和《自由之理》著作中的内容，但在如何改造民众、树立新民问题上，梁启超并不接受中村正直所强调的儒家敬天爱人和西方基督教精神的作用，在引用中村正直的文章时，特意对体现这一思想的文字做了篡改。梁启超在《清议报》和《新民丛报》上发表的《霍布士学案》《斯片挪莎学案》《卢梭学案》《近世文明初祖二大家之学说》《法理学大家孟德斯鸠之学说》《民约论矩之卢梭之学说》《乐利主义泰斗边沁之学说》《近世第一大哲学家康德之学说》等一系列介绍近代西方思想家和学说的文章，大部分是以中江兆民的《理学沿革史》为蓝本，同时，梁启超有关"文明之自由""野蛮之自由""思想之自由"的论述，很大程度也为中江兆民自由观的翻

---

① 关于在梁启超与明治日本关系中采用以事实为依据的"影响研究"方法，这是桑兵先生对狭间直树教授主编的《梁启超·明治日本·西方：日本京都大学人文学科研究所共同报告》一书所做的评价［参见桑兵：《梁启超的东学、西学与新学——评狭间直树〈梁启超·明治日本·西方〉》，载《历史研究》，2002(6)］。在笔者看来，《东学背景》也有这个特点，故加套用。但笔者对"影响研究"和"平行比较研究"两种方法，并不持有桑兵先生那种优劣观——认为"影响研究"一定优于"平行比较研究"，而更愿意持相对主义和多元主义的态度，相信这两种方法在研究中外思想文化关系方面各有其价值，不但互不排斥，且可互相补充；即使对研究梁启超思想的东学背景来说，也是如此。

版。梁启超在《论民族竞争之大势》和《论教育当定宗旨》等文中所表达
的有关民族主义和帝国主义的见解，直接受明治昭和时期教育家、政
治家高田早苗的《十九世纪末世界之政治》和日本政治学者浮田和民的
《日本帝国主义》和《帝国主义之理想》等书的影响，但梁启超的国家主
义思想纯属防范与自卫性质，并不具有明治日本国家主义思潮所具有
的那种进攻性和侵略性。梁启超放弃卢梭天赋人权说，宣传强权论，
基本上又只是祖述日本德意志国家主义学派代表人物加藤弘之的观点，
稍有不同的是梁启超又用他所熟悉的公羊"三世"说理论，描述加藤弘
之有关强权经由"偏颇的进步"向"遍通的进步"，最后形成"宇内统一
国"的发展过程。

《东学背景》所做的这一研究，具体而微地揭示了梁启超启蒙思想
与明治日本思想之间的关系，这是以前国内学者单纯依靠中文资料进
行研究所不能企及的。就此来说，《东学背景》堪称一部可与国际学术
界最新研究成果接轨的学术著作。

《东学背景》的另一个显著特点是，除了将梁启超的文章与日文或
日译著作进行细致而艰苦的对勘研究外，还以近乎一半的篇幅，对作
为梁启超启蒙思想背景的"东学"——诸如福泽谕吉、中村正直、中江
兆民等启蒙思想家的生平、著作、思想渊源和地位，以及明治时代日
本自由民权运动和国家主义思潮的演变等，做了深入的梳理和论述。
阅读《东学背景》这一部分内容，令人有一种在读一部明治日本思想史
的感受，我们从中可对构成梁启超启蒙思想背景的"东学"的思想脉络
有较为清晰的了解。对梁启超启蒙思想产生重大影响的福泽谕吉是一
位倡导"脱亚"论的明治启蒙思想家，除了受幕末"丰后学"这一派学术
的影响之外，其西学渊源主要来自他几次对欧美的访问，其中《西洋事
情》为福泽谕吉访问欧美的一个总结，《文明论之概略》来源于英国历史
学家伯克尔（Henry Thomas Buckle）的《英国文明史》和法国历史学家
和政治家基佐（Cuizot）的《欧洲文明史》，《劝学篇》则以韦兰德（Way-
land）的《伦理学原理》为蓝本编写而成。中村正直则是一位主张"古今
中西道德一致"论的启蒙思想家，其西学知识直接来源于他在英国的留
学经历，他的两部对日本思想界和梁启超思想产生影响的日译著作《西

国立志篇》和《自由之理》均为 19 世纪英国思想家的著作，前者译自英国人斯迈尔斯（Samuwl Smiles）的《自助论》，后者译自英国人穆勒（John Stuart Mill）的《自由论》。中江兆民系为明治时代日本自由民权运动的一位代表人物，其西学知识主要来源于他在法国的留学经验，他也因此以宣传以卢梭为代表的欧陆式自由主义为己任，有"东洋卢梭"之美名。加藤弘之系为明治、大正时期的政治学家和教育学家，其思想演变以 1881 年为界，经历了由服膺卢梭天赋人权说到服膺德国政治学家伯伦知理国家主义的转变过程。日本的自由民权运动，则经历了明治之前"国富"派与"国强"派的分野到明治初年"国权"派与"内治"派的分野，以致后来演变为主张英国式自由主义的"改进党"派和主张欧陆式自由主义的"自由党"派以及倾向国家主义的"帝政党"三派的分野。明治时代的日本国家主义思潮更是五花八门，首先是在福泽谕吉、中村正直等启蒙思想家中即埋藏有日本亚洲优越论和主导论的思想，至中日甲午战争后，则有高山樗牛的日本主义、德富苏峰的大日本膨胀论、山路爱山的适者生存论、浮田和民的伦理帝国主义，以及望月小太郎、高田早苗、泷本诚一等所提倡的各式各样的帝国主义论。

　　《东学背景》所做的这一工作，不但表明作者在日本历史尤其明治日本思想史方面有很深的造诣，更为重要的是，鉴于梁启超启蒙思想很大程度上来源于东学，因此《东学背景》对明治日本思想的溯源，一定程度上也可以说是对梁启超启蒙思想的溯源，这对我们更好地认识和了解梁启超思想的复杂性是很有裨益的。

　　例如，《东学背景》对明治日本西学来源的考察，就有助于我们弄清梁启超在接受西学过程中出现的某些变异到底是他个人独立思考的结果，还是由于明治日本思想家的过滤，抑或二者兼而有之。对于梁启超在 1902 年发表的《论政府与人民之权限》一文中将穆勒《自由论》中一再讨论的"社会"与"个人"对立的问题转变成"政府"与"人民"的对立问题，从而抽去穆勒《自由论》中限制社会暴虐、确保个人自由的主题，黄宗智在研究中最先发现，并认为这一曲解主要出于梁启超对国家主义的关怀，同时也是因为受了明治日本思想家加藤弘之的社会达尔文主义思想的影响。① 而《东学背景》在追溯明治日本西学知识的来源时，则根据日本学者土屋英雄的研究，发现梁启超的这一曲解实际上另有所源，其始作俑者为中村正直，他在明治五年将穆勒《自由论》翻译成日文著作《自由之理》时，便将"个人"（individual）译成"人民"，将"社会"（society）译成"政府"。虽然根据这一发现，我们尚不能完全断定梁启超对穆勒自由主义思想的曲解是阅读中村正直《自由之理》的结果，但它无疑为我们解释梁启超的自由主义思想提供了一条新的线索。

再如，《东学背景》在追溯"东学"的西学来源时还发现，明治日本在输入德国政治学家伯伦知理国家学理论时也有所曲解，他们有意淡化伯伦知理国家学说中反对君主专制统治、主张建立近代国民国家等带有进步性的内容，将其主张国家至上的保守性一面加以发扬和利用，以为明治政府建立一个国权优于民权的国家服务，明治日本所做的这一取舍，结果反过来又影响了梁启超对伯伦知理思想的摄取，致使梁启超将国家至上的干涉主义思想奉为圭臬。同样，在接受卢梭的自由观上，由于受日本自由民权运动的过滤，梁启超也将自由的最终目标放在"向上以求宪法""排外以伸国权"上。《东学背景》所揭示的近代中日两国启蒙思想家在摄取西洋思想中的选择和再创造，也深刻揭示了东西方两种不同文明的差异和近代世界文明发展的多样性。

此外，《东学背景》所勾勒的明治日本思想文化的复杂图景，对于我们理解 20 世纪初年梁启超言论的多变和自相矛盾，也不无帮助。从作者所勾勒的明治日本思想图景中，我们可以清楚地看到，作为梁启超启蒙思想背景的"东学"，实际上是由不同的思想光谱组成的。在这些思想光谱中，既有近代西洋思想，也有传统儒学资源；而在近代西洋思想中，又有英吉利功利主义学派、法兰西自由主义学派和德意志国家主义学派之分；从对摄取西洋思想的态度来说，则有以福泽谕吉为代表的突出中西文化之差异的"脱亚入欧"论，也有以中村正直为代表的强调中西道德同构的"东西文明融合"论。明乎此，我们对当年梁

---

① Philip C. Huang, *Liang Ch'i-ch'ao and Modern Chinese Liberalism*, pp. 72-77.

启超在积极将明治日本思想介绍到国内过程中出现的一些言论上的矛盾，也就不必过于惊讶，或做一些无端的臆测。

《东学背景》的第三个值得称道的显著特点，是"忠实于资料"的精神。思想史研究最忌不读原典，断章取义，投机取巧，作无稽之谈。《东学背景》虽然吸收了前人尤其是日本学者的相关成果，但其研究则无不建立在大量阅读原典、搜集资料的基础上。其对梁启超文章与日文著作所进行的对勘比较研究，自不待言，即使对明治日本思想的梳理，作者也阅读和引用了不少日文原典。为说明作者在收集资料上的用功之深，以及这种基于资料基础上的研究对推进学术的贡献，兹举一例。对于发表在1899年4月10日至10月25日横滨《清议报》上的伯伦知理的《国家论》，法国巴斯蒂和日本狭间直树教授都专门发表过文章，他们的共同结论是1899年6月发表在《清议报》上的德国政治学家伯伦知理的《国家论》并非梁启超所译，1903年10月发表在《新民丛报》第38～39号上署名梁启超的文章《政治学大家伯伦知理之学说》，其实也非梁启超本人的作品，它们都是抄袭了1899年日本12月东京出版的吾妻兵治翻译的《国家学》。但《东学背景》并不囿于两位大牌教授的研究，为弄清梁启超所译德国政治学家伯伦知理《国家论》出自的日译著作，作者广泛搜集不同版本，发现在1899年4月10日至10月25日横滨《清议报》发表伯伦知理《国家论》译文之前，该书的日译本多达6种：明治五年至十二年版的加藤弘之的《国法泛论》、明治十三年版的石津可辅的《国会泛论》、明治十四年版的平田东助的《国家论》、明治十五年版的平田东助的《国家论》、明治二十一年至二十三年版的平田东助的《国法泛论》、明治二十二年平田东助和平冢定二郎合译的《国家论》。在此基础上，作者又进一步对这些不同版本进行对勘、比较，进而发现平田东助和平冢定二郎合译的《国家论》是当时日本较为全面和准确介绍伯伦知理国家学说的译本，1899年12月13日东京善邻译书馆、国光社出版的吾妻兵治的《国家学》实际上为平田本的直译，两者不但卷数和章节完全一致，而且遣词造句也十分相近。鉴于梁启超在《清议报》上发表伯伦知理《国家论》时吾妻兵治的《国家学》尚未公开出版，以及平田本早在1896年即被康有为收录在《日本书目志》第五卷的政治门中，我们在阅读《东学背景》对有关伯伦知理《国家论》日译本所做的介绍之后，就有理由对此前巴斯蒂和狭间直树两位教授提出的《清议报》发表的伯伦知理《国家论》系为吾妻本的直译这一观点表示怀疑，而倾向于更有可能是平田本的直译。① 此外，《东学背景》第一章对戊戌时期梁启超了解东学的途径及其初到日本时与日本政界的关系所做的梳理，也是目前国内论述得最为详尽的。

总之，《东学背景》所表现出来的那种"忠实于资料""十年磨一剑"的学术追求，是十分突出的，它也因此深得有关学者的推许。如日本学者野村浩一即称赞《东学背景》"这种研究，与那种随意性的'断章取义'形成了鲜明对比。只有通过这种方法的忠实贯彻，无论在什么时代，学术研究才能常常显示出它的本来意义。"(见该书"序"二，第2页)耿云志教授对此也给予高度评价，认为"匡民君此书，确是有关此一课题的最新的、最扎实和最可信的研究成果。今后凡做此项研究的学者，无论是国内还是国外，他们都不能不参考、借鉴这本书。这就是此书的成功和它的价值所在。"(见该书"序"一，第2～3页)这些学人的推许，实际上肯定了《东学背景》是梁启超思想研究中一部难得的原创性学术著作。

当然，如同许多优秀的史学著作都不可能做到尽善尽美一样，《东学背景》也有它的不足之处。第一，《东学背景》虽然较为尊重前人的研究，对他所参考过并认为有价值的相关成果，都做了脚注，但遗憾的是未能对其所探讨的问题进行很好的学术回顾和总结。如前所述，有关梁启超与明治日本思想的关系，以日本学者的研究最多，也最有深度，倘若作者以日本学界为中心，同时兼顾欧美和中国学者的研究，对以往的成果做一系统的清理，不但更符合学术要求，而且还可以使

---

① 为了弄清发表在《清议报》上的德国政治学家伯伦知理的《国家论》出自何部日译著作，《东学背景》的作者虽然花了很大的精力，但他并没有在书中大肆渲染，在未找到确切的证据之前，轻易地否定前人的研究，而是十分客观地认为"对梁启超摄取伯伦知理的学说来说，无论是据平田本，还是据吾妻本，在内容方面都不会有太大出入"。作者所表现出来的这种平实学风，在学术已演变为名利场的今日，实在不可多得。

作者所做的研究更为有的放矢；并且，作者也是最有资格做这项工作
的学人之一。

其次，梁启超受日本思想界的影响极为广泛，涉及政治、经济、
学术、文学、史学、宗教等众多领域；从时间跨度来说，日本思想界
对梁启超的影响虽然以他流亡日本初期最大，但又不只限于这一时期，
事实上直至梁启超晚年的一些著作，也有日本的思想资源。如此繁富
的内容，显然不是《东学背景》一书所能覆盖，并且我们也不能做此要
求，但《东学背景》既然取名为"梁启超启蒙思想的东学背景"，似有必
要对该书所要探讨的梁启超启蒙思想的纬度和经度加以限定，并做适
当的说明；否则，也易留下受人攻击的口柄。①

再者，在如何看待和估价梁启超启蒙思想中的日本思想资源上，
《东学背景》也有可议之处。鉴于这是研究梁启超与明治日本思想关系
中一个带有普遍性的问题，笔者属意留待下文专门讨论。自然，下文
的讨论也就不全针对《东学背景》，希请各位读者省察。

## 三、如何看待日本因素

梁启超启蒙思想曾受惠于明治日本，这是一个不争的历史事实。
但对于如何看待和评价梁启超思想中的日本因素，学术界迄今未予重
视，未曾展开讨论，基本上处于各说各的状态之下。

笔者以为，就如何看待梁启超思想中的日本因素这个问题来说，
首先须处理好日本因素与其他思想资源的关系。在梁启超思想研究中，
学术界长期来重视西学因素和中国传统因素，以及两者在梁启超思想
中的紧张感，比较忽视日本因素，的确有其局限性。但有些学者走向
另一极端，只讲日本因素，同样也是一种简单化的处理方式，无助于

---

① 日本学者野村浩一在为《东学背景》所写的"序"中，实际上就提出了这
个问题，他说："相应于梁启超这种多面性的思想家来说，此书的主题本身以及研
究课题当然也是广泛的。从这种观点来看，有关此书主题还有不少尚待挖掘的
地方。"

对梁启超思想的全面把握。在 19 世纪末和 20 世纪初的头 10 年里，明治日本固然是梁启超思想的一个重要来源，但绝非唯一的来源，同时也有中国传统思想因素和梁启超通过明治日本之外所获得的有关西学知识，诸如 19 世纪以来西方传教士和有关报纸杂志所介绍的西学知识，严译西学名著，以及梁启超本人亲自游历美洲、澳大利亚、中国香港和中国台湾等地的观感，康有为、黄遵宪等师友的影响，等等。此外，其他一些非思想因素，尤其是国际和中国国内政治局势的演变，也对梁启超思想产生重大影响。这些都是我们在研究梁启超思想与明治日本关系时所应注意的。

以 20 世纪初的梁启超新民说理论来说，虽然如《东学背景》和其他学者所说，是受了福泽谕吉、中村正直等日本思想家和著作的影响，但将梁启超的新民说完全归诸明治日本思想影响的结果，未免失诸简单。众所周知，"新民"是戊戌时期即已提出的一个口号，其中又以严复的阐述最为透彻。而严复当时提倡"新民"说，迄今没有资料表明是受了日本思想家的影响，其理论根据是斯宾塞的社会有机体论和社会达尔文主义。此外，当时西方人士对中国民族性的讨论也唤醒了戊戌维新思想家们对"新民"重要性的认识。① 戊戌时期梁启超虽然追随康有为，从事维新变法活动，但对"鼓民力、开民智、新民德"的主张也是完全认同的，他本人在发表《变法通议》之后，就曾有意"集天下通人宏著，有当于新民之义者为一编"，批评社会上的通人魁儒对新民之道"熟视无睹，有若可删"。② 虽然梁启超当时所说的"新民"，与他流亡日本之后所讲的新民有不同内涵，但两者之间显然有着继承关系。

并且，20 世纪初梁启超的新民说理论，除了是戊戌时期"新民"主张的进一步发展之外，也即受严复和西方社会有机体论思想的影响外，

---

① 有关戊戌时期新民思想产生的背景及有关维新派对国民性的反思，可参见拙文：《中国近代改造国民性思想的先声——论戊戌维新派对传统民族文化心理的反思》，载《史学月刊》，1994(4)。

② 梁启超：《饮冰室合集》文集之二，47 页。有关梁启超新民思想的演变，可参见拙文：《梁启超〈新民说〉的再认识》，载《近代史研究》，1989(4)。

其实与林毓生所说的中国传统"借思想文化以解决问题"的一元论和唯智论的思维模式①也有直接的联系。中国传统"借思想文化以解决问题"的一元论和唯智论的思维模式的显著特征，就是强调道德、人心在治理国家和社会中的作用，中国传统所说的"修齐治平""人存政举"，便是这种传统思维模式的外在表现，它们与福泽谕吉、中村正直等人所提倡的学习西方文明之精神以及"一人独立，方能一国独立"的主张，分明有着相通之处。事实上，梁启超本人在宣传新民理论时，也明确将中国这一传统思想作为其理论根据之一。在他发表的《论新民为今日中国第一急务》一文中，梁启超便将《孟子》所说"子力行之，亦以新子之国"的古训作为其理论根据之一。而他所说的"新民"一词，则直接取于儒家经典《大学》中所说的"大学之道，在明明德，在新民，在止于至善"的警句。在他所著《新民说》的各篇文章中，梁启超除大量引用西方和日本的历史事例以及思想家的言论外，也常常从中国传统典籍中摘引相关言论或历史故事，以阐发他所提倡的新民理想的意义。例如在《新民说·论自尊》一文中，为宣传福泽谕吉"一人独立，方能一国独立"的思想，梁启超就援引了伊尹、孟子、庄子、杜甫等人的相关言论。所有这些事例，无不表明梁启超的新民说理论有着中国传统思想渊源。

此外，就非思想因素来说，20 世纪初梁启超之所以热衷于新民说理论，又与他当时所处的政治环境有密切关系。戊戌变法失败后，自上而下的改革遭破灭，梁启超成为一名纯粹的启蒙宣传家，新民理论自然也就成了最好的宣传主题，正如梁启超本人在 1903 年为他宣传新民说所做的辩护中所说："吾以为新闻记者之责任，其必在于新民也已。"②我们看到，随着梁启超的兴趣重新转向实际政治活动，在 1903 年游美归来之后，他对宣传新民理论的热情便大为减弱，到 1906 年立宪运动开始后，便完全放弃新民理论的宣传，在《新民丛报》第 72 号发

① 参见〔美〕林毓生：《中国意识的危机——"五四"时期激烈的反传统主义》，穆善培译，贵阳，贵州人民出版社，1988。

② 梁启超：《饮冰室合集》文集之十一，43 页。

表《论民气》一文之后，终止了《新民说》的写作。笔者以为，日本因素在梁启超新民说理论中的作用，主要体现在以下两个方面：一是进一步强化了梁启超原有的新民思想；二是为梁启超所要塑造的"新民"形象提供了充足的思想资料，如果没有"东学"背景，梁启超当时要写出那部脍炙人口的《新民说》是难以想象的。

当然，对专门探讨梁启超与日本关系的学者来说，他们在研究中将重点放在日本方面，这是完全可以理解的，也是十分合理的，但倘若在论证或表述过程中将梁启超的启蒙思想完全归诸日本因素，不对其他因素予以适当的关照，这就将梁启超的思想简单化了，并且其所建立的关于梁启超思想与明治日本之间的那种单向的紧密关系也很难令人信服。就此来说，《东学背景》一定程度上也存在着这方面的问题。

再者，在处理梁启超启蒙思想与日本关系问题上，《东学背景》和其他一些学者采用近似"学案体"的方法，将梁启超思想与某一日本思想家或著作的影响联系在一起，亦须谨慎为之。事实上，对于如饥似渴汲取新知识的梁启超来说，其思想不可能只简单地受某一具体思想家或某部著作的影响。以梁启超与福泽谕吉的思想关系来说，后者无疑在文明论方面对前者产生过影响，但同时正如日本学者石川祯浩所指出的那样，文明论是当时日本思想界和舆论界的一个共同话题，梁启超所置身的世纪之交的日本已不再是福泽谕吉《劝学篇》和《文明论之概略》所标榜的"文明之精神"时代，而是早已经过加藤弘之、陆羯南、德富苏峰等"社会进化论""国民主义""国权主义""帝国主义论"等各种理论和学说过滤的时代，因此，对梁启超的文明论产生影响的，自然不限于福泽谕吉一人，并且，梁启超的文明论自然还会与福泽谕吉有所区别。① 同时，《东学背景》在探讨福泽谕吉与梁启超启蒙思想关系时，只讲福泽谕吉在文明论方面对梁启超的影响，又会存在可能忽视梁启超在其他方面也受过福泽谕吉影响的危险。这在作者讨论中村正直、中江兆民等人与梁启超思想关系的时候，都遇到了同样的问题。

---

① 参见[日]石川祯浩：《梁启超与文明的视点》，见[日]狭间直树编：《梁启超·明治日本·西方：日本京都大学人文学科研究所共同报告》，95～119 页。

再如，《东学背景》和一些日本学者都注意到梁启超 20 世纪初所做的一系列介绍近代西方思想家和学说的论文，大多以中兆江民《理学沿革史》为蓝本，但将梁启超此类文章都归诸《理学沿革史》，可能又会疏忽其他日文著作的影响。至少在《乐利主义泰斗边沁之学说》一文中，梁启超明确表示该文的写作除了参考中兆江民的《理学沿革史》之外，另参考了陆奥宗光译的《利学正宗》、边沁的 *Theory of Legislation*、纲岛荣一郎的《西洋伦理学史》和《主乐派之伦理说》、山边知春译的《伦理学说批判》、竹内楠三的《伦理学》、田中泰磨译的《西洋哲学者略传》、杉山藤次郎的《泰西政治学者列传》、小野梓的《国宪泛论》、冈村司的《法学通论》和有贺长雄的《政体论》。① 梁启超所列的参考书可能有标榜的成分，但他所写的文章和思想不只受某一日本思想家或日文著作的影响，却可能是真实的，值得认真对待。

并且，除了受日本思想家和日文著作的影响之外，梁启超日常所接触的明治日本社会及其风尚，也必然给他的思想以重大的影响。例如当时的日文报纸杂志，便是梁启超吸取相关知识的一个重要来源。梁启超在 1899 年 12 月所写的《汗漫录》中就提到他初到日本，通过阅读报纸，接触了解日本的情景，自谓"每日阅日本报纸，于日本政界、学界之事，相习相忘，几于如己国然"②。后来，在他所写的《双涛阁日记》里，梁启超也将"读报纸"列入他每天的功课之一。此外，梁启超在文章中也常提到明治日本社会风尚对他的影响，他后来曾这样描述对日本社会风尚的感受："戊戌亡命日本时，亲见一新邦之兴起，如呼吸凌晨之晓风，脑清身爽。亲见彼邦朝野卿士大夫以至百工，人人乐观活跃，勤奋励进之朝气，居然使千古无闻之小国，献身于新世纪文明之舞台。回视祖国满清政府之老大腐朽，疲癃残疾，肮脏蹒跚，相形之下，愈觉日人之可爱、可敬。"③

---

① 参见梁启超：《饮冰室合集》文集之十三，46～47 页。
② 梁启超：《饮冰室合集》专集之二十二，186 页。
③ 吴其昌：《先师梁任公别录拾遗》，见中国人民政治协商会议北京委员会文史资料研究会编：《文史资料选编》第 36 辑，76 页，北京，北京出版社，1989。

因此，在考察福泽谕吉、中村正直、中兆江民、加藤弘之等日本思想家及其著作与梁启超启蒙思想之间关系的同时，适当关照日本思想界其他一些人物和著作乃至当时日文报纸杂志以及当时日本社会和风尚对梁启超思想的交叉影响，这不但使梁启超启蒙思想与日本关系的研究更有立体感，而且也有助于我们弄清梁启超启蒙思想的真正来源，或许还会有新的意外发现。

需要指出的是，对梁启超受众多明治日本思想家和明治日本社会风尚的交叉影响，《东学背景》有十分清楚的认识和了解。在考察某一日本思想家或著作对梁启超思想的影响时，作者常常提醒读者注意，此时梁启超同时也受到其他日本思想家或著作的影响，但可惜未做具体分析。

在考察梁启超思想中的日本因素时，另一个值得注意的问题是将梁启超视为明治日本思想的简单的抄袭者或被动的接受者，还是将他看作一位具有主体性和创造性的思想家。有些学者在考察梁启超思想与日本的关系时，由于片面强调日本因素，忽视梁启超启蒙思想的其他思想来源，往往单向考察明治日本思想对梁启超的影响，将梁启超看作一个简单的被动的受体，而比较忽视反向考察梁启超作为一名思想家所做的主体性选择和创造。狭间直树教授在研究中似乎就持这一观点，他曾在《梁启超·明治日本·西方：日本京都大学人文学科研究所共同报告》的日文本的序言中这样强调："在此，我想提及的是，与其说是梁启超以自己的方式主动摄取明治时期形成的日本文化，倒不如说是明治时代的日本'培养'了梁启超。"

笔者以为，将梁启超说成明治日本思想的被动受体者或抄袭者，这是对梁启超思想的进一步简单化，同时也极大地降低了这一研究的思想和学术意义。事实上，梁启超本人的文章和一些学者的研究都表明，梁启超作为一名启蒙宣传家和思想家，他在摄取日本明治思想过程中，无论是抄袭，还是客观的介绍，都是结合当时中国的现实和需要，根据自己的认识和理解以及知识背景加以取舍，甚至进行刻意的修改和创造性的阐发。

例如，尽管梁启超发表在《清议报》上的德国政治学家伯伦知理的

《国家论》系抄袭平田的《国家论》或吾妻的《国家学》，但在抄袭过程中梁启超却对译本做了大量的取舍：对日译本著作中中国人可能不感兴趣的有关叙述欧洲立宪制度演变历史的第三卷第四章和第四卷第三章以及第五卷《国家与教会》删去未译；对日译本著作中第二卷《国民与国土》有关民族与国民、国民与社会部分的内容，也因为梁启超当时认为"nation"（族民）与"volk"（国民）的区别没有意义，反而会引起混乱而被删去；同时因为当时梁启超在政体选择上尚犹豫不决，因而有关对君主立宪制和代议共和制的分析也被删去；而在1903年梁启超政治态度发生变化后，许多被删去的内容又在他发表的《政治学家伯伦知理之学说》一文中重新出现。① 又如当梁启超翻译明治日本政治小说时，它在当时的日本已经过时，介绍明治日本政治小说主要是为梁启超提供了一种新的宣传工具；并且，在翻译日本人柴四郎的《佳人奇遇》时，梁启超除了在康有为的压力之下，将小说中体现反清思想的文字删去之外，还基于自己的政治立场，对其中宣传大日本侵略主义思想和有辱中国的文字做了重大的修改。

再如，根据日本学者松尾洋二的研究，梁启超在《新民丛报》上发表的大量西洋人物史传，诸如《匈加利爱国者噶苏士传》《意大利建国三杰传》《近世第一女杰罗兰夫人传》等，虽然几乎是相关日文著作的翻译，但这些史传经梁启超的翻译和加工之后，"简直就成为一部思想性著作"②。根据台湾学者黄克武的研究，梁启超笔下的康德虽然以中江兆民所译法国学者 Alfred Fouillee 的《理学沿革史》为蓝本，但也非后者的简单复述，不但译介的内容具有高度的选择性，而且还充满梁启超个人所做的阐释，既有康德、Alfred Fouillee、中江兆民等人的影

---

① 详见［法］巴斯蒂：《中国近代国家观念溯源——关于伯伦知理〈国家论〉的翻译》，载《近代史研究》，1997（4）。巴斯蒂教授所做的这一研究，实际上否定了她在论文中提出的梁启超在摄取明治日本思想只是"不折不扣抄袭"或"丝毫没有他的个人创见"的观点。另，《东学背景》对梁启超所译《国家论》对日译著作的取舍及其原因，也在巴斯蒂教授研究的基础上，做了更为详尽的分析。

② ［日］松尾洋二：《梁启超与史传》，见［日］狭间直树编：《梁启超·明治日本·西方：日本京都大学人文学科研究所共同报告》，278页。

子，也有佛学、儒学等思想因素，呈现出各种理念交杂、互释的景象。① 根据学者蒋俊的研究，梁启超的《新史学》虽然受浮田和民《史学通论》的影响，但同时也非简单地摘取其中的某些观点或移译个别章节，而是着重于融会、改造和创新，进而为外来理论的中国化和中国史学走向世界辟出一条蹊径。②

不但如此，即使对文章中出现的一些日语词汇或术语，梁启超也有所鉴别、批判和创新。例如为避免日语"经济"一词与中国传统典籍中"经世济民""经世济俗"含义相混淆，梁启超在文章中便曾以"富国学""资生学""理财学""平准学""生计学"等取代日语中的"经济"一词③；梁启超在文章中采用日语"论理学"（logic）一词，则是他在比较中国旧译"辨学"和严译"名学"的优劣之后所做的一个择善而从的选择④；梁启超文章中所用的"乐利主义"（utilitarianism）一词，系为他在综合日译和西文原意基础上所做的一个小小的创新，梁启超曾解释道："此派之学说，日本或译为功利派或译为利用派；西文原意则利益之义也。吾今镕括本派之梗概定为今名。"⑤至于梁启超文章中的"物竞天择、优胜劣败"的表述，又为他对社会学术语中日译"生存竞争、优胜劣败"和严译"物竞天择、适者生存"所做的一个综合⑥；对于日语中的"革命"（revolution）一词，梁启超更是从自己的政治主张出发，曾发表有名的《释

---

① 参见黄克武：《梁启超与康德》，载《"中央研究院"近代史研究所集刊》，第 30 期，1998。

② 参见蒋俊：《梁启超早期史学思想与浮田和民的〈史学通论〉》。

③ 参见［德］李博：《汉语中的马克思主义术语的起源与作用：从词汇—概念角度看日本与中国对马克思主义的接受》，赵倩、王草、葛平竹译，北京，中国社会科学出版社，2003。在流亡日本期间所写的文章中，梁启超偶尔也使用日语"经济"一词，但为避免与传统典籍中的"经济"一词含义混淆而产生误解，在使用时有时加了注释。

④ 参见梁启超：《近世文明初祖二大家之学说》，见《饮冰室合集》文集之十三，3 页。

⑤ 梁启超：《乐利主义泰斗边沁之学说》，见《饮冰室合集》文集之十三，30 页。

⑥ 参见梁启超：《自由书·放弃自由之罪》，见《饮冰室合集》专集之二，23 页。

革》一文，批评日语中的"革命"一词未能正确地传达近代西方所说的
"revolution"一词的含义，而与中国古代所谓的以暴易暴的易姓革命相
混淆，主张以"变革"一词取代日语中的"革命"一词。①

总之，梁启超文章受到明治日本思想影响的事实，绝不意味着他
是一个缺乏主体性的宣传家，或为丝毫没有个人创见的思想家；否则，
他就不可能成为一代"舆论界之骄子"，对近代中国思想界产生广泛和
深远的影响。

因此，有必要指出的是，有关明治日本对梁启超思想的影响研究，
实际上应该包含两个层面：一是作为受体的梁启超在哪些方面接受了
明治日本思想的影响；二是作为主体的梁启超在摄取过程中如何根据
自己的需要进行创造性的转化。从以往的研究来看，学术界主要侧重
第一层面的研究，对第二层面则未予足够重视。《东学背景》对梁启超
的主体性一面虽然有所关照，一定程度上注意到梁启超在摄取东学过
程中所做的一些有选择性地取舍或修改，但总体来说，主要还是以考
察明治日本对梁启超的影响为主，对梁启超的主体性一面仍有待进一
步挖掘和分析。

最后，在考察梁启超借途日本汲取西学过程中，似有必要进一步
将其放到近代东亚文明转型的角度予以思考和把握，而不仅仅局限于
就梁启超论梁启超。东亚各国的历史和国情虽然不尽相同，但相对于
欧美西方文明，大体又有着相似或相近的道德和价值取向，构成与西
方文明有别的东亚文明共同圈。因此，19、20世纪之交梁启超糅合西
学、中国传统和日本东学，创造新学的过程，不只是梁启超的个人思
想活动，它在很大程度上代表了作为世界文明重要组成部分的古代东
亚文明对近代西方文明的回应，以及东亚文明向近代的转型，深刻揭
示了世界近代文明发展的多样性。并且，需要指出的是，当年梁启超
在重建近代中国价值和知识体系的过程中，就有很强烈、很明确的东
亚文明意识。他流亡日本之后创办的第一份刊物《清议报》的宗旨，除
了激发中国"国民之正气""增长支那人之学说"之外，便是要"交通支

---

① 参见梁启超：《饮冰室合集》文集之九，40～44页。

那、日本两国之声气，联其情谊""发明东亚学术以保存亚粹"。① 在他看来，中国古代文明不只是中国一国的文明，也是东亚文明的代表和象征。梁启超曾这样明确宣称："盖大地今日只有两文明：一泰西文明，欧美是也；二泰东文明，中华是也。二十世纪，则两文明结婚之时代也。"②同时，在他当时对"黄色人种""白色人种"亚洲与欧洲之大势所做的大量表述中——不管这些表述是祖述当时日本人的观点，还是直接受当时西方学术的影响，我们都可感受到梁启超对东亚文明和东亚国家历史命运的深沉关切和他的世界意识。因此，在考察梁启超借途日本汲取西学知识、重建近代中国价值和知识体系过程中，我们还应思考梁启超当年所做的工作对近代东亚文明有着怎样的历史意义和历史启示，从而也可引申出我们对明治日本思想文化进行深沉的反思，而不再拘泥于单向考察日本对梁启超思想的影响。总之，倘若我们能将东亚文明意识自觉地带入有关梁启超与明治日本思想关系的研究之中，必将使这一研究更有思想性，也更有价值。

原载《近代史研究》2004 年第 4 期

---

① 梁启超：《饮冰室合集》文集之三，31 页。
② 梁启超：《饮冰室合集》文集之七，4 页。

# 耿云志先生著作读后感二篇

## 一、读《西方民主在近代中国》

实践民主，建立适合中国国情的民主制度，是自 1840 年鸦片战争以来中国人民追求的重要政治目标。不管人们如何诠释 1840—1949 年的中国历史，也不管人们如何评价近代中国民主化历程，民主都是中国近代史研究中绕不过的一个重大课题。全面科学地总结百年中国探索民主政治的历史，其意义自不待言。最近中国青年出版社出版的由耿云志先生和其他 5 位研究人员合作撰写的《西方民主在近代中国》（以下简称《西方民主》）一书，不失为近年学术界研究近代中国民主问题的一部较为成功的学术著作，兹做一简单评述，以与广大读者交流。

研究近代中国民主化历程，首先遇到的问题是何为"民主"。民主的字面意义，指的是"人民的权力"，换言之，也就是权力属于人民。但当讨论民主问题时，人们显然不是停留于字面的理解，民主同时还有着广泛的外延。它既可指社会民主，也可指经济民主、政治民主，以及学术民主、艺术民主等，此乃就横向的民主而言；从纵向来看，民主又有古希腊城邦民主与近代西方民主之别，以及近代西方民主与社会主义民主之别等，不一而足。然而，民主无论是从词源上来说，还是后来政治学家的理解，它首先都是指国家的政治制度。列宁在《国家与革命》一书中就曾明确指出："民主是一种国家形式，一种国家形态"①。可以说，政治民主是民主最为基本的含义。《西方民主》一书便是从国家政治制度角度探讨中国近代民主问题的，并且将之严格界定在对近代西方民主制度的追求上，以与后来的社会主义民主制度相区别，声明该书的研究对象"是近代中国人对西方民主的认识与实践的历史，说详细点，就是考察自从中国的先进分子睁开眼睛看世界那时候起，为改变中国落后的君主专制制度，力求在中国建立某种西方式的民主制度（包括立宪君主制和共和制）所做的种种努力和尝试"②。这就避免了在探讨中国近代民主问题时可能出现的混乱——将民主问题泛化，什么东西只要稍与民主沾点边，都往里面装。

然而，西方民主在近代中国依然是一个大题目，有众多论域，诸如自由主义问题、政党政治问题、宪法问题、议会问题等。因此，在确定研究对象之后，选择合适的研究角度至关重要。在这一关键问题上，《西方民主》在总结和比较以往的研究之后，根据耿云志自身多年的研究经验，主张从思想和制度、认识与实践两个方面加以考察，认为"为了深切认识历史和总结经验，就民主这一课题而言，从认识与实践的结合上（或者说把思想和制度结合起来）进行研究是比较最为有益的"（前言，第 2 页）。该书提出的这一主张很有见地，深得民主要义，与美国著名政治学家乔·萨托利的观点不谋而合。后者在《民主新论》中谈到如何正确认识和理解民主时指出："为了避免从错误的立场出发，我们必须记住（1）民主的理想不能界定民主的现实，反过来说，现实中的民主不是，也不可能同理想的民主一样；（2）民主是从其理想和现实的相互作用中，从应然的推动力和实然的抗拒力的相互作用中产生和形成的。"③萨托利在这里所说的"应然"与"实然"，实际上就是指民主的认识和实践两个方面。《西方民主》所选择的这一研究角度，一

---

① 《列宁选集》第 3 卷，257 页。

② 耿云志等编：《西方民主在近代中国》，1 页，北京，中国青年出版社，2003。以下均在正文中插注页码。

③ ［美］乔·萨托利：《民主新论》，冯克利、阎克文译，9 页，北京，东方出版社，1993。

定程度上为探讨近代中国民主政治提供了一个新的思路。

就认识和思想层面来说，《西方民主》在前人研究的基础上注意总结和揭示各个时期中国人民对民主政治认识所达到的水平及其思想特征，写得言简意赅。该书第一章以不多的篇幅，对自鸦片战争至戊戌时期近 50 年先进中国人对西方民主的认识做了高度概括，指出鸦片战争前后经世派思想家林则徐、魏源、徐继畬等主要从一些西方人所著的史地著作中略窥西方政治制度的大概情形，他们首先发现和重视的是西方的议会制度；19 世纪六七十年代出使人员郭嵩焘、薛福成等人，根据直接观察所得的知识，对西方民主制度有了较以前更为全面的认识；19 世纪 70 年代中后期至甲午战争前后的早期维新派，在前人认识的基础上和民族危机的刺激之下，逐渐形成君民共主观念，开始考虑将西方民主制度移植到中国的问题，并提出若干在中国开设议院的方案；戊戌时期则实现了中国民主思想认识史上的一次飞跃，维新思想家们不但第一次明确地将君主立宪作为政治改革的目标，而且还从理论上初步阐述民权、平等、自由等思想含义，严复代表了那个时期中国人对西方民主认识的最高水平。该书第二章对辛亥时期思想界，尤其是以孙中山为首的革命派和以梁启超为代表的立宪派的民主思想做了扼要、系统的总结，认为这一时期思想界对西方民主制度的一些最基本的内容，如人民权利、政府权力制衡、选举、地方自治等，都较以前有更深入的认识，而且对如何移植西方民主制度做了相当深入的思考，是近代中国认识西方民主的一个非常重要的时期。该书第七章对清末民初政党观念的演变做了剖析，认为政党观念是民主思想的一个重要组成部分，民初政党政治的失败与这一时期中国人的政党观念有着极为密切的关系。关于"五四"时期民主思想的发展，该书第八章着重指出其贡献主要在于：与以往进步思想家只关注公民的参政权不同，五四新文化运动的领袖们大力宣传人的解放、个性的解放，强调健全的个人主义才是民主政治的基础，使从前流于工具理性的自由、民主、平等等口号具有价值理性。自兹之后，除随马克思主义传播和中国共产党诞生而发展起来的无产阶级革命民主主义思想之外，"五四"孕育和发展起来的强调个人本位的自由主义和孙中山的新民权主义成为近代中国民主思想的两个主要发展方向，从而成为中国近代民主思想的新起点。该书第十章第三节和第十一章则对20世纪20年代末"人权运动"和30年代初思想界关于"民主与独裁""宪政与训政"论争中，人们对民主问题的认识做了较为详细的考察和分析。由此，《西方民主》较系统地揭示了自鸦片战争以来中国人民主认识的发展历程。

在制度和实践层面，《西方民主》对自戊戌维新以来中国近代每次重大的民主运动或实践都做了较为系统的考察和分析，依次揭示其实质及在近代民主政治实践过程中的作用和意义。他们认为，1898年的百日维新虽以失败告终，但仍不失为近代中国第一次具有君主立宪色彩的政治改革，尤其以康有为为首的维新派通过公车上书、办学、办报和结社等方式宣传民权思想，推动维新运动不断发展，为后来的民主运动做了思想和人才两方面的准备。清末预备立宪期间，清廷实行的各项政治举措，虽然表明清朝统治者并无立宪诚意，但它们为立宪派从事民主运动提供了机会，可在一定程度上将这一时期看作中国由君主专制向君主立宪过渡的时期。立宪派为实现君主立宪的政治目标，努力达成全国性的联合，利用谘议局和资政院此类合法机构，不断给清廷施加压力，发起全国规模的国会请愿运动，既有力地打击了清政府，削弱以至动摇了君主专制统治，同时他们从中也积累了一些民主政治的经验。民初宪法、国会和政党政治，虽属草创，但无不体现出民主共和精神，为中国历史上破天荒的壮举。"五四"之后中国社会各种政治力量为拯救共和民主制度所做的努力和探索，特别是以孙中山为首的国民党人抛弃"护法"的旗号，主张以"国民革命"推翻军阀统治，依照革命程序论重新确立通往宪政之路，以及早期中国共产党人提出打倒帝国主义和军阀统治，建立"代表真正大多数劳动平民的""真确到底的代议制"的主张，表明曾经在中国近代知识分子中有着广泛基础的西方代议民主制经过十多年的实验之后，再也不能成为凝聚中国知识分子的共同追求。南京国民政府建立的训政制度，实质上是一党专制、领袖独裁的政治体制，没有给人民的民主权利提供任何保障，是对孙中山训政理论的亵渎。抗日战争和战后时期，一方面民主力量进一步增强，民主运动空前高涨，要求国民党放弃一党专制，实施宪政，实现军队国家化，保障人民自由权利，建立一个多党合作的联合政府，成为这一时期民主运动的主要诉求；但另一方面以蒋介石为首的国民党领导集团顽固地坚持一党专制，极力限制准民意机构——国民参政会的职权，拒绝建立联合政府，破坏当时反映民主基本要求的政治协商会议决议，召集由国民党一手包办的"制宪国大"，为其一党专制披上合法的外衣，使西方式的民主宪政在近代中国无立足之地。《西方民主》在这一方面所做的研究，具体展示了中国近代民主政治所取得的进步及其所遇到的挫折，为总结百余年中国民主政治建设的经验和教训提供了丰富的历史背景。

根据对中国近代民主政治认识与实践两方面的考察，《西方民主》对其总体特征做了很有意思的总结。耿云志认为，近代中国民主化进程的最大特点是，近代中国对民主政治的认识与实践并不同步，存在一个奇特的悖论：一方面中国人民对民主政治的认识随着时间的推移不断深化，但另一方面，自民初袁世凯解散国会之后，民主制度在实践层面不但没有取得同步的进展，相反，"越来越表面化，越来越虚化，越来越有名无实"（第 643 页）。他们还认为：近代中国未能建立民主制度，原因并不是从前人们常说的那样，是由于中国人想照搬西方的民主制度，所以必定失败，而在于"始终未曾找到足够支持它的优势的社会力量"（第 644 页）；民主力量在近代中国虽不断增强，但各种民主势力始终不能在组织上达成巩固的联合，共同对付专制势力，相反，民主力量的领袖们常常希望借助非民主力量实现自己的策略目标，结果反为旧势力利用；民主力量在寻求建立宪政过程中，以人立法，试图通过宪法和法律实现他们实力所做不到的事情，这也对近代中国民主政治带来伤害，特别是专制势力也运用这种手法，借民主之名行专制之实，其对中国近代民主政治的危害尤为巨大，它令中国人对西方民主逐渐失望乃至绝望。该书对近代中国民主化进程的总结，道出了中国政治迟迟不能走上西方民主之路的症结所在，发人深省。

研究近代中国民主问题，往往会陷入的另一个误区是，出于对民主的敬仰和渴望，人们自觉或不自觉地产生一种"民主情结"，不顾国情，先入为主地认定一种最"先进"的民主模式，排斥和否定其他不同的民主模式。有时还会自觉不自觉地从党派的立场，评判寻求建立民主政治过程中所遇到的问题，简单地肯定一方，否定另一方。难能可贵的是，《西方民主》没有落入这一窠臼，对近代各种民主思想和民主制度，都能持理解的态度，不预设标准，不为党派立场、观点所囿，或根据当时中国的历史实际状况，或根据民主的本意，或根据其在中国近代民主化进程中所起的作用，评判其利弊得失。例如，对康有为在维新运动中取消设议院、立宪法的提法，转而建议设制度局于内廷，该书没有简单地将它看作一种倒退，认为这是出于策略的考虑，为"审时度势"之举，并不表明康有为放弃君主立宪理想。对于辛亥时期革命与立宪两派关于民主问题的争论及其实践，《西方民主》也没有像从前那样站在革命的立场上，厚此薄彼，一味地肯定孙中山的民主共和方案，贬斥以梁启超为代表的君主立宪方案，而是认为两派都有不足之处，一方把民主制度看得太容易，另一方则看得太难。对民初共和政治，《西方民主》不拘泥于西方标准，多从当时中国客观情况予以评论，指出 1911 年 12 月公布的《中华民国临时政府组织大纲》并非出自人民代表之手，未能按照同盟会的《革命方略》进行设计，以及没有关于人民权利之条款，不能看作《大纲》之过，看作"缺乏民主精神"的表现，此乃客观形势使然，不可苛责。对于革命党人制定的《临时约法》，该书一方面充分肯定其历史意义，同时并不因革命党人为制约袁世凯便赞同其设立责任内阁制的做法，而是实事求是地指出约法所规定的责任内阁制与西方立宪国家的内阁制精神多有不合之处。对于 20 世纪 30 年代初民主派提出的在中国这样一个落后国家建立民主政治陈义不必过高，不必太理想化，可以从幼儿园训练做起的主张，也不因其低调而加以否定，相反，认为这是"一个很值得注意的、很有启发意义的论点"（第 494 页）。对于抗日战争和战后时期第三党派的民主运动，《西方民主》也没有用当时中国共产党人的民主理想加以评判，而是根据当时中国的实际状况，充分肯定其在推进近代中国民主政治中所起的积极作用。此外，即使对我们通常认为的反动势力的民主举措，该书也能做出客观的评价。例如，对于清末的预备立宪，书中在指出清廷措置多有失当的同时，对谘议局、资政院、地方自治等则加以肯定，认为谘议局在清末是一个"可以独立议事的拥有一定程度的立法权和监督行政权的地方政治机构",其实践"对于中国从专制到民主政治的转变是一次初步的但是十分重要的演练"(第133、135页);资政院的作用虽不及谘议局,但它"集全国各地议员于京城讨论国家大政,这毕竟是中国数千年未有的创例",并使议员们获得"相当的民主政治的训练"(第145页);地方自治虽有流弊,但由政府实行地方自治,"毕竟开启了地方政治民主化的途径,为绅商参与地方政权开了一条孔道"(第162页),其方向是正确的。同样,对于南京国民政府的训政制度,《西方民主》一方面指出其"以党代政""个人独裁""人民无权"等反民主实质,同时又不为贤者讳,不为尊者讳,坚持认为南京国民政府的训政制度确实源于孙中山的革命程序论,指出:孙中山的革命程序论虽然有其合理性,认识到民主政治不可一蹴而就,"但依孙中山的设计,宪政目标的实现很大程度上取决于革命党,甚至取决于革命党的领袖,因而其设计存在一党专政、个人独裁的可能性。再加上,孙中山对一些重要问题的论述亦有不一致的地方,也很容易被利用为一党专政、个人独裁找到依据"(第433页)。总之,耿云志在评价历史中所表现出来的"低调民主观",虽不及"高调民主"动人,但它无疑更接近中国历史实际,也更有助于我们从历史中得益。

另外,值得指出的是,《西方民主》作为由耿云志先生主持、共有6位研究人员参加的集体研究成果,也有其成功之处。在保持个人研究独立性的前提下,没有出现一些集体著作中存在的观点前后矛盾或机械拼凑的现象,各位作者对近代中国民主化进程大致有一个共同的评价尺度,并且各部分衔接自然,前后呼应,有很强的整体性。在今日名人学者组织学人著书成风的时代,该书作者们所表现出来的合作精神和认真态度无疑是十分可贵的。

当然,作为研究近代中国民主的一种新的尝试,《西方民主》在内容上也有值得商榷或深入的地方。首先,该书过于偏重中国民主化过程的考察和叙述,问题意识略显不足。虽然该书已注意到近代中国民主化过程中遇到的一些问题,诸如国民素质与民主政治的关系、革命与民主政治的关系、政党政治与民主政治的关系、实现民主政治的步骤，以及个人主义、自由主义与近代中国民主政治的关系等，但这些问题常常淹没在对过程的叙述之中，换言之，并没有将它们作为"问题史"进行深入系统的分析（比较而言，书中第八、九两章表现出较强的问题意识）；而有些问题甚至完全被忽视，诸如女权问题、自由与平等的关系问题等。再者，自17世纪至1949年的二百余年里，西方民主理论历经变化，本书既然名为《西方民主在近代中国》，本应注意分析近代中国的民主思想家们接受的是何种西方民主理论或何人的民主理论，或受何种西方民主理论的影响，以及在接受过程中他们做了怎样的理解。书中在某些地方虽已注意到中西民主思想的差异，但西方民主思想或民主理论在书中基本上是静态和单一的，耿云志并没有对中西民主思想的关系做动态的分析。当然，比较和研究两者之间的关系确实是一项十分艰巨的工作，但它无疑是我们今后所应努力的一个方向。

原载《近代史研究》2003 年第 5 期

## 二、读《近代中国文化转型研究导论》

近代中国社会处于转型期，文化也同样处于转型过程中。对处于转型期中的近代中国文化，学术界虽然已有不少的研究成果，但从文化转型角度较为宏观、系统地探讨近代中国文化的著作并不多见。①最近，四川人民出版社出版的由耿云志先生主持的"近代中国文化转型

① 有关新中国成立以来国内中国近代文化史研究状况，参见刘志琴：《50 年来的中国近代文化史研究》，载《近代史研究》，1999(5)；周积明：《二十世纪的中国文化史研究》，载《历史研究》，1997(6)；李平：《20 世纪中国文化史研究述评》，载《文艺理论与批评》，2000(3)；李平：《建国五十年来中国文化史研究的回顾与反思》，载《学术界》，2002(6)；李刚：《中国近代文化史研究的回顾和思考(1979—1999)》，载《广西师范大学学报(哲学社会科学版)》，2002(2)；左玉河、李文平：《近年来中国近代社会文化史研究述评》，载《教学与研究》，2005(3)；等等，兹不赘述。

研究"课题组的学者们分别撰写的 9 部著作①，一定程度上弥补了这方面的不足。因受篇幅的限制，本文仅就耿云志先生所著《近代中国文化转型导论》(以下简称《导论》)的内容和学术贡献做一简介。

第一，作为"近代中国文化转型研究"课题的导论卷，《导论》所做的一项重要工作，是对自明末清初至 20 世纪一二十年代新文化运动期间中国文化向近代转型的轨迹做了系统的勾勒和描述。尽管耿云志认为中国文化近代化的真正开端应定在 19 世纪 40 年代，但并不否认明清之际中国传统文化内部的确发生了异动，指出明清之际陆王心学的崛起，来自民间的对以忠君为核心的专制主义宗法伦理的挑战，黄宗羲、唐甄等著名思想家对民本主义思想新的开掘与发挥，以及中国当时在农学、医学、音律学、地理学、工艺制造学等方面所取得的成就，都表明伴随晚明中国社会出现资本主义萌芽，在传统社会母体内开始涌现某些新的文化因素。清代前期，统治者实行严厉的文化专制主义，晚明开启的文化异动被中断。但由顾炎武、黄宗羲、王夫之、颜元四位大师开创的以追求实证和保存、整理及总结民族文化为特点的清学，为中国后来发生的近代文化转型积累了一些必要的条件：譬如乾嘉考据之学所取得的成就及所体现的精神和方法，便开启了近代中国实证理性之先河；子学的复兴则在一定程度上打破了儒学一统的局面，不但开拓了学术的新领域，同时也开始养成了一点自由研究的学风，由此带来一定程度的思想和学术的解放；戴震所阐发的达情遂欲的学说，不只是对宋明理学"存天理""灭人欲"的人伦观的否定，而且在一定程度上可以说，它提出了"人的解放"的近代性课题；而乾嘉后期今文经学的抬头、经世致用思潮的勃兴，尤其是今文经学家龚自珍呼唤"改革"的主张以及对"人各有私"的合理性的大力张扬，亦多含有近代性

① 9 部著作分别为：耿云志的《近代中国文化转型导论》、郑大华的《社会结构变迁与近代文化转型》、李长莉的《中国人的生活方式：从传统到近代》、邹小站的《西学东渐：迎拒与选择》、郑匡民的《西学的中介：清末民初的中日文化交流》、王中江的《近代中国思维方式演变的趋势》、宋惠昌的《人的发现与人的解放：近代中国价值的嬗变》、左玉河的《近代中国学术体制之创建》、张剑的《中国近代科学与科学体制化》。

因素。

耿云志认为，从鸦片战争至 1895 年洋务运动的失败，中国士大夫的文化观念经历了从以"天朝上国"自居到"师夷长技"的转变，开始学习和引进西学，创办一些近代性的新事业，渐渐形成近代文化的初基，产生了颇具张力的"中体西用"的文化观念。自 1895 年至 1911 年清朝覆灭的十几年里，洋务运动时期形成的"中体西用"的文化观念遭遇激烈挑战，"中体"发生动摇并被否定，改革与革命主导社会文化潮流。举凡这一时期的报刊、专著和译书、小说，以及实业活动，乃至许多社会活动无不紧扣政治主题。与此同时，一种与政府文化系统和传统民间文化系统有别的近代社会公共文化空间亦随之初步形成，作为近代社会公共文化空间载体的近代教育、各类社会团体组织以及社会传媒系统都在这一时期得到发展。西方思想文化借助社会公共文化空间得以广泛传播，中国传统政教制度受到严峻挑战。由此，清末思想文化发生了一系列深刻的变化，如传统的尊君观念被摈弃，孔子与儒学的独尊地位受到根本动摇，文化的平民化和社会风俗的变革得以启动，世界化与个性主义观念开始萌发。民国初年，因政治失序，新旧思想围绕共和制与君主制、孔教与反孔教，以及新旧道德问题，发生激烈的冲突，为即将到来的新文化运动创造了条件。1917 年年初，陈独秀、胡适以《新青年》为主要阵地，以思想革命和文学革命为主题正式开启了新文化运动。随后，在五四运动的巨大推力下，新文化运动取得迅猛发展。白话取代文言，打破中国数千年来因言文分离造成的上层文化与下层文化的隔离，为提高和丰富全民族的文化与精神生活提供了利器。各种新教育思想纷纷传入，教育宗旨、教育体制、教育方法和教育内容发生深刻变革，在充分吸收外国先进教育思想和经验并结合中国国情基础上制定并颁布的"壬戌学制"，为中国新教育制度奠定了基础，标志着中国新教育臻于成熟。新文化运动唤醒了一代青年对自主人格、个性自由的追求，以及对社会、国家和民族使命的自觉，青年人积极参与组织和成立各类社团，走上与社会相结合的道路；新文化运动还动员了部分工农群众，一定程度上促成了普通民众思想观念和社会风俗的变革，对尔后中国社会的发展产生深远影响。与此同时，新文化运动所倡导和宣传的思想观念和文化观念也达到了一个新的高度和水平。作为新文化运动主要观念之一的民主观念，已不局限于此前制度层面的思考和探索，而是把民主细化和深化为平民主义和个性主义两个观念，从而为实现真实的民主制度找到了一个新的方向。新文化运动所倡导的科学也不是停留在此前对自然科学的提倡上，而是突出强调科学精神、科学方法和科学态度的普遍意义。新文化运动秉持一种开放的文化观念，这种开放的文化观念实质上已突破了东西文化异同和优劣的比较，以文化的世界化为出发点，主张中国文化要和世界文化相接触，并成为世界文化的一部分，与世界文化一同发展，既要吸收世界新文化，同时又不丧失自己的文化价值，在促进世界文化的进步和发展中做出自己的贡献。

对于《导论》将中国近代文化转型的讨论止于五四新文化运动，耿云志亦做过专门的解释。理由是在中国近代文化转型过程中，新文化运动占有十分独特的地位，是"近代中国文化转型的一大枢纽"：一方面它是鸦片战争以来中国社会孕育出来的一切新质文化因素聚合的产物，对传统文化做了一次全面的"体检"；另一方面，它又提出了中国近代新文化的基本观念，开出了中国近代新文化发展的基本方向。因此，从鸦片战争至新文化运动时期构成了"近代中国文化转型过程中一个相对完整的段落"①。五四运动之后，伴随《新青年》同人的分化，以及中国共产党的产生和国民党的改组，文化运动让位于政治运动，政治问题成为中国社会第一位关注的焦点，政治决定一切，文化服从于政治的需要。就此来说，《导论》对中国近代文化转型的讨论止于五四新文化运动，是具有相当合理性的。

第二，《导论》对近代中国文化转型的发展方向提出新的见解。在这个问题上，以往的研究一般都将"民主"与"科学"作为近代中国近代新文化的核心及发展趋向，《导论》则在考察近代中国文化转型的基础上强调"个性主义"和"世界化"才是中国近代文化发展的基本趋向。耿

---

① 耿云志：《近代中国文化转型研究导论》，"前言"，8～9页，成都，四川人民出版社，2008。

云志指出：所谓个性主义，即是把个人从中国传统专制制度和宗法制度的桎梏中解放出来，使每个人都成为自主、独立的人。由此，人民、百姓、大众不再是某种抽象物，而是由一个个真实的、具体的个人组成的社会主体。寻得了这个社会主体，民主制度才能落到实处。在这样的条件下，才能使每个人有机会发挥其主动精神和创造能力；社会才能充满生机，不断进步。在这样的社会条件下，文化方可谓真正走上了近现代的发展轨道。个性主义的文化观念于 19 世纪末 20 世纪初开始萌发，经由五四新文化运动的大力阐发，终于堂而皇之地进入中国文化，成为中国近代新文化发展的一个基本趋向。耿云志指出，新文化运动对个性主义的阐发，有三点主要贡献：第一，对个性主义的内涵做了清晰的界定，一是必须有个人意志自由；二是必须由个人承担责任。前者同一切奴隶主义划清界限；后者则同任何自我放纵、为所欲为的自私自利者划清界限。有了这样清晰的界定，个性主义就有了正当的意义，除了与专制主义有直接利益关系的人，除了思想极端顽固的人，就有可能接受个性主义的观念，或采取同情的态度，或至少可以采取中立的态度。第二，明确了个人自由与国家自由、民族自由的正确关系。严复、梁启超是中国早期自由观念最重要的启蒙者和宣传家。然而，他们都在个人自由与国家自由、民族自由的关系的问题上陷入困惑。他们甚至认为，为了国家的自由，民族的自由，应当放弃和牺牲个人的自由。这显然是不对的。历史证明了，如果人们都放弃了个人的自由，结果所争来的国家的自由、民族的自由，都只会成为供新的专制主义者用来压制个人自由的最好理由和根据。而新文化运动的领袖们则明白地指出，争个人的自由，就是争国家的自由，争民族的自由，两者是根本上一致的。只有自由的人民才会创造出自由的国家；而自由的国家，其人民一定是自由的。第三，把个性主义、个人自由同民主制度的落实直接联系起来。认定个人自主、自立，以及个人自由是近代民主国家的根本基础，个人不是国家的附属物，国家以保护其每个公民的权利、利益为其根本使命。所以，真实的民主制度是以个人权利的保障为基础的。

所谓世界化，就是以开放的文化心态处理中华文化与世界文化的关系，一方面把中国文化如实地看成是世界文化的一部分，从世界文化中汲取于我们有益的成分，丰富和发展我们的文化，同时又把我们的文化之优秀的东西贡献给世界，促进世界文化之进步。文化之世界化，绝不是要超脱各国各民族的文化，另创造一种所谓"世界文化"；更不是以某一个民族的文化取代各国各民族的文化而成为所谓的"世界文化"。文化的世界化，只是要促进世界各国各民族的文化的相互交流，相互沟通，各取其有益于己者，以发展各自的文化，同时，又各献其所长，以丰富和推动世界文化的进步。这种世界化的文化观念亦于19世纪末20世纪初开始萌发，至五四新文化运动时期臻于成熟并得以确立。

《导论》将"个性主义"和"世界化"作为近代中国文化的核心观念及中国近代新文化发展的基本趋向，显然比学界以前所说的"民主"和"科学"更为深刻地把握了近代中国新文化之精髓，也更加具有普遍性。因此，以"个性主义"代替"民主"作为近代中国新文化的核心观念和基本发展趋向，不仅概念更精确，而且对推动新文化的发展也更具有指导意义，更易于推动民主落实到位。而"科学"固然为中国新文化的重要内容之一，但"科学"无论是作为工具理性还是价值理性，都不足以代表和涵盖新文化的本质要求，因此它在近代中国就曾遭到一些新文化运动人士的质疑。《导论》所说的"世界化"则是对近代中国文化发展实际情况的一个高度概括，并且事实也证明了这一概括的正确性——今日的中国新文化便是继续走在世界化的大道上。

第三，《导论》对近代中国文化转型中政治变革与文化转型的关系做了历史的、辩证的分析。耿云志指出，在近代中国，人们是先有政治觉醒，然后才有文化觉醒。政治觉醒与文化觉醒的方向是一致的，政治觉醒的过程就是通过暴力革命或和平改革，以某种形式的民主制度（君主立宪或民主共和）取代君主专制制度；文化觉醒的过程，就是将近乎封闭的、以孔子与儒学定于一尊的、基于天地君亲师核心价值观的宗法体系，压抑个性的古代文化，转变为开放式的、否定一尊的权威、鼓励个性发展的近代文化。这也就是近代中国文化转型的过程。政治转型与文化转型，这两个过程同流并进，存在密切的互动关系。一方面，政治觉醒促使中国文化的转型，19世纪末20世纪初中国出现的政治变革运动，便在许多方面促使中国近代文化开始起步。例如，为因应这一时期政治变革的需要，中国社会开始出现新式学堂、近代传媒，以及大量的新知识、新观念。而民初民主共和政治的失败，则进一步推动中国人的文化觉醒，形成五四新文化运动时期个性主义的文化观念和开放的文化观念。另一方面，文化觉醒也给近代中国政治变革造成巨大而深远的影响，其中又以新文化运动造成的文化觉醒给中国政治所带来的影响最为明显。在新文化运动之前，中国人对民主政治的追求主要集中于参政权与对政府的监督权上；而在受五四新文化运动所倡导的个性主义文化观念的洗礼之后，直至抗日战争时期，中国人争取民主的斗争，都很明显地将争取个人自由和基本人权放在十分突出的位置上。新文化运动所倡导的平民主义文化观念，则直接推动了知识分子与工农民众相结合，使以后中国的政治运动和革命运动都带上了突出的群众运动色彩。

对于近代中国政治觉醒优先于文化觉醒的现象，耿云志一方面承认其历史合理性，指出由于近代中国所处的特殊的国际和国内环境及所面对的历史抉择，使得政治问题具有突出的重要性和超越其他问题的紧迫性。政治问题不解决，其他问题都得不到妥善的解决。另一方面，耿云志对政治变革主导近代中国文化转型的积极意义又持相当谨慎的态度，认为 19 世纪末 20 世纪初由政治觉醒所带动的近代中国文化的变动是很有限、很表面、很肤浅的，许多的新思想、新观念、新知识，都还停留在很初步的水平上，只是略引其绪而已，并且波及的层面也很有限，根本没有渗透到最大多数的人民中间去。五四运动之后占据中国政治舞台的国民革命，固然使文化的平民化在一定程度上得到真正的贯彻，但同样也带来了急功近利的弊端，向工农民众所灌输的新文化往往都是些半生不熟的东西，致使中国的文化转型长期存在高度泛政治化倾向。

第四，《导论》对近代中国文化转型中出现的保守主义文化现象做了历史考察，并提出了自己的见解。耿云志首先指出，保守主义的含义向来不十分确定——保守主义对开放主义而言，主张保守本民族文化，拒绝外来文化；保守主义对任何改革或革命的趋势而言，主张保持现状，维护固有的东西；保守主义对激进主义而言，主张温和、缓进的改革，不赞成急遽地或大幅度地改变现状。就中国近代保守主义者而言，他们曾以各种不同的面目出现过，主张各有不同，其所扮演的角色、所起的历史作用亦各不相同。洋务运动时期文化保守主义的基本思想特征是，坚持"夷夏之防"，完全排斥西方文化，反对洋务运动，是一种封闭主义的文化心态，阻碍中国朝进步的方向前进。戊戌维新时期的文化保守主义的思想特征是，不再完全排斥西方文化，已不同于洋务运动时期以倭仁为代表的原教旨主义的文化保守主义，已可以承认洋务运动的正当性，但仍信守"中体西用"文化观念，坚守儒家的纲常名教，反对康、梁变法。辛亥革命时期出现的国粹主义与以往两种文化保守主义不同，它既不排斥西学，也不保守纲常名教，只是为配合其民族主义宣传，主张要用国学、国粹铸造国魂；它只是形式上的文化保守主义，实质却是趋新和革命的；但随着辛亥革命的退潮，其文化的保守性一面逐渐显露，为后来反对新文化运动的学衡派所承接。新文化运动时期学衡派的文化保守主义的一个最大特征是，以西学为武器，与新文化运动相抗衡，无根据地指责新文化弃绝传统，指责新文化输入的西方文化都是糟粕，指责新文化提倡平民主义，指责新文化迷信进化主义和进步主义，笼统、抽象地提倡维系与西方相通的中国古代文化的基本精神。

在对中国近代各个不同时期的文化保守主义的特点和角色进行上述历史考察之后，耿云志进一步对近代中国文化保守主义的总体趋势和特点做了概括和总结，指出在中国近代文化转型过程中，保守主义扮演了重要角色；保守主义虽然在不同时期有不同的作用和特点，但他们在各个时期都充当了传统的守护者，只是随着历史的发展，他们所要保守和所能保守的传统的范围在不断地缩减。保守主义者起初极端排外，对西方文化一概排斥。鸦片战争后 20 年左右，渐渐兴起"师夷长技"的洋务运动，其所师者，不过器物、工艺而已。19 世纪 90 年代至民国初年，一般保守主义者（其人数已经大大减少）知道君主专制制度已保不住，于是退而求保中国固有的伦理道德、圣圣相传的学说思想等纯属精神文化的东西。清末的国粹主义者、民初的尊孔主义者，以及新文化运动初起时的一些保守主义者均属此类。直至新文化运动时期的学衡派最后在退无可退的情况下，于西方新起的一种保守主义的特别流派中，找到托命之地。

第五，《导论》既对近代中国文化转型中知识分子所遭遇的精神困惑做了探讨，也对社会条件如何影响和制约近代中国文化的转型做了扼要的分析。耿云志指出，在近代中国文化转型过程中，近代中国人遇到的精神困惑一是中西问题，二是古今问题，三是物质文明与精神文明的关系问题。在中西问题上，近代中国人的困惑在于始终不能摆脱中西文化的差异和优劣比较，不能从中西两种不同的文化接触和交流中认识人类文化的同一性，认识到人类文化发展的趋势，从而产生深刻的文化自觉。在古今问题上，近代中国人的困惑在于不能正确对待中国悠久的文化传统，在西方的挑战面前，在现代的挑战面前，缺乏创新的精神和勇气，常常以祖上昔日的光荣和中国历史的辉煌安慰自己，从而妨碍找出中国文化的发展方向。在物质文明和精神文明的关系上，近代中国人的困惑在于错误地将中国文明等同于精神文明，将西方文明等同于物质文明，并以中国的精神文明高于西方的物质文明这一经不起检验的观念来安慰自己，并回避现实的严峻挑战，以致在很大程度上妨碍人们去正确认识西方和世界的新文化，同时也妨碍人们去正确地认识中国的传统文化，产生这些困惑的原因，除了因为国家长期封闭，国人对西方文化缺乏了解之外，还因为西方文化与中国文化的相遇是在中国遭受西方侵略的背景之下发生的，而中国社会在转型过程中政治长期滞后发展，也导致人们不能从容、理性地看待文化问题的争论，以致文化问题常常被政治所裹胁，被政客们所利用。

就社会条件对近代中国文化转型的制约来说，耿云志着重从物质条件和人的素质两方面进行了分析。就物质条件而言，耿云志指出，近代文化是以近代的经济基础为依托的；没有发展到一定程度的近代经济，是不可能发展出近代文化的，最多只可能产生某些个别的、不太明确的、含有近代性的观念而已。中国近代新文化主要局限于沿海、沿江和近代交通可达的狭窄地域范围内的根本原因，就在于近代经济不发达，全国绝大多数人口仍在小农经济中生存，仍以家族或家庭为主要生产单位。由于近代经济的微弱，近代中国的新兴阶级——资产阶级和产业工人始终没有成为中国社会的主体力量，近代中国的新文化事业主要由一部分知识分子承担，而知识分子是一个缺乏独立性的不稳定的社会阶层，这也影响了他们所从事的新文化事业不可能得到持续稳定的发展。总之，从长时段观察，近代文化的发展程度是与近代经济的发展程度相对应的；在经济的近代化转型没有完成之前，一般地说，文化的近代化转型也是难以彻底完成的。

就国民素质而言，耿云志认为影响国民素质最基本的是初等教育，而近代中国国民受教育的人数在总人口中始终只占很少的比例，受教育的程度亦不高，社会上层文化与下层文化之间的鸿沟始终存在，而近代中国内外矛盾所激成的革命形势，又使得上层文化与下层文化之间的对立特别尖锐，以致形成人们心目中的反动统治阶级的文化与革命的被压迫的人民大众的文化之间的对立和斗争，长期不能进行扎扎实实的文化建设工作，从而极大地影响近代中国文化的更新和转型。耿云志指出，在一个社会里，存在着上层文化与下层文化，这是很自然、很正常的。问题是要建立起两者之间的良性关系。在和平发展的和谐社会条件下，活跃的下层文化经常会产生一些值得注意的新东西。这些东西被上层文化摄取和吸收，遂丰富和发展了上层文化。反过来，丰富发展了的上层文化，又会影响下层文化的提高。在中国近代史上，固然在革命营垒内部，或在反动营垒内部，也存在着某种形式的上层文化与下层文化的互动关系。但就全民族、全社会来说，上层文化与下层文化之间的良性互动关系始终没有建立起来。只是自从 20 世纪 80 年代起，中国社会中这种上层文化与下层文化，才开始逐渐形成。

第六，《导论》对近代中国新文化源流中传统与西方文化的关系做了新的诠释。近代中国文化的形成与中国古代文化形成的一个最大的区别是：中国古代文化虽然也受过一些外来文化的影响，但基本上是在中华文化圈内独自生成的；而近代中国文化则始终是在传统文化与外来文化（主要是西方文化）的接触和碰撞中生成的。因此，如何看待近代中国新文化源流中传统与西方文化的关系，就成了近代知识分子和后来研究近代中国历史的学者们长期争论不休的一个问题。有的片面强调传统文化的生命力和优越性，鄙视和排斥西方文化，认为近代中国新文化只要致力于保存和发掘中国固有文化的精髓就可以了；近年在学界中出现的"中国中心观"的研究范式，一定程度就认同了这种观点。有的则片面强调西方文化的优越性和作用，完全否定传统文化，视中国固有文化为"博物馆的陈列品"，将近代中国文化等同于"西化"；中国近代史学界中所谓的"冲击—回应"模式，就代表了这种倾向。《导论》对上述两种观点和研究模式都采取批评态度，认为在近代中国文化转型问题上，片面强调外来文化的冲击作用，或片面强调中国传统文化自身的现代转换，都是不符合实际的。并且，对传统文化和外来文化在近代中国文化生成过程中所起的作用也不能从教条主义出发，强分主次，而必须具体问题具体分析。当传统文化内部积累起一定的新质因素，但还不足以自行发生质变的时候，外部的刺激、外来的某种具有关键性的新文化因素的震荡和催化作用就是必不可少的。这时，来自外部的刺激就是最迫切需要的主要条件了。反过来，当外部的刺激已经发生，而内部的新质因素尚未形成变化的机制时，努力促成这种内在机制的形成，就成为最迫切、最重要的条件了。耿云志指出，所谓文化转型，不可能是一夜之间一种文化突然变成另一种文化，或骤然以一种文化取代另一种文化，而只能是在文化内部变动逐渐积累的基础上，又受到外来文化的刺激，并吸收其若干有益成分之后产生出新的文化。这种变化不论有多么巨大，多么深刻，它终究是在旧有文化积累的基础上发生的，旧有文化中一切有用的东西是绝不会丧失掉的。耿云志的这一论断，对于我们如何正确对待中国新文化源流中的传统文化成分和外来文化成分，无疑具有重大的理论指导意义和实践意义。

综上所述，《导论》对近代中国文化转型的研究，既有具体的历史描述，又不乏理论分析，富有哲理，并且还有强烈的文化使命感，不失为近年中国近代文化史研究中一部颇有新意的著作。

当然，《导论》作为一项具有开拓性的宏观的文化史研究，难免也有不尽如人意之处。诸如，《导论》的撰述与其他各卷的写作，虽然在写作前有过比较充分的讨论和系统的框架安排，但因《导论》并不是在综合各卷研究基础上撰写的，所以它与其余各卷的关联度便显得不够紧密。尽管耿云志在《导论》的前言与结语中最大限度地做了弥补，但仍不能使读者满意。其次，在探讨清末近代中国文化转型过程中，《导论》曾颇有见地考察了近代社会公共文化空间的形成及其意义，但在探讨民初文化转型时，《导论》只论及新文化运动在近代中国文化转型中的地位，而对民初社会公共文化空间的进一步发展和变化则未曾论及，这不能不说是一个缺憾。再者，鉴于文化概念的模糊性和文化史学科的交叉性，如何确立有别于其他学科的、独立的文化史学科体系，是自 20 世纪二三十年代以来中国学术界共同面临的一个难题。读过本书之后，令人感到这个问题仍然解决得不尽如人意，这恐怕需要学术界继续做长期的共同努力。另外，探讨近代中国文化转型问题必然涉及中国古代文化形态向近代文化形态的转换，这就会遇到何为中国古代文化形态，何为中国近代文化形态的问题。在这个问题上，《导论》将近代中国文化的转型定格在从"与大一统的中央集权的君主专制制度相适应的文化转变到与近现代的、基于人民自治的民主制度相适应的现代文化"，似乎只涉及政治文化的转型，而没有从社会形态的角度对文化转型加以把握，这也是有待商榷的。

需要指出的是，对于《导论》及课题组其他同志在研究中可能存在的问题，耿云志有相当的自知之明，他在前言中这样谦逊地说道："我们的研究对象是非常复杂而庞大的跨学科的课题，其中涉及几乎所有的人文社会科学学科，例如哲学、史学、文学、经济学、社会学、教育学、传播学等等。本书各卷的作者，一部分是受过哲学训练的，大部分是从事历史研究的。以我们的训练而言，做这项研究，确实是相当困难的。正如我们前面说过的，这本应是由国家支持，有各个相关学科的学者们共同参加的一个大型学术工程。然而在可预见的将来，或许尚难以出现这种局面。我们几个兴趣相投的朋友，不自量力，想在这个领域做一点探索的尝试。仿照傅斯年当年创办《新潮》杂志时说的话，我们的心情大致是：'同人等深惭不足以胜任此课题之艰巨，特发愿为人作前驱而已'。毫无疑问，我们的工作是在前人研究积累的基础上进行的。我们的见解，凡是与前人相同或相近的，那当然要归功于前人。我们的见解与前人不同的，将来被检验是正确的，仍要感谢前人给予我们的启示；将来被证明是错误的，那也不是毫无意义。在科学探索的过程中，接近真理的一步，与发生错误的一步，同样值得珍惜：前者为继续发现真理提供了新的起点；后者为后来人提示警戒，避免他们重复错误。……如今，我们把我们研究的所得报告出来，诚恳地请学界同行给予切实的指正。"①

耿云志所表现出来的这种明知不可为而为之的文化使命感，以及尊重前人研究、谦虚接受他人批评的态度，是十分令人钦佩的。八十多年之前，当新文化运动狂飙突起的时候，该运动的领袖人物蔡元培曾有感于当时人们在文化建设上所表现出来的浮躁、空谈、言行不一，以及急功近利、华而不实的现象，一再呼吁知识分子在重建新文化过程中务必脚踏实地地推进文化建设工作，指出："现在文化运动，已经由欧美各国传到中国了。解放呵！创造呵！新思潮呵！新生活呵！在各种周报上，已经数见不鲜了。但文化不是简单，是复杂的；运动不是空谈，是要实行的。"②又说："文化是要实现的，不是空口提倡的。文化是要各方面平均发展的，不是畸形的。文化是活的，是要时时进行的，不是死的，可以一时停滞的。所以要大家在各方面实地进行，而且时时刻刻的努力，这才可以当得文化运动的一句话。"③可以说，《导论》及课题组其他各卷著作便是在各自的领域中，从事蔡元培所说的切实推进文化建设的工作。因此，《导论》及其课题组所做的辛勤研究，必能得到学界的肯定。

原载《近代史研究》2009 年第 2 期

---

① 耿云志：《近代中国文化转型研究导论》，"前言"，10～11 页。

② 中国蔡元培研究会编：《蔡元培全集》第 3 卷，739 页，杭州，浙江教育出版社，1997。

③ 中国蔡元培研究会编：《蔡元培全集》第 4 卷，295 页。

# 论孙中山民族主义思想的几个特点

在近代中国，民族主义是一股最有影响的社会政治思潮，被称作"国家图发达和种族图生存的宝贝"①。而在中国近代民族主义思潮中，孙中山的民族主义思想无疑又最具影响力。对于孙中山民族主义产生的历史条件、思想渊源、内涵以及发展阶段等问题，国内学术界已做过许多研究。② 本文在前人研究的基础上，拟就孙中山民族主义思想的特点做一初步探讨。

## 一、承认民族平等，维护民族团结

对于何为民族主义，学术界迄今有各种不同的定义。但民族主义作为处理民族问题和民族关系的指导原则，自近代国家产生以后，始终不外乎涉及以下两个层面：一是如何看待和处理一个国家内不同民族之间的关系；二是如何看待和处理不同国家之间的相互关系。对于这两个层面的不同态度和不同的处理方式，形成了各种性质迥然有别的民族主义。

由于中国自古便是一个多民族国家，再加上民主革命先行者孙中

---

① 《孙中山全集》第9卷，210页，北京，中华书局，1986。

② 有关国内学者这方面的研究，参见林家有：《建国以来孙中山民族主义研究述评》，见孙中山研究学会编：《回顾与展望——国内外孙中山研究述评》，113～131页，北京，中华书局，1986；郭世佑、蒋金晖：《五十年来大陆学者关于辛亥时期孙中山民族主义思想研究述评》，载《东南学术》，2000(4)。

山先生从事民族革命时，统治中国的又是实行民族压迫政策的清王朝，因此，如何处理和对待国内民族问题也就成了孙中山民族主义思想首先要解决的问题。在这个问题上，孙中山先生虽然有过大汉族主义倾向和种族主义色彩，如他曾错误地把满族斥为"东北一游牧之野番贱种"，并将"血缘""血统"作为民族的首要依据，蔑称满人为"满胡""靼虏"，称清朝皇帝为"客帝""野番"等，但这些并不是孙中山民族主义思想的主流。孙中山民族主义思想的主流，或者说在实际层面，则是承认民族平等，维护民族团结。

以孙中山民族主义首先揭橥的战斗旗帜——革命排满的口号来说，它虽然继承了明末清初"反清复明"思想，但它同时又与传统的民族思想有着本质的区别。孙中山当时之所以将"反满"作为民族主义的旗帜，并不是出于狭隘的种族复仇，而是因为当时统治中国的清王朝对外丧权辱国，对内奉行民族压迫政策，形成"满洲一民族宰制于上"的局面。对此，孙中山在许多场合做过阐述。1894 年在创立兴中会、提出"驱除鞑虏，恢复中华"的民族主义纲领时，孙中山就强调成立兴中会的目的是旨在挽救民族危机，指出："中国积弱，非一日矣。上则因循苟且，粉饰虚张；下则蒙昧无知，鲜能远虑。近之辱国丧师，剪藩压境，堂堂华夏不齿于邻邦。……夫以四百兆苍生之众，数万里土地之饶，固可发奋为雄，无敌于天下。乃以庸奴误国，荼毒苍生，一蹶不兴，如斯之极。方今强邻环列，虎视鹰瞵，久垂涎于中华五金之富、物产之饶。蚕食鲸吞，已效尤于接踵；瓜分豆剖，实堪虑于目前。……用特集会众以兴中，协贤豪而共济，抒此时艰，奠我中夏。"[1]后来，在与康有为、梁启超为首的改良派就要不要实行革命排满，以及为什么要革命排满的论战中，孙中山也一再表示，"我们并不是恨满洲人，是恨害汉人的满洲人，假如我们实行革命的时候，那满洲人不来阻害我们，决无寻仇之理"；"民族主义并非是遇着不同族的人便要排斥他，是不许那不同族的人来夺我民族的政权"。[2] 他指出，之所以要革命排

---

① 《孙中山全集》第 1 卷，19 页，北京，中华书局，1981。

② 《孙中山全集》第 1 卷，324、325 页。

满，原因就在于清政府不但不能克尽守土保民之责，而且甘为列强的"鹰犬"，出卖国家主权，"彼满清政府不特签押约款以割我卖我也，且为外人平靖地方，然后送之也"①。同时，清政府对国内的汉族人和其他少数民族又极尽压迫之能事，"以愚弄汉人为治世第一要义，吸汉人之膏血，锢汉人之手足"②。"自从满清进入中国来做皇帝，我们汉人便做了满人的奴隶，一切幸福都被他们剥削净尽，生杀予夺，都操在他们手里，他们为刀俎，我们为鱼肉"③；"他们把我们作为被征服了的种族来对待，不给我们平等的权利与特权"④。"总之，我们革命的目的是为众生谋幸福，因不愿少数满洲人专利，故要民族革命。"⑤

孙中山认为，在清政府的统治下，中国人民已处于"双重奴隶"的境地，既是清朝封建统治者的奴隶，同时又是外国列强的奴隶，推翻清朝专制统治，是中国人民谋求自由平等的第一步，他说："我们现在已经陷入'双重奴隶'的田地了。我们应该赶快湔洗这个耻辱，以免除亡国灭种的痛苦。……我们三民主义中的民族主义，就是要使中国人和外国人平等，不做外国人的奴隶。我们现在要脱离奴隶的地位，就应该赶掉外国来的满人，推翻满清二百年来的专制统治，恢复我汉室的山河，再把国家变强盛，那时自然可以和外国讲平等了。"⑥这段话虽然保留有明显的种族主义和大汉族主义痕迹，但其主旨显然是要说明，革命排满既是为了谋求去除国内各民族之间的不平等，同时也是为了去除中华民族与列强之间的不平等；在革命排满口号的背后，是对民族平等的执着的追求。孙中山本人就曾明确说过，他的三民主义"都是从不平等里头的反动生出来的"⑦。

1911 年辛亥革命爆发后，鉴于实行民族压迫政策的清王朝被推

---

① 《孙中山全集》第 1 卷，234 页。
② 《孙中山全集》第 1 卷，172 页。
③ 《孙中山集外集》，42 页，上海，上海人民出版社，1990。
④ 《孙中山全集》第 1 卷，252 页。
⑤ 《孙中山全集》第 1 卷，329 页。
⑥ 《孙中山集外集》，44 页。
⑦ 《孙中山全集》第 6 卷，3 页，北京，中华书局，1985。

翻，孙中山便转而从正面阐述民族平等思想，代之以提倡"五族共和"作为民族主义的纲领，强调各民族在政治、宗教和经济上都应享有平等地位和平等权利。1912 年 1 月，他在致蒙古王公电中明确宣布辛亥革命推翻清朝专制统治"并非仇满，实欲合全国人民，无分汉、满、蒙、回、藏，相与共享人类之自由"①。孙中山在其他场合也曾多次强调指出："今我共和成立，凡属蒙、藏、青海、回疆同胞，在昔之受压制于一部者，今皆得为国家主体，皆得为共和国之主人翁，即皆能取得国家参政权"②；"今日中华民国成立，汉、满、蒙、回、藏五族合为一体，革去专制，建设共和，人人脱去奴隶圈，均享自由平等之幸福——界无分乎军、学、农、工、商，族无分乎汉、满、蒙、回、藏，皆得享共和之权利，亦当尽共和之义务"③。又说："政治既经改良，不惟五族人民平等，即五族宗教亦平等。"④"政治改革，五族一家，不分种族。现旗民生计困难，尚须妥筹，务使人能自立，成为伟大国民。"⑤"现在五族一家，各于政治上有发言之权。吾意对于各种工业，应即依次改良，使旗人均有生计，免致失业。"⑥

在宣传民族平等的同时，孙中山还一再号召五大族人民加强民族团结。如在 9 月 1 日北京蒙藏统一政治改良会欢迎会的演说中，孙中山号召蒙藏同胞不要"受外人挑弄"，"与吾内地同胞一致进行，以享共和之幸福"⑦。在 9 月 3 日北京五族共和合进会与西北协进会的演说中，孙中山又呼吁"五大民族相爱如亲，如兄如弟，以同赴国家之事"⑧。同月 17 日，在北京广济寺与旗人的谈话中，孙中山又这样语重心长地表示："凡我国民，均应互相团结，以致共和政治于完善之

---

① 《孙中山全集》第 2 卷，48 页，北京，中华书局，1982。
② 《孙中山全集》第 2 卷，430 页。
③ 《孙中山全集》第 2 卷，451 页。
④ 《孙中山集外集》，65 页。
⑤ 《孙中山全集》第 2 卷，450 页。
⑥ 《孙中山全集》第 2 卷，469 页。
⑦ 《孙中山全集》第 2 卷，430 页。
⑧ 《孙中山全集》第 2 卷，440 页。

域；人人之志愿，均应为人民求幸福，为国家求独立，而国家乃进于强盛，共和之目的乃可达到。"①可以说，正是在孙中山民族平等思想的指导下，在推翻清朝统治的过程中避免了全国性的满汉冲突局面的出现，基本维持了民国初年国内各民族的团结和统一。

到了晚年，孙中山的民族团结和民族平等思想又有新的发展。在促进民族团结方面，他主张以建设"一大中华民族"来取代"五族共和"。孙中山认为，前期的"五族共和"的提法并不足以体现民族平等、实现国内各民族的大团结，一则中国国内的民族远不止于五个民族，他说："我们国内何止五族呢？我的意思，应该把我们中国所有各民族融成一个中华民族（如美国，本是欧洲许多民族合起来的，现在只成了美国一个民族，为世界上最有光荣的民族）；并且要把中华民族造成很文明的民族，然后民族主义乃为完了。"②再则，所谓"五族"，仍存在种族界限，他说："吾国今日既曰五族共和矣；然曰五族，固显然犹有一界限在也。欲泯此界限，以发扬光大之，使成为世界上有能力、有声誉之民族，则莫如举汉、满等名称尽废之，努力于文化及精神的调洽，建设一大中华民族。"③此外，孙中山认为，"五族共和"的口号自辛亥革命推翻清王朝以来，不但没有促进民族的团结，反而成为满族等少数民族上层统治者从事复辟和分裂活动的保护伞，"自光复之后，就有世袭底官僚，顽固底旧党，复辟底宗社党，凑合一起，叫做五族共和"④，其结果致使"清朝武人之专制难以灭绝"，国家"长在四分五裂之中"，始终不能建立一个独立和统一的民族国家。⑤

因此，自 1919 年之后，孙中山坚决反对"五族共和"的提法，斥责"五族共和者，直欺人之语"⑥，主张以美国为榜样，"务使满、蒙、

---

① 《孙中山全集》第 2 卷，470 页。
② 《孙中山全集》第 5 卷，394 页，北京，中华书局，1985。
③ 《孙中山集外集》，29 页。
④ 《孙中山全集》第 5 卷，473 页。
⑤ 《孙中山全集》第 5 卷，187 页。
⑥ 《孙中山全集》第 6 卷，24 页。

回、藏同化于我汉族，成一大民族主义的国家"①，建立一个以汉族为主体的大中华民族，同时，汉族也"当牺牲其血统、历史与夫自尊自大之名称，而与满、蒙、回、藏之人民相见以诚，合为一炉而冶之，以成一中华民族之新主义，如美利坚之合黑白数十种之人民，而治成一世界之冠之美利坚民族主义"②。"中华民族"共同体概念的提出，标志着孙中山在处理国内民族关系问题上很大程度已克服了他以往思想中的种族主义和"大汉族主义"缺陷，同时也超越了近代西方民族主义中一族一国的理论误区。

到了国共合作时期，孙中山受列宁的民族思想和早期中国共产党人有关民族问题主张的影响，在民族平等思想方面又有了进一步的发展，提出将民族"自决自治"作为处理国内民族关系的准则。1924 年 1月，他在国民党一大宣言中庄严承诺："承认中国以内各民族之自决权，于反对帝国主义及军阀之革命获得胜利之后，当组织自由统一的（由各民族自由联合的）中华民国。"③在为国民党一大起草的《国民政府建国大纲》中，孙中山进一步明确提出："对于国内之弱小民族，政府当扶植之，使之能自决自治。"④

"民族自决"口号的提出，体现了孙中山主张中国境内各民族平等的真诚愿望。但同时必须指出的是，将列宁提出的被压迫民族和殖民地人民反对帝国主义的殖民统治、争取民族解放和独立的"民族自决"主张，应用到处理中国国内民族关系上，可能并不符合孙中山本人提出的建立"一大中华民族"或"自由统一的（由各民族自由联合的）中华民国"的目标的实现，反而有被别有用心者利用，挑起民族战争，进行分裂国家活动之虞。1921 年，斯大林在《论民族问题的提法》一文中就曾尖锐地指出："大家知道，以奴役各族人民为目的的帝国主义战争，就

---

① 《孙中山全集》第 5 卷，473～474 页。
② 《孙中山全集》第 5 卷，187 页。
③ 《孙中山全集》第 9 卷，119 页。
④ 《孙中山全集》第 9 卷，127 页。

是在自决的旗帜下进行的。"①因此，孙中山以民族自决作为处理中国国内民族关系的原则，并非一条合适的途径。②

## 二、将谋求国家的统一作为民族主义的核心内涵

历史上，中华民族虽然也出现过分裂的局面，但分裂并不是中国历史的常态，每当国家处在分裂之时，即有仁人志士起来谋求统一，并且每一次的统一都向更大规模、更高层次迈进；中国政治文化的价值取向也一直是褒扬统一、谴责分裂，凡是为国家统一做出过贡献的人总备受后人赞颂，而那些搞分裂的人总被后人所唾弃。可以说，统一始终是中国历史的发展趋势。孙中山在从事民族革命运动中也继承了这一传统，自始至终将谋求国家的统一作为民族主义的核心内涵。

早在 20 世纪初从事反清革命活动时，孙中山就表达了他维护国家统一的思想。在 1903 年发表的《支那保全分割合论》一文里，孙中山就对列强提出的分割中国的论调做了批驳，指出"分割论"违背了中国的历史和民情，是不可行的，他说："支那国土统一数千年矣，中间虽有离析分崩之变，然为时不久复合为一。近世五六百年，十八省土地几如金瓯之固，从无分裂之虞。以其幅员之广，人口之多，只闽粤两省言语与中原有别，其余各地虽乡音稍异，大致相若，而文字俗尚则举国同风。往昔无外人交涉之时，则各省人民犹有畛域之见；今则此风渐灭，同情关切之感，国人兄弟之亲，以日加深。是支那民族有统一之形，无分割之势。……若要合列国分割此风俗齐一、性质相同之种族，是无异毁破人之家室，离散人之母子，不独有伤大和，实大拂乎

---

① 《斯大林全集》第 5 卷，43 页，北京，人民出版社，1957。

② 在民族问题上，中国共产党初期也接受民族自决主张，但后来根据国情，实际实行民族合作和民族区域自治政策。对此，周恩来总理在《关于我国民族政策的几个问题》一文中做过解释，他说："历史发展给了我们民族合作的条件，革命运动的发展也给了我们合作的基础。因此，解放后我们采取的是适合我国情况的有利于民族合作的民族区域自治制度。我们不去强调民族分立。"见《周恩来选集》下，515 页，北京，人民出版社，1984。

支那人之性；吾知支那人虽柔弱不武，亦必以死抗之矣。"①1912 年 1 月 1 日中华民国一成立，孙中山在《临时大总统宣言书》中又首先将致力国家的统一作为中华民国的立国方针，并把国家的统一具体归纳为以下五个方面："民族之统一""领土之统一""军政之统一""内治之统一""财政之统一"。②

从维护国家统一这一最高目的出发，20 世纪第一、第二个 10 年之交在中央和地方之间建立怎样的权力体制问题的争论中，孙中山就坚决反对分省自治，反对联邦制，严厉批评那些主张模仿美国、在中国实行联邦制的人"真是谬误到极点"，"可谓人云也云，习而不察"，"不根本上拿中美两国的国情来比较，只就美国富强的结果而论"。③ 他指出：考诸历史，美国之所以富强，并不是像国内主张联邦制的人所说的那样，是由于各邦的独立分治，相反恰恰是由于各邦联合发展成为一个统一的国家，"如果以美国联邦制度就是富强的原因，那便是倒果为因"；并且，美国独立后之所以实行联邦制，这是"因为那十三邦向来完全分裂，不相统属，所以不能不联合起来"。④ 他说，联邦制根本不适合中国的国情，"在现在条件下的中国，联邦制将起离心力的作用，它最终只能导致我国分裂成许多小的国家"⑤。甚至在经济建设方面，孙中山也把它与维护国家的统一密切联系起来。在所有的工矿交通事业中，他特别重视铁路建设，除了铁路在经济上的意义之外，还在于修建铁路能起到加强全国各地区、各民族人民的团结和统一的作用。他在《中国之铁路计划与民生主义》一文中就曾明确指出："铁路能使人民交接日密，袪除省见，消弭一切地方观念之相嫉妒与反对，使不复阻碍吾人之共同进步，以达到吾人之最终目的。"⑥

另外值得一提的是，孙中山晚年明确主张反对帝国主义，废除不

---

① 《孙中山全集》第 1 卷，223 页。

② 《孙中山全集》第 2 卷，2 页。

③ 《孙中山全集》第 9 卷，303～304 页。

④ 《孙中山全集》第 9 卷，303～304 页。

⑤ 《孙中山全集》第 6 卷，528 页。

⑥ 《孙中山全集》第 2 卷，488 页。

平等条约，很大程度也是从谋求国家统一这一目的出发的。在争取国家统一的过程中，孙中山在经历一次次的挫折后，最后认识到，中国不能统一，根本原因就在于帝国主义利用不平等条约瓜分中国，支持军阀割据，指出："中国革命以来，连年大乱，所以不能统一的原因，并不是中国人自己的力量，完全是由于外国人的力量。"他们为维护在华所享的各种特权，"总是利用那些条约来扰乱中国，不许中国统一"。[1] "中国扰乱之原因，即在对华抱有野心的列国，迄今当有事之际，利用一部分武人使然耳。"[2]"军阀本身，与人民利害相反，不足以自存。故凡为军阀者，莫不与列强之帝国主义发生关系。……而列强亦即利用之，资以大借款，充其军费，使中国内乱，纠纷不已，以攫取利权，各占势力范围。"[3]因此，孙中山一再宣告，要实现国家的统一，"第一点就要打破军阀，第二点就要打破援助军阀的帝国；打破了这两个东西，中国才可以和平统一，才可以长治久安"[4]。"不驱除列强对中国的压迫，中国的军阀将永不可能根绝。"[5]而"要打破列强的侵略，就是要废除一切不平等的条约，收回海关、租界和领事裁判权"[6]。这样，孙中山就将谋求国家的统一与反对帝国主义有机地统一起来。

在阐述国家统一思想过程中，孙中山对中国为什么必须统一的道理也做了充分的论述。首先，他强调统一是深入中华民族心灵的"历史意识"。关于这一点，孙中山不止一次地说过。1903 年的《支那保全分割合论》一文就曾表达了这一思想。1922 年他在发表的一份宣言中又再次强调指出："中国是一个统一的国家，这一点已牢牢地印在我国的历史意识之中，正是这种意识才使我们能作为一个国家而被保存下来，

---

① 《孙中山全集》第 11 卷，373、375 页，北京，中华书局，1986。

② 《孙中山全集》第 11 卷，361 页。

③ 《孙中山全集》第 9 卷，115 页。

④ 《孙中山全集》第 11 卷，338 页。

⑤ 《孙中山全集》第 11 卷，391 页。

⑥ 《孙中山全集》第 11 卷，368 页。

尽管它过去遇到了许多破坏的力量。"①1924年讲演《民权主义》时，孙中山讲得更加具体，他说："中国本部形式上向来本分作十八省，另外加入东三省及新疆，一共是二十二省；此外还有热河、绥远、青海许多特别区域，及蒙古、西藏各属地。这些地方，在清朝二百六十多年之中，都是统属于清朝政府之下。推到明朝时候，各省也很统一。再推到元朝时候，不但是统一中国的版图，且几几乎统一欧、亚两洲。推到宋朝时候，各省原来也是很统一的；到了南渡以后，南方几省也是统一的。更向上推到唐朝、汉朝，中国的各省没有不是统一的。由此便知中国的各省在历史上向来都是统一的，不是分裂的，不是不能统属的；而且统一之时就是治，不统一之时就是乱的。……中国眼前一时不能统一，是暂时的乱象，是由于武人的割据。"②再者，孙中山强调统一是实现国家兴盛的一个重要前提。1923年1月他在《和平统一宣言》中说道："统一成而后一切兴革乃有可言，财政、实业、教育诸端始获次第为理，国民意志方与以自由发舒，而不为强力所蔽障。"③最后，孙中山强调统一也是全体中国人民的共同心愿，指出："中国人民对连续不断的纷争和内战早已厌倦，并深恶痛绝。他们坚决要求停止这些纷争，使中国成为一个统一、完整的国家。"④1924年11月在日本神户与记者谈话时，孙中山又进一步指出："统一是中国全体国民的希望。能够统一，全国人民便享福；不能统一，便要受害。"⑤

在如何实现国家统一问题上，孙中山一方面致力于武力统一，他曾前后三次筹划北伐。第一次北伐开始于1917年的夏天，后由于西南军阀的破坏而夭折。1921年在桂林组织第二次北伐，复因陈炯明叛变而告吹。1924年在韶关宣布第三次北伐，结果又因广州商团叛乱和北京政变而中辍。另一方面，孙中山也提倡和平统一。为此，他身体力

---

① 《孙中山全集》第6卷，528～529页。
② 《孙中山全集》第9卷，303～304页。
③ 《孙中山全集》第7卷，51页，北京，中华书局，1985。
④ 《孙中山全集》第5卷，527页。
⑤ 《孙中山全集》第11卷，373页。

行，曾前后两次不顾个人的安危得失和党派的利益，北上和谈。第一次是在 1912 年民国成立不久，为早日结束南北对峙状态，避免国家陷于分裂，孙中山不但放弃临时大总统职位，推举袁世凯继任，而且还亲自北上，与袁世凯共商国家大计，号召全国人民维护国家统一大局，指出："今日虽已共和，尚未大定，欲其大定，必须统一"①；并向外明确表示："我深知不和将为国家带来危险，因之，我将运用我所有的影响力以努力于国家的统一、人民的福利和我们资源的开发。"②第二次是 1924 年正当孙中山筹划第三次北伐时，直系军阀内部发生分裂，冯玉祥发动北京政变，电邀他北上，共谋南北统一，孙中山认为出现了和平统一的转机，便不顾战友们的劝阻，抱病再次北上，呼吁北方的奉系军阀张作霖、皖系军阀段祺瑞，以国家和民族利益为重，召集国民会议，实现国家的和平统一，表示"这次单骑到北京，就是以极诚恳的意思，去同全国人民谋和平统一"③。1925 年 3 月 11 日晚，孙中山在临终前留下的最后一句话还是"和平——奋斗——救中国"④。可以说，实现国家统一是孙中山一生孜孜以求的目标，构成孙中山民族主义思想的特色之一，同时也是近代中国历史赋予民族主义的一个使命。

## 三、寻求民族主义与世界大同理想的有机统一

近代中国的民族主义固然要解决国内各民族的关系，但它最终还是要面临如何处理中国与世界上不同民族国家的关系。在这个问题上，孙中山的民族主义与西方的民族主义不同，他从一开始就站在被压迫民族的立场上，坚决反对西方民族主义发展过程中出现的以强凌弱、以众暴寡的倾向，反对帝国主义和霸权主义，主张发扬中国传统王道

---

① 《孙中山全集》第 2 卷，348 页。
② 《孙中山全集》第 2 卷，394 页。
③ 《孙中山全集》第 11 卷，331 页。
④ 陈锡祺主编：《孙中山年谱长编》下册，2133 页，北京，中华书局，1991。

文化，济弱扶倾，实现民族主义与世界大同理想的有机统一。

首先，近代中国作为一个被侵略、被压迫的国家，使得孙中山在争取中国民族的解放和独立过程中，一开始就对世界上其他被压迫的民族寄予深切的同情，并把谋求中国民族的独立和富强与世界其他被压迫国家的民族解放运动联系起来。在 19 世纪 90 年代他最初从事民族民主革命活动时，孙中山就曾积极支持菲律宾的反美斗争，认为"远东各国的问题是可以放在一起来研究的，这些问题有着许多共同的特点"①，确信如果中国革命成功，那么，"无论对中国而言或是对菲律宾而言，都是有利的"②。鉴于亚洲大多数国家人民大抵为"受屈部分之人类"，孙中山还打出"大亚洲主义"口号，极力呼吁亚洲各国人民联合起来，特别是中日两国人民团结起来，相互支持，共同反对西方列强的侵略和压迫，他在 1897 年秋与日人宫崎滔天等日人谈话时即表达了这一思想，指出："余固信为支那苍生，为亚洲黄种，为世界人道，而兴起革命军，天必助之。""欲以救支那四万万之苍生，雪亚东黄种之屈辱，恢复宇内之人道而拥护之者，惟有成就我国之革命，即为得之。"③在此后的革命活动中孙中山始终抱有这一思想。1924 年 11 月在日本神户的一次演说中，孙中山对他的"大亚洲主义"主张做了专门的阐述，明确表示："'大亚洲主义'就是为亚洲受痛苦的民族，要怎么样才可以抵抗欧洲强盛民族的问题。简而言之，就是要为被压迫的民族打不平的问题。"④他真诚地呼吁已取得民族独立的日本从"大亚洲主义"出发，不要做西方霸道的"鹰犬"，而要做东方王道的"干城"，积极支持亚洲人民的民族解放事业。

其次，除强调亚洲各被压迫民族的团结和相互支持外，孙中山晚年还提出联合世界上一切被压迫民族和主持正义的民族共同反对帝国

① ［美］詹森（Marius B. Jansen）：《日本人与孙中山》（*The Japanese and Sun Yat-Sen*），70 页，剑桥，哈佛大学出版社，1954。

② 转引自《孙中山研究论文集（1949—1984）》下册，1214 页，成都，四川人民出版社，1986。

③ 《孙中山全集》第 1 卷，174 页。

④ 《孙中山全集》第 11 卷，409 页。

主义的主张。1924 年秋，他在做民族主义演讲中就认为"此后世界人类要分两方面去决斗，一方面是十二万万五千万人，一方面是二万万五千万人"①。即十二万万五千万人构成被压迫民族阵营，他们具有共同的命运；二万万五千万人构成压迫民族阵营，他们是被压迫民族的大敌。同时，孙中山还预言"将来白人主张公理的，黄人主张公理的，一定是联合起来；白人主张强权的，和黄人主张强权的，也一定是联合起来"②。并明确指出："我们要能够抵抗强权，就要我们四万万人和十二万万五千万人联合起来。"③1925 年 3 月 11 日在《国事遗嘱》中，孙中山又谆谆告导：欲达民族主义的目的，"必须唤起民众及联合世界上以平等待我之民族，共同奋斗"④。

在此要特别指出的是，孙中山晚年提出"联俄"的主张，主要也是从主持公理、反对强权这一民族主义立场出发的。在他看来，经过十月革命后的苏联已一改沙皇俄国的侵略政策，成了一个反抗强权、主张公理的国家；一个爱好和平、帮助弱小民族谋求解放的国家，是一个"平等待我"的国家，他说："近百年以来，俄国是世界上顶强的国家，不但是亚洲的日本、中国怕他侵入，就是欧洲的英国、德国也怕他侵入。他们在帝国时代，专持侵略政策，想扩张领土。……自欧战以后，俄国人自己推翻帝国主义，把帝国主义的国家变成新社会主义的国家……改组内部，把从前用武力的旧政策，改成用和平的新政策。这种新政策，不但是没有侵略各国的野心，并且抑强扶弱，主持公道。"⑤在《致苏俄遗书》中，孙中山强调的也是在反对帝国主义、谋求被压迫民族的解放过程中与苏联的联合，写道："你们是自由的共和国大联合之首领。此自由的共和国大联合，是不朽的列宁遗（产）与被压迫民族的世界之真遗产。帝国主义下的难民，将借此以保卫其自由，

---

① 《孙中山全集》第 9 卷，225 页。
② 《孙中山全集》第 9 卷，193 页。
③ 《孙中山全集》第 9 卷，220 页。
④ 《孙中山全集》第 11 卷，639 页。
⑤ 《孙中山全集》第 9 卷，191 页。

从以古代奴役战争偏私为基础之国际制度中谋解放。……我希望国民党在完成其由帝国主义制度解放中国及其他被侵略国之历史的工作中，与你们合力共作。命运使我必须放下我未竟之业，移交与彼谨守国民党主义与教训而组织我真正同志之人。故我已嘱咐国民党进行民族革命运动之工作，俾中国可免帝国主义加诸中国的半殖民地状况之羁缚。为达到此项目的起见，我已命国民党长此继续与你们提携。……当此与你们诀别之际，我愿表示我热烈的希望，希望不久即将破晓，斯时苏联以良友及盟国而欣迎强盛独立之中国，两国在争世界被压迫民族自由之大战中，携手并进，以取得胜利。"①而在主张联俄的同时，孙中山对十月革命后俄国实行的苏维埃制度其实并不欣赏，曾明确表示"联俄"并不意味要照搬俄国的制度，称："至于说到国家制度，中国有中国的制度，俄国有俄国的制度；因为中国同俄国的国情彼此向来不相同，所以制度也不能相同。"②

最后，在民族主义与世界主义或者说世界大同理想两者之间的关系上，孙中山没有陷入理想主义，他既反对不切实际的民族虚无主义，也不赞同狭隘的民族主义，主张在完成民族主义的基础上最终实现世界大同的理想。在 1924 年秋所做的《民族主义》的演讲中，孙中山一方面对五四新文化运动后国内一些主张放弃民族主义、提倡世界主义的知识分子进行了尖锐的批评，指出在中国目前的状况下提倡世界主义、放弃民族主义，就好像一个中了头彩、并将彩票藏在竹杠内的苦力在兑奖前就将竹杠投入海中一样愚蠢，指出西方列强之所以天天鼓吹世界主义，说民族主义的范围太狭隘，目的就是维持他们在世界的垄断地位，"不准弱小民族复兴"，他们主张的世界主义"就是变相的帝国主义与变相的侵略主义"，强调"我们受屈民族，必先要把我们民族自由平等的地位恢复起来之后，才配得来讲世界主义"；"我们要发达世界主义，先要民族主义巩固才行。如果民族主义不能巩固，世界主义也

---

① 《孙中山全集》第 11 卷，641 页。
② 《孙中山全集》第 11 卷，365 页。

就不能发达"。① 而与此同时，孙中山又明确表示，中国的民族主义决不走西方列强"灭人国家"的老路，中国强盛后一定要发扬传统的王道文化，济弱扶倾，以世界大同作为民族主义的最后理想，指出："中国如果强盛起来，我们不但是要恢复民族的地位，还要对于世界负一个大责任。如果中国不能够担负这个责任，那么中国强盛了，对于世界便有大害，没有大利。中国对于世界究竟要负什么责任呢？现在世界列强所走的路是灭人国家的；如果中国强盛起来，也要去灭人国家，也去学列强的帝国主义，走相同的路，便是蹈他们的覆辙。所以我们要先决定一种政策，要济弱扶倾，才是尽我们民族的天职。我们对于弱小民族要扶持他，对于世界的列强要抵抗他。如果全国人民都立定这个志愿，中国民族才可以发达。若是不立定这个志愿，中国民族便没有希望。我们今日在没有发达之先，立定扶倾济弱的志愿，将来到了强盛时候，想到今日身受过了列强政治经济压迫的痛苦，将来弱小民族如果也受这种痛苦，我们便要把那些帝国主义来消灭，那才算是治国平天下。……用固有的道德和平做基础，去统一世界，成一个大同之治，这便是我们四万万人的大责任。"②孙中山在这里实际上阐述了中国要和平崛起的思想。

## 四、结　语

孙中山民族主义思想所表现出来的上述三个特点，既继承了中华民族热爱国家统一、爱好和平的优良传统，又吸收了近代西方民主主义和民族主义思想中的合理成分，同时也反映了近代中国作为一个被压迫、被侵略国家的现实要求，最大限度地克服了民族主义思想往往具有的狂热情绪和各种非理性成分，避免了由信仰民族主义而走上大国沙文主义歧途以及民族国家建立后国内各民族之间的纠纷和冲突，这不但有利于中国多民族国家的团结和统一，而且对于我们今天正确

---

① 《孙中山全集》第 9 卷，226 页。
② 《孙中山全集》第 9 卷，253 页。

认识经济全球化进程中人权与国权的关系，认清中国在世界的地位和责任，构建一个公正合理的国际新秩序，亦不无启迪。就此来说，孙中山的民族主义思想不但具有历史意义，而且具有现实意义，不失为一份宝贵的人类共同思想财富。

原载《史林》2007 年第 4 期

# 蔡元培在五四新文化运动中的角色再探讨

在中国近代思想人物研究中，蔡元培是一位争议较少的人物，他在五四新文化中所起的作用也被学界一致承认。新文化运动领袖陈独秀在《蔡孑民先生逝世后感言》中就曾这样说道："五四运动，是中国现代社会发展之必然的产物，无论是功是罪，都不应专归到那几个人；可是蔡先生、适之和我，乃是当时在思想言论上负主要责任的人。"[①]然细加考察，对于蔡元培在五四新文化运动中的角色，诸如他当时的政治属性、他与学生运动的关系及其思想特色等，学界的认识其实并不清晰，且多有歧见，实有重新探讨的必要。

## 一、蔡元培的政治立场

关于蔡元培在五四新文化运动中的政治立场，学术界一般都将他看作一位民主革命家，或进而将他看成是南方国民党人的代表，其理由是，蔡元培是老同盟会会员，他出任北大校长系孙中山授意。[②] 然

---

① 蔡建国编：《蔡元培先生纪念集》，71 页，北京，中华书局，1984。

② 周天度：《蔡元培传》，86 页，北京，人民出版社，1984。梁柱：《蔡元培与北京大学》，1～20 页，北京，北京大学出版社，1996。刘永明：《五四运动研究中的几个问题》，载《近代史研究》，1993(6)。刘永明：《国民党人与五四运动》，28～80 页，北京，中国社会科学出版社，1990。其他研究蔡元培的著作一般也都是将蔡元培看作民主革命家，对其政治属性没有进行深究。研究蔡元培的著名学者唐振常先生在其著作《蔡元培传》(上海人民出版社 1999 年版)第二版的《重印前言》中就此做了补证，指出蔡元培是"中国自由主义知识分子的代表，而且是一位领袖人物"，但未做具体论证。另笔者在拙著《蔡元培》(浙江人民出版社 1998 年版)中也曾提出与唐先生相近的看法。

而，笔者以为，将五四新文化运动时期的蔡元培看作民主革命家，固无大错，但不准确，不足以揭示蔡元培与其他民主革命家之间的区别；而将蔡元培看成是南方国民党人的代表，并以此来肯定以孙中山为首的民主革命派在新文化运动中所起的积极作用，则与蔡元培当时的政治立场不相符合。事实上，蔡元培在五四新文化运动时期的言行纯然是从一位超党派的自由主义知识分子的立场出发的，其立场在政治上与南方的国民党保持很大的距离。

首先，蔡元培出任北大校长并非人们所说，系孙中山授意，而是蔡元培本人的夙愿。固然，蔡元培是一位老同盟会会员，但同时必须指出的是，与孙中山、黄兴等人不同，蔡元培并不是一个职业革命家和职业政治家，在他身上，学者的气质远胜于革命家和政治家的气质，在实现国家由传统向现代的转变过程中，他大多数时候更倾向于以思想文化的革命来推动中国社会的变革，尤其是通过教育来实现他的救国目标。因此，尽管他在 1905 年就加入了同盟会，但他的活动主要还是限于教育界和文化界。从教育救国的思想出发，蔡元培早在 1913 年"二次革命"期间即有意出任北大校长，只是由于袁世凯的反对，未能如愿①，于是他便前往法国推动国内的留法教育，在海外从事新文化运动，坚信"国事决非青年手足之力所能助，正不若力学之足以转移风气也。……唯一之救国方法，只当致意青年有志力者，从事于最高深之学问，历二、三十年，沈〔沉〕浸于一学专门名家之学者，出其一言一动，皆足以起社会之尊信，而后学风始以丕变。即使不幸而国家遭瓜分之祸，苟此一种族，尚有学界之闻人，异族虐待之条件，必因有

---

① 1913 年 7 月 4 日蔡元培的学生蒋维乔在写给蔡元培的一封信中透露说："大学拟请先生主持，实系同人之公意，创议已久。此次弟动身前，屡告恂公（即董鸿祎，号恂士，时任教育部代理部长——引者注），应先探袁氏之意，恂谓可以不必，袁氏决无阻碍，弟方始成行，当时对先生言无阻碍者，即恂之言。而先生慨然允诺，实喜出望外。熟知袁氏以对国民党之感情对先生，竟不允恂之请，恂无奈，则出于辞职。"见高平叔：《蔡元培年谱长编》上册，561 页，北京，人民教育出版社，1996。

执持公理之名人为之删减"①。1916 年袁世凯暴毙后，蔡元培坚持认
为，振兴中国的根本出路在于"由日新又新之思想，普及于人，而非恃
一手一足之烈"②。因此，在接到邀请他出任北大校长的电报后，蔡元
培便毅然决然地接受邀请，于 10 月 2 日离法回国，明确表示之所以要
回国任北大校长，这是因为在国外经营教育"不及在国内之切实"③。
回到国内后，蔡元培出任北大校长的决定虽然获得了孙中山的支持，
但这一决定并非出于孙中山的授意，而主要是由蔡元培本人做出的。

其次，五四新文化运动期间，蔡元培在许多重大的政治问题上也
并没有与孙中山为首的南方国民党人保持一致，而多以一位学者的身
份发言，表现出明显的自由派知识分子的倾向。在他归国的第一年，
国内政治首先遇到关于对德政策问题的争论。当时，以孙中山为首的
南方国民党人担心段祺瑞政府借口参战，乘机发展个人势力，打击异
己，坚决反对中国加入协约国一方，对德绝交、宣战。然而，在这个
问题上，蔡元培并不为党派之见所囿，与孙中山持不同主张。1917 年
3 月 3 日，他与国民党的反对派梁启超、张君劢等人和其他一些社会
文化精英一道，发起成立国民外交后援会，声援北京政府加入协约国
一方，对德绝交、宣战。蔡元培在演讲中认为，英、美、法与德国之
间的战争是"强权与扶助""非道德与道德"之战，中国应站在正义的协
约国一方，对德宣战，不能因党派之见而意气用事，指出："以国内党
派意见纷歧，恐乘此机以图破坏，则尤属非是。大凡一国之内，无论
内部如何不稳，一至国外发生问题，内反可一致以对外。"④呼吁南方
的国民党在对外政策上与段祺瑞政府采取一致立场。

在以孙中山为首的广州护法军政府与北京北洋政府的对峙中，蔡
元培虽然在反对军阀统治、争取民主共和的政治观点上与孙中山并无

① 高平叔：《蔡元培年谱长编》上册，528 页。
② 蔡元培：《对于送旧迎新二图之感想》，见高平叔编：《蔡元培全集》第 2
卷，26 页，北京，中华书局，1984。
③ 蔡元培：《致汪兆铭函》，见高平叔编：《蔡元培全集》第 3 卷，26 页，北
京，中华书局，1984。
④ 天津《大公报》，1917-03-05。

分歧，但他并不赞成孙中山为护法而诉诸武力，主张南北双方通过和平谈判，实现国家的统一。1918 年 10 月 23 日，他与熊希龄、张謇、王宠惠等社会名流，发起成立和平期成会，以超党派姿态，通电全国，呼吁结束南北分裂局面，减轻人民战乱之苦，痛陈"慨自国内构衅，忽已年余，强为畛域之分，酿成南北之局，驯至百政不修，土匪遍地，三军暴露，万姓流离，长此相持，何以立国"①。稍后，蔡元培在致孙中山的个人信函中也婉转地表达了同样的意思。他在 11 月 18 日介绍老同盟会会员伊仲材晋见孙中山的信中说："欧战既毕，国内和平之声浪洋溢南北，大势所趋，决非少数人所能障挽。"他建议孙中山放弃政治斗争，不要再拘于国会、约法之争，应致力于实业和教育建设，提出"倘于实业、教育两方面确著成效，必足以博社会之信用，而立民治之基础，较之于议院占若干席、于国务院占若干员者，其成效当远胜也"②。

1922 年 4 月底 5 月初，直系军阀吴佩孚、曹锟打败奉系军阀张作霖，成为北洋军阀的首要人物后，蔡元培又站在自由派知识分子的立场上，希望在吴佩孚的统治下，实现南北统一，建立一个好人政府。是年 5 月间，他与王宠惠、罗文干、汤化龙、陶行知、李大钊等 16 人，联名发表由胡适起草的《我们的政治主张》，认为"中国所以败坏到这步田地，虽然有种种原因，但好人自命清高是一个重要原因"③。

与此同时，蔡元培反对孙中山的北伐主张，支持吴佩孚提出的恢复旧国会，请黎元洪复职的倡议。5 月 22 日，他与梁启超、熊希龄、汪大燮、孙宝琦、王宠惠、林长民、梁善济、张耀曾等人联名发表解决时局意见的通电，称吴佩孚"伟略硕望，举国所仰，倘荷合力促成，民国前途，实利赖之"④。6 月 3 日，在出席北京教育界举行的"六三"

---

① 《熊希龄等拟组和平期成会电》，载《民国日报》，1918-10-26。亦参见天津《大公报》，1918-10-25。

② 蔡元培：《致孙中山函》，见高平叔编：《蔡元培全集》第 3 卷，220 页。

③ 高平叔编：《蔡元培全集》第 4 卷，188～189 页，北京，中华书局，1984。

④ 《熊希龄等祃电原文》，载《晨报》，1919-05-25。

纪念会上，蔡元培又领衔与 200 余名代表致电孙中山和广东非常国会，一面赞扬孙中山领导的南方护法运动"使全国同胞永有一正式民意机关之印象"，"公等护法之功，永久不朽"。但同时认为非法总统徐世昌已去职，旧国会即将恢复，护法目的已达，"南北一致，无再用武力解决之必要"，要求孙中山"停止北伐，实行与非法总统同时下野之宣言"。① 6 月 8 日，又与王家驹、李建勋、毛邦伟等 10 人代表教育界发表通电，欢迎黎元洪复职，称"中央政府负责无人，考量事实，非公莫属。务恳俯顺舆情，维持大局，事关国脉，万乞即日莅京，免任艰钜，毋任企祷之至"②。甚至在胡适建议他不要发电催促黎元洪莅京情况下，蔡元培仍坚持己见，表示"西南方反对旧国会，揭一黎以与孙对待而开议和，似亦未为不可"③。

由于蔡元培的这些言行严重地违背了他的党派立场，他在当时就受到南方国民党人的严厉批评。上海《民国日报》于 6 月 6、7、10 日连续发表《主张"好人奋斗"者底失言》《问蔡老先生》《被坏人利用的好人》，要求蔡元培认清形势，不要被军阀所利用，指出吴佩孚拥黎元洪无非"借他作个傀儡，来行他什么'巩固北洋正统'底大计划，预备作袁世凯第二罢了"④。6 月 6 日，章太炎、张继也同时致电指责蔡元培的行为有违党派的立场。章电称："此次北伐，乃南方争自存，原动不在一人，举事不限护法。公本南人，而愿北军永据南省，是否欲作南方之李完用耶？或者自食其禄，有箭在弦上之势，则非愚者所敢知也。"⑤张电则云："阅公劝中山总统停止北伐一电，不胜骇然。北军宰割江流，行同强寇。仆北人也，尚不愿乡人有此行动。公以南人，乃欲为北军游说，是何肺肠？前者知公热心教育，含垢忍辱，身事伪廷，同

---

① 《北京教育界之六三纪念会》，载《晨报》，1922-06-04。《蔡孑民与直系同一主张》，载《民国日报》，1922-06-06。

② 《商学两界请黎复职之进行》，载《晨报》，1922-06-08。

③ 中国社会科学院近代史研究所中华民国史研究室编：《胡适的日记》下册，375 页，北京，中华书局，1985。

④ 《被坏人利用的好人》，载《民国日报》，1922-06-10。

⑤ 《问蔡老先生》，载《民国日报》，1922-06-07。

人或尚相谅。今乃为人傀儡，阻挠义兵，轶出教育范围以外，损失名誉，殊不值也。"①

面对南方国民党人的批评，蔡元培依然坚持自己的立场。6 月 10 日，他复电再次公开表示南方举兵护法，理由"均已消灭"，南北双方完全可以根据他们发表的《我们的政治主张的建议》，召开代表民意的南北和会，实行联省自治，"初无武力解决之必要"。他认为南人与北人同为中华民国国民，非韩国与日本的关系，因此他的主张并没有背叛国家，不能用李完用为喻；请孙中山下野，不过是本敬仰中山先生及非常国会议员之诚意，为爱人以德之劝告，并非为人"傀儡"；至于他本人出任北大校长，蔡元培表示北大是国立的，非私人所有，尽力于国家，得相当之报酬，乃天经地义，无垢无辱。② 1923 年年初，当他辞去北大校长，孙中山派人与他联络，希望他南下协助革命工作时，蔡元培也没有像在辛亥革命和二次革命期间那样积极响应，而是按计划偕子女赴欧洲游学，表示"现在军务倥偬，麾下所需要者，自是治军筹款之材，培于此两者，实无能为役。俟由欧返国，再图效力，当不为迟"③。

综上所述，五四新文化运动期间的蔡元培显然并不像有些学者所说的那样，是孙中山领导的南方国民党人在北方的代表。事实上，自新文化运动开始以后，随着蔡元培将教育文化视为最重要的工作，他的政治态度也发生了明显的变化。在追求国家独立和民主政治中，他不再主张任何激烈的阶级斗争和社会革命，而只赞成和平渐进方式的改良。对于国内的政治问题，他也不再以党派的身份介入，而多以一位学者的身份发言，表现出明显的自由派知识分子的倾向。申而论之，蔡元培后来参加蒋介石的反共清党活动和民权保障同盟运动，其实也是其自由主义立场之故。可以说，蔡元培是国民党内一位真诚的自由主义知识分子。

--------

① 《问蔡老先生》，载《民国日报》，1922-06-07。
② 参见《蔡元培复章炳麟张继电》，载《晨报》，1922-06-12。
③ 蔡元培：《复孙中山函》，见高平叔编：《蔡元培全集》第 4 卷，332 页。

## 二、蔡元培对学生运动的态度

关于"五四"时期蔡元培对学生运动的态度，学界也有两种不同解读：一派将蔡元培说成是学生运动的积极支持者；另一派则认为蔡元培对学生运动是持反对态度的。笔者以为，上述两派观点都有简单化之嫌，不足以真实地揭示蔡元培对学生运动的态度。事实上，蔡元培对学生运动的态度与他当时的政治立场是一致的，即无论是赞成还是反对，都是从一位爱国的自由主义知识分子立场出发的。

作为一个主张教育救国的自由派知识分子，蔡元培在一般情况下并不赞成或支持学生运动。他曾毫不讳言地表示："我对于学生运动，素有一种成见，以为学生在学校里面，应以求学为最大目的，不应有何等的政治组织。其有年在二十岁以上，对于政治有特殊兴趣者，可以个人资格参加政治团体，不必牵涉学校。"①1918 年 5 月 21 日，当北大和其他学校的学生为抗议段祺瑞政府与日本签订《中日陆军共同防敌军事协定》而前往总统府请愿时，蔡元培即曾出来劝阻学生，认为外交问题应静候政府解决。② 1919 年 7 月 23 日，蔡元培在《告北大学生暨全国学生书》中一方面肯定学生在五四运动中的爱国热情，但同时告诫学生不要因政治问题牺牲学业，呼吁同学们回到教育救国的道路上来，指出："吾国人口号四万万，当此教育无能、科学无能时代，得受普通教育者，百分之几，得受纯粹科学教育者，万分之几。诸君以环境之适宜，而有受教育之机会，且有受纯粹科学之机会，所以树吾国新文化之基础，而参加于世界学术之林者，皆将有赖于诸君。诸君之责任，何等重大，今乃为参加大多数国民政治运动之故，而绝对牺牲之

---

① 蔡元培：《我在北京大学的经历》，见高平叔编：《蔡元培全集》第 6 卷，353 页，北京，中华书局，1988。
② 参见《本校全体学生往府请愿校长劝阻无效》，载《北京大学日刊》，1918-05-22。

乎?"①1920 年 5 月，在为纪念"五四"一周年所作的《去年五月四日以来的回顾与今后的希望》一文中，蔡元培甚至将学生运动看成是一种得不偿失的"自杀"举动，说道："人人都知道罢工、罢市损失很大，但是罢课的损失还要大。全国五十万中学以上的学生，罢了一日课，减少了将来学术上的效能，当有几何？要是从一日到十日，到一月，他的损失，还好计算么？况且有了罢课的话柄，就有懒得用功的学生，常常把这句话作为运动的目的，就是不罢课的时候除了若干真好的学生以外，普通的就都不安心用工。所以从罢课的问题提出以后，学术上的损失，实已不可限量。至于因群众运动的缘故，引起虚荣心、依赖心，精神上的损失也着实不少。"②

本着这一态度，蔡元培对"五四"之后发生的几次学潮都持抵制态度，甚至与闹学潮的学生或罢教的老师直接发生冲突。如 1921 年 6 月间，北京国立专门以上八校教职员因北洋政府积欠薪水和学校经费相继罢课，并与学生一道发起请愿运动，要求政府指定专项教育基金，清偿积欠。对于教职员和学生的这一举动，蔡元培当时就不以为然，认为教师为索薪而罢教贻误学生的学业，有失教师风范。1921 年 9 月他从欧洲考察归国后，在一次北大教职员的会议上谈到对最近发生的教育风潮的意见时，明确指出："现在，我们觉得以前所用的罢课手段，实在牺牲太大了，罢课这么长久，而所收的效果，不过如此，这实在是初料所不及的。我以为罢课是一种极端非常的手段，其损失比'以第三院作监狱'及'新华门受伤'还要厉害得多。因为想不到的一时的横逆，例如被狗咬，被疯人打，是无论如何文明的地方都不能免的，不算了不得的耻辱。独有我们惟一的天职我们不能不自己放弃它，这是最痛心的事。教育家认教育为天职，就是一点没有凭借，也要勉强尽他。古代的孔子、墨子，何尝先求凭借？就是二十年前，私立学校，不是有许多尽义务的教员么？现在，我们为教育所凭借的经费而逼到

---

① 高平叔编：《蔡元培全集》第 3 卷，312～313 页。

② 高平叔编：《蔡元培全集》第 3 卷，385 页。

罢教，世间痛心的事，还有过于此的么？"①

1922 年 4 月 9 日在国立八校教职员会议上蔡元培又力阻教员罢教的提议。胡适在 4 月 11 日的日记中这样记载当时的情况："前天（九日）联席会议主张延长春假，——实则罢课之别名，——蔡先生亲自出席，为很激烈的演说，坚执不肯延长，并说：如果教职员坚执此议，他便要辞职，但此次辞职，不是对政府，是对教职员。联席会议的人虽然很不满意，——因为蔡先生还说了许多很爽直的话——但不能抵抗。于是昨日各校一律开课，而联席会议的各代表一齐辞职。"②4 月25 日，教职员联席会议在没有北大代表和女高师代表出席的情况下，再次做出罢课的决议。蔡元培又出来疏导，劝告教员放弃罢教，指出：时值直奉战争，政府于 30 日以前肯定发不出经费，辞职并不能解决问题；而教员辞职以后，也不见得就能谋到别的生计，也还是闲住着，且为教育当局负停顿教育的责任。再则，第三学期学业将毕，学生正遇到学科结束，毕业升级的时候，此时教员罢教，"我们怎么对得住学生呢？"③在蔡元培的劝说下，教职员联席会议于 4 月 30 日最后做出放弃罢教的决定，宣布"暂缓实行总辞职"④。

又如在 1922 年 10 月间北大发生的"讲义费风潮"中，蔡元培甚至与学生发生直接冲突。对于北大学生以请愿方式要求学校废止讲义费的举动，蔡元培极不以为然，在劝说不果之下，毅然提出辞职，称："此种越轨举动，出于全国最高学府之学生，殊可惋惜。废止讲义费之事甚小，而破坏学校纪律之事实大，涓涓之水，将成江河，风气所至，将使全国学校共受其祸。言念及此，实为痛心。此皆由元培等平日训

① 蔡元培：《在北大欢迎蔡校长考察欧美教育回国大会上的演说词》，见高平叔编：《蔡元培全集》第 4 卷，78 页。

② 中国社会科学院近代史研究所中华民国史研究室编：《胡适的日记》下册，312 页。

③ 蔡元培：《出席北大教职员大会演说》，见高平叔编：《蔡元培全集》第 4 卷，193～194 页。

④ 中国社会科学院近代史研究所中华民国史研究室编：《胡适的日记》下册，346 页。

练无方，良深惭愧。长此以往，将愈增元培罪戾。迫不获已，惟有恳请辞职，迅予批准，并克日派员接替，不胜迫切待命之至。"①稍后，在北大师生的劝说下，蔡元培虽然放弃辞职的决定，于 10 月 24 日返校视事，但在次日召开的北大全校大会上，他仍将发生在 18 日的讲义费风潮看成是少数学生借端滋事，意图破坏的"暴动"之举，要求同学们引以为戒，不能将对政府的办法用到学校；他甚至对发生在 20 年前亲身经历的清末学生风潮也重新评价，说道："我还记得二十年前革命主义宣传最盛的时候，学生都怀着革命的思想，跃跃欲试，就在学校里面试验起来。说是学生是学校的主人翁，譬如一国的国民；教职员是学生的公仆，譬如国家的政府；国民可以革政府的命，学生就可以革教职员的命。那时候长江一带，这样试验革命的学校，不知多少。他的导火线都很简单，大半为记分不公平或饭菜不好等小问题，反对一个教员或一个庶务员，后来迁于全体教职员，闹到散学。"他提醒同学们注意"现在政治上的失望与改革的热诚，激动人的神经，又与二三十年前差不多了。学生要在学校里面试验革命的手段又有点开端了。我希望有知识的大学生，狠要细心检点"②。因此，笼统地将蔡元培说成是学生运动的积极支持者，确实是对蔡元培的一个极大误解。

然而，因为蔡元培说过许多反对学生运动的话，就断言他一概反对学生运动，甚至认为他对五四运动也持反对态度，这也是不合乎事实的。须知蔡元培不只是一位主张教育救国的自由主义知识分子，他同时也是一位忠诚的爱国主义者。站在爱国主义的立场上，蔡元培并不一概反对学生参加政治活动，认为学生可以不关心国家和民族的命运，闭门读书。1923 年他在欧游期间谈到对国内学生运动的态度时就曾明确表示："学校当局的看法是，如果学生的行为不超出公民身份的范围，如果学生的行为怀有良好的爱国主义信念，那么，学生是无可

---

① 蔡元培：《为北大讲义费风潮辞职呈》，见高平叔编：《蔡元培全集》第 4 卷，270 页。

② 蔡元培：《北大十月二十五日大会演说词》，见高平叔编：《蔡元培全集》第 4 卷，274～275 页。

指责的。学校当局对此应正确判断，不应干预学生运动，也不应把干预学生运动看成是自己对学生的责任。"①在蔡元培看来，"五四"便是属于"不应干预"的学生运动，他对此显然是持支持态度的。

首先，我们看到，蔡元培本人在出任北大校长后就因为爱国主义的驱动，没有严守"不涉政界"的初衷，不时表现出高昂的政治热情，尤其是对第一次世界大战之后中国的前途和命运表示极大的关注。1918 年 11 月当德国战败的消息传到北京后，蔡元培就和当时大多数的中国人一样，沉浸在"公理战胜强权"的喜悦之中，积极带领北大师生参加庆祝活动，在 14 日至 16 日的三天假期里，蔡元培特向教育部借了天安门的露天讲台，组织北大师生举行演讲会，他本人先后做了题为《黑暗与光明的消长》和《劳工神圣》的演讲，认为协约国的胜利是"光明的互助论"战胜"黑暗的强权论"，"正义"战胜"阴谋"，"平民主义"战胜"武断主义"，"大同主义"战胜"黑暗的种族偏见"，警告国内军阀们顺应世界潮流，抛弃"黑暗主义"，向光明方面去，宣告"此后的世界，全是劳工的世界"。② 11 月 28 日至 30 日，蔡元培再次组织北大师生在中央公园（今中山公园）举行演讲会，要求北大学生务必全体参加，指出国家的命运与世界的命运息息相关，学校的命运与国家的命运休戚相关，学生的命运与学校的命运休戚相关；宣布凡是故意不参加演讲会的学生，"此其人即不屑以世界眼光、国家观念等绳之，而第即其对于本校及本班之无情，亦必为同班诸生所不齿"。③ 1919 年 1 月 18 日巴黎和会召开后，蔡元培又为收回德国在我国山东的利权奔走、呐喊。为向国际社会表达中国人民的正义呼声，2 月 11 日蔡元培和江大燮、林长民、熊希龄等社会名流为次日在北大召开"国际联盟同志会"成立大会撰写的广告语中，呼吁国际联盟应保证各国政治的独立和领土的完整，指出："中国与上古之希腊、罗马、巴比仑、埃及并时立

---

① 蔡元培：《中国现代大学观念及教育趋向》，见高平叔编：《蔡元培全集》第 5 卷，13 页，北京，中华书局，1988。

② 高平叔编：《蔡元培全集》第 3 卷，218～219 页。

③ 高平叔编：《蔡元培全集》第 3 卷，223～224 页。

国，迄今四千余年，以世界最古之国家，得与近世新国家共奠新世纪之基础，其国家之权利，孰能蔑视之。"①2月16日，他又和汪大燮、林长民、熊希龄等一道组织成立国民外交协会，致力国民外交活动，号召全国人民为争取国家权利而斗争。2月23日，他在国民外交协会举办的一次演讲会上这样沉痛地说道："原我国外交之所以失败，由一切委诸少数当局之手，常以秘密行之。当局者一遇困难问题，则仅图少数人之亟于卸责而轻易承诺，不暇顾受此影响者之大多数国民，而受此影响之大多数国民亦且甘受此无意识之害而不敢有所纠正，此所以失败重失败也。"②可以说，正是蔡元培本人所表现出来的这一高昂的爱国政治热情对稍后北大学生发起五四运动产生了直接的影响。1935年胡适在《纪念五四》一文中即指出，正是蔡元培的政治热情，使北大从那天起"就走上了干涉政治的路子，蔡先生带着我们都不能脱离政治的努力了"③。

其次，事实也表明蔡元培对五四运动确实起到了引导的作用。由于蔡元培原本对巴黎和会寄予极大的希望，因此当4月30日巴黎和会屈服日本帝国主义的压力，做出把德国在我国山东的权利全部转让给日本的决议时，对蔡元培的打击也就特别巨大，使他彻底抛弃"公理战胜强权"的幻想，自觉地走上斗争的前台。对蔡元培在"五四"前夕的一些活动，有关当事人做过大量的回忆。如北大学生何思源回忆说，5月2日蔡元培即曾在北大饭厅召集学生代表开会，"讲述了巴黎和会帝国主义互相勾结，牺牲中国主权的情况，指出这是国家存亡的关键时刻，号召大家奋起救国"④。其他一些学生也回忆说，5月3日当时任北京徐世昌政府外交委员会委员长的汪大燮向他透露政府当局准备电令中国代表在巴黎和约签字的情况后，蔡元培立即将这一消息转告持

① 《国际联盟同志会成立会广告》，载《北京大学日刊》，1919-02-11。
② 《国民外交协会讲演会补志》，载《晨报》，1919-03-13。
③ 胡适：《纪念五四》，载《独立评论》，第149号，1935-05-05。
④ 何思源：《五四运动回忆》，见中国人民政治协商会议北京市委员会文史资料研究会编：《文史资料选编》第4辑，67页，北京，北京出版社，1979。

坚决反日立场的北大学生许德珩及《新潮》社的罗家伦、傅斯年、康白情、段锡朋等，把拒签和约的希望寄托在爱国青年学生身上。对北大学生的回忆，其他一些重要的相关人员也做了证实。如1929年胡适在他的日记中谈到五四运动时即写道："巴黎和会中国代表团失败的消息传来，徐世昌主张签字，陆征祥、王正廷、伍朝枢皆主张签字。汪大燮其时为外交委员会主席，他于五月二日夜、三夜去看蔡元培，先以此时形势，说学生不可不有点表示。蔡赞成其说，故四日有大游行，遂有打赵家楼的故事。"①"五四"时期任外交委员会事务员的叶景莘在1948年的一篇纪念文章中则做了更具体的追述，他说：那时"外交委员会已开会决议，拒绝在巴黎和约上签字，报徐世昌核夺。但五月三日，林长民获悉：国务院已发出密电，令代表团签字。汪大燮焦急，叶景莘建议速告蔡校长。汪大燮即坐马车到东堂子胡同蔡孑民先生家。当晚，蔡先生召开北大学生代表罗家伦、傅斯年、康白情、段锡朋等，告此消息"②。根据这些当事人的回忆，蔡元培虽然不是五四运动的具体组织者和领导者，但他在其中所起的引导作用则是确实无疑的。③

---

① 《胡适的日记》，1929年1月16日，手稿本。

② 叶景莘：《五四运动何以爆发于民八之五月四日》，载天津《大公报》，1948-05-04。

③ 关于蔡元培对五四运动的态度，张国焘和杨晦做过与本文观点不同的回忆，他们说蔡元培在"五四"那天曾出来在北大门口阻拦学生示威游行（张国焘：《我的回忆》第1册，50～51页，北京，东方出版社，1991；杨晦：《五四运动于北京大学》，见中国社会科学院近代史研究所编：《五四运动回忆录》上册，223页，北京，中国社会科学出版社，1979）。张国焘、杨晦二人的这一回忆不但与其他许多当事人的回忆不一致，而且与蔡元培本人的回忆也不合。蔡元培在1934年所作的《我在北京大学的经历》一文中明确指出，他对1918年5月21日北大学生的运动游行进行了阻止，但对五四运动，因是拒签和约，"我也就不去阻止他们了"。鉴于张国焘、杨晦二人的回忆都未提到1918年蔡元培阻止学生游行一事，且杨晦所描述蔡元培阻止学生游行的情景与1918年5月的事情十分相似，笔者怀疑张国焘、杨晦有可能是将1918年的学生请愿与1919年的五四运动记混了。退一步来说，即使张国焘、杨晦的回忆属实，也不能因此就表明蔡元培反对五四运动。有关如何看待当事人对于此事的不同回忆，可参见拙著《蔡元培》(177～179页)。

最后，蔡元培在五四运动爆发后所持的立场也表明他是支持爱国青年学生的。5月4日那天，共有32名参加示威游行的学生被反动军警捕去，其中北大学生20人。当日，教育部还发布第183号训令，要求蔡元培"严尽管理之责"，对不遵守约束、参加示威游行的学生"应即立予开除"①。但蔡元培并没有去执行教育部的这一训令，相反，当晚亲临学生会场，向同学们表示：一定负责把32名同学保释出来。② 会后，蔡元培即拜访过去曾帮助他去德国留学的孙宝琦，"从下午9时左右起，一直过了12时以后不走"③，请求他出面营救被捕学生。5月5日晨，北洋政府再次以教育部名义，明令各校校长将查明为首滋事的学生一律开除，广大青年学生也针锋相对，开始10天的集体罢课。在学生与政府的对峙中，蔡元培坚定地站在学生一边。当天下午2时，他与北京其他12所大专院校的校长聚会北大，商谈营救被捕学生，会议声明五四运动"乃多数市民运动，不可让被拘之少数学生负责，若指此次运动为学校运动，亦当由各校校长负责"，表示为营救被捕学生，"虽致北京教职员全体罢职亦所不惜"。④ 5月6日晚，蔡元培又率校长团至警厅与警察总监吴炳湘交涉，愿以身家保释被捕学生。7日晨，蔡元培亲自率北大师生在汉花园红楼面前的文科操场迎接被捕同学归来，并发表讲话，备加慰勉。许德珩回忆当时的情景说："当我们出狱由同学们伴同走进沙滩广场时，蔡先生是那样的沉毅而慈祥，他含着眼泪强作笑容，勉励我们，安慰我们，给我们留下了极为深刻的印象。"⑤5月9日，蔡元培做出辞去北大校长的举动，主要也是为了保护

---

① 《教育部训令第一八三号》，载《北京大学日刊》，1919-05-19。

② 参见杨晦：《五四运动于北京大学》，见中国社会科学院近代史研究所编：《五四运动回忆录》上册，225页。

③ 曹建：《蔡孑民先生的风骨》，见孙常炜编：《蔡元培先生全集》，1599页，北京，商务印书馆，1977。

④ 蔡晓舟、杨景公编：《五四》，见中国社会科学院近代史研究所编：《五四爱国运动》上册，458页。

⑤ 许德珩：《回忆蔡元培先生》，见蔡建国编：《蔡元培先生纪念集》，134页。

学生免遭政府的迫害。他在给北大学生的留别信中明确表示，他的出走绝无责怪学生之意，指出："仆深信诸君本月四日之举，纯出于爱国之热诚；仆也国民之一，岂有不满诸君之理。"①而在南下途经天津与一位友人的谈话中，蔡元培即道出他辞职的真正原因乃在于保护爱国学生，云："我之此去，一面保全学生，一面又不令政府为难，如此始可以保全大学。在我可谓心安理得。"②后来，蔡元培在《我在北京大学的经历》一文中谈到他的这次辞职，也说是因为考虑到"被拘的虽已保释，而学生尚抱再接再厉的决心，政府亦且持不做不休的态度。都中喧传政府将明令免我职而以马其昶君任北大校长，我恐若因此增加学生对于政府的纠纷，我个人且将有运动学生保持地位的嫌疑，不可以不速去。乃一面呈政府，引咎辞职，一面秘密出京"③。事实上，蔡元培之所以在"五四"时期赢得广大师生的爱戴，被尊为学界领袖，很大程度与他在五四运动中的态度是分不开的。

总之，在对学生运动问题上，我们既不能因蔡元培说过许多反对学生运动的言论而否定他对五四运动所持的支持态度，也不能因为他曾支持五四运动而笼统地说蔡元培是学生运动的积极的支持者。反对学生沉溺政治运动和支持五四运动，都是蔡元培的真实表现。这一看似矛盾的态度，在蔡元培身上并不矛盾，盖由其自由主义和爱国主义立场使然。

## 三、蔡元培的思想特色

1917—1923年蔡元培主持北京大学期间，正是新文化运动狂飙突起的时候。在这场波澜壮阔的思想解放运动中，蔡元培作为这场运动的倡导人之一，他固然与新文化运动的主导人陈独秀、胡适等有着共同或相近的思想理念，但同时又有着与陈独秀、胡适等新文化人士不

---

① 蔡元培：《告北大同学诸君》，见高平叔编：《蔡元培全集》第 3 卷，295 页。

② 《蔡元培辞去校长之真因》，载《晨报》，1919-05-13。

③ 高平叔编：《蔡元培全集》第 6 卷，353 页。

同的思想特色，这也是我们在考察蔡元培与新文化运动关系中不能不加以注意的方面。

蔡元培与陈独秀、胡适等"五四"同人的最大区别是，他在文化问题上有着强烈的人文主义倾向和以此为基础的道德关怀。对陈独秀、胡适等大多数新文化运动人士来说，他们宣传思想革命，提倡新文化、新道德，更多的是出于政治的动机，将文化和思想工作看作是实现民主共和政治的手段。他们认为，辛亥革命失败的根源在于国民头脑中缺乏民主共和意识，"中国革命是以种族思想争来的，不是以共和思想争来的；所以皇帝虽退位，而人人脑中的皇帝尚未退位"①。因此，"要巩固共和，非先将国民脑子里所有反对共和的旧思想，一一洗刷干净不可"②。而对蔡元培来说，他从事文化和思想工作，固然也有政治的动机，实现"救国"目标，但他更倾向于将文化和道德革新看作是人的内在要求，是人格完善和人性升华的途径和标志。在《教育之对待的发展》一文中，蔡元培明确表示，新教育除注意群性的发展，即为"民权"的教育之外，尤应注意个性的发展，进行人格的教育，指出："自人类智德进步，其群性渐溢乎国家以外，则有所谓人权若人格。"③强调教育的目的是培养人的人格，是"帮助被教育的人，给他能发展自己的能力，完成他的人格，于人类文化上能尽一分子的责任"④。对于蔡元培在新文化运动中所表现出来的这一与人不同的思想倾向，梁漱溟讲过一段十分中肯的话，他说："从世界大交通东西密接以来，国人注意西洋文化多在有形的实用的一面，而忽于其无形的超实用的地方。虽然关涉政治制度、社会体俗的像是'自由'、'平等'、'民主'一类观念，后来亦经输入仍不够深刻，仍没有探到文化的根本处。唯独蔡先

① 高一涵：《非"君师主义"》，载《新青年》，第 5 卷，第 6 号，1918。
② 陈独秀：《旧思想与国体问题》，载《新青年》，第 3 卷，第 3 号，1917。
③ 高平叔编：《蔡元培全集》第 3 卷，260～261 页。
④ 蔡元培：《教育独立议》，见高平叔编：《蔡元培全集》第 4 卷，177 页。

生富于哲学兴趣，恰是游心乎无形的超实用的所在。"①

蔡元培的这一思想倾向，又直接导致他在一些文化问题上与陈独秀、胡适、丁文江等新文化人士持不同的见解。如在科学问题上，陈独秀、胡适、丁文江等将科学看成是万能的，认为科学不但能解决客观世界的问题，而且也能解决人生观问题，将原来是一种对客观世界进行解释的科学方法提升为具有人生论意义的价值体系。他们推崇孔德的实证主义和詹姆斯的实用主义，将一切对"超验"问题的探讨都视作应驱除的"玄学"。而蔡元培则不同，他虽然也提倡科学，热心赞助科学事业，但他认为科学是有局限的，并不能解决人生的所有问题，关于存在、意识、绝对等"形上"的一部分问题是科学无能为力的，而这些问题也不是如"科学派"宣称的那样"毫无意义"。他说，实证主义和实用主义"这两派哲学，都把玄学上的问题，存而不论；把哲学作为现代科学的综合，并非再进一步，把科学所不能解决的问题，设法解决他。然而科学所不能解决的问题，如精神和物质究竟是怎么一回事，绝对的真理有没有，是人人所切望一个答案的"②。蔡元培一再坚持不应放弃对玄学的探讨，指出："人类求知的欲望，决不能以综合哲学与实证哲学为满足，必要侵入玄学的范围"，"大学是包容各种学问的机关，我们固然要研究各种科学；但不能就此满足，所以研究融贯科学的哲学；但也不能就此满足，所以又研究根据科学而又超绝科学的玄学"。③强调"夫各科哲理与综合各种科学，尚介乎科学与哲学之间，惟玄学始超乎科学之上"④。

在人生观问题上，蔡元培也不像陈独秀、胡适、丁文江等新文化人士那样采取简单的态度，以为只要提倡一种科学的人生观就解决了，

---

① 梁漱溟：《忆往谈旧录》，89 页，北京，中国文史出版社，1991。

② 蔡元培：《〈佛法与科学比较之研究〉序》，见高平叔编：《蔡元培全集》第 6 卷，159 页。

③ 蔡元培：《北京大学校旗图说》，见高平叔编：《蔡元培全集》第 3 卷，467～468 页。

④ 蔡元培：《哲学与科学》，见高平叔编：《蔡元培全集》第 3 卷，253 页。

而是进而提出"以美育代宗教"的主张，将美作为一种形上的追求对象，作为人类情感的源泉，强调科学与美术、知识与感情的有机结合，指出："大凡生物之行动，无不由于意志。意志不能离知识与情感而单独进行。凡道德之关系功利者，伴乎知识，恃科学之作用；而道德之超越功利者，伴乎感情，恃有美术之作用。"①"世之重道德者，无不赖乎美术及科学，如车之有两轮，鸟之有两翼也。"②又说："知识与感情不好偏枯，就是科学与美术，不可偏废。"③蔡元培还举例说："常常看见专治科学、不兼涉美术的人，难免有萧索无聊的状态。……因为专治科学，太偏于概念，太偏于分析，太偏于机械的作用了。譬如人是何等灵变的东西，照单纯的科学家的眼光，解剖起来，不过几根骨头，几堆筋肉。化分起来，不过几种原质。要是科学进步，一定可以制造生人，与现在制造机械一样。兼且凡事都逃不了因果律。……就是一人的生死，国家的存亡，世界的成毁都是机械作用，并没有自由的意志可以改变他的。抱了这种机械的人生观与世界观，不但对于自己竟无生趣，对于社会毫无爱情，就是对于所治的科学，也不过'依样画葫芦'，决没有创造的精神。"④蔡元培指出，美在人生中的特殊意义在于，美感具有与现实利益无关的超脱性，具有"人必所同然"的普遍性，是人类生而固有的内在必然而不待外铄。并且，由于美感一方面有超脱利害的性质，另一方面有发展个性的自由，所以便导致人类罪恶的"占有性冲动"逐渐减少，而使人类趋于高尚的"创造性冲动"得以逐渐扩展。艺术品和自然界中的美、悲壮、崇高，都能使人的灵魂净化，将人类引入一种崇高的境界。他说："艺术能养成人有一种美的精神，纯洁的人格。艺术美，照日本人译来的西洋语有两种：一是优美，一

---

① 蔡元培：《我之欧战观》，见高平叔编：《蔡元培全集》第 3 卷，3 页。

② 蔡元培：《在育德学校演说之述意》，见高平叔编：《蔡元培全集》第 3 卷，121～122 页。

③ 蔡元培：《美术与科学之关系》，见高平叔编：《蔡元培全集》第 4 卷，31～32 页。

④ 蔡元培：《美术与科学的关系》，见高平叔编：《蔡元培全集》第 4 卷，33～34 页。

是壮美。优美能使人和蔼，安静，对于一切能持静，遇事不乱，应付裕如。壮美使人有如受压迫，如瞻望高山，观览广洋狂涛，使人感到压迫，因而有反抗，勇往直前，一种大无畏的精神，奋发的感情。"① 总之，"纯粹之美育，所以陶养吾人之感情，使有高尚纯洁之习惯，而使人我之见、利己损人之思念以渐消沮者也。盖以美为普遍性，决无人我差别之见能参入其中"②。显而易见，透过蔡元培的"美育代宗教"的主张，并非为美育而美育，在"美育代宗教"主张背后所表现出来的，正是蔡元培对人类道德和情感的终极关怀。

由于蔡元培从一开始就不把思想文化工作当作一种手段，而当作目的，因此，他在重建新文化过程中十分重视切实推进文化建设，反对浮躁、空谈、言行不一，反对在文化问题上采取急功近利、华而不实的态度。1919 年 12 月，蔡元培在《晨报》副刊上发表《文化运动不要忘了美育》一文，就对新文化运动中一些新文化人士表现出来的上述偏向提出尖锐的批评，他说："现在文化运动，已经由欧美各国传到中国了。解放呵！创造呵！新思潮呵！新生活呵！在各种周报上，已经数见不鲜了。但文化不是简单，是复杂的；运动不是空谈，是要实行的。"③现在文化界不以一种超越利害的兴趣，去除人我之见，保持一种永久平和的心境，而单凭个性的冲动、环境的刺激投入新文化运动，其结果势必产生下面三种弊端：(1)看得明白，责备他人也很周密，但是到了自己身上，却给小小的利害绊住，牺牲主义。(2)借主义作护符，行为放纵卑劣，结果神圣的主义反遭阻力。(3)想借用简单的方法，很短的时间，实现他的极端主义，但经了几次挫折，就觉得没有希望，产生厌世的念头，甚且自杀。1920 年秋，蔡元培赴湖南长沙做学术演讲，在所做的《何谓文化》的讲演中，他在谈了目前中国文化的发展和不足之后，最后又强调切实推进文化工作的重要性，指出："尚

---

① 蔡元培：《学校是为研究学术而设》，见高平叔编：《蔡元培全集》第 5 卷，219 页。

② 蔡元培：《以美育代宗教说》，见高平叔编：《蔡元培全集》第 3 卷，33 页。

③ 高平叔编：《蔡元培全集》第 3 卷，361 页。

有几句紧要的话，就是文化是要实现的，不是空口提倡的。文化是要各方面平均发展的，不是畸形的。文化是活的，是要时时进行的，不是死的，可以一时停滞的。所以要大家在各方面实地进行，而且时时刻刻的努力，这才可以当得文化运动的一句话。"①

在中西文化这个带有全局性的问题上，蔡元培也与陈独秀、胡适等表现出不同的态度。对陈独秀、胡适等激进知识分子来说，中国传统文化与西方文化（或者说新文化）是截然不同，格格不入的。他们往往将传统与"旧""古代""落后"甚至"迷信"联在一起，将西方文化看成是"新""现代""进步"和"科学"的象征。而蔡元培则不然。他完全没有截然对立的中西文化观或新旧文化观，他相信人类既然有共同的经验，就会有普遍的原理，中西文化仅仅是进步迟速的差异。他说："其实照懂得欧洲也懂得中国的人看来，中国和欧洲，只表面上有不同的地方，而文明的根本是差不多的。倘再加留意，并可以察出两方进步的程序，也是互相仿佛的。至于这方面的进步较速，那方较迟，是因为环境不同等等的缘故。"②他认为，传统文化与西方文化或者说现代文化并非格格不入，他断言"我们既然认旧的也是文明，要在他里面寻出与现代科学精神不相冲突的，非不可能"③。蔡元培坚决反对在文化上人为地划分中西、新旧的畛域，或用西学打倒中学，或用中学抵制西学，指出："主张保存国粹的，说西洋科学破产；主张输入欧化的，说中国旧文明没有价值。这是两极端的主张。"④他宣告："科学之成立率在近代，而人类经验之暗合学理者，则自昔为昭。……是故鉴旧学之疏，而以新兴进之，则可；谓既有新兴，而一切旧日之经验皆得以吐弃之，

---

① 高平叔编：《蔡元培全集》第 4 卷，15 页。

② 蔡元培：《中国的文艺中兴》，见高平叔编：《蔡元培全集》第 4 卷，340 页。

③ 蔡元培：《杜威六十岁生日晚餐会演说词》，见高平叔编：《蔡元培全集》第 3 卷，350 页。

④ 蔡元培：《三民主义的中和性》，见高平叔编：《蔡元培全集》第 5 卷，283 页。

则不可。"①

在引进和学习西方文化过程中，蔡元培坚决反对生吞活剥，盲目照搬。早在 1916 年 8 月游学法国期间发表的著名的《文明之消化》一文中，蔡元培就提出要将吸收西方文化与消化结合起来。回到国内后，他进一步提出必须站在"我"的立场上吸收西方文化。1917 年 3 月，他在清华学校所做的一次讲演中，谆谆告诫青年学生"分工之理，在以己之长，补人之短，而人之所长，亦还以补我之所短。故人类分子，决不当尽归于同化，而贵在各能发达其特性。吾国学生游学他国者，不患其科学程度之不若人，患其模仿太过而消亡其特性。……能保我性，则所得于外国之思想、言论、学术，吸收而消化之，尽为'我'之一部，而不为其所同化"②。

由于蔡元培没有截然对立的中西文化观，因此，他在提倡学习和吸收西方文化的同时，又十分重视向欧美国家介绍和宣传中国文化，认为"现在欧美大势，中国人已经渐渐了解，独是西方人对于中国，不了解的很多"③。他说："现在西洋各国，对于中国从来的文明，极想知道，正从事搜集中国的典籍，供他们学者研究。我们一方面注意西方文明的输入，一方面也应该注意将我固有文明输出。幸今日中外文明，既有交通的机会，我们是格外要留心的。"④在另一篇文章中，蔡元培甚至提出，当代学者的一个重要使命便是"当为东西文化作媒介"，"以西方文化输入东方"，"以东方文化传布西方"，增进中西文化的沟通，指出："综观历史，凡不同的文化互相接触，必能产出一种新文化。"⑤总之，蔡元培对中西文化持一种调和融通的态度。

蔡元培在新文化运动中所表现出来的上述思想倾向，无论是对人

---

① 蔡元培：《〈医生丛书〉序》，见高平叔编：《蔡元培全集》第 3 卷，65 页。

② 蔡元培：《在清华学校高等科演说词》，见高平叔编：《蔡元培全集》第 3 卷，27～28 页。

③ 蔡元培：《中国文学的沿革》，见高平叔编：《蔡元培全集》第 4 卷，47 页。

④ 蔡元培：《北大一九二一年开学式演说词》，见高平叔编：《蔡元培全集》第 4 卷，94～95 页。

⑤ 蔡元培：《东西文化结合》，见高平叔编：《蔡元培全集》第 4 卷，50 页。

的终极关怀，还是调和融通的中西文化观，都与新文化运动的主导者李大钊、胡适、陈独秀等人不尽一致。然而，正是这些不同的思想倾向，展现了蔡元培作为一位思想家的深刻之处和他在中国近代思想史上的独特的地位。

原载《史学月刊》2006 年第 1 期

# 蔡元培：中国现代文化的奠基者

中国近代是一个大变局、大转折的时代。19世纪以降，中国这个曾经创造灿烂文化的文明古国在遭受西方列强坚船利炮的入侵之后，面临着前所未有的民族危机和文化危机。在寻求中国社会由传统向近代转变的过程中，蔡元培是一位曾对中国近代思想文化产生过深远影响的人物，他既被中国文化界和教育界奉为"融会中西学术于一心的文化大师"①和"民族导师"②，也被中国共产党人尊为"学界泰斗，人世楷模"③。蔡元培是一位与中国现代文化息息相关的历史人物。

## 一、走教育救国、文化救国之路

1868年1月11日午夜11时左右，蔡元培出生在浙江省绍兴府山阴县城笔飞弄内的一个商人家庭里。蔡元培乳名阿培，入塾时，按字辈取名元培。原字鹤卿，及治小学，以"鹤卿"二字庸俗，乃自字"仲申"，并改"鹤卿"作"宧顼"为号。1902年创办爱国学社时，又自号曰"民友"。迨1904年主编《警钟日报》，乃取《诗经》中"周余黎民，靡有孑遗"两句中各一字，改号为"孑民"，自兹一直沿用。此外，还用过

---

① 李齐：《融会中西学术的人师——李济博士谈蔡元培的学术贡献》，见陈平原、郑勇编：《追忆蔡元培》，405页，北京，中国广播电视出版社，1996。

② 孙常炜编：《蔡元培先生年谱传记》下册，816页，台北，国史馆，1987。

③ 《毛泽东同志致蔡元培先生家属唁电》，见蔡建国编：《蔡元培先生纪念集》，2页。

"蔡振""周子余"等笔名。①

蔡元培青少年时代走的也是传统的举业道路。虚龄 6 岁那年，家里就为他延师授读，13 岁开始学作八股文，1883 年 17 岁考中秀才，结束 10 年私塾教育，开始自由阅读。1886 年入浙东著名藏书楼"徐氏铸学斋"，帮助校勘藏书 6 年，得以博览众书，开始形成泛览百家、兼收并蓄的治学风格，所作的八股文也打破传统旧规。受龚自珍文章的影响，为文奇古博雅，常以古书中通假之字易常字，以古书中奇特之句法易常调，表现出深厚的文字功底，他在 1889 年的浙江乡试中考中举人，就以"怪八股"而闻名。② 翌年，赴京参加会试，中式为第 80 名贡士；1892 年又赴京补应殿试和朝考，名列二甲第 34 名进士，授翰林院庶吉士；1894 年春，应翰林院散馆考试，升任翰林院编修，登上科举道路的巅峰。

1894 年中日甲午战争爆发之后，受民族危机的刺激及维新思潮的影响，蔡元培终于冲破传统的樊篱，开始由一位旧式士大夫向新型知识分子转变，在阅读中国古书之外，广泛涉猎西学书籍。据蔡元培《日记》所载，他在 1894—1899 年里所读的有关西学图书多达百余种。这些图书除介绍外国史地、政治、战史外，其中不少属于自然科学方面的书籍，内容涉及声光化电以及医学、算学、天文、地质等诸多领域，表现出蔡元培对文化本身的极大兴趣和兼收并蓄的态度。在寻求如何救国自强问题上，蔡元培并不十分认同当时康有为、梁启超等维新派发起的自上而下的变法维新运动，批评他们"不先培养革新之人才，而欲以少数人戈取政权，排斥顽旧，不能不情见势绌"③。他认为只有从培养人才、开发民智着手，才能自强救亡。1898 年 10 月 15 日，在戊戌政变发生后不到一个月，蔡元培便告假，携眷离京，回到南方从事新式学校教育，先后担任绍兴中西学堂监督、嵊县（今嵊州市）剡山书

---

① 《传略》（上），见中国蔡元培研究会编：《蔡元培全集》第 3 卷，675 页。

② 参见吴敬恒：《四十年前之小故事》，见蔡建国编：《蔡元培先生纪念集》，89～90 页。

③ 《传略》（上），见中国蔡元培研究会编：《蔡元培全集》第 3 卷，659 页。

院院长、上海南洋公学特班总教习、上海中国教育会会长、爱国学社和爱国女学校长等职。

在 20 世纪初年的兴学活动中，蔡元培还因有感清朝政府的腐败和卖国，一度秘密从事反清革命活动。1904 年 11 月，他在上海发起创立光复会，任会长。翌年加入中国同盟会，任上海分会会长。但蔡元培并不是一位职业革命家和职业政治家，他的秉性正如他本人自谓"性近于学术而不宜于政治"①，在革命活动遭受挫折和得知清廷将派送翰林院编检游学东西洋的消息后，他便"为之心动"②，于 1906 年 8 月回北京销假，呈文学部，申请赴德留学，称："窃职素有志教育之学，以我国现行教育之制，多仿日本。而日本教育界盛行者，为德国海尔伯脱派。且幼稚园创于德人弗罗比尔。而强迫教育之制，亦以德国行之最先。现今德国就学儿童之数，每人口千人中，占百六十一人。欧美各国，无能媲者。爰有游学德国之志。"③

在 1907—1911 年留学德国期间，蔡元培对西方文明表现出浓厚的兴趣，他在莱比锡大学注册的是当时国内尚不被重视的哲学专业，3 年中所修课程总计 40 门，平均每学期几近 7 门，课程的范围很广，从哲学到文学，从心理学到美学，从民族学到比较文明史，从美术史到自然科学发展史，几乎涵盖了所有的人文学科。④ 课余，蔡元培还从事学术研究活动，翻译出版德国哲学家泡尔生的《伦理学原理》，另在国内《教育杂志》翻译发表《德意志大学之特色》和《撒克逊小学（国民学校）制度》，介绍德国的教育制度，并运用西方学术方法和观点研究中国传统伦理学，撰写出版《中学修身教科书》和《中国伦理学史》，为融

① 《传略》（上），见中国蔡元培研究会编：《蔡元培全集》第 3 卷，659 页。

② 《致汪康年函》，见中国蔡元培研究会编：《蔡元培全集》第 10 卷，45 页。

③ 《为自费游学德国请学部给予咨文呈》，见中国蔡元培研究会编：《蔡元培全集》第 1 卷，452 页。

④ 参见费路：《蔡元培在德国莱比锡大学》，见蔡元培研究会编：《论蔡元培：纪念蔡元培诞辰 120 周年学术讨论会文集》，160～464 页，北京，旅游教育出版社，1989。陶英惠编：《蔡元培年谱》上册，192、196～198、201～203、207～208 页，台北，"中央研究院"近代史所，1976。

合中西学术和思想做了初步尝试。

蔡元培在清末年间的中西求学经历及其短暂的翰林革命家生涯，为他此后成为中国现代文化界一位学贯中西、熔冶中外新旧于一炉的大师奠定了基础。进入民国之后，蔡元培虽然继续游走在政治与学术之间，亦学亦政，既为政界中人，又为学界中人，但蔡元培在政治上始终不属于核心人物，他的从政生涯只是为他从事文教事业提供了可利用的名望和条件。

## 二、中国现代教育事业奠基人

蔡元培在中国近代历史上享有崇高地位，被尊为学界领袖，在于他为中国现代教育事业做出卓越贡献。

除早年从事兴办新式学校外，蔡元培为中国现代教育事业所做的第一件工作为出任民国第一任教育总长，奠定中国现代教育新体制。在1912年任民国教育总长的半年里，蔡元培以丰富的教育经验和卓越的领导才能，组建高效廉洁的中央教育行政机关，一面对传统的封建教育制度进行彻底清算，如废除"忠君""尊孔"的封建教育宗旨，禁止使用清末学部颁行的旧教科书，废除旧时代奖励科举出身的办法，废止中小学读经，等等；一面提出军国民主义教育、实利主义教育、公民道德教育、世界观教育和美感教育等"五育"并举的新的教育方针，制定和颁布一系列新的教育法令和法规，主持召开首次全国教育会议，确立中华民国新学制，从而实现了由封建旧教育向近代新教育的转化，并有力地配合了民国初年民主共和政治的建设。

蔡元培在推动现代教育事业方面所做的另一件比较有影响的工作为发起和领导留法勤工俭学运动。蔡元培于民国初年参与发起的留法勤工俭学运动虽然由于违背一般的留学教育规律，在1921年之后即趋夭折，但作为一项新生事物，留法勤工俭学运动不失为中国近代留学史上的一个重大创举，开创了一种新的自费留学模式，促进了教育观念的变革，既为中国的教育科学文化事业和经济建设培养了一批有用人才，同时还为近代中国培养了大批优秀革命家。在蔡元培等人的倡导下，"五四"前后一大批具有初步共产主义思想的知识分子，如周恩来、蔡和森、邓小平、陈毅、李富春、聂荣臻、王若飞、蔡畅、向警予、陈延年等，正是在留法勤工俭学的热潮中，学习和接受了马克思列宁主义，成为中国革命的中坚力量。留法勤工俭学运动所产生的这一深远影响，虽非蔡元培始料所及，但论其结果，则不能不说是蔡元培的又一重大功劳。

蔡元培为中国现代教育事业所做的最具影响的工作，是出任北大校长、书写中国现代大学教育新篇章。蔡元培在 1917—1923 年主持北京大学期间所推行的一系列改革，诸如坚持"思想自由""兼容并包"的办学方针，宣传教育独立，主张"教育是帮助被教育的人，给他能发展自己的能力，完成他的人格，于人类文化上能尽一分子的责任"①，强调"大学为纯粹研究学问之机关"②，以及根据这些教育理念实行教授治校、民主办学的管理体制，推行选科制，沟通文理，在大学设立研究所，开放女禁，实行大学男女同校，实行平民教育，提倡学生自治，营造德智体美全面发展的校园文化，等等，无不开中国大学教育制度的先河。这些改革措施和办学理念，不但把北大从一个官僚养成所改造成为一座名副其实的全国最高学府，而且对整个教育界和思想界都产生广泛而深远的影响，开创了一代新风气、新风尚。

继成功改造北大之后，蔡元培晚年还以国民党元老身份，继续为推动中国现代教育事业竭尽绵薄之力。1927 年 4 月南京国民政府成立后，蔡元培力推教育行政改革，提议仿效法国教育行政制度，组织成立中华民国大学院作为全国最高学术和教育行政机关，在全国推行大学区制，以贯彻教育独立和"以教育家办教育"的理想。在 1927—1928 年任大学院院长的一年多里，蔡元培努力争取教育经费独立、增加教育经费，提高教师待遇，亲自主持召开第二届全国教育会议，为中国现代教育事业的发展确立具体目标，提倡以"科学化""劳动化"和"艺术

---

① 《教育独立议》，见中国蔡元培研究会编：《蔡元培全集》第 4 卷，585 页。
② 《北京大学一九一八年开学式演说词》，见中国蔡元培研究会编：《蔡元培全集》第 3 卷，382 页。

化"作为新的教育方针①，倡议创办上海音乐院(1928 年 7 月改名为上海音乐专科学校)和国立杭州艺术专科学校，并重视体育教育，提倡青年学生要有"狮子样的体力""猴子样的敏捷""骆驼样的精神""崇好美术的素养"和"自立""爱人"的美德。② 1929 年大学区制改革失败之后，蔡元培虽然辞却大学院院长一职，不再在教育界担任正式行政职务，但他继续与教育界人士一道，致力于义务教育和职业教育。

截至 1935 年蔡元培宣布辞去兼职，他当时在社会上的 20 余项兼职多与教育事业有关，如中国公学校董兼董事长、上海法学院校董、上海美术专科学校校董兼主席校董、爱国女学校董兼主席校董、苏州振华女学校董、南通学院校董、北平孔德学校校长、中华职业教育社评议员、中华教育文化基金董事兼董事长、鸿英教育基金董事会董事及董事长、寰球中国学生会会员、全国国语教育促进会会长、中华职业教育社评议员、中国教育电影协会监事、音乐艺文社社员、故宫博物院理事及理事长、上海市图书馆临时董事会董事及董事长、国立北平图书馆馆长，等等。③ 蔡元培不愧为中国近代一位名副其实的大教育家和教育救国论的忠诚践行者，他在教育界所成就的事业迄今仍惠泽中国，并对当今的中国教育亦仍然具有指导意义。

## 三、中国现代科学事业奠基人

蔡元培被奉为学界领袖，除了他在教育事业方面所做的杰出贡献之外，还在于他同时也是中国现代科学事业的奠基人之一。

蔡元培本人虽然不是一名科学家，但他在年轻的时候就对科学有着浓厚兴趣，阅读了大量自然科学方面的书籍。后来，蔡元培在致力

---

① 参见《在南京特别市教育局演说词》，见中国蔡元培研究会编：《蔡元培全集》第 6 卷，92～95 页。另参见《中国新教育之趋势》《全国教育会议开会词》，见中国蔡元培研究会编：《蔡元培全集》第 6 卷，99～101、227 页。

② 参见《怎样才配做一个现代学生》，见中国蔡元培研究会编：《蔡元培全集》第 6 卷，559～565 页。

③ 参见《传略》(下)，见中国蔡元培研究会编：《蔡元培全集》第 8 卷，141 页。

教育事业活动中也特别重视大学教育，强调作为科学重要内容的学术研究是一个国家和民族跻身世界先进民族和世界强国之林的一个重要前提条件，指出"今中国积弱十倍于日、美，而科学之不发达，较昔日之日、美尤甚。非我国子弟之资质，出于日、美之下也，实以学术幼稚，欲求高深，苦无道耳"①。他认为"在中国的教育发展中，可能还存在着其他的倾向，但是，最重要、最切望的乃是需要建立一所新的科学研究中心，这是需要特别加以强调的"②。

1927年南京国民政府成立之后，蔡元培便以党国元老身份，极力倡导成立国家最高科研机关——中央研究院，以推动中国现代科学事业的发展，指出："我族哲学思想，良不后人，而对于科学，则不能不自认落伍者。……近年虽专研科学者与日俱增，而科学的方法，非仅仅应用于研究之学科而已，乃至一切事物，苟非凭借科学，明辨慎思，实地研究，详考博证，即有所得，亦为偶中；其失者无论矣。"③"欧化优点即在事事以科学为基础；生活的改良，社会的改良，甚而至于艺术的创作，无不随科学的进步而进步。故吾国不言新文化就罢了，果要发展新文化，尤不可不于科学的发展，特别注意。"④他强调："一个民族或国家要在世界上立得住脚，——而且要光荣的立住，——是要以学术为基础的。尤其是，在这竞争剧烈的二十世纪，更要倚靠学术。所以学术昌明的国家，没有不强盛的；反之，学术幼稚和知识蒙昧的民族，没有不贫弱的。……我们以后要想雪去被人轻视的耻辱，恢复我们固有的光荣，只有从学术方面努力，提高我们的科学知识，更进

---

① 《请于美国退还庚款留学名额中增加北大人选呈》，见中国蔡元培研究会编：《蔡元培全集》第3卷，314页。
② 《中国教育的发展》，见中国蔡元培研究会编：《蔡元培全集》第5卷，260页。
③ 《〈大学院公报〉发刊词》，见中国蔡元培研究会编：《蔡元培全集》第6卷，159~161页。
④ 《三十五年来中国之新文化》，见中国蔡元培研究会编：《蔡元培全集》第7卷，136页。

一步对世界为一种新的贡献。"①1928 年 4 月 23 日，蔡元培欣然出任中央研究院院长，并先后辞去在政府中担任的许多要职，举家离开南京，定居上海，专心领导科学事业。同年 6 月 9 日，蔡元培召集研究院各单位负责人在上海东亚酒楼举行第一次院务会议，宣告中央研究院正式成立，由此奠定了他在中国现代科学事业上的地位。

在出任中央研究院院长的 13 年里，蔡元培坚持他一贯秉持的学术自由、兼容并包原则，奉行人才主义，不拘一格，延聘大批科学人才，并挑选纯正有为的学者为各所的所长。在蔡元培的精心组织和领导下，中央研究院的各项研究事业获得蓬勃发展。至 1929 年，中央研究院即设有物理、化学、工程、地质、天文、气象、历史语言、心理、社会科学及自然历史博物馆等 10 个研究所，成为中国科学研究的枢纽。对于中央研究院所取得的成绩，蔡元培由衷地感到欣慰。1935 年 11 月 4 日，他在国民党中央党部总理纪念周上做题为《中央研究院与中国科学研究之概况》的报告，在详细介绍中央研究院在推动科学研究事业上所取得的成绩后即动情地说道："科学救国的运动，已逐渐由理想而趋于实践，不能不说是一种好现象。"②1936 年 3 月他在英文刊物《中国季刊》发表《中国的中央研究院与科学研究事业》一文，再次高度评价中央研究院在推动中国科学事业上所起的积极作用，最后充满自信地宣告："中国的科学研究事业已建立在一个坚实的基础上，它朝气蓬勃，中国科学家前途光明，前程远大。"③

1937 年抗日战争全面爆发后，蔡元培举家前往香港避难。在居港的最后两年里，蔡元培以年过 70 的高龄，继续主持中央研究院工作，心系中国科学事业。上海陷落后，中央研究院随南京国民政府撤迁西南，总办处迁往重庆，史语所等迁往昆明，研究人员一时星散各地。

---

① 《怎样才配做一个现代学生》，见中国蔡元培研究会编：《蔡元培全集》第 6 卷，563~564 页。

② 《中央研究院与中国科学研究之概况》，见中国蔡元培研究会编：《蔡元培全集》第 8 卷，178 页。

③ 《中国的中央研究院与科学研究事业》，见中国蔡元培研究会编：《蔡元培全集》第 8 卷，307 页。

为尽快恢复中央研究院的正常工作，1938 年 2 月 28 日蔡元培在香港主持召开中央研究院院务会议，对各所今后的工作做出具体布置，议定地质、社会、生物、心理等所设在桂林阳朔，天文、历史所迁至昆明，气象所留在重庆，理、化、工三所均尽快迁入内地。1939 年 3 月，中央研究院在昆明召开第四次全体会议，蔡元培原定力争赴会，后因医生的劝阻，最终未能赴会主持。但他还是为此次会议撰写了开会词，寄交大会，号召各研究所克服战争造成的各种困难，积极开展各项研究工作，变不利条件为有利条件，开创未来，指出："人类历史，本充满着打破困难的事实，于困难之中觅得出路，正是科学家之任务；又况易地以后，新原料之获得，各方面人才之集中，当地原有机关之协作与互助，亦自有特殊便利之点，吾人断不因迁移之故而自馁。"①蔡元培甚至在病逝前夕还在关心研究院的工作。鉴于自己年老体弱，不能返回内地主持工作，1940 年 1 月他就中央研究院评议会改选事宜致函、托付翁文灏。②

对于蔡元培居港期间对中央研究院事业的关怀，总干事任鸿隽在蔡元培病逝的第二天向记者说道："先生虽未能到内地，然对院务仍极关切，每有重要事件，皆遥为指示。从前中央研究院在京沪各所贡献宏多，成绩昭著。抗战军兴后，各所在流离迁徙中，仍能不懈益励，于短时期中，恢复工作，要皆蔡先生主持领导及精神感召之力也。"③蔡元培对中国现代科学事业的发展真可谓做到鞠躬尽瘁、死而后已，他在中央研究院院长任上所开创的事业，迄今仍为大陆和台湾的后辈所继承。

## 四、中国新文化运动的殿军

在中国文化由传统向近代的转型过程中，思想界一直充满各种激

---

① 《中央研究院评议会第四次会议开会词》，见中国蔡元培研究会编：《蔡元培全集》第 8 卷，561 页。

② 参见《致翁文灏函》，见中国蔡元培研究会编：《蔡元培全集》第 14 卷，369 页。

③ 香港《大公报》，1940-03-06。

烈的争论。在推动中国新文化过程中，蔡元培虽然没有直接卷入有关文化问题的论战，但他对中国文化建设实际上有着许多独到的见解，并发挥了独到的作用，不愧为中国新文化运动的殿军。

作为中国近代教育救国论和科学救国论的倡导者，蔡元培大多数时候都倾向于通过思想文化的革新来推动中国社会的变革。1913年"二次革命"失败之后，蔡元培与吴稚晖、汪精卫等探讨今后的救国道路，就一致认为中国问题非政治所能解决，还是要从教育青年、转移风气入手，因此他在9月5日袁世凯的北洋军攻占南京后的第四天便携家眷前往法国游学，致力于介绍和传播西方学术文化。1916年6月袁世凯"洪宪"帝制失败后，蔡元培对国内政治问题也多从思想文化角度予以审视，认为振兴中国的根本出路在于"由日新又新之思想，普及于人人，而非恃一手一足之烈"①。他于10月2日携眷离法回国，目的就是要投身国内的文化教育活动，认为在国外经营文教事业"不及在国内之切实"②。

1917年回国出任北大校长之后，蔡元培不但自己宣传新文化，提倡白话文，提倡科学和民主，而且还以其声望和社会地位，排除反对势力的攻击，大力延聘陈独秀、胡适、李大钊、钱玄同、高一涵、刘半农、鲁迅、沈尹默等新派学人为北大教员，并支持陈独秀将《新青年》杂志迁到北大，使新文化运动的力量汇聚到北大，将从原来由陈独秀等少数人提倡的文化运动变成有大批青年学生拥护的全国性的思想解放运动。对于蔡元培在推动新文化运动中所起的这一关键作用，梁漱溟做过一个很中肯的评价，他说："所有陈胡以及各位先生任何一人的工作，蔡先生皆未必能作，然他们诸位若没有蔡先生，却不得聚拢在北大，更不得机会发抒。聚拢起来，而且使其各得发抒，这毕竟是蔡先生独有的伟大。从而近二三十年中国新机运亦就不能不说蔡先生

---

① 《对于送旧迎新二图之感想》，见中国蔡元培研究会编：《蔡元培全集》第2卷，465页。

② 《致汪精卫函》，见中国蔡元培研究会编：《蔡元培全集》第10卷，295页。

实开之了。"①

同时，为确保新文化运动的健康发展，蔡元培对当时一些新文化人士表现出来的浮躁、急功近利、空谈、言行不一等不利于文化建设的倾向提出尖锐的批评，警告"一般自号觉醒的人，还能不注意么？"②强调"文化是要实现的，不是空口提倡的。文化是要各方面平均发展的，不是畸形的。文化是活的，是要时时进行的，不是死的，可以一时停滞的。所以要大家在各方面实地进行，而且时时刻刻的努力，这才可以当得文化运动的一句话"③。

他还不赞同新文化人士在科学问题上表现出来的科学万能主义，坚持认为科学是有局限的，并不能解决人生的所有问题，关于存在、意识、绝对等"形上"的一部分问题是科学无能为力的，大力提倡以"以美育代宗教"，将"美"作为一种"形上"的追求对象，强调"知识与感情不好偏枯，就是科学与美术，不可偏废"④，指出："大凡生物之行动，无不由于意志。意志不能离知识与情感而单独进行。凡道德之关系功利者，伴乎知识，恃科学之作用；而道德之超越功利者，伴乎感情，恃有美术之作用。"⑤"世之重道德者，无不有赖乎美术及科学，如车之有两轮，鸟之有两翼也。"⑥"以美育代宗教"的主张，充分体现了蔡元培在文化问题上对人类道德和情感的终极关怀。

在中西文化问题上，蔡元培的主张也与新文化运动的其他几位领袖如胡适和陈独秀不完全一致。他反对在文化问题上人为地划分中西、新旧的畛域，或用西学打倒中学，或用中学抵制西学，指出："主张保

---

① 梁漱溟：《忆往谈旧录》，90 页。

② 《文化运动不要忘了美育》，见中国蔡元培研究会编：《蔡元培全集》第 3 卷，739 页。

③ 《何谓文化》，见中国蔡元培研究会编：《蔡元培全集》第 4 卷，295 页。

④ 《美术与科学的关系》，见中国蔡元培研究会编：《蔡元培全集》第 4 卷，325 页。

⑤ 《我之欧战观》，见中国蔡元培研究会编：《蔡元培全集》第 3 卷，3 页。

⑥ 《在保定育德学校的演说词》，见中国蔡元培研究会编：《蔡元培全集》第 3 卷，223 页。

存国粹的，说西洋科学破产；主张输入欧化的，说中国旧文明没有价值。这是两极端的主张。"①他相信人类既有共同的经验，就会有普遍的原理，中西文化仅仅是进步迟速的差异，宣称："其实照懂得欧洲也懂得中国的人看来，中国和欧洲，只表面上有不同的地方，而文明的根本是差不多的。倘再加留意，并可以察出两方文明进步的程序，也是互相仿佛的。至于这方面的进步较速，那方较迟，是因为环境不同等等的缘故。"②因此在引进和学习西方文化过程中，蔡元培十分重视中国的固有文化，坚决反对生吞活剥，盲目照搬，反对历史虚无主义，指出："一民族之文化，能常有所贡献于世界者，必具有两条件：第一，以固有之文化为基础；第二，能吸收他民族文化以为滋养料。"③他提出当代学者的一个重要使命便是"当为东西文化作媒介"，"以西方文化输入东方"，"以东方文化传布西方"，增进中西文化的沟通，断言："综观历史，凡不同的文化互相接触，必能产出一种新文化"。④

20 世纪 30 年代，在五四新文化运动狂飙退潮之后，蔡元培却以南京国民政府的"朝中人"身份继续做中国新文化运动的守护人，公开反对蒋介石南京国民党政权提倡尊孔读经，批评在中小学提倡读经的做法"无益而有损"。⑤ 对以陈果夫、陈立夫兄弟为首的国民党 CC 系发起的中国本位文化建设运动，蔡元培也持抵制态度，不予配合，坚持中国文化的真正出路在于吸收和消化古今中外一切优秀文化成果，指出："现在最要紧的工作，就是择怎样是善，怎样是人类公认为善，

---

① 《三民主义的中和性》，见中国蔡元培研究会编：《蔡元培全集》第 6 卷，299 页。

② 《中国的文艺中兴》，见中国蔡元培研究会编：《蔡元培全集》第 5 卷，85 页。

③ 《旅法〈中国美术展览会目录〉序》，见中国蔡元培研究会编：《蔡元培全集》第 5 卷，279 页。

④ 《东西文化结合》，见中国蔡元培研究会编：《蔡元培全集》第 4 卷，351 页。

⑤ 《关于读经问题》，见中国蔡元培研究会编：《蔡元培全集》第 8 卷，56～57 页。

没有中国与非中国的分别的。怎样是中国人认为善，而非中国人或认为不善的；怎样是非中国人认为善，而中国人却以为不善的。把这些对象分别列举出来，乃比较研究何者应取，何者应舍。把应取的成分，系统的编制起来，然后可以作一文化建设的方案，然后可以指出中国的特征尚剩几许。若并无此等方案，而凭空辩论，势必如张之洞'中体西用'的标语，梁漱溟'东西文化'的悬谈，赞成、反对，都是一些空话了"。① 同时，蔡元培还发表一系列文章，纪念和肯定五四新文化在促进中国文化事业发展方面所起的巨大作用，宣传五四新文化运动的方向是"很对的"，"没有错"，"我们以后还是照这方向努力运动，也一定不是错误，我们可以自信了"。②

## 五、中国现代知识分子的精神象征

蔡元培在中国近现代史上享有崇高威望，受到人们广泛的赞誉，除了他所成就的事业这一原因之外，还在于他人格的伟大。

蔡元培人格的伟大，首先表现在他的"无所不容"，宅心仁，待人恕，既具有儒家所提倡的温、良、恭、俭、让的传统美德，又有近代自由、平等、博爱的民主精神。无论是在朝还是在野，他始终安贫乐道，平易和蔼，待人诚挚，对上不谄不卑，对下不倨不傲，行事民主，择善如流，乐于助人，被人称为"好好先生"；在学术上则不执己见，兼容并蓄，如大海容纳众流，不厌涓滴。在清末从事新式教育和反清革命期间，他曾以南洋公学特班总教习的身份，不顾长子变故，亲往南京借钱，为南洋公学的退学学生创办爱国学社，后又不惧清廷的淫威，每月轮流探望关在狱中的革命同志章太炎和邹容，并破除狭隘的地域观念和宗派思想，始终维护革命党人的内部团结。民国初年，他以教育总长之尊，礼贤下士，广泛听取教育界各类人士意见，并排除

---

① 《复何炳松函》，见中国蔡元培研究会编：《蔡元培全集》第 14 卷，14 页。

② 《吾国文化运动之过去与将来》，见中国蔡元培研究会编：《蔡元培全集》第 7 卷，594 页。

党派之见，诚邀共和党人范源濂为次长，共襄教育事业。"五四"时期，蔡元培以北大校长之尊而始终保持书生本色，无论是对校工还是对学生从不摆校长架子，也不要校长排场，施行春风化雨之教，赢得北大莘莘学子的无限爱戴和拥护。同时，他还在北大奉行人才主义，不计年龄，不计党派和政治立场，既热情延请新派教员，也诚恳地任用那些确有学问的旧派教员，不专权，不居功，民主办校，充分调动和尊重广大教员的积极性，使他们各尽其才。受蔡元培人格魅力的感召，当时有名望的中国知识分子都愿投其麾下，为其所用。蔡元培也由此而被胡适称为有"做领袖"的风范。

另一方面，蔡元培又是一位勇于坚持真理、"有所不为"的人。每遇大事，他临艰危而不惧，守正不阿，绝不苟同，敢怒、敢恨、敢斗，难进而易退。他在24岁任上虞县志总纂时，便因所订条例不得分纂赞同而辞职；32岁时，见戊戌变法失败，不屑与清廷官僚共事而毅然告假离京；任绍兴中西学堂总理时又因提倡新学与旧教员意见不合而辞职；35岁任教上海南洋公学，因学校当局无理开除学生，调解无效而辞职。民国元年，他因反对袁世凯专制独裁统治，又与国民党阁员同进退而辞去教育总长。任北大校长时，他为实现其教育救国的理想，不但与反动的北洋政府和趾高气扬的洋人斗，而且不惜与他所亲爱的学生和教员斗。南京国民政府时代，因不满国民党当局的内外政策，他又毅然辞去监察院院长、国民政府委员、代理司法部长等要职，而专任无权的中央研究院院长，并以"在朝人"的身份，不顾南京国民党当局的一再威胁，组织成立中国民权保障同盟，反对国民党专制独裁统治。蔡元培不只是一位谦冲和蔼、春风化雨的长者，同时也是一位敢作敢为、特立独行的勇者。

蔡元培这种"和而不同""无所不容"和"有所不为"的精神，使他一方面能在急剧变化的近代中国做到与时俱进、履行中国知识分子为国家和民族立功、立业的道德要求，另一方面又使他无论在政界还是在学界都能做到出淤泥而不染，维护知识分子的独立人格，由此倍受人们的景仰。

蔡元培人格的另一伟大之处，还在于他是一位真正做到言行合一、公德和私德都高尚的人。无论是"无所不容"，还是"有所不为"，蔡元培行之，都出于率真，毫无半点的矫揉，绝不媚俗，其有容是率真的有容，其"有所不为"也出乎自然坦诚。他是一位真正"有真好恶"的人，"他的一言一动，不论做什么事，总有一段真意行乎其间"①，是"近代确合乎君子的标准的一个人"②。

总之，蔡元培属于历史上少数那种以伟大人格和高尚道德以及知识和思想成就伟大事业的人；他的人格和道德，凝结了中西两种文化的精华，已超越了时代和阶级，成为一份不朽的遗产。在中国知识分子精神失落的今天，蔡元培的精神人格尤其值得我们倍加珍惜和提倡。

原载中国社会科学院近代史研究所政治史研究室、杭州师大浙江省民国浙江史研究中心编：《政治精英与近代中国》，703～715 页，中国社会科学出版社，2013

---

① 梁漱溟：《忆往谈旧录》，92 页。
② 冯友兰：《〈蔡元培自写年谱〉跋——蔡先生的人格与气象》，见陈平原、郑勇编：《追忆蔡元培》，361 页。

# 后　记

　　本书收录的 29 篇文章，部分记录了我 30 年来在中国近代史研究领域所走过的学术历程。其中，上篇收录的 15 篇文章，主要涉及晚清内政与外交，以及我个人对晚清史和中国近代史两个学科所做的一个比较宏观的思考。下篇收录的 14 篇文章，主要反映了本人在中国近代人物和思想研究方面所做的探索，既有专题论文，也有学术性书评。

　　针对本书需要做几点说明：第一，由于这些文章写于不同年代，发表于不同刊物，注释规范不一，现按新的要求加以统一。第二，根据本丛书的体例要求，在辑录过程中不但对部分文章新加了小标题，还对个别文章的篇名和文字做了一些技术性处理。第三，如同每部学术著作一样，本书收录的每篇文章也都有它的写作背景和故事，许多记忆犹新、历历在目，若一一道来，过于冗长，兹不做具体交代。第四，在辑录过程中，尽管对有些文章内容或观点以及文字表述有不满意的地方，但为保留文章的历史原貌，均不做大的修改，诚请各位读者不吝指教。第五，值此论文自选集付梓之际，谨向在我学术成长过程中为我提供过各种鼓励、帮助和支持的各位师长、同事、亲友，表达我最真诚的谢意和祝福！

　　最后，本书的出版要归功于北京师范大学出版社谭徐锋君的倡议和策划。本书从书名到体例，都出自徐锋君的建议。徐锋君对学术和出版事业的热心，令人感佩，谨致谢忱！

崔志海

**2018 年 11 月 26 日**

**图书在版编目（CIP）数据**

近代中国的多元审视/崔志海著. —北京：北京师范大学
出版社，2019.9
（中华学人丛书）
ISBN 978-7-303-26191-8

Ⅰ．①近… Ⅱ．①崔… Ⅲ．①中国历史－近代史－研究
Ⅳ．①K250.7

中国版本图书馆 CIP 数据核字（2021）第 181013 号

营　销　中　心　电　话　　010-57654778
北京师范大学出版社谭徐锋工作室微信公众号　　新史学 1902

JINDAI ZHONGGUO DE DUOYUAN SHENSHI
出版发行：北京师范大学出版社 www.bnup.com
　　　　　北京市西城区新街口外大街 12-3 号
　　　　　邮政编码：100088
印　　刷：鸿博昊天科技有限公司
经　　销：全国新华书店
开　　本：730 mm ×980 mm　1/16
印　　张：31.25
字　　数：430 千字
版　　次：2021 年 10 月第 1 版
印　　次：2021 年 10 月第 1 次印刷
定　　价：108.00 元

策划编辑：谭徐锋　　　　　责任编辑：梁宏宇　姚安峰
美术编辑：王齐云　　　　　装帧设计：王齐云
责任校对：康　悦　　　　　责任印制：马　洁